U0132017

国家社科基金
GUOJIA SHEKE JIJIN HOUQI ZIZHU XIANGMU
后期资助项目

魏晋南朝官品与
官资制度秩序研究

Research on the System Rules of Official Ranks and
Qualifications in the Wei, Jin and Southern Dynasties

周文俊 著

中国教育出版传媒集团
高等教育出版社·北京

图书在版编目（CIP）数据

魏晋南朝官品与官资制度秩序研究 / 周文俊著. --
北京：高等教育出版社，2022.9
ISBN 978-7-04-058198-0

Ⅰ．①魏… Ⅱ．①周… Ⅲ．①官制-研究-中国-魏
晋南北朝时代 Ⅳ.①D691.42

中国版本图书馆CIP数据核字(2022)第026709号

魏晋南朝官品与官资制度秩序研究
WEIJIN NANCHAO GUANPIN YU GUANZI ZHIDU ZHIXU YANJIU

策划编辑	于 嘉	责任编辑	于 嘉	封面设计	李小璐	版式设计	张 杰
责任绘图	马天驰	责任校对	王 雨	责任印制	刘思涵		

出版发行	高等教育出版社	网　址	http://www.hep.edu.cn
社　址	北京市西城区德外大街4号		http://www.hep.com.cn
邮政编码	100120	网上订购	http://www.hepmall.com.cn
印　刷	廊坊市文峰档案印务有限公司		http://www.hepmall.com
开　本	787mm×1092mm　1/16		http://www.hepmall.cn
印　张	19		
字　数	340千字	版　次	2022年9月第1版
购书热线	010-58581118	印　次	2022年9月第1次印刷
咨询电话	400-810-0598	定　价	68.00元

本书如有缺页、倒页、脱页等质量问题，请到所购图书销售部门联系调换
版权所有　侵权必究
物 料 号　58198-00

国家社科基金后期资助项目
出版说明

　　后期资助项目是国家社科基金设立的一类重要项目，旨在鼓励广大社科研究者潜心治学，支持基础研究多出优秀成果。它是经过严格评审，从接近完成的科研成果中遴选立项的。为扩大后期资助项目的影响，更好地推动学术发展，促进成果转化，全国哲学社会科学工作办公室按照"统一设计、统一标识、统一版式、形成系列"的总体要求，组织出版国家社科基金后期资助项目成果。

全国哲学社会科学工作办公室

序

寒来暑往，春秋代谢，时光倏忽，不知不觉已经工作了 51 个年头，终于在去年 10 月正式退出工作岗位。检点平生，颇多虚度，意浅识罕，撰述空乏。但足以欣慰的是，多年忝列教席，在芳草萋萋的校园中，和许多读书上进的年轻学人朝夕相处，素心论学，见证了他们的成长和成熟。良好的学术训练，扎实的专业基础，广阔的学术眼光，加上严谨的学风，年轻一代学者依托其在各自专业领域的精深造诣，锐意进取，新作迭出，不仅继承了老一辈学者的优良学术传统，也推进了学术事业的发展。及门周文俊君的《魏晋南朝官品与官资制度秩序研究》，便是这些新作中颇为出色的一部。

周君本科考入中山大学历史学系，以优异成绩毕业保研，选择研治魏晋南北朝史，至今已有十余载。从入学开始，他便受本系严谨务实学风熏陶，治学态度认真不苟，读书用功极勤。2009 年周君刚开始攻读博士学位，时值我主持点校本齐、梁、陈"三史"修订项目的样稿完成阶段，他悉心投入分配给他的工作，也参与讨论，对"三史"修订的原则和规范有了初步的理解。其后他正式加入《南齐书》修订组，结合自己的论文选题，首先承担了《南齐书·百官志》的校订工作。他点读细致，思考专注，心思缜密，不仅从这项史籍整理工作中得到了历史学和文献学基本功的良好训练，而且读史得间，举一反三，从《百官志》记载出发，对这一时代的职官制度下了非常扎实的考订辨析功夫，广泛涉及史籍所见职官品秩的讨论，深入挖掘职官历史线索，觅得研究突破口，而后研精覃思，最终以《魏晋南朝官品与官资秩序研究》为题，完成了博士学位论文。在送审和答辩过程中，评审专家和答辩委员都对论文给予了非常高的评价。博士研究生毕业后，周君进入中大中文系博士后流动站从事研究工作，其间颇注意兼收文史之长，留意于中古时期官方文体与制度文书的研究，学识水平有了进一步的提升。他尝试交叉运用文学、历史学、文献学的方法，以文体与制度为中心，考察南朝公文文体形态与制度运作语境，非常出色地完成了出站报告。此后周君又回到中大历史学系，仍继续参与齐梁陈三史修订，随着工作深入推进，更措意于探究中古典籍文本的多元形态与复杂流变。近年来周君的制度史研究，综合融会中古时期文体、文书与文本等多方面的思考，重点研究了中古制度文献名实、官品结构原始形态、职官任命除拜程序等基本问题，发表不少新见。这部《魏晋南朝官品与官资制度秩序研究》，正是在他的博士学位论文基础上，结合近年研究成果充实完善而成的。

职官制度被邓广铭先生喻为研究中国历史的四把钥匙之一，其基础性与重要性毋庸赘言。魏晋南北朝职官制度研究更是多年来学术界关注的一大热点，海内外知名学者在此领域著述甚夥，研究水准很高，要在这一领域有所突破，难度可知。周君这部著作，立意不落陈套，从魏晋南朝职官迁转与官品等级高卑不相符合的思考发端，敏锐觉察到这一时期官品无关乎选序，从而重新审视以官品为这一时期职官制度核心等级体系的旧说，进而将官品与官资作为两种相互独立的制度秩序，置于各自的历史脉络中来把握。全书系统辨析早期官品的建构原理、体制渊源、文本形态、沿革过程，深入考察以官班为代表的选官资位制度源流及运行秩序，细致探讨官资制度之多个具体运作层面，相关论证屡有创获与新见。

中山大学历史学系向来有注重实证的治学传统，周君此著，同样秉承这一传统。简而言之，其优点大致有三。其一，立论扎实，考辨精核。全书征引文献资料甚为赡详，对各类史料的校订释读也相当深入，对魏晋南朝官制之历史细节的考证辨析至为细致。该书的具体研究，遍及官品、官班、秩级、中正品、将军号等不同类型的职官等级或名号，均重视从史证出发，娴熟运用各种研究材料展开制度史方面考论。不惟如此，作者对于作为研究基础的职官史料之多元复杂，亦有较充分的评估判断。该书专门考察中古时期官品史料，广泛搜集《晋官品令》《晋令》《魏晋官品》等书名类同、散见于各种文献之佚文史料，通过对文本内容的细致比勘与相互参证，辨明其中相当一部分并非王朝律令原典，实属该时期撰述记录官制之一众职官文献。这就从史料学层面厘清了相关史料之名实，对学界日后更全面准确认识和解读这些基本材料，当有裨益。其二，理路清晰，见解透辟。面对魏晋南北朝官制品位繁复、线索头绪纷纭的复杂情形，作者能够抓住问题要害，以历史学的通贯眼光，考察一时代制度之源流，究探一时代人事之通变。就研究重心而言，该书对魏晋南朝官品与官班制度之沿革变化颇具通解，清晰勾勒了官品与官资两种制度各自源远流长的历史脉络，透彻解释了这两套职官等级系统之内在性质与制度功能。如传统观点普遍预设官品即迁官选序之位阶，作者对此做了有力辨析，明确了两者了不相属的制度关系，以往囿于官品中心说、围绕迁官阶序所产生的诸多疑问，由此焕然冰释。其三，别出机杼，钩深致隐。作者兼其业所精长，有机结合制度、文本与文书等方面的分析，在众人皆得见的寻常史文中，以缜密深入的推导，求得历史之新解。该书考察官品制度建构，切入点是《宋书·百官志》中有关所载官品表的一段简短说明文字。作者从这条常见史料抉发"诸条"一语所透露的早期官品表之原始特征，并通过文本比证予以考实，阐明早期官品实为"诸条"分列并排之结构形态。在得出制度结构之新解释后，作者继而推究其建构过程，系统地探讨了官品建设所涉连官、分层、定准、序位等具体环节。相关论证由表入里、层层推进，处处可见新意，跳出了既往认为建制者将官职逐一定级而建成官品的固有预设，为官品起源问题提供了一种新的解读方向。作者见微知著，在一定层面发历史之覆，见前人之所未见，其努力庶几接近清人汪中所言"于空曲交会之际以求其不可知之事"，在魏晋南朝职官制度研究方面颇有突破意义。

特别值得一提的是，周君这部高质量的专著，是他这些年读书、问学、校史的成长证明，与他多年从事"南朝三史"修订工作密切相关。众所周知，中国古代史专业培养学生，非常强调基本功训练，最重要的史学基本功之一就是史料文献的解读能力，要求从版本目录、文字校勘入手，层层深入史源，以抽丝剥茧的精细功夫，彻底清理史料的内涵，从而做出最接近正确的解读。这些年，依托"三史"修订工作，我们很有效地训练了年轻学子解读文献和处理史料的能力。周君一直参加点校本二十四史之"南朝三史"修订项目，作为修订团队主力，他在修订中承担了非常重要的工作，同时从中受到扎实的古籍整理校勘训练。他在精读文本的前提下，进一步思考史家史料书写的背景过程和条件，探赜索隐，深入史境，并在此基础上对诸多历史问题加以重新认识和阐释，创获甚丰。试举一例，在魏晋南北朝史籍中，经常看到某些王公大臣爵位官号的封授除拜，在不同文本甚至同一文献中所记时间，存在出入。例如《陈书》卷三《世祖纪》记载，永定三年"九月辛酉，立皇子伯宗为皇太子，王公以下赐帛各有差"，但卷四《废帝纪》记为永定"三年，世祖嗣位，八月庚戌，立为皇太子"。又如《后主纪》载祯明元年十二月丙辰，以鄱阳王伯山为"镇卫大将军、开府仪同三司"，而卷二八《鄱阳王伯山传》则记其任命在次年。以往点校整理，对这种史籍有不同记载的情况，每每存疑，或各执一端，谓两者必有一讹；或只执一端，直接以某处所载判断他处所载为讹误。我们在修订中遇到这类情况，一般都尽量审慎，保留史籍中的原始记载而不加按断。而敏学精思的周君，深切留意此时期职官制度的各种微末细节，对这个问题的关注启发了他对史实更为深入的考察。他收集整理了史料中的各种零散线索，以官员职位名号的"除拜"为切入点，通过精细的史料梳理和考辨，解析除、拜的制度含义与性质，并从制度时间、政务环节与礼仪程式诸方面，考察南朝官职除拜的基本程序和运行机制。进而他细致分析了官员任命的"决策流程"和"行政流程"，区分了任官时除与拜不同的制度时间，指出"除官日"和"拜受日"构成官职除拜的基本过程。而两个不同的制度性时间从不同角度被史官记录，进入史籍，这也是我们今日读史发现同一任官或拜爵在不同文献中常有时间出入的根本性原因。所以，对于史籍中呈现出来的官爵除拜封授的时间差异，必须要有进一步的辨析与核定，而不宜做简单的正误判断。他的这一考释，使得中古时期官僚行政及朝廷礼仪制度中一些原本混沌不清的史实，变得豁然分明，历历可见。这不仅推进了学术研究，也提升了修订组对文献版本正误的判断水准，对于我们"南朝三史"修订工作，无论标点句读还是订讹补正，都有极大助益。

至于该书的主要不足，以个人浅见，问题的研究视野和思路尚可扩展深化。该书对北朝职官制度着墨有限，论证无多，致使研究议题稍显内向，对于更全面展示魏晋南北朝制度之整体分合演变，不能不说有所局限。此外，全书虽然称得上论证扎实，然而理论思辨方面则相对偏弱，似有进一步加强之必要。近年来中古史学界对于这段历史的深邃思考发展日新，正是我们调整完善自身知识结构、突破固有研究畛域、蓄蕴未来学术潜力的重要时机。周君是一位进取心很强、学习和成长能力都非常突出的年轻学者，我相信他在未来的专业生涯中，能够取长补短、自我完善，在学术的广阔原野中，耕耘出一片繁茂园地。"新葵郁北牖，嘉穟养南畴"，春华秋实，是所寄望。

景蜀慧

2022 年 2 月

于中山大学康乐园马岗顶

目　　录

绪论 ⋯⋯⋯⋯⋯⋯⋯⋯⋯⋯⋯⋯⋯⋯⋯⋯⋯⋯⋯⋯⋯⋯⋯⋯⋯⋯⋯ 1

　第一节　问题的缘起 ⋯⋯⋯⋯⋯⋯⋯⋯⋯⋯⋯⋯⋯⋯⋯⋯⋯⋯ 1

　第二节　研究史回顾与问题的展开 ⋯⋯⋯⋯⋯⋯⋯⋯⋯⋯⋯ 7

　第三节　本书章节安排 ⋯⋯⋯⋯⋯⋯⋯⋯⋯⋯⋯⋯⋯⋯⋯⋯ 17

第一章　结构与建构：魏晋官品的制度建构及其技术原理 ⋯⋯⋯⋯ 20

　第一节　"诸条"形态与官品结构：围绕《宋书·百官志》

　　　　　官品表的考察 ⋯⋯⋯⋯⋯⋯⋯⋯⋯⋯⋯⋯⋯⋯⋯ 20

　第二节　"随秩位所视"与官品叙定原则：兼议官品的排序逻辑 ⋯⋯ 27

　第三节　官品建构与技术程序：连官、分层、定准、序位 ⋯⋯⋯ 32

　小结 ⋯⋯⋯⋯⋯⋯⋯⋯⋯⋯⋯⋯⋯⋯⋯⋯⋯⋯⋯⋯⋯⋯⋯ 51

第二章　品位与品级：魏晋南朝官品制度的性质及历史脉络 ⋯⋯ 53

　第一节　早期官品的建制语境与制度性质 ⋯⋯⋯⋯⋯⋯⋯⋯ 53

　第二节　两晋宋齐官品的制度沿革 ⋯⋯⋯⋯⋯⋯⋯⋯⋯⋯ 85

　第三节　南朝梁代官品改制 ⋯⋯⋯⋯⋯⋯⋯⋯⋯⋯⋯⋯⋯ 94

　小结 ⋯⋯⋯⋯⋯⋯⋯⋯⋯⋯⋯⋯⋯⋯⋯⋯⋯⋯⋯⋯⋯⋯⋯ 114

第三章　文本与文献：中古时期官品史料与官制撰述 ⋯⋯⋯⋯⋯ 116

　第一节　官品史料的两种文本模式：以《晋令·官品令》

　　　　　辑佚为例 ⋯⋯⋯⋯⋯⋯⋯⋯⋯⋯⋯⋯⋯⋯⋯⋯⋯ 117

　第二节　类书所引《晋官品令》的文本内涵与文献性质 ⋯⋯ 118

　第三节　古书所引部分《晋令》名实考辨 ⋯⋯⋯⋯⋯⋯⋯⋯ 123

　第四节　《通典》魏晋南朝"秩品"名实辨析 ⋯⋯⋯⋯⋯⋯ 128

　小结 ⋯⋯⋯⋯⋯⋯⋯⋯⋯⋯⋯⋯⋯⋯⋯⋯⋯⋯⋯⋯⋯⋯⋯ 139

第四章　官班与资位：梁代官班制度与魏晋南朝资位秩序 ⋯⋯⋯ 141

　第一节　"革选"与选阶：梁代官班建制及其位阶秩序 ⋯⋯ 141

　第二节　梁代官班制度渊源考释：以魏晋南朝职官资位秩序

　　　　　为线索 ⋯⋯⋯⋯⋯⋯⋯⋯⋯⋯⋯⋯⋯⋯⋯⋯⋯⋯ 162

第三节　备其班品：梁代将军号等级制度的建置 ················ 175

小结 ·· 188

第五章　官衔与官制：官资视角下的两晋南朝官衔与制度程序 ·········· 191

第一节　本官与兼官：两晋南朝的兼官制度 ·················· 191

第二节　从除授到拜受：东晋南朝的官职除拜制度 ············ 207

小结 ·· 230

第六章　职位与官资：两晋南朝选制所涉职位资格运作 ·············· 232

第一节　内外铨序与资格设限：西晋甲午制所见职位资格运作 ··· 232

第二节　选官铨次与资、才、地的考量 ···················· 239

第三节　资格视角下的九品中正制 ························ 248

小结 ·· 267

结语　官品与官资制度秩序的"过程"与"关系" ·················· 269

主要参考文献 ·· 272

索引 ·· 286

后记 ·· 287

绪　论

第一节　问题的缘起

　　仕官履历是正史人物传记的基本内容。本研究基于魏晋南北朝史读者面对的寻常问题：对史籍中最为常见的人物职官迁转经历记载，应该怎样掌握其迁官规律呢？按一般理解，自然想到使用"官品"这一基本工具加以解读。从这一理解出发，研究者通常会根据九品官品得出魏晋南北朝仕官履历从低品向高品的升迁模式，并以此来认识官品与官员仕途升迁的阶序关系。以官品描述迁官规律顺序，这好像是再简单不过的问题，然而细绎史料，有关此时期官品与官职迁升的关系与秩序似尚有进一步辨析的余地。

　　有关官品与升迁关系的讨论，日本京都学派代表学者宫崎市定的研究观点非常具有代表性。他在《九品官人法研究》一书中是这样阐述的：

　　　　特别是在西晋末期，在九品官制的运作上，出现了值得注意的现象，其发端于官员晋升的顺序不一定同正常的官品上下相吻合，……与此不同的，是西晋末期似乎在九品官制之外还出现了另一个黜陟人事的标准。若冒险推测，我以为这就是刘颂的九班制。……换言之，九班选制只是在九品官制的内部立班，而班与品相矛盾，就产生了如果按班的话，是否会出现从上品向下品移动的疑问。……刘颂建立的九班制中，是否有这类官品逆转的规定呢？遗憾的是我没有足以下断语的史料。这里能够说的，只是东晋时代在晋升顺序上突然不按照官品进行，屡屡发生自上品向下品移动也算作升迁的情况。这似乎也是根据一定的升迁规则进行的，……但是否就是刘颂的九班制，仍然无法说清。①

---

① 〔日〕宫崎市定著，韩昇、刘建英译：《九品官人法研究：科举前史》，北京：中华书局，2008年，第121~126页。

简而言之，宫崎氏对官品与官员晋升顺序不相吻合的情况感到困惑，认为存在另外一套"黜陟人事的标准"，并作了大胆的猜测，推断这一标准是刘颂的九班制。但是，在推论的过程中，解释仍然矛盾重重，所以他又进一步推测官制可能存在"官品逆转的规定"，于是认定"晋升顺序上突然不按照官品进行"属于制度常态。这一理解又是建立在"根据一定的升迁规则进行"的新的推测之上。

宫崎氏从官品与升迁秩序不相对应的现象出发，提出种种推测，却又与史料多有抵触，只能继续提出新的推测，以弥合解释上的矛盾之处，最后还是留下了"无法说清"的困惑。其实，官品与晋升顺序不对应，并不是出现在宫崎氏所界定的"西晋末期"。从正史史籍记载的人物仕官履历来看，自魏末晋初官品建立以来就有这样的现象。官品与升迁秩序的疑问，是贯穿魏晋南北朝在职官制度史上的共性问题。汪征鲁在《魏晋南北朝选官体制研究》一书中也对升官降品的现象有过探讨，可能也是感到问题难以通释，只能作了这样的交代："如果要详论这些问题就须费很大的篇幅，且这也不是本书的主旨所在，故下面在结合降品问题时仅略加述及。"[1] 似乎官品与升迁秩序难以对应，是魏晋南北朝职官制度研究仍待解决的问题。

实际上，想勘破这道看似无解的难题，或许要重新回到宫崎氏问题发端的逻辑起点——官品与晋升顺序相吻合。本书尝试这样提问：官品与晋升顺序一定存在制度上的内在联系吗？魏晋官僚制度以官品秩序决定官员晋升顺序，是否只是在读史过程中的一种假设，并且不自觉地理解为这是不证自明的必然规则？

在官品与升迁存在刚性联系的逻辑下，面对无法解释的问题，甚至衍生出"官品逆转"等种种推测，那么，问题的实质可能就是升迁次序并不是官品那一套秩序。在此思路之下，问题解答也就有了新的方向。

不妨稍微改变思路提问：官员构成从某官到某官的升迁（晋升顺序的形成）主要来自什么部门程序呢？答曰：吏部铨选程序。翻检魏晋南朝吏部有关官员选任的史料信息，如《山公启事》等吏部选官文书及官员迁徙黜免等人事情境中的言语或文字，均未提到以某官在官品几品或应该迁往几品官作为选用依据。从"内证"来看，尚无直接证据表明官品是吏部铨选运作所用的等级标准。如果吏部的人事任用并不是以官品为基本秩序，那么，由选官程序决定的迁官顺序自然也不是由官品秩序决定的。于是反

---

① 汪征鲁：《魏晋南北朝选官体制研究》，福州：福建人民出版社，1995年，第242页。

映在"外证"上，官员的迁官履历与官品等级也就难以建立起有效的内在关联。宫崎氏的"官品与晋升顺序相吻合"的逻辑起点，恐怕是难以成立的。

至此，问题的解答也有了明确方向。"官品与升迁不对应"的疑问并不是真正意义上的职官制度史问题，因为官品与官职升迁本身并没有直接联系。在魏晋南朝史料中找不到官品应用于吏部铨选的直接证据。诚然，官品在某种程度上与官员的仕宦履历存在契合之处，但魏晋南朝的官品并非后世理解的选阶。以官品作为具备任官资格条件的位阶，难以与魏晋南朝史料呈现的线索弥合无间。如果带着官员升迁循官品拾阶而上的预设想法解读这一时期的官制，就会遇到诸多史料上说不通、理还乱的问题。

为此还要继续追问：为什么宫崎市定在官品秩序的认识上会有"与晋升顺序吻合"的预设呢？同时，他的官品与中正品相差四级说，是否也有类似的思维痕迹呢？由此引申，魏晋南北朝职官制度史研究似存在这样一种理解，即带着"官品本位"或"以官品为中心"的逻辑理路来理解官僚等级秩序的方方面面。此思路似有着不证自明的逻辑起点：认为官品是魏晋南北朝官僚体制中最重要甚至是唯一的等级秩序。因此，在解读史料时，通常会以官品等级为中心，考察整个官僚秩序。

本书将既有研究中的这个普遍预设概括为"官品中心论"。"官品中心论"源于这样的事实，今天尚能看到的魏晋南北朝职官制度传世史料之中，官品史料是反映等级秩序最为完整的材料。其首尾完整、层级分明的特质，容易产生如下推导：这个完整的文本反映的就是当时职官制度基本乃至唯一的等级秩序。因此，官品被用于解读官僚制度的各种问题，其中当然也包括升迁秩序与晋升顺序。当史籍记载的人物仕官履历无法对应上述逻辑所建构的从低品向高品的单线升迁模式时，"官品是唯一、完全的职官秩序"的思维定式就会将思路引向这样的方向：官品与晋升顺序的关系肯定是无误的，两者不对应的情况在制度上也是成立的，中间肯定另外有一套尚不清楚的机制可以"完善"或"补充"这种关系，于是就出现了宫崎市定上述的解读。为此，或许需要进行一番逻辑思辨：流传至今的唯一完整的历史制度文本，所反映的是否必然就是唯一完整的制度秩序呢？显然，答案是否定的。"官品中心论"对理解官品制度乃至魏晋南北朝官僚等级制度，均不无局限。

在此之外，"官品中心论"又以"官职"为逻辑起点去理解官品的建构过程，认为制度建立者按照"依官定品"的叙定原则，为每个官职确定一个新品级，进而形成整个官品体系。诚然，常见的制度叙述是某一官职在第几品，这一逻辑看似理所当然，实际上却经不起推敲。从官职关系的角度切入魏晋官品内部结构，可见官职之间有着显著联系，具有多重、层累式的关联。如果官品设计是以单一官职为独立单元来定品的话，由于各自定位缘故，官品面貌应当是诸官分布漫散而位序参差，不可能呈现为今天所见的"序列化""结构性"形态。建制者具体以何种逻辑来构建官品体系，并非不言而喻，并且这涉及对官品性质的根本认识，是一个值得深入思考的问题。

换言之，官品制度的建立，是从零到一。不能仅仅关注那个作为制度结果的"一"，还要理解"从零到一"之间的制度建构过程及相关机制。为此，有必要从建制者的立场与角度来思考这个问题。在当时的历史情境下，制度从无到有，官品创建者要如何建构一套新的等级体系？可以合理推想的是，官品并非凭空创造，创建者头脑当中肯定有一套成熟的知识体系作为制度设计的支撑。当时的制度环境与政治现实同样对官品制度有潜在而直接的影响。从官品内部结构包含多个职官序列的基本面貌来理解，官品制度必然经历过复杂的建构过程。不无遗憾的是，存世至今的史料对这个制度过程的记载颇为简略，致使我们今天对早期官品的认识仍有难以解释之处。因此，很有必要回到历史现场，从官品结构自身的逻辑出发去探析官品的建构过程，为理解官品的基本性质去寻找新的切入点，以此推进官品问题的研究。

有了上述的辨析基础，可以将思路引入问题的关注点——魏晋南朝的官品等级在历史层面上究竟呈现的是怎样一种秩序？这一制度是按照怎样的思路被建立起来的？官品等级之内的位序排列，其内在秩序为何？

单凭官品史料记载，自然不能回答这样的问题。这里也是存在传统典章制度书写方式造成史料内容局限的原因。周一良已指出职官史志的不足之处："历代史书志职官者，沿《汉书·百官志》之例，止列举官名职守。偶记沿革，只限于死板之名称。于官职迁转任免等有关制度之运用执行方面，鲜有叙述。"[1] 因此还需通过各类史料的互证与考辨，将官品的形成、发展置于历史渊源脉络当中加以考察与探析，从而更确切理解官品在魏晋南北朝时期的制度史意义。

考察官品制度秩序，自然也引出另一重要问题。如果官品与职官升迁

---

[1] 周一良：《魏晋南北朝史札记（补订本）》之《〈宋书〉札记》"百官志诸问题"条，北京：中华书局，2015年，第155页。

并无直接联系的话，那么，职官升迁在制度上遵循着什么样的秩序运作？本书尝试从官资制度秩序的方向考察问题。关于"官资"，试释义如下。

魏晋南北朝的职官史料中常见"资"一词①，其中与本研究探讨的"资"含义相近的词语有"位次""等级""阶级""阶次""资次""阶序""资名""资劳""资用""资位""资秩""资历""年秩""班例"等。这些词语尽管词义不尽相同，但都有着某些共同的内涵，均与王朝选官制度及迁转秩序有关。阎步克概括魏晋时所言之"资"略有三种："一为一般所言之资格、资历。""二为中正之品第。""三谓士人之门阀。"②张旭华亦解释晋代所言之"资"约有三义：其一是家世门阀，也称世资或门资；其二是任官资格、资历；其三是中正品第。③这里要重点探讨的"资"是属于职官制度语境中的"资"，即阎、张两位概括为资格、资历一类的官资。

官资，是魏晋南北朝职官制度史研究的通用词。该词虽行用已久，研究者亦循着相近的理解加以使用，不过其概念与词义似尚缺乏明确的定义，因此需在这里具体说明。本书使用"官资"一词，可概括为资位、资次、资格、资历四层含义。

第一，资位。

简言之，资位是指选品（选阶）等级。魏晋南朝的资位与官品是最易混淆的两种等级。前面已辨析升迁秩序与官品并无直接关系。实际上，官员登用与仕进的等级，主要就是资位。由此构成选官制度下独立运转的等级体系。

由资位构成的选官等级秩序，制度脉络深深植根于历史经纬之中，不易索解。西晋时人议论官制谓曰"等级繁多"。这里的"等级"属于资位。刘颂对选官制度曾有"九班制"的改革，就是将繁复的资位登用等级简化为九等。刘颂的九班制是很容易与官品九品混淆的资位制度。梁代官班亦属于资位等级。阎步克曾论及梁官班制度性质："十八班主要是用来确定

---

① "资"在魏晋南北朝含义颇丰，并不局限于职官方面。比如杨光辉曾举史籍"计门资以定品""凭借世资，用相陵驾"为例，概括"资"在史籍中含义之一为"父祖的官爵"。（杨光辉：《汉唐封爵制度》，北京：学苑出版社，2004年，第161页）"世资""门资"指父祖官爵，其引申义为门第。诚如唐长孺揭示："魏晋所重者是父、祖官爵，时代悬隔的远祖对于定品高低至少在魏晋时并无重大关系。简单地说，中正考虑的主要是'当代轩冕'，而不是'冢中枯骨'。"（唐长孺：《士族的形成和升降》，载唐长孺《唐长孺文集》卷二《魏晋南北朝史论拾遗》，北京：中华书局，2011年，第54~55页）

② 阎步克：《察举制度变迁史稿》，沈阳：辽宁大学出版社，1997年，第154页注释一。

③ 参见张旭华《九品中正制略论稿》，郑州：中州古籍出版社，2004年，第157~159页。

官资的。"[1] 可谓发微之见。资位等级制度有着前后相承的发展演变脉络，本书将对此做重点探讨。

魏晋南朝的资位等级具备选阶意义，承载着确定职官铨选升迁位次、叙定官员个人等级及官职任用资格的选官制度功能。

第二，资次。

资次是指选官任用次序，体现了王朝选官制度的基本秩序。王朝职官选任程序的任用规则与选授次序，主要依据就是记载在选簿上的资位等级。按资次铨叙是选官制度的基本方式。魏晋南朝选官主要以资（资次）、才（才能）、地（门第）为考量标准。资次秩序体现出按部就班的一面，为官僚选用的运作提供了相对静态的制度标准。

第三，资格。

资格应包括职官选用资格与官员就任资格。具体某一官职可以由哪些官员担任，体现在选官制度上对职官资格与个人资格的双向判定。选官资格的核定，原则上须在官员个人资格与王朝制度要求之间求得匹配。

以上是由资位等级引申而来的选任资格，魏晋南北朝时期选官制度还有一种重要资格，就是中正品第。中正品时亦称为"资品"，体现出中正品在选官资格上的性质。就选官制度而言，吏部的官职铨选需参考中正品第，中正品构成选官叙用的资格条件。

第四，资历。

资历是指官员仕宦的资履经历，既可指某一具体官职的出任经历，亦可指在多个职位上的任官履历。魏晋南朝史籍记载的多份任命诏书中，可以看到诸如"历试朝位""历职内外""历位外内""历位文武"等用语，这些表述显然并非虚指，应是根据官员个人官簿的具体资历提炼而成的。

资历亦当包括仕宦的年劳。年劳是仕宦资历的一种量化标准，为官员选用的依据之一。南朝史籍可见"依劳铨序"的记载，还有"资劳度官"的徙官政策与"赐劳"之制。包括年劳在内的资历是官资的重要组成部分。

以上是对"官资"多重含义的简要释义。官僚体制围绕官资的运作形成一套以资位、资次、资格、资历为考评对象的制度化管理体系。该体系具有叙定官员资位级别、铺设迁官途径、考核仕宦资历乃至确立官僚队伍升迁机制等多方面功能，是稳定王朝选官制度秩序的运作基础。

---

① 阎步克：《从爵本位到官本位——秦汉官僚品位结构研究》，北京：生活·读书·新知三联书店，2009 年，第 263 页。

梳理魏晋南朝职官史料，可以发现官品与官资在此时期官僚管理系统中有各自的制度性质与功能。问题研究的方向由此得到明确，要详细解答开篇"官品与迁官不相对应"的疑惑，有必要深入制度史脉络中，对官品与官资的制度源流进行细致的探析与梳理。为此，本书试循官品与官资两条主线考察魏晋南朝官品与官资两种制度秩序的渊源脉络与发展演变状况。

本书的基本立意是希望超越"官品中心论"的思维，从多元的角度理解官僚等级制度秩序。官品和官资这两种秩序固然重要，但也仅是官僚繁复体系的一部分。各种秩序有各自完善的制度规章、管理流程及文书档案系统，只不过在历史的长河中，大部分直接记载各色秩序的史料已经散佚湮灭。如果略过必要的辨析，径直将官品等级置于不言自明的中心地位，以为放之四海而皆准，在制度秩序的研读上难免要发生偏差。

最后仍想强调，尽管本书以官品与官资为展开研究的两大重心，但主要是出于集中议题、为研究找到发力支点的考虑，并不意味着本书在研究逻辑上持二元论。

第二节　研究史回顾与问题的展开

一、官品制度秩序研究回顾与问题展开

众所周知，官品制度的建立，是中国古代官僚等级制度史的里程碑。而魏晋官品作为中古时期官制研究的重要议题，学界的探讨累积有诸多思考，成果蔚为大观。其中，学者尤为关切者，要属"什么时间"（When）与"是什么"（What）两个基本问题。官品的建立时间和制度性质，这是官品研究的两大要紧关节。由于直接史料缺失，官品创建的历史情形隐晦不明。面对零散的制度片段，基于不同的考察视角与解读思路，各家研究的结论不无分歧。试将诸家观点举其要者，罗列如下。

关于官品的建立时间（"什么时间"），主要有"曹魏前中期说（包括汉魏之交说）""曹魏晚期说"的不同观点。

持"曹魏前中期说（包括汉魏之交说）"者，如张旭华认为"曹魏初年就已建立了官品制度，且其建立时间最迟不过太和三年"[1]。又如陈长琦提出"官品起源于汉末，它是随着九品官人法的诞生而出现的"[2]。此说汉

---

[1] 张旭华：《〈魏官品〉产生时间及相关问题试释——兼论官品制度创立于曹魏初年》，《郑州大学学报（哲学社会科学版）》2006年第5期，第22页。

[2] 陈长琦：《官品的起源》，北京：商务印书馆，2016年，第305页。

末实指汉魏之交。再如张金龙认为"《品令》制定于曹魏前中期的可能性更大。……包括《品令》(《官品令》)在内的曹魏法制改革是在魏明帝时期进行的"[1]。

持"曹魏晚期说"者，如祝总斌《两汉魏晋南北朝宰相制度研究》提出《通典》此魏官品的时间，不得早于咸熙元年[2]。阎步克在此说基础上有补充考论，认为《魏官品》是"由尚书仆射裴秀等人着手制订的"[3]。

至于官品的制度性质（"是什么"），学者亦有较大分歧。其中涉及"人品（中正品第）"和"官品（官阶等级）"的关系理解，自古以来就有两种截然不同的认识。南宋岳珂谓官品源始：

> 尝泝源而求所始，本魏延康元年二月，尚书陈群以天朝选用，不尽人才，始立九品官人之法，州郡皆置中正，以定其选，择以州郡之贤有识鉴者为之，区别人物，第其高下。则其初立品，似非品秩也，乃人品耳。而《通典》载魏官自黄钺大将军至诸州郡防门，明列品第，则是肇端自魏已循而讹矣。是时魏未受禅，盖亦汉法也。[4]

岳珂认为官品是"人品"，与陈群的九品官人法（九品中正制）直接相关。可以注意到，岳氏的立论观点，对官品"是什么"与"什么时间"建立两个问题的解答是相统一的，如认为官品即"人品"（中正品第），则必然是对应陈群建九品官人之法的时间。针对岳珂之论，马端临在《文献通考》中提出不同见解：

> 此所谓九品者，官品也，以别官之崇庳。陈群所谓九品者，人品也，以定人之优劣。二者皆出于曹魏之初，皆名以九品。然人品自为人品，官品自为官品，岳氏合而为一，以为官品者，逆设之以待某品之人。此说恐未然。[5]

---

① 张金龙：《"魏官品"、"晋官品"献疑》，《文史哲》2017 年第 4 期，第 28 页。
② 祝总斌：《两汉魏晋南北朝宰相制度研究》，北京：中国社会科学出版社，1990 年，第 155～156 页。
③ 阎步克：《品位与职位——秦汉魏晋南北朝官阶制度研究》，北京：中华书局，2009 年，第 252 页。
④ ［宋］岳珂撰，朗润点校：《愧郯录》卷七《官品名意之讹》，北京：中华书局，2016 年，第 87 页。
⑤ ［元］马端临撰，上海师范大学古籍研究所、华东师范大学古籍研究所点校：《文献通考》卷六七《职官考二一》，北京：中华书局，2011 年，第 2056 页。

马端临认为"人品自为人品，官品自为官品"，官品是"别官之崇庳"，与陈群制定的中正品是两回事。官品是官职的等级，即官阶。

陈长琦认同岳氏之说，他在《魏晋南朝的资品与官品》一文中提出官品是官才之品，"官品的品级是对任职者资品的最低要求，资品的品级则是资品所有者官品升迁的最高权限"，得出官品与资品具备同一性质的结论。[①] 近年他进一步认为官品"是为九品官人法服务的，它的性质是人品，是为官职所规定的所需人品要求，而非官阶"[②]。

在此之外，亦有学者尝试解释官品的渊源。安作璋、熊铁基分析指出："两汉以后的官品之制，即由朝位制度发展而来。"[③] 阎步克认同此说，并作了非常细致的史料考订与线索梳理的工作。[④] 不仅如此，他主张官品"性质自始就是官阶"，认为"官品的制订目的，就是要重新安排各级官员的地位礼遇，而不是为了与九品官人法相为表里"[⑤]。

由此可见，从岳珂开始，官品与中正品的关系就已成为解答官品"是什么"的重要论据。之后，宫崎市定提出的官品与乡品（中正品）"相差四级说"，为这一议题带来了持久深远的锚定效应。宫崎氏认为起家官品与乡品（中正品）存在相差四级的制度规律，指出"（曹魏）制定了起家的官品大概比乡品低四等，当起家官品晋升四等时，官品与乡品等级一致的原则。……我们应该可以从人物传记中知道其起家官品，进而在某种程度上推测出乡品等级"[⑥]。由此确立了官品与乡品存在严格对应关系的分析框架。宫崎氏还画出一份"官僚金字塔结构图"，描述士人获得乡品后通过不同途径循官品拾级而升的情形。[⑦] 这份图表显示他是将官品视为晋升官阶。

宫崎氏需要证成他设想的六朝贵族制度历史发展脉络，因而在论证过程中他始终贯彻着以九品官人法为核心的论证思路，构成以乡品为本位、官品为附从的基本逻辑。其观点多有诠释发挥，不无理大于证之嫌。比如宫崎氏因士族高卑而以中正二品为限，在相差四级的分析框架下，认为官品六品有着特殊意义，进而推定梁代十八班制度以原来官品前六品，每品

①　陈长琦：《魏晋南朝的资品与官品》，《历史研究》1990 年第 4 期，第 44 页。
②　陈长琦：《官品的起源》，第 230 页。
③　安作璋、熊铁基：《秦汉官制史稿》下册，济南：齐鲁书社，1985 年，第 462 页。
④　参见阎步克《从爵本位到官本位——秦汉官僚品位结构研究》，第 265 页。
⑤　阎步克：《品位与职位——秦汉魏晋南北朝官阶制度研究》，第 318、278 页。
⑥　〔日〕宫崎市定著：《九品官人法研究：科举前史》，第 66 页。
⑦　参见〔日〕宫崎市定著《九品官人法研究：科举前史》，第 76 页。

一分为三而形成。① 这样的结论显得公式化，亦不易征信于史。不过，宫崎氏关于官品与乡品存在联系的论点，对其后的职官研究影响深远。不少学者注意到宫崎氏相差四级的结论与史实多有抵牾，因此提出了多种修正观点。

大多数的研究虽然观点各异，但均有共通之处：着重解释官品与中正品如何对应的问题。解释方向主要是由宫崎氏单一化的严格对应说过渡为更为灵活的大致对应说。

陈长琦《魏晋南朝的资品与官品》提出官品与资品均属官才之品，继而提出"特定的资品与起家官品间确实存在着一定的规律性，有着大致的对应关系"，并得出起初相差三品，其后则在三四级之间大致对应的结论。② 张旭华亦认同中正品与起家官品"有着大致的对应关系"的观点，提出"上品与起家官品的对应关系经历了一个历史过程，且有着两个不同的发展阶段"③。他认为中正二品与官品存在多层次的复杂对应关系。

汪征鲁则提出官品与中正品之间"有一种在某些范围上、在大致趋势上的对应"④。这是明确地以大致趋势描述官品与中正品关系的观点。

祝总斌在《试论魏晋南北朝的门阀制度》中亦对人品（中正品）与官品有过探讨，提出"人品三品、四品例用官品一般都在六品和六品以下，则人品二品以上例用官品一般自当在五品至一品"，"人品二品例用官品为四、五品以上当是常制"⑤。他的解读并不限于起家官品，而是着眼于中正品在选官过程中与官品的联系。

以上诸位学者的研究细化了官品与中正品关系的讨论研究，拓展了职官制度的研究视角，不过似未离开宫崎氏认为的"乡品与官品存在对应关系"这一基本逻辑。部分研究修正宫崎氏观点的思路则集中在这样的前提：既然不存在严格的四级级差，那么，中正品与官品应该如何构成对应关系？这样，问题必然会重新回到中正品与官品存在关系的宫崎氏逻辑锚定点上。史料反映官品与中正品之间的级差情况是复杂的，两者对应规律

---

① 宫崎市定认为："新制十八班是将过去九品中的七品以下官切除，再重新细分六品以上官。"有关梁十八班与旧官品对应关系，参见〔日〕宫崎市定著《九品官人法研究：科举前史》，第 193 页。作为此说附证，宫崎市定附图《官僚金字塔结构图之三（梁陈时代）》，参见〔日〕宫崎市定著《九品官人法研究：科举前史》，第 212 页。
② 陈长琦：《魏晋南朝的资品与官品》，《历史研究》1990 年第 4 期，第 45 页。
③ 张旭华：《九品中正制略论稿》，第 94、95 页。
④ 汪征鲁：《魏晋南北朝选官体制研究》，第 357 页。
⑤ 祝总斌：《试论魏晋南北朝的门阀制度》，载祝总斌《材不材斋史学丛稿》，北京：中华书局，2009 年，第 162 页。

的探讨尚存在不少模糊的地方。

在此以外，胡宝国对九品中正制的考辨，有着与众不同的思路。胡宝国指出："乡品仅仅是与具体官职联系在一起的，而且也不只限于起家官职。""就个人的乡品与任官而言，乡品决定的只是他可以担任的具体官职。当时人从不提乡品与官品的等次有何联系。"[①]就管见所及，这是学界最早明确地提出中正品与官品并不存在对应联系的研究结论。值得一提的是，唐长孺早年在《九品中正制试释》中指出，"品第职位在当时是有联系的"，"官位必须与品第相符，降品等于免官"[②]。这一论点已含有官职与中正品具体联系之意，胡宝国则更加明确了两点：一是中正品与具体官职的担任资格有关，二是中正品与官品无关。

以上两点打开了九品中正制研究的新思路，而且拓宽了官品制度研究的新空间。从学术史的角度看，胡宝国的上述结论彻底摆脱了宫崎氏提出"乡品官品存在级差关系"的分析框架，其学术意义不容小觑。胡宝国的讨论范围主要集中在魏晋时期，阎步克在之后的研究中将研究视角移至南朝时期，在胡宝国的基础上进一步论述。[③]至此，官品与中正品并无直接联系的结论基本得到确证。官品被证明与中正品并不存在预设假定下的对应关系，无异于提示了官品在制度上是一套独立运作的等级体系，官品在职官发展脉络中有其自身的制度秩序与演进逻辑。

如果认同官品与中正品并无关系的观点，意味着官品的建制时间与性质仍有待确证，那么研究关切又会重新回到"什么时间"与"是什么"两大基本问题。就研究思路而言，在既有议题以外，本书认为"怎么样"（How）作为基本问题同样值得思考，试加论述如下。

所谓"怎么样"，问题可完整表述为：官品是"怎么样"建成的？其问题意识主要基于制度理性层面的逻辑推导：官品从无到有，理论上必然要经历一个技术建构的过程，制度始告成立。思考及此，考察视角应切入制度内部，探索官品具体是如何完成建构的。就研究意义而言，回答"怎么样"不仅可以拓宽对官品制度初创时期建制过程的认知，也有助于深化对"什么时间"与"是什么"两大问题的理解。

"怎么样"的问题基础是官品结构。只有掌握了官品的基本结构形态，才能进一步探讨这个结构是怎样建起来的。对此，阎步克的研究走出了关

---

① 胡宝国：《九品中正制杂考》，《文史》1992 年第 3 辑，第 290、291 页。
② 唐长孺：《九品中正制试释》，载唐长孺《唐长孺文集》卷一《魏晋南北朝史论丛》，北京：中华书局，2011 年，第 101、107 页。
③ 参见阎步克《品位与职位——秦汉魏晋南北朝官阶制度研究》，第 313～376 页。

键一步，他将官品扼要概括为"一元化多序列的复式品位结构"。此说较早见于《从爵本位到官本位——秦汉官僚品位结构研究》。该书以唐代九品十八级三十阶为例，指出九品官品"自初就是一个总体性的架构""职事官、文阶官、武阶官、勋官、封爵森罗其中而井然不紊"，同时使用了"间架"的概念，指出唐代的品、阶、勋、爵是有着不同的位序比照逻辑，认为"它们不是简单的级级对应关系，而是以一种复杂的方式组合在一起"。① 其后阎步克在《中国古代官阶制度引论》一书中重申了上述主要观点，并进一步阐发"九品体制是一种'复式官阶'，在多重链接方式上也体现出来了"的观点。② 他关于官品为"一元化多序列的复式品位结构"的论述很有启发意义，不仅明确指出官品的制度"结构"，内部包含有复杂结构与关系（多序列、复式结构），也潜在提示官品经历过动态构建的制度"过程"（一元化）。相关论证充满制度理性思辨，直接启发了本书思考官品是"怎么样"建成的问题。

值得强调的是，阎步克不仅指出官品"复式品位结构"的制度特性，近来还提出旨在揭示"技术原理"的古代政治制度研究拓展方向，为进一步回答官品"怎么样"建成的核心问题提供了新的思路。关于"技术原理"，他有如下阐发：

> "技术原理"的提法，是说在分析上，相关问题发生在技术层面，尚未把政治、文化、经济、社会等因素考虑在内。……成文法定制度的结构与功能，在逻辑上总是制度研究的起点。……"制度史主体"的视角对这些关系（此指上文提到的政治、文化、经济、社会——引者注），不是……上来就"综合"，而是先行"分析"，把重重叠叠的交织纠葛分解开来，从"原理"始，逐次理顺其间的逻辑关系，一个层面一个层面观察，一环一环解扣儿。③

这是一种以制度主体为本位的研究取径，重视从技术性的制度原理层面认识与把握内在于制度的普适性逻辑，尽量排除外缘因素解读带来的干扰，更加纯粹地回归到制度的自身逻辑来理解制度。在捉襟见肘的史料条件下，在纷纭散碎的历史线索中，这份"从'原理'始"的识见对抓住早期

---

① 参见阎步克《从爵本位到官本位——秦汉官僚品位结构研究》，第235~239页。
② 参见阎步克《中国古代官阶制度引论》，北京：北京大学出版社，2010年，第248~257页。
③ 阎步克：《古代政治制度研究的一个可选项：揭示"技术原理"》，《河北学刊》2019年第1期，第59~60页。

官品问题之关键，找到官品创建史研究的新出发点，尤具启迪意义。不仅如此，阎步克提倡"逐次理顺其间的逻辑关系，一个层面一个层面观察，一环一环解扣儿"的研究理念，对于"怎么样"的问题讨论亦具有切实的方法论意义。

基于上述思路，本书将从"怎么样""什么时间""是什么"三大基本关切出发，展开官品制度秩序问题的探讨。

二、官资制度秩序研究回顾与问题展开

官资制度研究的一大切入点是官员迁升秩序。这一秩序的背后涉及选官资位等级，是官资研究的重要组成部分。受限于史料的缺乏，学界对魏晋南朝的入仕与升迁规律的研究一直难以全面开展。

汪征鲁《魏晋南北朝选官体制研究》采用了量化统计的方法，对此时期正史记载的入仕状况进行较为全面的史料收集与整理工作，从魏晋南北朝社会等级、选官类型、选官系统等角度，研究探讨了这一时期选官体制的制度性质、形态与系统模式。由于涉及的史料信息量较大，该书的统计难免出现失误。不过，在职官制度状况不明朗的情况，以正史记载为基础做定量分析的研究取径，仍有一定参考意义。除了量化统计的分析方法，该书亦颇为推崇以系统论来认识职官制度的角度，重视研究的涵盖面，力图对选官制度全面探讨，在宏观把握上带有功能论、系统论等显著特点。

阎步克《品位与职位——秦汉魏晋南北朝官阶制度研究》以"品位与职位"为分析框架，对秦汉魏晋南北朝官阶制度进行了全面的讨论与解释。该书划分"品位分等"与"职位分等"，结合"自利取向"与"服务取向"，探讨分析了汉唐间从禄秩等级到文武散阶的发展线索与制度形态，官品、中正品及散阶等魏晋南北朝时期的重要官僚等级在书中都得到了充分的研究。作者厘清了学界长期以来认识模糊的问题，并勾勒出传统官阶制的五段分期。[①]

不少学者选取更为具体的角度，对魏晋南朝职官阶序的线索进行分析探讨。其中，将军号序列与职官阶序化问题的联系，在较早的时间即获得关注。陈苏镇《南朝散号将军考辨》一文梳释了南朝散号将军的应用与演变过程，论述散号将军的阶序化与魏晋隋唐之际的散官制度发展的内在联系，指出"梁陈时期尚未出现'本阶'的概念，但梁陈的散号将军已成为

---

① 　参见阎步克《品位与职位——秦汉魏晋南北朝官阶制度研究》，第1~74页。

整个职官体系中最基本的身份等级尺度"①。此文是较早关注魏晋南朝职官阶序化的研究。

阎步克亦注意到将军号在阶官化的道路上是本阶化、序列化程度最高的官号。在研究中他分析了将军号在南朝的普授、滥授情况与位列化、虚衔化的发展趋势,进一步探讨魏晋南朝的军号散阶化进程。②陈奕玲在阎步克立论的基础上,又重点考察了将军号从军职到军阶的演变过程,并就军号的升迁规律、军号用作复官之位与地方官秩满迁转等方面进行更为细致的论述与分析。③以上研究均没有局限在制度史本身,而是着眼于官号变化与历史进程的内在联系,推动了对魏晋南朝官号阶序发展趋势的认识。总的来说,魏晋南朝职官阶序的研究集中在将军号上。

此外,由于史料相对不足,加之魏晋南朝官僚制度呈现出极为复杂的面貌,有关职官官阶与升迁规律的问题较难得到展开。④不过近年来,已有研究注意到梁代官班制度的官资性质。阎步克对官班(十八班)的制度性质作出精辟概括,称"十八班主要是用来确定官资的"⑤。杨恩玉也在研究中指出:"梁官班制是士庶起家与官职迁转的官阶制度。"⑥"官班制的基本性质决定了它的首要作用是士庶起家与官员官职迁转的基本参照体系。"⑦这些研究都富于启发价值。

除去官阶资位的研究,学者对官资秩序中的资历资格问题亦有不少的关注。清人赵翼在《廿二史札记》中提到"汉制,察举孝廉、茂才等归尚书,及光禄勋选用者,多循资格"⑧的现象。吕思勉的《两晋南北朝史》曾论及魏晋南北朝政治制度的官资资格问题:"资格用人,世皆以为始于

---

① 陈苏镇:《南朝散号将军制度考辨》,《史学月刊》1989 年第 3 期,第 33 页。

② 参见阎步克《魏晋南北朝的军号散阶化进程(上)》,《文史》第 51 辑,2000 年。

③ 参见陈奕玲《魏晋南朝军号散阶化的若干问题》,《燕京学报》新 13 期,2002 年。

④ 汪征鲁对此问题有过论述:"就官品而言,存在着三种情况:一为升品,二为平转,三为降品。一般来说,升品即为升级,平转为平级调动,降品为降级。但在魏晋南北朝,情况远没有那么简单。因为当时官职的实际等级一方面主要由官品(或班数、命数)所决定,另一方面又不同程度地受官职的另外一些性质……的影响。再者,一个入仕者所任的官职往往不是一个,而是一系列,这一系列官职的质量与数量又都不同程度地决定这一官员的实际政治等级与社会地位。"(汪征鲁:《魏晋南北朝选官体制研究》,第 241~242 页)

⑤ 阎步克:《从爵本位到官本位——秦汉官僚品位结构研究》,第 263 页。

⑥ 杨恩玉:《萧梁官班制的形成考论——以流外七班、三品勋位及蕴位为中心》,《南京师大学报(社会科学版)》2012 年第 4 期,第 58 页。

⑦ 杨恩玉:《官班制的性质、编制标准与作用考论》,《史学月刊》2012 年第 10 期,第 44 页。

⑧ [清]赵翼著,王树民校证:《廿二史札记校证》卷五"召用不论资格"条,北京:中华书局,2013 年,第 104 页。

魏（此指北魏——引者注）之崔亮，其实非也。刘寔作《崇让论》，……
是当时用人，势家而外，仍重资格；即同为势家，进用之后，亦惟论其资
格；此固势之所不能免也。"① 吕思勉不但注意到六朝职官选任存在"重资
格"现象，他在《资格用人之始》的札记中更是将"资格用人"的制度渊
源上溯到汉末。②

　　张旭华对两晋的"资品"与职官升迁制度有过重要的讨论。他注意到
"资"与"品"的含义差别，解释史籍中"随资叙用"主要是指依据官资
选用官吏，并指出晋代官职升迁既重资历又重乡品，从而形成以"资品"
为主要依据的官职升迁制度状况。③

　　阎步克在《中国古代官阶制度引论》一书中指出，"十八班上配置的
是资格，主要用于标示任官资格的高下"，"十八班主要用于管理文职的
官资，所以其中不列封爵及军号"④。与此同时，该书从品位构成要素的角
度，分析官僚制度中的资格问题，指出资格是连接"人"与"职"的桥
梁，详细探讨了资格管理的品位化问题。这是阎步克在"品位与职位"分
析框架下更深入的思考。

　　中村圭尔在《六朝贵族制研究》中曾将官品与官班进行对比，书中的
一节即以"品制与班制"为题探讨官班制度的性质，从"升进经路"的角
度梳理，揭示官班与官僚升迁顺序有关。有关结论较为关注选官清浊与贵
族制在官班制度中的体现。⑤ 其后中村氏又运用颇为重要的研究视角将官
资视为制度运作的重要因素归入官僚制的范畴，以此区别传统官制。他提
出："将官职的种类及等级、官员数量、执掌、待遇、编制、统属关系等
静态的职官制度，称为'官制'；而将官职就任资格、任用方式、迁官迁
职、官职所伴有的特权等与官僚体制运作相关的各种因素，称为'官僚
制'。"⑥ 这是很有启发的研究思路。

　　近年来陆续出现立足于梁代官班制度来源与性质的专题研究，如杨恩
玉通过研究分析，指出"梁官班制并非由九品官制析分而成，……而是直
接由魏晋宋齐的官阶继承而来"⑦。这与笔者在同年稍早时间提交的博士学

① 吕思勉：《两晋南北朝史》，上海：上海古籍出版社，1983 年，第 1268 页。
② 参见吕思勉《吕思勉读史札记（增订本）》，上海：上海古籍出版社，2005 年，第 580 页。
③ 参见张旭华《九品中正制略论稿》，第 157~171 页。
④ 阎步克：《中国古代官阶制度引论》，第 17、29 页。
⑤ 参见〔日〕中村圭爾《六朝贵族制研究》，东京：風間书房，1987 年，第 227~278 页。
⑥ 〔日〕中村圭尔撰，付晨晨译，魏斌校：《六朝官僚制的叙述》，《魏晋南北朝隋唐史资料》2010 年第 26 辑，第 269 页。
⑦ 参见杨恩玉《萧梁官班制渊源考辨》，《历史研究》2013 年第 4 期，第 170 页。

位论文中的有关意见，正好不谋而合。[1]有关研究或可提示官班制度自身的秩序逻辑。此外，柴芃亦对梁代官班制度有专门的研究与论证。他认为官班（十八班）萌芽于东晋时期的迁转序列，与旧有官品制度相通，在南朝的大多数场合取代了官品。[2]此文提供了不少新见。

上述提到的研究，是前辈时贤在魏晋南北朝史这片精耕细作的土地上辛勤耕耘的成果。经过各种言辩讨论，官僚制度史的研究视野在不断拓宽，空间日益扩展，职官问题的研究日趋精细与多元化，极大地推动了有关问题的前进。当然，官班制仅是官资整体体系的一个组成部分，有关官资制度秩序的具体运作情形，仍存在颇大讨论空间。

三、本书议题关注

整体而言，官品与官资的制度秩序是魏晋南朝制度史研究的基本问题，也是具有学术价值和拓展意义的重要议题，有待进一步的探索认识。

首先，官品是职官制度的基本问题，有关官品的认识尚有不少模糊之处。官品的讨论以往比较集中在九品中正制研究。官品与中正品经常作为整体结合放在某种论述逻辑之中。九品中正制的选官资格属性难免要被牵连带到官品的解读上，官品等同于官资（迁官官阶）的印象被强化。官品作为职官制度的独立线索，它是按照什么思想进行制度设计，又是如何被建立起来的？官品层级的确立与品内位次的排定有什么具体的制度根据？现存官品文本呈现出来的面貌就是制度的定本？这些问题均有待更深入的探讨。前述胡宝国认为官品与中正品并无直接关联的观点是值得深化的研究思路，更启发了本书对官品与迁官关系问题的思考。接续他的观点，本书认为官品不仅与中正品没有联系，而且与升迁资次亦无直接关系，时人也从未提及官品与迁官资位有何联系。

其次，《通典》按照魏、晋、宋、齐、梁、陈的朝代线索，叙述官品的发展脉络。这一叙述模式已成为官品发展历史的常识，是大部分人理解官品制度的起点。但是，这种以一朝代对应一官品的叙述模式，并不能清楚反映出官品的实际发展线索。尤其是"晋—宋、齐""梁—陈"部分，在对制度沿革的认识上仍然不太清楚，有关线索仍有待梳理。

再次，魏晋南朝官资秩序是传统职官研究的薄弱环节。长期以来对梁

---

① 周文俊：《魏晋南朝官品与官资秩序研究》第三章"南朝梁代官班制度与资位秩序"，中山大学博士学位论文，2013年。相关论证与观点基本为本书第四章"官班与资位：梁代官班制度与魏晋南朝资位秩序"所继承。

② 参见柴芃《十八班的实质及意义》，《文史》2018年第3辑。

代官班的渊源脉络与制度意义的认知，模糊处尚多。个中原因，恐怕与梁代以前的资位等级史料大多佚失，以及传统职官典制记载对官僚等级沿革的书写模式相对固化有关。

最后，鉴于今天所掌握的魏晋南北朝制度史基础史料主要是中古时期的史志与典制文献，以往惯常做法是史料分析，直接提取其内容和信息来开展研究。相比之下，对史料本身作"史学"解析，并不充分。需要指出的是，这些制度信息作为文本单元，它们自身所经历的过程包括如何生成、流动与变异，提示了相当重要的历史线索，这是制度史研究不可或缺的重要部分，有待深入挖掘。

总体而言，魏晋南朝的官品与官资作为各自独立职官发展线索，仍有必要进行更为细致的梳理与分析。本书拟通过对制度渊源脉络与秩序运作的考察、比较、辨析，钩稽出职官制度潜在的各种线索，从而掌握魏晋南朝官品与官资制度的内在规律，并以此作为基础扩展到对魏晋南朝政治与官僚制度的研究，进一步深化对这一时期制度与历史的认识。

第三节　本书章节安排

本书期望通过对制度"过程"与"关系"的展示，深入探索魏晋南朝官僚等级制度秩序的历史发展逻辑，依循官品与官资两大议题取径，对等级制度秩序展开考察。[①] 既从大处着眼，追寻制度渊源脉络、把握制度秩序的运作状况，亦从小处着手，考证辨析史实与历史细节。

全书在绪论与结语之外有六章内容。前三章和后三章分别对应"官品"和"官资"两大研究重心。前三章以"结构与建构""品位与品级""文本与文献"为主题，采取多元考察视角，从不同层面揭示魏晋南朝时期官品制度所涉技术原理、历史脉络、体制功能、史料名实等重要问题。后三章则以"官班与资位""官衔与官制""职位与官资"为主题，从南朝梁代官班制度切入，梳理魏晋以来选官资位的制度脉络，考察官衔所反映的制度程序及资格管理，从官资视角探讨选官制度所涉职位资格运作，展示在官资秩序下的不同运作侧面。具体如下。

第一章"结构与建构：魏晋官品的制度建构及其技术原理"，聚焦于

---

① 邓小南以宋代官僚政治制度史研究为例，倡导走向"活"的制度史，其中提出"作为'过程'的制度史"与"作为'关系'的制度史"两种分析层面，对本书深有启发。参见邓小南《走向"活"的制度史——以宋代官僚政治制度史研究为例的点滴思考》，《浙江学刊》2003 年第 3 期。

官品是"怎么样"（How）建成的基本问题，从官品结构的原生形态切入，探讨官品建构的制度过程及其所涉技术原理。《宋书·百官志》所载官品表作为早期制度文本提供了关键线索：所附说明交代了魏晋官品"诸条"形态与结构，同时提到的"随秩位所视"体现了官品叙定原则，并提示诸官的品级位次并非产生于职位串联排序。相关考察显示，官品建构流程至少包括如下技术程序："连官"与官职序列化、"分层"与品级阶层化、"定准"与等级基准化、"序位"与建构一元化。从技术原理理解，魏晋官品是层累的复合建构，与朝位渊源甚深，且充分运用了参照机制，使得性质不同的各色官职、军号、爵位熔铸一炉，全部容纳于九品之中。

第二章"品位与品级：魏晋南朝官品制度的性质及历史脉络"，尝试转向制度宏观层面，回应官品研究中的"是什么"（What）与"什么时间"（When）两大基本关切。从官品的建制语境切入，讨论官品的成立时间。同时通过追溯官品的制度渊源，探究官品的规划目的，引入选官秩序的讨论，进一步解释官品的制度性质及相关功能。在此基础上，第二节对两晋宋齐官品的制度沿革展开梳理，最后在第三节引入秩石等级的讨论，对梁代的官品改制作专题考证。

第三章"文本与文献：中古时期官品史料与官制撰述"，重点辨析中古时期官品基础史料。第一节以过去的《晋令·官品令》辑佚成果所见编排分歧为切入，揭示官品史料的两种文本模式。两者分别以官品等级与具体官职为纲，体现了不同的书写方式与叙述逻辑。第二、第三节进一步辨析了古书所引《晋官品令》、部分《晋令》的文本内容，指出此类史料，大多并非法令原典，而是属于后出的模式化官制撰述，未能反映官品的原初制度面貌。第四节专注于辨析《通典》所载官品表的若干名实问题。

第四章"官班与资位：梁代官班制度与魏晋南朝资位秩序"，集中解读梁代官班及相关的制度问题。重点关注梁代官班的"革选"建制语境及其位阶秩序，具体从与官班相关的"选品""选簿"等名目入手探讨官班的选阶秩序，以此确认官班是应用于选官运作的等级体系。在此基础上，第二节考索官班制度秩序源流，梳理魏晋以来选制运作下的资位秩序。最后第三节考察与官班同时建立的梁代将军号等级制度，探讨此制"备其班品"的制度渊源，分析其改制意图。

第五章"官衔与官制：官资视角下的两晋南朝官衔与制度程序"，致力于从微观的制度细节到宏观的整体秩序去论证与官衔相关的官资制度运作环节，尝试从基本的制度化单元"官衔"出发，探讨官制中的官资关系与制度过程。第一节主要考察两晋南朝的兼官制度，指出官衔中"兼"字的制度含义，所兼官职是官员实际居职任事的官职，与之相对的本官官位则用于表示个人官资，兼官是在两者不相一致情况下的官制形态，使官员本资与职位等级得以分立，有利于官人以才和专职久任，是官僚资格管理秩序下的重要制度。第二节关注东晋南朝所见"新除"官衔，指出官职任命程序上严格分为除（授）、拜（受）两大程序，在此秩序下形成了一套成熟的政务程式，体现了官资化的制度特色。

第六章"职位与官资：两晋南朝选制所涉职位资格运作"，主要从职位资格的运作与管理入手来解读选官制度的若干侧面。第一节以西晋"甲午制"为制度个案，探讨这一时期的内外官职铨选秩序，分析王朝在铨选压力下如何为职位资格设限以维持选官运作，以及由此引起的博弈格局。第二节探讨官资作为选官基本衡量标准，在人事选任上的制度呈现。第三节将九品中正置于选官资格视角下考察，从若干侧面揭示官资之资次、资格、资历等不同方面在官僚制度中的性质与特点。

第一章 结构与建构：魏晋官品的
制度建构及其技术原理

在有限的史料条件下，官品建制研究的深化与突破离不开史料信息的深挖攫取，以及研究思路的拓展推进。就史料信息而言，相当数量的官品信息所记录的只是制度建立后的结果，且史事叙述模式大多趋于扁平化，鲜少述及官品建设的过程始末，加之史料文本在流传中还有可能丢失制度原始信息。从此认识出发，官品文本的解读不可局限于表层信息，很有必要继续挖掘其中的深层线索，以进一步揭示官品制度的本初面目。

本章尝试解答官品是"怎么样"建成的问题，提出"制度建构及其技术原理"的考察角度[①]，希图从制度原理的技术层面探讨官品结构的逻辑关系及制度建设的技术流程，重点挖掘早期制度文本中的潜在线索，考辨官品结构的历史面貌，解析官品位序的复合关系，推究官品建构可能涉及的技术程序。期望通过新思路的拓展，响应官品研究的基本关切。

第一节 "诸条"形态与官品结构：围绕
《宋书·百官志》官品表的考察

欲探讨早期官品的"制度建构及其技术原理"，需先了解其内部具体结构。现存早期官品史料多为外缘视角下的制度回溯式叙述，鲜少直接提及官品的内在结构信息。因此，备载各品诸官职的官品表，对官品结构问题的探讨具有无可替代的史料价值。总体来说，在目前史料条件之下，最能充分反映制度原生结构逻辑的，应属《宋书》卷四〇《百官志下》所载官品表（本书以下简称为《宋志官品表》）。读者对此或有如下疑问：《宋

---

① 关于官品是"怎么样"建成的和"制度建构及其技术原理"，相关问题意识的提出与展述，详见本书绪论第二节之"一、官品制度秩序研究回顾与问题展开"。

志官品表》颇为简略，唐代杜佑《通典》是以《宋百官》之目加以编录（本书以下简称为《通典·宋百官》）①，同书还载录了年代标为"魏""晋"的两份官品表，置于此表之前，这里为何要说《宋志官品表》是揭示官品结构的重要史料呢？以上问题涉及对早期官品表史料的基本认识，且与本章议题关系至切，故下面重点考辨。

不妨先从一处关键文字说起。在《宋志官品表》末尾，史臣附有简短说明。其文曰：

> 凡新置不见此诸条者，随秩位所视，盖□□右所定也。②

由于史文有阙失，难以直解其意。考检《宋书》各版本，"盖"字下均阙两字，对此，中华书局点校本校勘记作出补证云："按岳珂《愧郯录》卷十《人品明证》条云：'《宋书》志所载九品，明指言晋江右所定。'则所阙似即为'晋江'二字。"③初步解决了古本阙字的问题。不过，《宋志》"晋江"下一字，究竟本作"右"抑或"左"，则仍可讨论。古籍中"左""右"二字形近易混，相互发生讹误的情况比比皆是。《宋书》写作"晋江右"或"晋江左"，要表达的意思迥然不同。那为什么此处会有左、右之疑呢？问题就出在岳珂《愧郯录》上。书中先后两次引述《宋书》相关文字，却不无矛盾。谨分别将有关条目列出，并论证如下。

（1）《愧郯录》卷七《官品名意之讹》，云：

> 《宋书》九品谓晋江右所定，则怀、愍以前尚无之。④

岳珂此条转述《宋书》之语，若依文直解，谓西晋（江右）所定，故西晋末（怀帝、愍帝）以前尚且无之，意思显然不通。由此推断岳珂本是要说《宋书》谓官品"晋江左所定"（东晋所定），故西晋怀、愍二帝以前尚无。对于此条文字，张金龙已有敏锐觉察，指出："'怀、愍以前尚无之'意即《宋书》九品并非西晋制度，则岳珂所见《宋书》中'江右'实

---

① 《通典》载《宋志官品表》，所立名目存在版本异文。北宋本、递修本、明抄本、明刻本作"宋百官"，金陵书局本作"宋官品"。详见［唐］杜佑撰，王文锦等点校《通典》卷三七校勘记第二七条，北京：中华书局，1988年，第1025页。综合各版本信息来看，"宋官品"出自晚期版本，本书从《通典》早期版本"宋百官"，下均同此。
② ［南朝梁］沈约：《宋书》卷四〇《百官志下》，北京：中华书局，2018年，第1371页。
③ 《宋书》卷四〇《百官志下》，第1375页。
④ 《愧郯录》卷七《官品名意之讹》，第87页。

作'江左'。"①此说可从。据上而言,《宋书》原文或当作"晋江左所定"。值得注意的是,《隋书·经籍志二》留下的书籍名目线索,可与此互为补充。其文曰:

> 梁有徐宣瑜《晋官品》一卷,荀绰《百官表注》十六卷,干宝《司徒仪》一卷,《宋职官记》九卷,《晋百官仪服录》五卷,《大兴二年定官品事》五卷,《百官品》九卷,亡。②

《隋志》载"梁有"之书,乃转录自阮孝绪《七录》③,上述记载显示南朝人著录有"《大兴二年定官品事》五卷"。从书名可推知,东晋元帝太(大)兴二年(319)曾有"定官品事"。清人姚振宗对此有所考证,云:"按此为江左初定之官制。……其书久亡,杜佑《通典》亦不载东晋官品事。"④存世晋史史料失载东晋重定官品事。《晋书·元帝纪》载太兴二年六月丙子"罢御府及诸郡丞,置博士员五人"⑤,提及是年有过官职废置,至于官品的制度变动,则史未言及。《隋志》所记书籍名目恰补史阙,因此不能排除《宋志》本作"左"。

(2)《愧郯录》卷一〇《人品明证》,云:

> 《宋书》志所载九品,明指言晋江右所定。⑥

岳珂此条引述《宋书》作"晋江右所定"(此即点校本《宋书》校勘记所引书证)。联系此条札记主要讨论《晋书》中《卫瓘传》《邓攸传》所见西晋制度,作为论据,岳氏在这里记作"晋江右"应无疑义。

通过辨析可知,岳珂《愧郯录》留下了自相矛盾的书证线索。其原因

① 张金龙:《"魏官品"、"晋官品"献疑》,《文史哲》2017年第4期,第42页。
② [唐]魏徵等:《隋书》卷三三《经籍志二》,北京:中华书局,2019年,第1096页。标点经斟酌有调整。
③ 详说参见任莉莉《七录辑证》前言《关于〈隋志〉注中的"梁有"》,上海:上海古籍出版社,2011年,第7~9页。
④ [清]姚振宗:《隋书经籍志考证》卷一七,载二十五史刊行委员会编集《二十五史补编》第4册,上海:开明书店,1937年,第5314页。
⑤ [唐]房玄龄等:《晋书》卷六《元帝纪》,北京:中华书局,1974年,第152页。
⑥ 《愧郯录》卷一〇《人品明证》,第126页。

已难考究。[①] 考虑到左、右互讹是古籍常有情况，尚需回到《宋志官品表》说明文字本身来判断。可加注意的是，史臣说明中有"新置"一词，当非泛指，实是专指刘宋新置官职。推敲文意，整句说明要表达的意思是：由于该官品表是晋朝（江右？江左？）制定的，凡是刘宋新置之官，均不见于本志所记官品表。这些官职并非没有官品，其品级是"随秩位所视"。为什么史臣要特意附上这一说明呢？推测是缘于《宋书·百官志》的官制叙述以刘宋一朝为中心，为避免读者对所收录的晋代官品表产生朝代上的误解，于是有了以上交代。

综合判断，有关文字疑作"左"是，理由如下。首先，前述《隋志》提示了东晋太兴二年定官品的史实。尽管由于史料所限，目前不清楚东晋以后是否还有过官品改定，不能推断"晋江左所定"就是指"大兴二年定官品"，但至少表明刘宋官品应是近承东晋所定，而非远袭西晋之制。其次，某些西晋有而东晋无的官职未见于表中。如翊军校尉，史志云："晋武帝太康初置，始为台校尉，而以唐彬居之，江左省。"[②]《宋志官品表》仅列"五校尉"，西晋朝设立的翊军校尉并未在列。至于某些西晋无而东晋有的官职，如谒者仆射，史志云："晋武帝省仆射，以谒者隶兰台。江左复置仆射"[③]，此官见于《宋志官品表》第五品，说明该表与东晋官制关系更为密切。再次，考《宋志》述东晋无而刘宋有的官职未见于表中。如左、右中郎将"魏无三署郎，犹置其职。晋武帝省。宋世祖大明中又置"[④]，武卫将军"晋氏不常置。宋世祖大明中，复置"[⑤]，武骑常侍"后汉、魏、晋不置。宋世祖大明中，复置"[⑥]，太子屯骑校尉、太子步兵校尉、太子翊军校尉"并宋初置。"[⑦] 太子冗从仆射"宋初置"[⑧]，太子旅贲中

---

① 从岳珂两条札记的写作时间看，先有卷七的《官品名意之讹》，后有卷一○的《人品明证》。这可从《人品明证》开篇提到"《官品名意之讹》，珂尝书之"得到证明。笔者推测有一种可能，是岳珂先后看到两种《宋书》，一作"左"，一作"右"，分别引为论据，并将前所见"左"字误书为"右"。当然也不排除另外可能，是岳珂所见《宋书》即为"右"，他在写《官品名意之讹》时出现误记，以为原文作"左"，引为论据，但抄录时又讹作"右"，两反得正，形成《愧郯录》今见面貌。
② 《宋书》卷四○《百官志下》，第 1361 页。
③ 《宋书》卷四○《百官志下》，第 1358 页。
④ 《宋书》卷四○《百官志下》，第 1354 页。
⑤ 《宋书》卷四○《百官志下》，第 1356 页。
⑥ 《宋书》卷四○《百官志下》，第 1356 页。
⑦ 《宋书》卷四○《百官志下》，第 1361 页。
⑧ 《宋书》卷四○《百官志下》，第 1361 页。

郎将"宋初置"①，殿中员外将军"宋初置"②，这些刘宋新置的官职都没有出现在《宋志官品表》中，颇符合史臣"凡新置不见此诸条者"的说明。以上诸线索，或提示《宋志官品表》源出东晋时期制定的官品。

值得强调的是，《宋志官品表》所云"凡新置不见此诸条者，随秩位所视，盖晋江〔左〕（右？）所定也"，是存世史料所见魏晋南北朝时期最早的官品说明文字。其重要性不言而喻。上文之所以要字斟句酌地校证，即缘于此。早期官品史料相当有限，同时限于中古时期职官撰述所持立场与视角，今天已很难得见当时人对官品制度诸如性质、结构和功能等方面的确实交代，致使今人研究不得不面临盲人摸象的困境。上述《宋志》说明文字属于时人记述时制，正是研究者最渴望获得的一手材料。其表述与用词，实与当时的制度知识和观念息息相关，比如史臣以"此诸条者"代称所录官品表，即含有时人对官品结构的基本理解。"诸条"作为关键信息，犹如一把打开官品制度大门的钥匙，是深入探究官品内部结构特征的重要线索。

那么，何谓"诸条"？最佳的解释材料，自然就是其说明对象——《宋志官品表》。该表收入《宋书》，是目前可确认文献载录时间最早的官品表，保留了早期官品制度的原始信息，其文本面貌清楚而直观地展示了令人好奇的"诸条"。试以第一至第三品为例说明（如表 1.1 所示）。③

表 1.1　宋志官品表（部分）

右第三品	县侯。	领、护军。	太子詹事。	大长秋。	太子二傅。	诸卿，尹。	光禄大夫。	诸征、镇至龙骧将军。	中书监，令，祕书监。	尚书令，仆射，尚书。	侍中，散骑常侍。	右第二品	诸持节都督。	诸大将军。	骠骑，车骑，卫将军。	特进。	右第一品	诸位从公。	太傅。太保。太尉。司徒。司空。太宰。大司马。大将军。

《宋志官品表》基本是以"列"的文本形态列出诸官职。史臣所谓"诸条"，实指表中"诸列"。具体而言，"条（列）"是包含单个或系列官职、具有自身位序逻辑的结构化序列。《宋志》的"诸条"文本形态，不

---

① 《宋书》卷四〇《百官志下》，第 1361 页。
② 《宋书》卷四〇《百官志下》，第 1361 页。
③ 《宋书》卷四〇《百官志下》，第 1366~1368 页。为更清楚地表示文本原始形态，这里对《宋志官品表》的部分引用，按照古籍中原有的展示形式，以竖排、从右至左次序排列。

仅显示官品以诸列形式编次，还反映官品的内部组织逻辑，更提示"条"是官品体系的结构性要素。

据制度文本所示，"条"是官品中的基础组织形式。比如在第一品里，"三师"（太傅、太保、太宰）、"三公"（太尉、司徒、司空）、"二大"（大司马、大将军）、"从公"（诸位从公）各自成列、齐头排列，构成平行关系，相互之间又有先后次第，形成尊卑等差。以"条"为基本单元，官品内部形成诸列架构体系。

在官品的组织结构之中，亦有单官形式的位序单元，其性质也属于"条"而非"官"。如位于第二品之首的"特进"，是单一官职构成的序列。参考《宋书·百官志上》载"特进，……晋惠帝元康中定位令在诸公下，骠骑将军上"[①]，特进在官品位次调整时自成一体，显示出其作为独立完整单元参与排序的制度逻辑。

以上对《宋志官品表》的分析，除了反映官品内部"诸条"结构，也说明制度"文本"本身是理解早期官品不可忽视的一环。值得注意的是，制度文本自身的形态潜在而深刻地影响到对官品结构基本面貌及相关逻辑的理解。对此，《通典·宋百官》作为晚出制度文本，可资比较。《通典·宋百官》直接抄录自《宋志官品表》，史料的源流关系清晰。仅从基本内容看，《通典》主要缺载前述《宋志》史臣说明，除此以外，二者只有少量异文，并无太大差别。不过，若就文本形态分析，则有另一番理解。试以《通典·宋百官》所示情况（以《通典》传世最早的北宋版为依据）说明（如图 1.1 所示）。

据图 1.1 所示文本形态，《通典·宋百官》是以单线直下的方式列出一个品级内的所有官职。同一品之内，各官职以等距空格分隔，从首官到末官，鱼贯排列。与《宋志官品表》相比较，尽管单从某官居先某官居后的相对位置来看，二者基本一致，但就排序逻辑而言，则有很大差异。

《宋志官品表》属于"分列型"文本，以诸列并联方式排序，各序列平行并排，前后相依，官职序列构成基本单元，展示官品内部结构。相比之下，《通典·宋百官》则属于"单列型"文本，以诸官串联方式排序，诸官职之间等距相隔，先后相接，每个官职独立构成排序单元。其要点如表 1.2 所示。

---

① 《宋书》卷三九《百官志上》，第 1328 页。

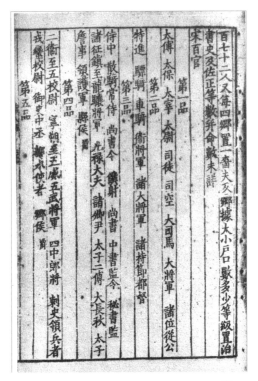

图 1.1　北宋版《通典·宋百官》版叶 [1]

表 1.2　《宋志官品表》与《通典·宋百官》要点对比表

文本出处	基本形态	排列形式	基本单元	基本排序逻辑
《宋志官品表》	分列型	并联式	官职序列	各个序列平行并排，前后相依，形成诸列体系
《通典·宋百官》	单列型	串联式	单一官职	各个官职先后相接，等距相隔、整体首尾相连、形成单线排列

　　通过两个制度文本的前后变化可对文本书写逻辑的历史演变有更深刻理解。《通典》通过编订处理，取消了《宋志》原有分列的平行关系，依次将各列前后接续，从而将官职排序转变为单列而下，并由此改变了"诸条"原生形态，经过重构的文本形态（兼缺载史臣说明），自然隐没了上述反映官品结构面貌的线索。这表明《通典·宋百官》不是《宋志官品

表》的简单内容复制，当中存在着隐性的文本重构。可加引申的是，《通典》载录的以"魏""晋"为名的两份官品表，且不论其史料来源如何，单就文本而言，也应采用了类似编订模式，不可避免会发生文本结构的潜在改变，据此判断，《通典》所载魏、晋官品表至少已丢失了制度结构的重要信息。这无疑也凸显出《宋志官品表》反映早期官品面貌的重要史料价值。

总而言之，《宋志官品表》同时保留了早期制度文本形态以及时人对官品的直接说明。相关解析表明，"诸条"是早期官品编次的基本形式，反映了官品内部的结构关系，是认识官品建构原理的重要基础。下面继续挖掘说明文字的制度信息，探讨与之相关的官品叙定原则。

第二节　"随秩位所视"与官品叙定原则：
兼议官品的排序逻辑

官品建构原理的讨论，绕不开一个核心问题：官僚体系的诸官职在制度技术上如何实现官品等级的叙定。毋庸置疑，官品叙定是制度建设的最大目标，同时也是制度成立的显著标志。在前面考证基础上，本节试对叙定官品等级的问题加以探讨。

《宋志官品表》所列"诸条"反映官品结构形态，已见前述。除此以外，该说明"凡新置……随秩位所视"的表述，亦透露出关键信息，直接交代了新置官职在等级安排上的技术操作，是关于官品建构原理的另一重要提示。

首先需辨析的是，"随秩位所视"中"秩""位"的具体意思。魏晋官品与汉代秩级各成系统，二者并不存在直接关联，如谓官品视秩级而定，似无可能，故可排除"秩"是指多少石的秩级。按"秩"有多义，如《资治通鉴》胡三省注所举："秩，职也，官也，积也，次也，常也，序也。"[1]结合文意来看，《宋志》史臣既称"秩位"，以秩、位并举，则表明二者意思相近。这里"秩"应释作"次也"或"序也"，意为位次、位序。对此，《晋书·傅玄传》的一处记载可作为旁证，云：

> 献皇后崩于弘训宫，设丧位。旧制，司隶于端门外坐，在诸卿

---

① ［宋］司马光编著，［元］胡三省音注：《资治通鉴》卷二《周纪·显王十年》，北京：中华书局，1956 年，第 48 页。

上，绝席。其入殿，按本品，秩在诸卿下，以次坐，不绝席。而谒
者以弘训宫为殿内，制玄位在卿下。[1]

这条史料记载了西晋时司隶校尉与诸卿在"端门外""殿内"两种空间下
的座次关系。其中司隶在殿内是"秩在诸卿下"，谒者以此为据，安排傅
玄"位在卿下"，可见此处"秩""位"义同。从具体表述看，"按本品"
是官品第三品，"以次坐"表明诸卿、司隶坐席相次，"不绝席"体现出
二者在位序上更为具体的安排。由于是"殿内"的位置安排，有理由相
信这就是大臣朝会时的班位座次，有关记载证实了"秩""位"的制度含
义。再看另一文例，《通典·职官五·刑部尚书》引《华谭集·尚书二曹
论》云：

> 八座秩同班等，其选并清，宜同一揆。[2]

按照秩级，八座中的尚书令为千石，尚书仆射与尚书均为六百石，因
此"秩同"必然不是指秩级，也不可能是说诸官有同等的俸禄。华谭以
"秩""班"并称，"秩同班等"是指诸官在朝班位次上属于同班。据《宋
志官品表》，"尚书令，仆射，尚书"是以完整序列、独立成"条"的形
式，列于第三品，这大概就是"秩同班等"要表达的制度含义。

由此推知，上述"秩""位""班"在制度含义上互通，且与朝位相
关。"随秩位所视"之"视"，可解释为参照。新置官职既然需要参照"秩
位"而定其品，一定程度上说明官品结构与朝班秩序有关联。

综合诸线索，可有若干判断如下：《傅玄传》所记"殿内"，指通常意
义的朝位，与官品直接有关（"按本品"），诸卿与司隶处于同班（"不绝
席"），同班之中存在位次前后（"秩在诸卿下，以次坐"）。华谭所论亦强
调尚书八座同班（"秩同班等"）。它们暗示朝位中的同班是官品实现"诸
条"结构化的一种技术参照。

来看一条旁证，《唐六典·太子家令寺》引晋太康八年（287）诏
书曰：

> 太子家令、率更令、仆，东宫之达官也，宜进品第五，与中庶

---

① 《晋书》卷四七《傅玄传》，第 1323 页。标点经斟酌有改动。
② 《通典》卷二三《职官五·刑部尚书》，第 644 页。

子、二率同。①

朝廷重新调整太子三卿（家令、率更令、仆）的官品等级，逻辑上相当于为新置官职叙定品级。诏文谓太子三卿"进品第五，与中庶子、二率同"，如果结合"随秩位所视"来理解，太子三卿叙定为第五品，所视"秩位"亦同于中庶子、二率。参考《宋志官品表》，"太子中庶子，庶子，三卿，率"为第五品"诸条"之一，表明太子三卿与中庶子、二率，共同构成官品中的序列，无疑证明诏文所谓的"同"，不仅指品级之同，同时指秩位之同。由此表明，太子三卿进品第五的制度运作，品级与秩位如影随形，二者是不可分离的。太子中庶子与二率作为"秩位"的参照坐标，将太子三卿纳入自身的结构化序列中，三卿随之完成"进品第五"的新安排。据此或可推论，《宋志》所谓"随秩位所视"具有实现"诸条"结构化与位序化的功能。

在此之外，前引《傅玄传》所记"端门外"司隶与诸卿的席次安排信息，亦不容忽视。它提示了官品位次可能涉及的另一制度逻辑。司隶"在诸卿上，绝席"，应是渊源自东汉"三独坐"传统。《后汉书·宣秉传》载："光武特诏御史中丞与司隶校尉、尚书令会同并专席而坐，故京师号曰'三独坐'。"②所谓"绝席"即"专席而坐"。在官品"诸条"之中，可见以单官为"条"者，与位次独立性或有某种制度上的内在关联。比如前述特进，据《晋书·职官志》云：

> 特进，汉官也。二汉及魏晋以加官从本官车服，无吏卒。……加特进者，唯食其禄赐，位其班位而已，不别给特进吏卒车服，后定令。特进品秩第二，位次诸公，在开府骠骑上，……③

"特进"本身并无职任，亦无对应的车服吏卒，"位其班位"是附于特进的主要权益。参《宋书·百官志上》载特进"晋惠帝元康中定位令在诸公下，骠骑将军上"，又《太平御览》卷二四三引《晋书百官表》提到傅咸奏曰："公品第一，执珪，坐侍臣之上。特进品第二，执皮帛，坐侍臣之

---

① ［唐］李林甫等撰，陈仲夫点校：《唐六典》卷二七《太子家令寺》，北京：中华书局，1992年，第696页。
② ［南朝宋］范晔撰，［唐］李贤等注：《后汉书》卷二七《宣秉传》，北京：中华书局，1965年，第927页。
③ 《晋书》卷二四《职官志》，第727页。

下。今启特进宜执璧继公"①，可见特进因应不同时代和场合，有过不同安排或调整，且一直都以独立单元形式"位其班位"。推想此时期的特进也是"专席而坐"，特进单独成列，位于第二品之首，与其"位其班位"的具体安排应有密切关系。

以上考察可知，"随秩位所视"是新置官职叙定官品的一种技术操作方式，由此反映的官品叙定原则可概括为：定"（官）品"须先视"（秩）位"。官职需要通过"秩位"的比照才能找到自身在官品体制中的位置，最终叙定等级。

至此，"诸条"与"秩位"的潜在关联也逐渐浮现。在官品的"诸条"结构中，"条"是基本单元，具体组织形式为官职序列，可由单官职或多官职构成。"秩位"可以理解成是一套与朝班相关的位序系统。它的制度编辑功能主要体现在两大方面：一是编列，即运用朝班的组织逻辑将不同官职组织为结构化序列，构成基本单元"条"；二是编序，即根据班位的次第秩序确立"条"在结构中的相对位次。正是"秩位"系统被引入官品叙定机制之中，并潜在地发挥着编列、编序两大功能，才使官品"诸条"兼具结构性与位序性。

可作补充辨析的是，通常出于"官职—官品"的二元关系思维，或认为官品的等级位次生成自职位串联排序，实则类似思路未必符合官品的建构逻辑，试讨论如下。

首先，假设官品位次安排是来自职位串联排序，相关的制度技术运作应该是以官职为基本单元，通过衡量各个官职的职位权重，彼此互比大小，进而排出整体的位次先后，最终叙定等级和位次。不过《宋志官品表》所呈现的制度逻辑并不支持上述的职位排队假设。前已指出，官品"诸条"属于分列型、并联式排序，而非后期文本所见单列型、串联式形态，这表明各个官职不是纯粹以职位先后的排队方式串联在一起。从官职的相互关系观察，官职与官职之间存在不同强弱程度的链接或断裂，形成一种复合的链式关系。举个例子，第三品的侍中、尚书令，两个官职之间表现为弱断裂，它们与各自序列内的官职则是强链接，所属的门下、尚书两个序列又构成弱链接。同时，尽管尚书令的官资要高于侍中，但在官品位次上，侍中反居于前。这也表明具体官职的官品位序并不完全取决于"职位"权重，而主要受到"秩位"系统的影响。从制度逻辑理解，与其

---

① ［宋］李昉等：《太平御览》卷二四三《职官部四一·特进》，北京：中华书局，1960 年，第 1150 页。

说是"依职（职位）定品（官品）"，不如说是"品（官品）视位（秩位）定"更合适。

其次，官品史料常见"某官，（在）第几品"的模式化叙述，无疑是"官职—官品"二元关系思维的重要依据，也是以职位为排序单元的主要例证。对此亦须加以辨析。应当指出，有关史料虽然客观记录了官职的官品等级，但要充分考虑到，此类职官叙述基本是在设官分职的经典体例框架中展开，其书写形式必然是以具体官职为中心，列叙各种与职位相关涉（包括官品在内）的制度信息。因此，此类叙述属于对制度信息的重新组合，实际已消解了官品体系中的原生性结构逻辑。与其说模式化叙述反映了官职品级如何叙定的建制过程，毋宁说它呈现的主要是官品正式建立以后的制度结果。由是而言，从史料属性与叙述逻辑的角度，这类以官职为记录中心的官品史料，尽管数量颇丰，但主要属于他者外缘视角之下的制度叙述，并不能直接反映官品自身结构的内生逻辑。[1]

再次，南朝梁代的官班，可资比较参考。近年研究已指出"梁十八班是一种管理任官资格的位阶"[2]，其说有见。梁代官班是基于职位串联排序原则的等级体系，其主要功能之一是衡量各官职的官资。[3]朝廷出于保障选官秩序的运作考虑，规定了各个官职在官班体系中的等级高下与先后次第。于是在位序逻辑上，每个官职都构成了参与官资排序的独立单元，任一官职在官班中的位置主要取决于自身官资，各归其位，具有很强的独立性，官职与官职之间并不存在明显关联。这反映在官职分布的整体形态上，就是官职的不规律分布。比如尚书台"八座"：尚书令在十六班（位1），左仆射、仆射、右仆射则在十五班（位1、3、4），吏部尚书在十四班（位3），其余列曹尚书在十三班（位2）。[4]诸官职作为独立单元，呈现出散漫布列的面貌。这与官品"诸条"分布形态及官职间的复合链接关系形成鲜明对比。据此，以萧梁官班等级为参照，反过来说明早期官品位次的形成并非基于职位串联排序原则。

通过上述讨论与辨析，清楚表明了官品的建构技术运作并不是以官职作为基本起点。不论等级叙定还是位次安排，二者都蕴含着更为复杂的制度原理及建构逻辑。根据"随秩位所视"的线索提示，可知官品叙定的技

---

① 关于以官职为叙述主体的官制，详见本书第三章。
② 阎步克：《中国古代官阶制度引论》，第98页。
③ 关于梁代官班的具体制度性质，详见本书第四章。
④ 以上官职的官班等级位序信息，参见《隋书》卷二六《百官志上》，第810页。

术操作与朝位深有关系。[①] 在此认识基础上，下面拟对官品建构的技术程序及建制流程作一探讨。

第三节　官品建构与技术程序：
连官、分层、定准、序位

前面对《宋志官品表》制度文本及所附说明的考察，表明官品是一个交织有多种制度要素与多重制度关系的复合体。这一结构的形成存在着相当的复杂性。官品内部建构从零到整的过程，究竟是以何种技术路径予以实现？具体有哪些关键的技术程序参与其中？这是值得深入考察的重要问题。不过由于直接记录官品建制的历史信息基本缺失，反映官品建构经过的历史信息几乎空白，因此以下的探讨，只能根据部分史料留下的间接侧面线索作初步推证。大致而言，官品初创阶段，包括但并不限于以下建构技术及功能化程序："连官"与官职序列化、"分层"与品级阶层化、"定准"与等级基准化、"序位"与建构一元化。下面将逐一展开分析。

一、"连官"与官职序列化

前面指出，官品结构的基本单元，并非官职而是序列，"诸条"是序列的直观形态。序列本身要完成组织化，前提是序列单元内的各个官职形成具有制度意义的关系绑定。如果要打个比方，这种关系绑定犹如无形的制度之绳，将诸官职加以连接并固定于序列之内。细考史料可发现，这根绳子并不只是抽象的制度存在，而且有其现实的制度渊源及专门术语。这可从官品第三品的"中书监、令，秘书监"序列找到若干历史证据。《北堂书钞》卷五七引王肃《论秘书表》云：

> 秘书经迁中书，而其名不易，议不改名，位与中书相比为连官，不宜与他官为连者也。[②]

---

① 关于官品与朝位的关系，详见本书第二章第一节之"二、朝班位序：官品的制度渊源"。
② ［唐］虞世南辑录：《北堂书钞》卷五七《设官部九·秘书总》，影印南海孔氏三十有三万卷堂影宋刊本，北京：学苑出版社，2015 年，第 431 页。

魏明帝青龙末年，王肃领秘书监。① 在这份议论秘书地位的上表中出现"连官"的说法。从前后文看，"连官"是说秘书长官"位与中书相比"。其中似包含有两重意思：一是地位与中书相匹，二是位次与中书相邻。这是以中书为参照的一种制度安排。中书与秘书长官由此形成制度意义的关系绑定，同时从"不宜与他官为连"之语可知，这种绑定是具有排他性的。此外，王肃上表的另一文本亦予佐证。《太平御览》卷二三三引王肃《论秘书不应属少府表》曰：

> 魏之秘书即汉之东观，郡国称"敢言之上东观"，且自大魏分秘书而为中书以来，传绪相继，于今三监未有隶名于少府者也。今欲使臣编名于驺隶，言事于外府，不亦隳朝章而辱国典乎？太和中，兰台、秘书争议，三府奏议："秘书司先王之载籍，掌制书之典谟，与中书相亚，宜与中书为官联。"②

王肃表文间接引用了一份更早的奏议公文，提到"秘书……与中书相亚，宜与中书为官联"。这里"官联"的制度含义同于"连官"，秘书"与中书相亚"，意思亦同于"位与中书相比"。曹魏太和、青龙年间先后奏上的这两份公文，分别提及"官联""连官"，显然有着制度原理的一致性，推测曹魏朝廷很可能在某一时刻实施了这一建议。参考《宋志官品表》，"中书监、令，秘书监"是魏晋官品体系的一个独立、完整的序列单元，两省长官处于同一单元结构之中，与二者被定为"连官""官联"不无关系。关于此判断，尚有西晋史例为证。《晋书·华峤传》载：

> 后以峤博闻多识，属书典实，有良史之志，转秘书监，加散骑常侍，班同中书。寺为内台，……③

《初学记》卷一二引《华峤集》载"诏尚书曰：'亭侯峤体素弘简、文学该通。……故转为秘书监，其加散骑常侍，班同中书寺为内台，使中书散骑

---

① 关于王肃任秘书监的时间，参考《太平御览》卷二三三《职官部三一·秘书监》引《王肃表》云："青龙之末，主者启选秘书监。诏：'秘书驺吏以上三百余人，非但学问义理，当闻有威严能检下者，诏肃以常侍领焉。'"（第1107页）《太平御览》此处引目作《王肃表》，然文字似非王肃表文的内容，而是王肃上此表的背景叙述。此体例疑其史源出自《王肃集》。《隋书·经籍志四》著录有"魏卫将军《王肃集》五卷"（第1204页）。
② 《太平御览》卷二三三《职官部三一·秘书监》，第1107页。
③ 《晋书》卷四四《华表传附华峤传》，第1264页。

及著作理礼音律天文数术，南省文章，门下撰集，皆典领之．'"[1] 可相互参证。据《宋书·百官志下》载"晋武帝以秘书并中书，省监……惠帝复置"[2]，可知秘书监在武帝朝一度罢省，又在惠帝时复置。现有研究指出，华峤是机构恢复以后的首任秘书监[3]，所考甚是。"班同中书。寺为内台"正是秘书恢复建制后，对官员身份与机构职能所作的安排。秘书监"班同"中书，意思颇类似于前述尚书八座的"秩同班等"。另参《宋书·礼志五》载晋代之制，"中书监令、秘书监，铜印，墨綟绶。给五时朝服，进贤两梁冠。佩水苍玉"[4]，可见在官员冠服规定方面，中书监令与秘书监也构成一个完整的礼制单元。类似的制度安排，与中书秘书的"连官"传统大概是一脉相承的。

前面指出"随秩位所视"所反映的官品叙定原则可概括为：定"品"须先视"位"。如果说官品叙定是制度终点，依托于"位"进行操作，那么作为起点的序列单元建构，同样是在"位"的逻辑下才得以落实。王肃上表提到的"位""相比""连官（官联）"等重要术语，从技术层面理解，"位与某官相比"是以"位"作为结构关系的媒介，运用"相比"的参照机制以建立本官与某官的链接。"连官"既是一种制度关系，也是一种制度结构，由此实现"官职的序列化"，官品"诸条"在此基础上得以生成。

二、"分层"与品级阶层化

上面对"官职的序列化"的探讨反映了"官职"与"序列"的基本关系：官职是元素，序列是集合，集合是由一个或多个确定的元素所构成的制度性整体。其实，在官品层级架构的维度上，"品级"（九品）与"阶层"也构成类似的基本关系。官品制度的建设，不仅有九品划分，同时存在着阶层厘定。如上所指，可概括认为：品级是元素，阶层是集合。如果说"官职的序列化"是官品建构技术程序不可或缺的重要部分，那么"品级的阶层化"同样构成官品建构的关键技术程序。

官品存在阶层。《宋书·礼志五》载晋代服制法规，有充分体现，云：

---

① ［唐］徐坚等：《初学记》卷一二《职官部下·秘书监》，北京：中华书局，1962 年，第 295 页。

② 《宋书》卷四〇《百官志下》，第 1352 页。点校本以"惠帝复置"误属下文"著作郎一人"，今订正。

③ 参见黄惠贤《魏晋南北朝隋唐史研究与资料》，武汉：湖北人民出版社，2010 年，第 190 页。

④ 《宋书》卷一八《礼志五》，第 554 页。

　　诸在《官品令》第二品以上，其非禁物，皆得服之。

　　第三品以下，加不得服三镈以上、蔽结、爵叉、假真珠翡翠校饰缨佩、杂采衣、杯文绮、齐绣黼、镰离、袿袍。

　　第六品以下，加不得服金镈、绫、锦、锦绣、七缘绮、貂貅表、金叉镮珥、及以金校饰器物、张绛帐。

　　第八品以下，加不得服罗、纨、绮、縠，杂色真文。①

朝廷以官品阶层作为界限，规范衣饰服制。有关记载显示官品（九品）划为四大阶层，分别是：第一、二品，第三至五品，第六、七品，第八、九品。值得思考的是，按阶层划分九品有何制度依据？阶层的存在有何制度逻辑？体现了何种技术原理？《通典·礼八·诸侯大夫士宗庙》载东晋贺循议礼奏疏，对以上问题有重要提示。其文曰：

> 　　古者六卿，天子上大夫也，今之九卿、光禄大夫、诸秩中二千石者当之。古之大夫亚于六卿，今之五营校尉、郡守诸秩二千石者当之。上士亚于大夫，今之尚书丞郎、御史及秩千石县令在官六品者当之。古之中士亚于上士，今之东宫洗马、舍人、六百石县令在官七品者当之。古之下士亚于中士，今之诸县长丞尉在官八品九品者当之。②

按照贺循所议，叙述模式可概括为"古爵（古之某爵）、今官（今之某官）、官品（在官几品）"，三者并列，相互比照，构成横向对应关系。当然，他并未全数列举官品九品，相关议论是从第三品（即"今之九卿、光禄大夫、诸秩中二千石者当之"）开始而终于第九品。其中，"古爵"与"官品"的对应关系间接透露了官品整体架构的复式层级线索（如表1.3所示）。

---

① 《宋书》卷一八《礼志五》，第565页。
② 《通典》卷四八《礼八·诸侯大夫士宗庙》，第1341页。引文"秩千石县令""六百石县令"，《通典》点校本作"秩千石、县令""六百石、县令"，标点似误。《晋官品》第六品为"诸县置令秩千石者"、第七品为"诸县置令六百石者"，可证贺循的叙述对象是"秩千石县令""六百石县令"。

表1.3　贺循议"古爵"与"官品"对应关系简表①

古爵	六卿（上大夫）	大夫	上士	中士	下士
官品	第三品	第四、第五品	第六品	第七品	第八、第九品

贺循将第三至九品分为五档，不过这五个档次并非线性递降关系，若以古爵作为参照系的话，可发现第五、第六品之间明显是一道阶层界限。第五品以上属于古代的卿大夫阶层，第六品以下则属古代的士阶层。关于此点，杨光辉已有所揭示："在这一等级序列中，五品是一重要的等级界标，以上为大夫、诸侯，以下为士。"② 意见可取。从若干史例可进一步推证此阶层界限的形成逻辑。《通典·礼六四·诸侯卿大夫谥》载：

> 八座议以为："太尉荀顗所撰定体统，通叙五等列侯以上，尝为郡国太守、内史、郡尉、牙门将、骑督以上薨者，皆赐谥。"③

首先要稍加辨析，《通典》将这段文字系为"魏刘辅等启论赐谥"一事，或有失考据。八座议提到的"太尉荀顗"和"五等"是两处时间指示线索。"五等"爵制兴复始于魏末咸熙年间，荀顗其时为司空，他在入晋后经两次迁官而至太尉。④ 八座议均得言及，表明其立议时间必在此后，与魏初"刘辅等启论赐谥"实非一事。⑤ 赐谥源于古代礼制传统，原则上是属于大夫以上阶层的待遇。《仪礼·士冠礼》称，士"死而谥，今也。古者生无爵，死无谥"，郑玄注曰："今，谓周衰，记之时也。古，谓殷。殷士生不为爵，死不为谥。周制以士为爵，死犹不为谥耳，下大夫也。"⑥ 郑玄解释，士的阶层低于大夫，应如殷礼"生不为爵，死不为谥"。也就是说，大夫构成封爵、赐谥等待遇的门槛，这一观念很可能是魏晋之际儒学大臣所共享的。

---

① 贺循未直接提及"第三品"及"第四、第五品"，这里分别据"九卿、光禄大夫、诸秩中二千石"与"五营校尉、郡守诸秩二千石"推知。

② 杨光辉：《汉唐封爵制度》，第174页。

③ 《通典》卷一〇四《礼六四·诸侯卿大夫谥》，第2716~2717页。

④ 《晋书》卷三九《荀顗传》载顗"咸熙中，迁司空，……武帝践阼，进爵为公，食邑一千八百户。又诏曰：'……其以顗为司徒。'寻加侍中，迁太尉"（第1150~1151页）。据此可知荀顗在魏官至司空，入晋以后迁司徒、太尉。

⑤ 关于"魏刘辅等启论赐谥"时间，《通典》点校者指出"此节所论是曹丕践阼以后之事"（《通典》卷一〇四校勘记一七，第2736页），其说可从。

⑥ 《仪礼注疏》卷三，载〔清〕阮元校刻《十三经注疏》，北京：中华书局，2009年，第2069~2070页。

此外，列侯（县、乡、亭侯）去世称"薨"，有更为直接的现实制度渊源。《通典·礼四三·初丧》记载魏明帝诏令亭侯以上称薨："夫爵命等级，贵贱之序，非徒偏制，盖礼关存亡。故诸侯大夫既终之称，以薨卒为别。今县乡亭侯不幸称卒，非也。礼，大夫虽食采不加爵。即县亭侯既受符策茅土，名曰列侯，非徒食采之比也。于通存亡之制，岂得同称卒耶？其亭侯以上，当改卒称薨。"[1] 由此可知，列侯（县、乡、亭侯）在此之前是比拟于大夫的。《通典·礼五三·三公诸侯大夫降服议》载"魏制，县侯比大夫"[2]，可以为证。在魏明帝下诏令后，列侯的地位得到提升，比拟于诸侯。不妨推想，在魏末咸熙开建五等爵制以后，列侯原来比拟诸侯的地位必然会被公侯伯子男五等爵取代。由《通典·魏官品》反映，五等爵均被列于第一品，县侯、乡侯、亭侯，分别处于第三、四、五品。[3] 列侯仍被视为重要阶层，并保留了去世称薨的待遇，与往下第六品的关内侯形成显著区别。

上述八座所议，得谥者要同时满足两个资格条件：一是爵位，须在"五等列侯以上"；二是官位，即个人官历"尝为郡国太守、内史、郡尉、牙门将、骑督以上"[4]。这是根据"荀顗所撰定体统"而划定的赐谥界限，可推断荀顗新定礼仪曾将此界限以上的爵位与官职定义为大夫阶层。参考《晋书·裴秀传》载"魏咸熙初，厘革宪司。时荀顗定礼仪，贾充正法律，而秀改官制焉。秀议五等之爵，自骑督已上六百余人皆封"[5]，"骑督已上"作为新定五等爵制的受益群体，应与前述"尝为郡国太守、内史、郡尉、牙门将、骑督以上"者重合，其阶层界限意义相当明显。

官品的层级架构，与上述依大夫阶层原则所定的赐谥界限，颇相契合。以《宋志官品表》为例，位于第五品尾部的官爵分别是"郡国太守，内史，相"与"亭侯"。先看五品的"亭侯"，这是列侯的最低一等，由此往上，即赐谥爵位范围"五等列侯以上"。再看五品的"郡国太守，内史，相"，参考《通典·晋官品》第五品末段官职"牙门将 骑督 安夷抚夷护军 郡国太守、相、内史 州郡国都尉"[6]，由此往上，相当于赐谥官位

---

① 《通典》卷八三《礼四三·初丧》，第2245页。

② 《通典》卷九三《礼五三·三公诸侯大夫降服议》，第2529页。

③ 参见《通典》卷三六《职官一八·秩品一》，第1004页。

④ 需要说明的是，若无爵位而仅有"尝为郡国太守、内史、郡尉、牙门将、骑督以上"官历，应该是不能获得赐谥的。参考《晋书》卷六五《王导传》云"自汉魏已来，赐谥多由封爵，虽位通德重，先无爵者，例不加谥"（第1750页），可以为证。

⑤ 《晋书》卷三五《裴秀传》，第1038页。

⑥ 《通典》卷三七《职官一九·秩品二》，第992页。

范围"郡国太守、内史、郡尉、牙门将、骑督以上"。不难看出,官品第五品末段,正好与"荀顗所撰定体统"通叙大夫阶层的下限官爵相匹配。可作补充的是,《晋书·礼志中》载:

> 汉魏故事无五等诸侯之制,公卿朝士服丧,亲疏各如其亲。新礼:王公五等诸侯成国置卿者,及朝廷公孤之爵,皆傍亲绝朞,而傍亲为之服斩衰,卿校位从大夫者皆绝缌。①

据《晋书·荀顗传》载:"及蜀平,兴复五等,命顗定礼仪。顗……撰定晋礼。"②《晋志》所称"新礼",即魏末荀顗所定礼仪。上述规定涉及高爵贵官的服丧优免待遇,侧面反映了与官品相应的阶层逻辑。"卿校位从大夫者"可免于为傍亲服缌麻,"卿校"明确在官品第三、第四品,"位从大夫者"或指五品官。在此之上,"王公五等诸侯"与"朝廷公孤之爵"均享有更优待遇,可免于服傍亲齐缞以下丧,既然"王公五等诸侯"是封爵,那"朝廷公孤之爵"必然是指官位,且高于"卿校",由此判断"公孤之爵"对应的是第一、第二品官。前引晋代服制云"诸在《官品令》第二品以上,其非禁物,皆得服之",可见第一、第二品官同样获得服制上的优待,大概是以礼制的"公孤"阶层为依据。

六品以下构成"士"阶层,可以找到若干旁证。《晋书·元帝纪》载:

> 散骑侍郎朱嵩、尚书郎顾球卒,帝痛之,将为举哀。有司奏,旧尚书郎不在举哀之例。帝曰:"衰乱之弊,特相痛悼。"于是遂举哀,哭之甚恸。③

又《梁书·儒林·何佟之传》云:

> 以佟之为尚书左丞。……天监二年,卒官,……高祖甚悼惜,将赠之官。故事左丞无赠官者,特诏赠黄门侍郎,儒者荣之。④

两处史料所云"旧""故事",说明此乃前代常制。居于第六品之首的尚书

---

① 《晋书》卷二〇《礼志中》,第631页。标点经斟酌有改动。
② 《晋书》卷三九《荀顗传》,第1150页。
③ 《晋书》卷六《元帝纪》,第148页。
④ [唐]姚思廉:《梁书》卷四八《儒林·何佟之传》,北京:中华书局,2020年,第738页。

左丞无赠官，六品的尚书郎不在举哀之例，与上述位于第五品之末的郡守获得赐谥，在礼制逻辑上是共通的，表明第五、第六品之间形成了一道阶层界限，构成大夫、士的分野。又据《宋书·百官志下》载"治书侍御史，掌举劾官品第六已〔下〕（上）"①，《隋书·百官志上》记载梁代御史台"属官治书侍御史二人，掌举劾官品第六已下，分统侍御史"②。治书侍御史弹劾的官员级别是以六品为限，这条界限作为监察官的责任范畴与阶层分野不无相关。参《晋书·良吏·胡威传》云：

> 威尝谏时政之宽，帝曰："尚书郎以下，吾无所假借。"威曰："臣之所陈，岂在丞郎令史，正谓如臣等辈，始可以肃化明法耳。"③

胡威回应谓"岂在丞郎令史"，尚书丞郎与令史，分别为六、九品。则晋武帝"尚书郎以下"一语或原作"尚书丞郎以下"，尚书丞郎为第六品首列，此亦不妨理解为六品以下，与上述治书侍御史弹劾范围正好对应。杨振红研究指出："虽然汉代时'刑不上大夫'已经废而不行，但是对位大夫以上者在刑罚上仍有优待。"④这一观点很有启发，西晋时五品以上官员在遭受处罚时获得某种优待，反过来可深化理解官品的"大夫"与"士"的阶层意义。

关于官品六品以下与"士"阶层的对应关系，北朝时期的礼制讨论亦留有历史线索。《魏书·礼志四》载北魏玄武帝时刘芳议云：

> 案晋《官品令》所制九品，皆正无从，故以第八品准古下士。⑤

刘芳明确指出晋代官品第八品，准于古代下士，与贺循"古之下士……今之诸县长丞尉在官八品九品者当之"之说可相互印证，相关说法显然有制度方面的依据，可见时人对晋代官品内部的阶层划分与品级对应关系保持着清楚的认识。

结合以上考察，官品（九品）之中的"古爵"与"官品"对应关系如

---

① 《宋书》卷四〇《百官志下》，第1357页。"下"原作"上"，于制度似有不通，据《隋书·百官志上》改。
② 《隋书》卷二六《百官志上》，第804页。
③ 《晋书》卷九〇《良吏·胡威传》，第2330页。
④ 杨振红：《秦汉官僚体系中的公卿大夫士爵位系统及其意义——中国古代官僚政治社会构造研究之一》，《文史哲》2008年第5期，第94页。
⑤ ［北齐］魏收：《魏书》卷一〇八之四《礼志四》，北京：中华书局，2017年，第3047页。

表 1.4 所示。

表 1.4　魏晋官品"古爵"与"官品"对应关系表

阶层	公孤		卿大夫			士		
古爵	公	孤	卿（上大夫）	大夫	从大夫	上士	中士	下士
官品	第一品	第二品	第三品	第四品	第五品	第六品	第七品	第八、第九品

从技术层面理解，作为官制的官品将礼仪阶层纳入架构之内，更细致地定义了官品等级及所承载的品位功能。阎步克曾指出，"儒家礼书中的等级礼制，是以公侯伯子男及公卿大夫士为尺度的。所以在复古定礼制时，得先把现行秩级转换为周朝爵级，再到礼书中查找这个爵级的相应礼遇。这时候的周爵，就成了把现行秩级与古礼等级联系起来的中介了"[①]，所言甚是。同理，官品建构引入古礼等级系统作为尺度，这种官制与礼仪的关联，本身或即官品制度成立的题中之意。根据前引《晋书·裴秀传》载"魏咸熙初，厘革宪司。时荀𫖯定礼仪，贾充正法律，而秀改官制焉，秀议五等之爵"云云，有理由相信魏末"定礼仪""正法律""改官制""议五等"是一个互有关联的系统建设工程。因此官品的建构，在技术原理上是沟通了荀𫖯所定礼仪"体统"，从而对九品作了阶层划定。简言之，这是官品建构的"品级阶层化"。

三、"定准"与等级基准化

前述贺循议及"古爵""今官""官品"的对应关系，通过"官品"与"古爵"的对应，讨论了官品建构的"品级阶层化"。在此之外，"官品"与"今官"之间构成的关联同样值得深究。细察贺氏所举"今官"官职，可发现它们在官僚体制中具有特殊的位序意义，了解这些官职的地位与功能，有助于探讨官品建构的第三个技术程序。

第五品为官品的阶层界限，不妨先考察贺循所举五品以上的"今官"，有："九卿、光禄大夫"（三品）、"五营校尉"（四品）与"郡守"（五品）。这些职位在官制传统中颇具代表性，某些情况下"卿""校""郡守（二千石）"连缀书写，潜在地发挥着标示官僚级别的尺度功能。

---

① 阎步克：《从爵本位到官本位——秦汉官僚品位结构研究》，第 251～252 页。

东汉以来的制度运行不乏相关例证。如《后汉书·桓帝纪》载"诏公、卿、校尉、郡国举至孝"[1]，《献帝纪》载"诏三公举至孝二人，九卿、校尉、郡国守相各一人"[2]，具举荐权的官员就包括了九卿、校尉、郡国守相。类似的高级官职连续表述颇为常见，如《后汉书·冲帝纪》载"诏三公、特进、侯、卿、校尉，举贤良方正幽逸修道之士"[3]，《桓帝纪》载"诏举武猛，三公各二人，卿、校尉各一人"，"诏公、卿、校尉举贤良方正"[4]，又如《后汉书·梁统传附梁冀传》载"其它所连及公卿列校刺史二千石死者数十人"[5]，史书直接使用官职连叙指称受到株连的高层官员。再如《后汉书·羊续传》载"其先七世二千石卿校"[6]，《后汉书·杨震传附杨赐传》载"七在卿校，殊位特进，五登衮职，弭难乂宁"[7]，在描述某人、某家族的仕进履历时，同样会使用此类书写来表示仕宦高度。

从制度含义理解，以上官职既是具体职位，某些语境下亦可指涉抽象化的官位级别。比如常见的"卿""校"连缀，《魏书·官氏志》载北魏诏书谓"五校昔统营，位次于列卿"[8]，是对汉魏时期"卿""校"相次的制度描述，"位"在这里构成级别尺度。此类以官职标识级别的做法，在两晋南朝的礼仪运作中仍得到继承。典型例子如《宋书·礼志五》载：

> 公特进列侯夫人、卿校世妇、二千石命妇年长者，绀缯帼。……自皇后至二千石命妇，皆以蚕衣为朝服。[9]

这是晋宋时期对高官内眷的舆服规定。表述上是以简化的职位列举，最大限度地涵盖一众高级官员。诸职位显然代表了相应级别，而不仅限于官职本身。值得注意的是，上述职位与官品等级恰是逐一对应关系：公（第一品）、特进（第二品）、卿（第三品）、校（第四品）、二千石郡守（第五品）。

换一种思路理解，这表明官品前五品以内的一众官职，在礼制层面是可以用特定职位的连缀方式加以涵盖的。"皇后至二千石命妇"的表述亦

---

① 《后汉书》卷七《桓帝纪》，第 316 页。
② 《后汉书》卷九《献帝纪》，第 381 页。
③ 《后汉书》卷六《冲帝纪》，第 275 页。
④ 《后汉书》卷七《桓帝纪》，第 317、314 页。
⑤ 《后汉书》卷三四《梁统传附梁冀传》，第 1186 页。
⑥ 《后汉书》卷三一《羊续传》，第 1109 页。
⑦ 《后汉书》卷五四《杨震传附杨赐传》，第 1785 页。
⑧ 《魏书》卷一一三《官氏志》，第 3263 页。
⑨ 《宋书》卷一八《礼志五》，第 551~552 页。

是佐证线索。从皇后起，往下覆盖了朝廷一众高官内眷，所对应官位级别界限是"二千石"。按当时通行用法，这里"二千石"是指郡太守。所要表示的官位级别范围，无疑就是"二千石（郡守）以上"。这不由让人想起前考"郡国太守、内史、郡尉、牙门将、骑督以上"，正是"荀顗所撰定体统"通叙的大夫阶层也即官品第五品的下限。

上述标志性职位与官品等级的对应关系，史有旁证。南齐时期曹思文上表提到晋惠帝元康三年（293）"始立国子学，官品第五以上得入国学"①，可知西晋立国学，具备入学资格的是官品第五以上的官员子弟。《宋书·礼志一》载东晋孝武帝太元九年（384）"尚书谢石又陈之……请兴复国学，……烈宗纳其言。其年，选公卿二千石子弟为生"②，此知东晋复国学，具备入学资格的是"公卿二千石子弟"。可以推断，东晋国学沿袭前代"官品第五以上"成例，"公卿二千石"涵盖的官员级别，应可理解为第一至第五品。此亦表明"公卿二千石"是一种职位连缀的级别标示方式，其中"二千石"对应官品第五。这种官职、级别与官品的潜在对应关系也将问题引往制度原理的解读方向。

从制度原理思考，官品建构需解决一个关键问题："诸条"与官品等级如何实现匹配？如前辨析，既然官品体系并非产生于职位串联排序，那么就不应该也不可能采用以职位权重最大者居前的领头羊模式来安排"诸条"位次。不妨打一比方说明，如果把"诸条"比作各色珠子，那么将不同珠子置入每个等级，不是比珠子大小的串联"穿线"，而是依某种逻辑完成的并联"镶嵌"。从技术逻辑理解，"镶嵌"操作并不需要领头羊，但必然要有锚定点，它可以起到基准参照作用而承担等级定义功能。换言之，为官品等级确立基准，是"诸条"与级别体系实现有效衔接的必要建构程序，姑将此技术操作称为"定准"。

贺循以"今之某官当之"来指涉官品等级。他列举的"今官"采用传统上具有级别标示功能的官职，而非当时职位权重更大或位次更靠前的官职（如第三品的"尚书令"或"侍中"），应是基于对当时礼制知识的某种普遍理解。前面分析指出魏晋之际的"定礼仪""正法律""改官制"是一个互有关联的系统建设工程，官品的"定准"逻辑或即隐含在贺氏的表述之中。下面试对官品等级"定准"所涉"基准"官职略加探讨。

---

① ［南朝梁］萧子显：《南齐书》卷九《礼志上》，北京：中华书局，2017年，第155页。
② 《宋书》卷一四《礼志一》，第393~394页。

（一）第一品：公（三公）

三公是汉魏时期最具代表意义的高级职位。大将军、太傅等官职地位虽或更高，制度上却不如三公具有普适性。前述当时以"公卿二千石"指代第一至第五品的表达，第一品所对应的无疑是"公"，官品最高等级的"定准"是以三公为基准官职。

（二）第二品：将军（四征将军、特进）

在"分层"的考察中，已指出官品一、二品为同一阶层，第二品的定准思路应是参照"公"级别的稍下延伸。《南齐书·舆服志》称"其公、将军金章"①，提示了将军的特殊地位。《续汉书·百官志一》"将军"条本注曰："比公者四：第一大将军，次骠骑将军，次车骑将军，次卫将军。又有前、后、左、右将军。"②重号将军在东汉虽不常置，但无减其显贵，服制是金章紫绶，级别是"比公"。参《后汉书·和帝纪》载皇帝赏赐大臣提到"赐诸侯王、公、将军、特进、中二千石、列侯、宗室子孙在京师奉朝请者黄金"③，可见"将军、特进"的级别介乎于公、卿（中二千石）之间。"特进"多为加官性质，可并入"将军"讨论。

若干线索表明，"四征将军"（包含特进）是第二品的基准职位。《宋书·百官志上》引鱼豢曰：

> 四征，魏武帝置，秩二千石。黄初中，位次三公。④

魏文帝时四征将军已是"位次三公"，地位尊崇。同书又引鱼豢曰："魏世车骑为都督，仪与四征同。若不为都督，虽持节属四征者，与前后左右杂号将军同。其或散还从文官之例，则位次三司。"⑤可知素为贵号的车骑将军，当时位次一度不如四征。《通典·魏官品》第二品有"诸四征、四镇、车骑、骠骑将军"⑥，或即确切反映了曹魏时期的制度情形。参考《通典·礼三五·天子上公及诸侯卿大夫士等贽》所载：

> 魏明帝青龙二年，诏下司空："征南将军见金紫督使，位高任

---

① 《南齐书》卷一七《舆服志》，第381页。
② 《续汉书·百官志一》，《后汉书》，第3563页。
③ 《后汉书》卷四《和帝纪》，第171页。
④ 《宋书》卷三九《百官志上》，第1329页。
⑤ 《宋书》卷三九《百官志上》，第1328页。
⑥ 《通典·魏官品》第三品又有"诸征、镇、安、平将军"，与"征、镇"重出，显示这个制度文本或有糅合晋制之处。

重。近者正朝，乃与卿校同执羔，非也。自今以后，从特进，应奉璧者如故事。"①

所谓"金紫督使"，应指金章紫绶、加都督、使持节。当时"正朝"的礼仪级别有公、特进、卿校之分。魏明帝下诏，将四征之一的征南将军提升至"特进"级别。这进一步印证了四征将军与特进的关联，以及高于"卿校"的级别属性。

由此梳理第二品定准的制度逻辑：该等级的设定是基于"位次三公"原则，因此级别上高于"卿校"，当时地位崇高的四征将军与特进的礼制级别相关联，成为这一等级的基准职位。

（三）第三至第五品：卿（九卿、光禄大夫）、校（五营校尉）、二千石（郡守）

第三品至第五品的定准，分别以卿、校、二千石郡守为基准，已见前揭，在此不赘。可补充讨论的是，贺循提到的第三品"今官"，在九卿之外，尚有光禄大夫。参《后汉书·和帝纪》载赏赐"将、大夫、郎吏从官帛"，李贤注曰："大夫谓光禄、太中、中散、谏议大夫也。《十三州志》曰：'大夫皆掌顾问、应对、言议……'"②光禄大夫属"从官"，但其后从诸大夫中独立，成为用于维系官资与待遇的通显之官。《晋书·职官志》云："光禄大夫假银章青绶者，品秩第三，位在金紫将军下，诸卿上"③，显示光禄大夫在官僚体制中有其特殊地位。该官与特进可有模拟之处，或亦构成第三品的"基准"。

《南齐书·舆服志》云：

> 其公、将军金章，光禄大夫、卿、尹、太子傅、诸领护将军、中郎将、校尉、郡国太守内史、四品五品将军，皆银章，尚书令仆、中书监令、秘书监丞、太子二率、诸府长史、卿尹丞、尉、中丞、都水使者、诸州刺史，皆铜印。④

在晋代舆服体系里面有第一至第五品基准官职的身影。其中，第三至五品的基准"光禄大夫、卿""校尉""郡国太守内史"，均在"银章"之列。

---

① 《通典》卷七五《礼三五·天子上公及诸侯卿大夫士等贽》，第2049页。
② 《后汉书》卷四《和帝纪》，第171页。
③ 《晋书》卷二四《职官志》，第728页。
④ 《南齐书》卷一七《舆服志》，第381页。

这与一、二品基准所对应的"金章"构成了礼制等差，从侧面说明了第三至第五品基准官职属同一阶层。

（四）第六品：尚书丞郎、侍御史及秩千石县令

贺循称"上士亚于大夫，今之尚书丞郎、御史及秩千石县令在官六品者当之"，若干史料表明"尚书丞郎、御史（即侍御史）"在曹魏时期即具备了定义位次的尺度功能。《北堂书钞》卷五七引《王肃表》曰：

> 臣愚以为秘书职于三台为近密，中书郎在尚书丞郎上，秘书丞郎宜次〔尚〕（上）书郎下。不然则宜次御史下。①

参《唐六典·秘书省》引《魏起居注》载此事云"青龙中，议秘书丞郎职近日月，宜居三台上，亚尚书丞、郎"②，又《太平御览》卷二三三引王肃《论秘书表》亦载"秘书丞郎宜比尚书〔丞？〕郎、侍御史"③，可相互参证。曹魏时朝廷议论秘书丞郎的位次参考了尚书丞郎、侍御史的位次，这一事例显示出尚书丞郎、侍御史作为位序尺度的特征。

参《宋志官品表》，第六品前两列为"尚书丞、郎""治书侍御史、侍御史"，其尺度功能或即缘于上述制度传统。前面考察指出，西晋时有"尚书丞郎以下""尚书丞郎令史"的提法，此种表述背后亦可能蕴含级别标示功能。而治书侍御史本身即掌劾六品以下。同时，第五品尾部的郡守作为基准官职，为"大夫"阶层之下限。与之相对，第六品头部的尚书丞郎、侍御史作为基准官职，共同构成"士"阶层之上限。两组基准官职恰好贴合于阶层界限，或非偶然。

还应该注意的是，贺循议所列"今官"涉及不同等级的地方郡县长官，呈现出某种规律性。它们顺次布列于第五至第九品，即"第五品（二千石郡守）—第六品（千石县令）—第七品（六百石县令）—第八、第九品（诸县长丞尉）"。由此推测，这是以第五品基准"二千石郡守"为参考，县级长官亦按等级次序对应往下的官品，从而构成各品基准。当然，也要考虑到贺循所列的基准官职未必完整，从第六、第七品兼有朝廷官与地方官两组基准官职的情况判断，不排除第八、第九品除"诸县长丞

---

① 《北堂书钞》卷五七《设官部九·秘书总》，第431页。《通典》卷二六引《王肃表》曰："臣以为秘书职于三台为近密，中书郎在尚书丞、郎上，秘书丞、郎宜次尚书郎下，不然则宜次侍御史下。"（第734页）据校。
② 《唐六典》卷一〇《秘书省》，第297页。
③ 《太平御览》卷二三三《职官部三一·秘书郎》，第1108页。

尉"以外，或当有朝廷官作为基准。由于史料所限，目前难以对第七品以下的基准官作更充分的论证。[1] 不过根据前面考察，已可勾勒出官品建构定准的大致轮廓，如表 1.5 所示。

表 1.5　官品定准所涉基准官职表

官品等级	传统级别	基准官职	
		内官	外官
第一品	公	三公	
第二品	将军	四征将军、特进	
第三品	卿	九卿、光禄大夫	
第四品	校	五营校尉	
第五品	郡守		二千石郡守
第六品		尚书丞郎、侍御史	千石县令
第七品		东宫洗马舍人	六百石县令
第八品 第九品			诸县长丞尉

定准通过汉代以来制度运作中具备等级尺度功能的官职，赋予了官品九品明确的级别属性。简言之，这是官品建构的"等级基准化"。值得注意的是，等级基准化的技术逻辑同样来自朝班的"位"，可以认为，这是通过参考旧制度的"位"来为新制度进行等级的"格式化"。总的来说，"定准"与"分层"采用今、古两套等级系统，共同定义官品整体架构的层级尺度，为官品的后续建构奠定了制度框架基础。

四、"序位"与建构一元化

官品既由"诸条"构成，则"诸条"位次的确立是内部结构成型的重

---

[1]　《北堂书钞》卷六八《设官部二〇·掾》引《山公启事》曰："今尚书郎、御史、东宫洗马、舍人多缺，宰士中后进美者：太尉掾乐广字彦辅，司徒掾刘琨字伯瑜、王瓒字正长；司空掾王政字士则、刘澹字初平；征西将军掾诸葛职，皆其选也。"（第 516 页）山涛所举"尚书郎、御史、东宫洗马、舍人"，正好是贺循所对应六、七品的"今官"。在启事中这些官职连缀而列，或表明它们本身在官僚体系中具有代表性；同时山涛以"多缺"为称，不排除是一种泛指，蕴含表示一级别职位之意。这条史料或提示"东宫洗马、舍人"亦有标示级别的意义。

要指针。因此，官品建构的关键一步，也即制度成型的技术程序，就是对"诸条"进行位次安排，在此且称之为"序位"。

对序位所涉技术操作的讨论，不妨先引用曹魏时期的一份官员位次史料作为参考。《三国志·魏书·三少帝纪》裴松之注引《魏书》，载录了曹魏朝臣奏请太后废少帝曹芳的上书（以下简称《魏臣奏》）。其起首详列群臣具衔，文曰：

> 守尚书令太尉长社侯臣孚、大将军武阳侯臣师、司徒万岁亭侯臣柔、司空文阳亭侯臣冲、行征西安东将军新城侯臣昭、光禄大夫关内侯臣邕、太常臣晏、卫尉昌邑侯臣伟、太仆臣巍、廷尉定陵侯臣毓、大鸿胪臣芝、大司农臣祥、少府臣袤、永宁卫尉臣桢、永宁太仆臣阁、大长秋臣模、司隶校尉颍昌侯臣曾、河南尹兰陵侯臣肃、城门校尉臣虑、中护军永安亭侯臣望、武卫将军安寿亭侯臣演、中坚将军平原侯臣德、中垒将军昌武亭侯臣廙、屯骑校尉关内侯臣陔、步兵校尉临晋侯臣建、射声校尉安阳乡侯臣温、越骑校尉睢阳侯臣初、长水校尉关内侯臣超、侍中臣小同、臣颙、臣酆、博平侯臣表、侍中中书监安阳亭侯臣诞、散骑常侍臣瓌、臣仪、关内侯臣芝、尚书仆射光禄大夫高乐亭侯臣毓、尚书关内侯臣观、臣嘏、长合乡侯臣亮、臣赞、臣骞、中书令臣康、御史中丞臣钤、博士臣范、臣峻等稽首言：……①

奏书具衔蕴含丰富制度信息，诸官职的排列情况反映了当时朝官的位次秩序。为便于说明，特绘制表格（如表 1.6 所示），按具衔位序排列，依职位类别罗列各人官衔，并标明大臣姓名。②

表 1.6 《魏臣奏》朝臣具衔秩序简表

职位类别	具衔位序
公*	守尚书令太尉司马孚、大将军司马师、司徒高柔、司空郑冲

---

① ［晋］陈寿撰，［南朝宋］裴松之注：《三国志》卷四《魏书·三少帝纪·齐王芳纪》，北京：中华书局，1959年，第129页。

② 具衔诸大臣姓名，清人钱大昕云"此时公卿列名者四十六人，以本志及《晋书》考之"，并对此有详细考订。参见［清］钱大昕著，方诗铭、周殿杰校点《廿二史考异》卷一五《三国志·齐王芳纪》，上海：上海古籍出版社，2004年，第282~283页。下列大臣人名，主要采用钱大昕的考证成果。

续表

职位类别	具衔位序
将军 *	行征西安东将军司马昭
光禄大夫	光禄大夫孙邕
卿 *	太常任晏、卫尉满伟、太仆庾嶷、廷尉钟毓、大鸿胪鲁芝、大司农王祥、少府郑袤
太后皇后卿	永宁卫尉何桢、永宁太仆张阁、大长秋模
尹	司隶校尉何曾、河南尹王肃
禁卫将校	城门校尉虑、中护军司马望、武卫将军曹演、中坚将军甄德、中垒将军廙
校尉 *	屯骑校尉武陔、步兵校尉郭建、射声校尉郭温、越骑校尉初、长水校尉超
门下	侍中郑小同、荀顗、赵酆、华表，侍中中书监韦诞，散骑常侍司马瓌、仪、郭芝
尚书	尚书仆射光禄大夫卢毓，尚书王观、傅嘏、袁亮、崔赞、陈骞
中书	中书令孟康
御史	御史中丞钤
博士	博士范、庾峻

据此可知，《魏臣奏》具衔有着明显的职类分别与位次级差，反映了当时朝廷官职的分类与分等原则。传统上标志级别的"公""将军""卿""校尉"（星号"*"标记者）均参列其中，显示当时朝廷官员的位次安排，承自前代既有官僚层级秩序，这是传统延续的一面。另一方面，该具衔中的局部官职位序及职位间的链接关系，又与早期官品存在颇多相关性，官品内部结构的组织要素已初现眉目。该具衔所反映的情况，似可旁证官品创建于曹魏晚期的观点，亦说明《魏臣奏》是运行于官品诞生前夜的朝官位次直接史料。

需要指出的是，具衔中的某些官职，由于职位兼任或特殊安排等原因，未必居于本位。如太尉司马孚兼守尚书令，尚书令的出现位置就提前了，他本人以叔父之尊而居于大将军司马师之前，太尉的位次也因此提前。[①] 在排除此类干扰因素以后，可整理出更符合原本秩序的朝官位次

---

① 《宋书·百官志上》云："晋景帝为大将军，而景帝叔父孚为太尉，奏改大将军在太尉下，后还复旧。"（第 1324 页）

状况，它与早期官品文本所反映的"诸条"位序形成清晰对比（如表 1.7 所示）。

表 1.7　《魏臣奏》诸官职实际位次与《宋志官品表》"诸条"比较表

《魏臣奏》诸官职实际位次	《宋志官品表》"诸条"（附官品、列数）
大将军 太尉、司徒、司空	太尉、司徒、司空（一品，列 2） 大司马、大将军（一品，列 3）
行征西安东将军	金紫将军（二品或三品）
光禄大夫 太常、卫尉、太仆、廷尉、大鸿胪、大司农、少府 永宁卫尉、永宁太仆、大长秋 司隶校尉、河南尹	光禄大夫（三品，列 5） 诸卿、尹（三品，列 6） 大长秋（三品，列 8）
城门校尉、中护军、武卫将军、中坚将军、中垒将军 屯骑校尉、步兵校尉、射声校尉、越骑校尉、长水校尉	领、护将军（三品、列 10） 二卫至五校尉（四品、列 1）
侍中、散骑常侍 尚书令、尚书仆射、尚书 中书监、中书令	侍中、散骑常侍（三品、列 1） 尚书令、仆射、尚书（三品、列 2） 中书监、令、秘书监（三品、列 3）
御史中丞	御史中丞、都水使者（四品、列 6）
博士	博士（六品、列 4）

　　通过《魏臣奏》与《宋志官品表》的参互比较，可知官品制度建设的"序位"操作曾以现实的官僚位次作为主要依据。《魏臣奏》所见"侍中、散骑常侍，尚书令、尚书仆射、尚书，中书监、中书令"属于当时行用的朝位安排，相关官职在官品中的排序基本一致。由此推断，在官品制度建设阶段，以现实的朝位秩序为依据，门下、尚书、中书长官被视为一个位序区间。在这个区间之内，诸官职的相对位置及官职之间的链接关系都得到充分保留，构成一个内部稳定的结构化大单元。换言之，该位序区间是整体地参与序位。那么，接下来的序位是如何操作呢？前已分析，官品九品通过分层与定准，各个等级已被赋予相应的层级尺度。在序位过程中，建制者大概综合考虑该位序区间的品位权重，最终决定将之匹配于"大夫"阶层、以"卿"为基准的等级，也就是第三品，同时通过进一步考虑，将该位序区间列于第三品之首。于是，位序区间内的侍中至中书令各

官，官品和位次也随之得到叙定。在制度上，也就定型为在早期官品文本（《宋志官品表》）所见第三品头部的位序情况：

> 侍中、散骑常侍
> 尚书令、仆射、尚书
> 中书监、令、秘书监

作为佐证，前引《晋书·华峤传》载西晋惠帝复置秘书监亦有"班同中书，寺为内台"规定。从序位逻辑理解，"班同中书"与中书监、令连官而构成链接关系，并意味着秘书监加入上述"内台"位序区间。

要言之，官品建构的序位离不开前述连官、分层、定准等基本程序。诸官职通过连官构成序列，甚至进一步拓展为结构化的位序区间，然后参照由分层和定准提供的层级尺度，确定与之匹配的官品等级，继而再确立同一等级之内不同序列或位序区间的位次。以上就是从《魏臣奏》与早期官品表对比考察所得到的官品建构序位程序的基本原理。

当然，以上所言主要是原理化的概括，建制过程的序位，所面对的是多样化的职官位序关系，具体操作必然充满各种可变量与复杂性。借由上面两个制度样本的比较，可了解到此类情况是相当普遍的。比如，第三品基准的"卿"，同样拓展为一个位序区间。官品中"卿"所在的位序区间，官职的相对位次较此前发生变化，表现为太后皇后卿靠后，尹则靠前，与卿连官。又如，第四品基准的"校尉"，本来《魏臣奏》已构成一个位序区间，但随着禁卫武官系统的不断演化，也经历了分化与重整，形成了新的序列，在序位中甚至分属在不同等级。再如，第二品基准的金紫将军，分化为两个序列，一者保留在第二品，一者参照"卿"，列于第三品，且官品建构时作为二品基准官职的四征将军，反而在此后的军号序列调整中划归入三品将军。但万变不离其宗，不管"诸条"的具体结构形式如何（包括重构、分化、整合乃至拓展），作为基本单元的"条"，均通过序位程序叙定官品等级。

要言之，"序位"的关键技术环节是序等级之位。基于由"分层"与"定准"所设定的级别尺度，官品所有的结构化单元，不论单一序列抑或位序区间，均可运用参照机制实现等级叙定。位于单元内的官职，同样在这一环节中得到自身的官品。也就是说，官职在第几品，并不取决于职位本身，而是由所在结构单元的序位结果所决定的。

以上对序位程序的探讨，印证了前谓官品诸条并联"镶嵌"于等级，而非串联"穿线"的说明，同时间接表明了以官职为基本单元、依职位串联排序来定品的理解模式，并不符合官品的建构原理。

序位运用的等级尺度参照机制，是官品实现一元化建构的关键所在。阎步克概括并强调了官品的"涵盖性"特点，是"把职事官、文散官、将军号、封爵熔铸一炉，全部容纳于九品之中，使之具有了清晰严格的对应性、可比性"[①]，所言甚是。可进一步拓展的是，早期官品的涵盖性其实早已蕴含在官品的建构程序之中。职事官、散官、将军号、封爵等性质不一、类别不同的官爵名号，都能够使用一把经由阶层与基准定义、具有清晰对应性与可比性的标尺来划定相应级别。在标尺的参照机制下，官品序位程序能够最大限度地发挥涵盖效力，并最终建成具有显著一元化特征的官僚等级制度。

小　　结

本章提出的核心问题是：官品是"怎么样"建成的？经过以上考察，可对其建构原理作一简要总结。不妨再次品酌《宋志官品表》"凡新置不见此诸条者，随秩位所视"一语所蕴含的制度原理，作为今存最早的官品说明。其中的三个关键词"条""位""视"，正好点出了此中关窍。

先说"条"。"条"的常规形态是由官职构成的序列，相当于官职是元素，序列是集合。"条"是官品建构的基本单元，也是制度结构的要穴所在。"条"的生成，主要基于"连官""官联"等技术程序，官职之间建立起多重链接，形成制度化绑定，并构成内部关系清晰明确的结构化单元。官品体系围绕"条"的组织形式建构，官品表式文本也因此呈现出"诸条"平行并排、前后相依的制度形态。这意味着官职并非官品建构的主体要素。从建制流程来看，单个官职由始至终都不能单凭本身的职位权重来决定自身的官品等级，乃至在官品中的位次，除非它的制度含义已转变为独立的"条"（比如特进）。对官品制度性质的理解，有必要辩证地看待部分史料所持"设官分职"叙述立场，以及由此产生的官职为中心的制度记录，进而摆脱"官品—官职"的简单二元思维。

再说"位"。"位"是官品体系的核心秩序，也是制度建设的底层逻辑。从广义层面理解，"位"是朝位之"位"。朝班位次是官品建构"连官""定准""序位"程序的体制依据与直接参考。"随秩位所视"之"秩

[①]　阎步克：《中国古代官阶制度引论》，第206页。

位",亦与此相关。由此延伸,"连官"程序形成序列内各官先后位次之"位","定准"程序确立用于定义官品等级的尺度之"位","序位"程序叙定诸条的等级之"位"。在此基础上,"位"可理解为拓展的系统位序逻辑,把官品塑造成为兼有复式结构与复合关系的等级体系。

最后说"视"。"视"是对"位"的参照,是官品建构运作的基础机制。"随秩位所视"是新置官职定品操作运用的"视",承担了定位与叙品的制度功能。"位与某官相比为连官"是"连官"程序运用的"视",承担了官职链接与组织化的功能,既然是"相比"参照,必然有本位与比位,因此产生序列内位次的先后次序。"序位"的关键一步是序等级之位,技术逻辑上也是一种"视",即参照所定等级尺度,由此承担了叙定官品的功能。可见在官品的建构过程中,"视"的参照机制几乎无处不在。正是由于"视"的基础存在,官品建构能够最大限度地发挥涵盖效力,通过"位"的参照,融合不同种类、性质官爵名号,最终建成一元化的官僚等级制度。

以上通过对"条""位""视"的解说,基本阐述了官品的制度建设原理。总的来说,魏晋官品是层累的复合建构,里面叠加多重链接关系、多元序列结构、多种技术程序及多个构筑环节,最终构建成具有高度涵盖效力的官僚等级体系。由此而言,阎步克概括官品是"一元化多序列的复式品位结构",准确地点出了魏晋官品的建制特征和制度本质。

第二章　品位与品级：魏晋南朝
官品制度的性质及历史脉络

第一章从制度内部视角出发，通过追溯官品建构流程及其技术原理，初步解释了魏晋官品是"怎么样"（How）建成的问题。在此基础上，本章尝试转向制度宏观层面，回应官品研究中"是什么"（What）与"什么时间"（When）两大基本关切。

"是什么"，重在探究官品制度的基本性质，具体分析拟从官品的建制语境、制度渊源、等级规划考虑、制度功能属性等方面展开。至于"什么时间"，相关考察拟加扩展，除了论证官品创建时间，也关注官品等级在魏晋南朝阶段发生制度性调整（包括局部与整体变动）的多个时间要点，以此梳理与把握早期官品制度史的基本脉络。本章拟从"早期官品的建制语境与制度性质""两晋宋齐官品的制度沿革""南朝梁代官品改制"三个方面，依上述思路展开探讨。

第一节　早期官品的建制语境与制度性质

本节尝试从官品建制时间的探讨、制度渊源的追溯、等级规划考虑的分析、制度功能的解读，以及官品等级与铨选秩序的关系辨析等不同方面，以专题形式开展考察。希望这些探讨能够构成有机联系，从整体上深化对早期官品的建制语境与制度性质的理解。

一、制度兴造：魏晋之际礼仪、法律、官制联动下的官品创建

官品具体创建于何时，这是官品制度研究的基本问题。一般而言，制定颁行新的官僚等级制度属于国家大事，在各朝各代的官方纪事中理应留下历史记录。遗憾的是，史籍并未留下建立官品制度的明确记录，成为推进相关研究的一大局限。其实，这一史料现状正是值得推敲的线索，官品建制未显见于史，未尝不是一处潜在提示。如果不抱有官品必

为单一制度颁布的主观预设，则问题可有新的解读方向：官品制度成立的具体记载或许并非以单独事件的形式存录，而是囊括在更为宏大的制度建设叙事之中。其建制记载或属"藏木于林"，官品创建的历史由此隐没其间。

循此思路，对官品建制记载的检视似不应限制于史文的字面表述。征诸文献，以下数条材料所反映的史事就很值得留意了。《晋书·文帝纪》记载曹魏咸熙元年（264）七月：

> 帝（司马昭）奏司空荀𫖮定礼仪，中护军贾充正法律，尚书仆射裴秀议官制，太保郑冲总而裁焉。始建五等爵。[1]

又《晋书·裴秀传》载：

> 魏咸熙初，厘革宪司。时荀𫖮定礼仪，贾充正法律，而秀改官制焉。秀议五等之爵，自骑督已上六百余人皆封。[2]

又《初学记》卷一一引《荀𫖮家传》云：

> 文帝平蜀，议复五等，表魏朝，使公（荀𫖮）定礼仪，中护军贾充正法律，尚书仆射裴秀议官制。公遂删定旧文，行正式，为一代之典。书成奏上，藏于秘府。其服色旗帜法驾之式，礼乐牺牲柴燎之典，祫禘迁毁配食之制，及于明堂辟雍之仪，皆公所议定，朝廷归其美。[3]

以上史料对"礼仪""法律""官制"的表述如出一辙，显示其文本史源或具有某种亲缘关系，很有可能是来自模式化的官方书写。这场发生于魏末的制度兴造活动，"礼仪""法律""官制"构成三大核心板块。从司马昭上奏一同发起、郑冲承担"总裁"之名，可推知这是一场基于整体规划的制度兴造活动，礼仪、法律、官制尽管各有分工，但三者之间无疑有着内在关联。与此相关，以"复五等"为口号的爵制改革，同样是咸熙创制运动的重要组成部分。

---

① 《晋书》卷二《文帝纪》，第44页。
② 《晋书》卷三五《裴秀传》，第1038页。
③ 《初学记》卷一一《职官部上·太尉司徒司空》，第257页。

阎步克主张官品出现于曹魏末年，他留意到官品创建与咸熙兴造制度之间的关联，指出："为了给夺权制造舆论，司马氏在魏末曾掀起了一个'制度创新'高潮。……《魏官品》就是在这个时候，由尚书仆射裴秀等人着手制订的。"[①] 这是对官品的具体背景和制定时间的简要论述。此论断很有见地，官品为魏末咸熙创制成果之一，正好解释了官品建立何以未显见于史书。在这场大规模的制度兴造活动中，官品充其量只是制度建设整体议程之部分，甚至可能还不是"议官制"之全部。既然如此，在时人看来，官品建立未必比同时期涌现的其他创制成果特殊，其被单独记载的可能性也由此降低。

上述荀𫖮定礼仪，贾充正法律，裴秀议（改）官制的模式化记载，提示了魏晋之际官品制度是在礼仪、法律、官制联动下建立起来的。由此逻辑出发，若干史证可说明官品是咸熙创制的产物。《唐六典·刑部尚书》载：

> 晋命贾充等撰《令》四十篇：一、《户》，二、《学》，三、《贡士》，四、《官品》，五、《吏员》，六、《俸廪》，七、《服制》，八、《祠》，九、《户调》，十、《佃》，十一、《复除》，十二、《关市》，十三、《捕亡》，十四、《狱官》，十五、《鞭杖》，十六、《医药疾病》，十七、《丧葬》，十八、《杂》上，十九、《杂》中，二十、《杂》下，二十一、《门下散骑中书》，二十二、《尚书》，二十三、《三台秘书》，二十四、《王公侯》，二十五、《军吏员》，二十六、《选吏》，二十七、《选将》，二十八、《选杂士》，二十九、《官卫》，三十、《赎》，三十一、《军战》，三十二、《军水战》，三十三至三十八皆《军法》，三十九、四十皆《杂法》。[②]

《官品令》属《晋令》四十篇中的第四篇。这是官品制度作为法令专篇颁布的明证。参考《晋书·刑法志》载"文帝为晋王，患前代律令本注烦杂，……于是令贾充定法律，令与太傅郑冲、司徒荀𫖮、中书监荀勖、中军将军羊祜、中护军王业、廷尉杜友、守河南尹杜预、散骑侍郎裴楷、颍川太守周雄、齐相郭颀、骑都尉成公绥、尚书郎柳轨及吏部令史荣邵等十四人典其事，……凡律令合二千九百二十六条，十二万六千三百言，

---

① 阎步克：《品位与职位——秦汉魏晋南北朝官阶制度研究》，第 251~252 页。
② 《唐六典》卷六《刑部尚书》，第 184 页。

六十卷，故事三十卷。泰始三年，事毕，表上。……四年正月，大赦天下，乃班新律"①，《晋书·武帝纪》载泰始四年（268）正月"丙戌，律令成，封爵赐帛各有差"②，可知《晋令》为魏末贾充"正法律"的最终成果，并在晋武帝泰始四年正式颁行。官品进入《晋令》体系，说明该制度的建立并不限于"官制"范畴。官品建制与律令正定存在协同关系，侧面反映了咸熙创制"法律"与"官制"两大板块的交互联动。

"礼仪"与"官制"的联动，同样有迹可循。《通典·礼六四·诸侯卿大夫谥》载：

> 八座议以为："太尉荀顗所撰定体统，通叙五等列侯以上，尝为郡国太守、内史、郡尉、牙门将、骑督以上薨者，皆赐谥。"③

"五等列侯以上""郡国太守、内史、郡尉、牙门将、骑督以上"，构成荀顗新礼的赐谥资格界限。有学者指出，这"不仅是把骑督当作享受赐谥待遇的最低阶层，而且把作为官职的骑督与作为爵位的列侯并列起来"④，已充分注意到以骑督为代表的诸官职与列侯爵位（县侯、乡侯、亭侯）相并列构成的阶层分界意义。荀顗新礼"通叙"的赐谥界限，正好对应了官品五品末端的官、爵序列，即"牙门将，骑督，安夷抚夷护军，郡国太守、相、内史，州郡国都尉"与"亭侯"（参《通典·晋官品》）。前面考察官品建构原理，指出建制者通过"分层"程序为官品九品划定阶层，形成"公孤—卿大夫—士"的层级分布，上述官、爵序列具备了标识"大夫"阶层下限的意义。根据《晋书·裴秀传》，相关界限同样反映在裴秀主持的"议五等之爵"爵制改革之中。从"自骑督已上六百余人皆封"的记载来看，封爵受益阶层被界定于"骑督已上"，现有研究认为这次封爵级别是从列侯开始，很有道理。⑤也就是说，通过新的爵制，官职在骑督以上的官僚群体获得不低于亭侯的封爵。旁参史证，就在此次爵制改革的同年年初，钟会在蜀谋反。《三国志·魏书·钟会传》载其事，云：

> （钟会）悉请护军、郡守、牙门骑督以上及蜀之故官，为太后发

① 《晋书》卷三〇《刑法志》，第927~928页。
② 《晋书》卷三《武帝纪》，第56页。
③ 《通典》卷一〇四《礼六四·诸侯卿大夫谥》，第2716~1717页。
④ 罗新：《试论曹操的爵制改革》，《文史》2007年第3辑，第58页。
⑤ 参见罗新《试论曹操的爵制改革》，《文史》2007年第3辑，第58~59页。

丧于蜀朝堂。矫太后遗诏，使会起兵废文王，皆班示坐上人，使下议讫，书版署置，更使所亲信代领诸军。①

钟会发动政变，他企图拉拢并控制中、高级官员，包括"护军、郡守、牙门骑督以上"等军政长官，充分表明这些人是关乎政治权力运作的官僚群体。他们不同程度地占据国家与军队权力部门要津，掌握国家统治机器权力与资源，故对当时政局的影响举足轻重，自然也是司马氏为夺取最高权力而迫切需要笼络的主要对象。不难看出，爵制改革的受益群体"骑督已上"，与同时期钟会政变中被胁迫"下议"的"护军、郡守、牙门骑督以上"官员，范畴是一致的。

以上考察表明，在咸熙创制运动中，不论荀顗新定礼仪抑或裴秀规划官制、改革爵制，彼此间存在通用的制度要素，潜在反映了各板块的联动共建。职位体系的郡国太守内史、郡尉、牙门将、骑督、护军，与爵位体系中列侯最低一级的亭侯构成一道制度性界限，发挥划定官僚阶层、界定身份权益的基础作用，并渗透于各板块的具体规划之中。由此，间接透露出"官制"与"礼仪"在咸熙建制的关联。官品第五品末端序列"牙门将，骑督，安夷抚夷护军，郡国太守、相、内史，州郡国都尉"与"亭侯"，带有鲜明的时代烙印，侧面证明了官品是咸熙创制的成果。

官品与服制之间的联系亦有助于加深上述理解。前引《唐六典》述《晋令》篇目，《官品令》为第四篇，《服制令》为第七篇。尽管《服制令》已佚，《宋书·礼志五》载录了自皇太子以下百官的服制内容，似仍保留其中部分信息。该志叙录官职印绶服冠，在主体内容之后，例以"江左"云云述东晋出现的制度变化。如《宋书·礼志五》胪列了"黄门鼓吹"等一众吏职冠服，史臣有"凡此前众职，江左多不备，又多阙朝服"的说明，显示该志所载服制是以西晋制度为本。不妨再参看该志"卫尉"条的叙述：

> 卫尉，则武冠。卫尉，江左不置。宋孝武孝建初始置，不检晋服制，止以九卿皆文冠及进贤两梁冠，非旧也。②

这里"卫尉，则武冠"的叙述，显为晋制。之后交代宋孝武帝置卫尉，规定与其他诸卿同服文冠，史臣谓之"非旧也"。由于卫尉在东晋不置，此

---

① 《三国志》卷二八《魏书·钟会传》，第792页。
② 《宋书》卷一八《礼志五》，第555页。

处"旧"无疑指卫尉服武冠，对应西晋制度。史臣又谓宋孝武"不检晋服制"，表明《宋书·礼志五》的修撰必然参检过相关的成文法规，其内容正是以"晋服制"作为依据的。

此外，《宋书·礼志五》服制条目的官职线索，亦反映出西晋官制的面貌。比如"侍中、散骑常侍及中常侍"，这里中常侍列于侍中、散骑常侍之后。《晋书·职官志》载"及元康中，惠帝始以宦者董猛为中常侍，后遂止"[1]，显示中常侍一度在西晋惠帝朝设官。又如"黄沙治书侍御史"，《晋书·职官志》载"泰始四年，又置黄沙狱治书侍御史一人，秩与中丞同，掌诏狱及廷尉不当者皆治之。后并河南，遂省黄沙治书侍御史"[2]，可见黄沙狱治书侍御史的设立和省并，均在西晋时期。循上述线索可知，即使《宋书·礼志五》不是以晋《服制令》为直接史源，也肯定与之存在某种间接的文本渊源关系。

在此考察基础上，比照《宋志官品表》并参以《通典·晋官品》，可知《宋书·礼志五》所载服制序列有多处片段是与官品序列重合，且重合片段的官职前后次序基本一致，兹以第三品为例说明（如表 2.1 所示）。

表 2.1　官品与服制序列的对应表（以官品第三品为例）

《宋志官品表》	《通典·晋官品》	《宋书·礼志五》服制序列
① 侍中，散骑常侍 ② 尚书令，仆射，尚书 ③ 中书监，令，秘书监 ④ 诸征、镇至龙骧将军 ⑤ 光禄大夫 ⑥ 诸卿，尹 ⑦ 太子二傅 ⑧ 大长秋 ⑨ 太子詹事 ⑩ 领、护军 ⑪ 县侯	① 侍中　散骑常侍　中常侍 ② 尚书令、仆射尚书 ③ 中书监、令　秘书监 ④ 诸征、镇、安、平、中军、镇军、抚军、前后左右、征虏、辅国、龙骧等将军 ⑤ 光禄大夫 ⑥ 诸卿尹 ⑦ 太子保傅 ⑧ 大长秋 ⑨ 太子詹事　司隶校尉 ⑩ 中领军 ⑪ 中护军县侯爵	骠骑、车骑将军，凡诸将军加大者，④ 征、镇、安、平、中军、镇军、抚军、前、左、右、后将军，征虏、冠军、辅国、龙骧将军
		① 侍中、散骑常侍及中常侍
		② 尚书令、仆射
		② 尚书
		③ 中书监、令、秘书监
		⑤ 光禄大夫、⑥ 卿尹、⑦ 太子保傅、⑧ 大长秋、⑨ 太子詹事
		⑥ 卫尉
		⑩ 领军、护军，城门五营校尉，东南西北中郎将
		⑪ 县、乡、亭侯

---

① 《晋书》卷二四《职官志》，第 733 页。
② 《晋书》卷二四《职官志》，第 738 页。

如表 2.1 所示，官品与服制序列存在多处重合片段，显示出制度上的关联性。不妨梳理各序列的对应情况：序列①，参《通典·晋官品》作"侍中　散骑常侍　中常侍"，《宋书·礼志五》与《通典》同。序列②，《宋书·礼志五》分作两列叙述，"八座"次序仍为一致。序列③，《宋书·礼志五》同。序列④，《通典·晋官品》详作"诸征、镇、安、平、中军、镇军、抚军、前后左右、征虏、辅国、龙骧等将军"，《宋书·礼志五》将二品、三品金紫将军归并叙述，三品军号次序仍属一致。序列⑤、⑥、⑦、⑧、⑨，《宋书·礼志五》合并叙述，官职次序基本一致，除却"卫尉"，是因冠制特殊须作单独交代说明。序列⑩，《宋书·礼志五》连同四品武官军号叙述，与前面金紫将军叙述原则同，"领军、护军"次序一致。序列⑪，《宋书·礼志五》合并叙述列侯，以"县侯"为首，且紧随上个序列。

不难发现，服制因应本身的礼仪与制度逻辑，叙述次序未必与官品全同。比如二、三品将军同为金章紫绶，构成同一服制序列，三品军号的出现位置被连带提前；又如三品禁卫武官，下与四品官号同构为序列；再如列侯，服制序列更横跨不止一个官品等级。但除却同类合并的因素，服制序列所见官职先后位次又是与官品体系高度吻合的。

由此可知，官品序列与服制序列既有片段重合亦见整体差别，表明两者各自独立又有所关联。这正好反映出官品来自裴秀"议官制"，服制来自荀𫖮"定礼仪"，两部分内容通过贾充"正法律"以法令形式颁行，其中体现咸熙创制中礼仪、法律、官制各板块联动共建的内在逻辑。

综上，官品创建于魏晋之际，属于咸熙年间发起的制度兴造成果，与同时期涌现的诸多建制内容关系密切。借用陆扬的话，官品创建算得上"独立而非孤立"的制度史事件。[1]官品所关涉的身份秩序、法令专篇及等级制度，应从"定礼仪""正法律""改官制"（包括"复五等"）的整体规划过程及其内在联动机制来获得更深切的历史理解。

二、朝班位序：官品的制度渊源

前揭官品制度建构原理，表明"位"是官品体系的核心秩序，也是

---

[1]　"独立而非孤立"是陆扬对墓志作为史学考察对象而提出的理解。（参见陆扬《从墓志的史料分析走向墓志的史学分析——以〈新出魏晋南北朝墓志疏证〉为中心》，《中华文史论丛》2006 年第 4 期，第 126 页）笔者认为，从魏晋之际礼仪、法律、官制的联动建制语境考虑，用"独立而非孤立"来理解作为制度史事件的官品创建，也是贴切的。

制度建设的底层逻辑。^① 这让人思考"位"的制度性来源问题，并进一步关注官品的制度渊源。对此，前辈学者提出了很有参考价值的意见，安作璋、熊铁基认为"两汉以后的官品之制，即由朝位制度发展而来"^②。阎步克在此基础上续有论述，指出"魏晋官品的主要来源之一，就是汉代朝位"^③，"九品官品的形成，与朝位有密切关系"^④，在前贤论证的基础上，下面试结合更多线索继续探讨该问题。

《北堂书钞》卷六二引《晋百官表注》叙谒者职掌，对晋代朝会场合的位次安排有所述及。云：

> 谒者，十人，掌捧诏书，使拜从之事。朝会则傧赞引王、〔？〕、卿、校尉上殿。^⑤

关于这段文字，《晋书斠注》注曰："案王卿二字恐有讹文。"^⑥ 其说可参。推断"王""卿"之间至少尚有"公"字，在流传中或因脱字以致文义不完整。该史料显示，公、卿、校尉在晋代仍构成朝会位次秩序。阎步克指出："古代的朝礼，……具有展示身份与权力的意义。所谓'朝班'，即官贵们在朝堂上的位置——又称朝位、班位、班序——得以成为一种重要的等级手段，并与官阶相为表里、相辅相成。"^⑦ 所论深具启发。如前所考，公、卿、校尉等职位是官品"定准"的建制要素，此亦隐约提示了朝班与官品之间的内在关联。魏晋之际，官品虽属新成立的等级制度，但其建制并非凭空而起，而是充分吸收了朝班的位次秩序及其品级安排功能。概言之，官品制度渊源有自，乃因承自朝班位序。

传世碑刻史料为解读汉魏朝位秩序提供了重要文本。《上尊号碑》云：

> 相国安乐乡侯臣歆、太尉都亭侯臣诩、御史大夫安陵亭侯臣朗、使持节行都督督军车骑将军□□臣仁、辅国将军清苑乡侯臣若、虎牙将军南昌亭侯臣辅、轻车将军都亭侯臣忠、冠军将军好畤乡侯臣

---

① 参见本书第一章小结。
② 安作璋、熊铁基：《秦汉官制史稿》下册，第 462 页。
③ 阎步克：《从爵本位到官本位——秦汉官僚品位结构研究》，第 265 页。
④ 阎步克：《中国古代官阶制度引论》，第 206 页。
⑤ 《北堂书钞》卷六二"设官部一四·谒者仆射"，第 475 页。
⑥ ［唐］房玄龄等撰，吴士鉴、刘承干注：《晋书斠注》，北京：中华书局，2008 年，第 515 页。
⑦ 阎步克：《中国古代官阶制度引论》，第 201 页。

秋、渡辽将军都亭侯臣柔、卫将军国明亭侯臣洪、使持节行都督督军〔镇〕（领）西将军东乡侯臣真、使持节行都督督军领扬州刺史征东将军安阳乡侯臣休、使持节行都督督军征南将军平陵亭侯臣尚、使持节行都督督军徐州刺史镇东将军武安乡侯臣霸、使持节左将军中乡侯臣郃、使持节右将军建乡侯臣晃、使持节前将军都乡侯臣辽、使持节后将军华乡侯臣灵、匈奴南单于臣泉、奉常臣贞、郎中令臣洽、卫尉安国亭侯臣昱、太仆臣〔夒〕、大理东武亭侯臣繇、大农臣霸、少府臣林、督军御史将作大匠千秋亭侯臣照、中领军中阳乡侯臣楙、中护军臣陟、屯骑校尉都亭侯臣祖、长水校尉关内侯臣凌、步兵校尉关内侯臣福、射声校尉关内侯臣质、振威将军湟乡亭侯臣题、征虏将军都亭侯臣触、振武将军尉猛亭侯臣当、忠义将军乐乡亭侯臣生、建节将军平乐亭侯臣圃、安众将军元就亭侯臣神、翼卫将军都亭侯臣衢、讨夷将军成迁亭侯臣慎、怀远将军关内侯臣巽、绥边将军常乐亭侯臣俊、安夷将军高梁亭侯臣曷、奋武将军长安亭侯臣丰、武卫将军安昌亭侯臣褚等稽首言。①

此碑所刻，是汉魏之际魏廷群臣上请魏王曹丕受禅即尊号的奏书。引文为奏书起首的群臣具衔，相关位次主要依官职尊卑排列。该碑额题"公卿将军上尊号奏"八字，可见官方使用"公卿将军"来指称上奏诸臣。② 参考《后汉书·鲍永附鲍昱传》云"故事通官文书不著姓"，注引《汉官仪》曰："群臣上书，公卿校尉诸将不言姓。……"③ 该上奏即采用了"臣＋人名"的"不言姓"格式，说明其规制应是汉廷群臣上书皇帝的官文书仪。④ 奏书所见诸人列衔等第，与此时期"公卿将军"的朝位秩序密切相关，值

---

① ［清］王昶：《金石萃编》，中国东方文研究会历史文化分会编《历代碑志丛书》第四册，南京：江苏古籍出版社，1998年，第392页。上书诸臣姓氏，王昶在《金石萃编》著录碑文以下已作释读，日本京都大学在此基础上，亦有补充解读（参见〔日〕三国时代の出土文字资料班编《魏晋石刻资料选注》，京都：京都大学人文科学研究所，2005年，第71～76页）。为便于讨论，参考前贤注解，下述诸人直接标其姓名。

② 《三国志》卷二《魏书·文帝纪》裴注引《献帝传》"载禅让众事"亦收录这篇奏书，并将此事记为"相国歆、太尉诩、御史大夫朗及九卿奏曰"（第73页）。可以看出，"相国歆、太尉诩、御史大夫朗"节录自奏文，意在择取魏廷三公为代表人物，而又以"九卿"泛指此下诸臣，此表述方式相当于称"三公及九卿"，可与碑额所题"公卿将军"相互参考。

③ 《后汉书》卷二九《鲍永附鲍昱传》，第1022页。

④ 《三国志》卷一《魏书·武帝纪》载曹操为魏王以后，"天子命王设天子旌旗，出入称警跸"，"天子命王冕十有二旒，乘金根车，驾六马，设五时副车"（第50页），魏国的整套礼仪规制已多采用皇帝的标准。

得细致分析。

"公卿将军"只是简称,《上尊号碑》大臣列衔顺序所反映的位次情况要复杂不少,如结合汉代以来列侯朝位的制度安排观察,其秩序性可得到进一步解读。《续汉书·百官志五》云:

> 中兴以来,唯以功德赐位特进者,次车骑将军;赐位朝侯,次五校尉;赐位侍祠侯,次大夫。其余以肺附及公主子孙奉坟墓于京都者,亦随时见会,位在博士、议郎下。[1]

《后汉书·邓禹传》注引《汉官仪》曰:"诸侯功德优盛,朝廷所敬者,位特进,在三公下;其次朝侯,在九卿下"[2]。结合两份材料的记载,可知在东汉朝位制度中,特进与朝侯均是朝位方面的优崇赏赐,形成"车骑将军—特进""五校尉—朝侯"的位置秩序。阎步克曾对东汉朝位排序加以总结,为"太傅、大将军、三公、骠骑将军、车骑将军、列侯特进者、卫将军、前后左右将军、九卿、五校尉、朝侯、大夫"等[3],其说可从。那么,《上尊号碑》是否反映出这一秩序呢?答案是肯定的。

《上尊号碑》列衔顺序中,值得注意的是"车骑将军曹仁"与"卫将军曹洪"之间,有"辅国将军刘若、虎牙将军鲜于辅、轻车将军王忠、冠军将军杨秋、渡辽将军阎柔"五人,他们在排序中次于车骑将军、高于卫将军,地位非常特殊。汉代一般以大将军、骠骑将军、车骑将军、卫将军及前、后、左、右将军八号为贵号将军,五人军号均不在其列,却处于车骑、卫将军之间的尊崇位置,这是值得分析的线索。

上述五位人物之中,刘若、鲜于辅、王忠三人亦见于建安十八年(213)群臣劝请曹操受魏公爵位的劝进表中。[4]这份年代更早的劝进表,官位列衔以丞相府四军师居首,往后即为平虏将军刘勋、建武将军刘若、

---

① 《续汉书·百官志五》,《后汉书》,第3630页。

② 《后汉书》卷一六《邓禹传》,第607页。

③ 阎步克:《品位与职位——秦汉魏晋南北朝官阶制度研究》,第260页。

④ 《三国志》卷一《魏书·武帝纪》注引《魏书》对建安十八年劝进表载群臣列衔顺序为:"中军师(王)陵树亭侯荀攸、前军师东武亭侯钟繇、左军师凉茂、右军师毛玠、平虏将军华乡侯刘勋、建武将军清苑亭侯刘若、伏波将军高安亭侯夏侯惇、扬武将军都亭侯王忠、奋威将军乐乡侯刘展、建忠将军昌乡亭侯鲜于辅、奋武将军安国亭侯程昱、太中大夫都乡侯贾诩、军师祭酒千秋亭侯董昭、都亭侯薛洪、南乡侯董蒙、关内侯王粲、傅巽、祭酒王选、袁涣、王朗、张承、任藩、杜袭、中护军国明亭侯曹洪、中领军万岁亭侯韩浩、行骁骑将军安平亭侯曹仁、领护将军王图、长史万潜、谢奂、袁霸等劝进"(第40页)。

伏波将军夏侯惇、扬武将军王忠、奋威将军刘展、建忠将军鲜于辅、奋武将军程昱，再之后为太中大夫贾诩。据此推测，诸位将军排序靠前，可能是在朝位上获享特殊礼遇，进而在上奏具衔时有所反映。据《三国志·魏书·公孙瓒传》载："文帝践阼，拜（鲜于）辅虎牙将军，（阎）柔度辽将军，皆进封县侯，位特进"[1]，又据《三国志·魏书·武帝纪》注引《魏略》曰："杨秋，黄初中迁讨寇将军，位特进，封临泾侯"[2]，上述五位人物，其中三人有"位特进"的记录。史书系其事于曹丕即位后，但实际的授予时间可能要更早。比如史籍记载鲜于辅、阎柔在曹丕即位后分别得拜虎牙将军与度辽将军，并"位特进"。在《上尊号碑》中，鲜于辅、阎柔所带军号已是虎牙、度辽。如此看来，他们在劝进时应已"位特进"。史书所记官历，或属新王朝对大臣在汉魏之际既得权益的再次确认。循着这条线索，似可推断刘若、鲜于辅、王忠、杨秋、阎柔五人是由于特进而参列于车骑、卫将军之间。进而可以推测从"振威将军题"到"武卫将军许褚"是得到赐位朝侯所以列于五校尉之下。至此，群臣列衔的等级层次变得清晰起来（如表 2.2 所示）。

表 2.2 《上尊号碑》中所见群臣列衔位序简表

公	相国华歆、太尉贾诩、御史大夫王朗
车骑、骠骑将军	车骑将军曹仁
特进	辅国将军刘若、虎牙将军鲜于辅、轻车将军王忠、冠军将军杨秋、渡辽将军阎柔
卫将军	卫将军曹洪
征、镇将军	镇西将军曹真、征东将军曹休、征南将军夏侯尚、镇东将军臧霸
前后左右将军	左将军张郃、右将军徐晃、前将军张辽、后将军朱灵
匈奴南单于	匈奴南单于呼厨泉
卿	奉常邢贞、郎中令和洽、卫尉程昱、太仆何夔、大理钟繇、大农袁霸、少府常林、将作大匠董照
中领、护	中领军夏侯楙、中护军陟

---

[1] 《三国志》卷八《魏书·公孙瓒传》，第 247 页。
[2] 《三国志》卷一《魏书·武帝纪》，第 36 页。

续表

五校尉	屯骑校尉郭祖、长水校尉戴凌、步兵校尉任福、射声校尉质
朝侯	振威将军题、征虏将军焦触、振武将军当、忠义将军生、建节将军阎圃、安众将军神、翼卫将军赵衢、讨夷将军慎、怀远将军傅巽、绥边将军李俊、安夷将军畠、奋武将军丰、武卫将军许褚

　　《上尊号碑》群臣列衔顺序所反映的朝位层次，与阎步克叙述的东汉朝位排序"三公—骠骑、车骑将军—列侯特进者—卫将军—前后左右将军—九卿—五校尉—朝侯"基本一致。其中，军号系统的"征、镇将军"与禁卫系统的"中领、护军"，是汉末以后官制扩充演变的新内容。《宋书·百官志上》引鱼豢曰："四征，魏武帝置，秩二千石。黄初中，位次三公。汉旧诸征与偏裨杂号同。"[1]征、镇将军在汉末作为新兴的贵重军号，脱离"偏裨杂号"序列，等级大幅跃升。《上尊号碑》中征、镇将军列于卫将军之后，即体现了贵号将军的朝班位次秩序。《宋书·百官志下》云："魏武为相，以韩浩为护军，史涣为领军，非汉官也。建安十二年（207），改护军为中护军，领军为中领军"[2]。领、护军为汉末新设禁卫长官，在《上尊号碑》里，中领军、中护军位于五校尉之上，正体现职类相从、高下相系的位次安排，表明新设官职亦基本融入朝位整体架构之中。

　　不难看出，《上尊号碑》中所见群臣具衔次第，充分反映了东汉以来朝位秩序的制度延续。如果将匈奴南单于、朝侯等非官僚要素暂时排除，会发现简化后的位次秩序与前面考察所得魏晋时期的官品建构定准架构颇相接近（如表2.3所示）。

表2.3　《上尊号碑》位次秩序与官品定准架构（前四品）对照表

《上尊号碑》位次秩序	级别标尺	官品"定准"架构	官品等级
三公	公	三公	一
车骑、骠骑将军 特进 卫、征、镇将军	将军	四征将军，特进	二

---

[1] 《宋书》卷三九《百官志上》，第1329页。
[2] 《宋书》卷四〇《百官志下》，第1353页。

续表

《上尊号碑》位次秩序	级别标尺	官品"定准"架构	官品等级
前后左右将军	卿	九卿，光禄大夫	三
九卿			
五校尉	校	五营校尉	四

表 2.3 呈现的对应关系，提示了官品架构与朝班位序之间的潜在关联。魏晋官品第一品主要是公、从公诸官，第二品则几乎为与将军相关的职位名号（外加特进）。第三品及以下所包含的具体官职，不论数量抑或类别，始显著增多。[①] 这也凸显了官品顶层构建的特殊性。前二品以"公""将军"为主体，一文一武，颇有象征意义。这一制度设定与官品源出朝仪秩序有关。作为参考，《史记·叔孙通列传》载汉初叔孙通定朝仪，云：

> 仪：先平明，谒者治礼，引以次入殿门，廷中陈车骑步卒卫官，设兵张旗志。传言"趋"。殿下郎中侠陛，陛数百人。功臣列侯诸将军军吏以次陈西方，东乡；文官丞相以下陈东方，西乡。大行设九宾，胪传。[②]

由叔孙通定朝仪可见文、武相对成列的礼制形态。尽管之后的朝会礼仪迭有演变，朝位未必都是文武分列的形态，但公、将军作为文、武官地位最高者，在朝班中仍是相互独立的单元。显著例子如《晋书·礼志下》引西晋《咸宁注》云："于是公、特进、匈奴南单于、金紫将军当大鸿胪西，中二千石、二千石、千石、六百石当大行令西，皆北面伏。"[③] 位于大鸿胪西的都是身份显要者。公、金紫将军各自成为朝位单元，参列其中。

相关的朝礼秩序与官品顶部的等级组织形式，颇有呼应之处。官品一、二品以公、将军为基准，构成容纳文、武最高级别职位的两个品级，

---

① 与第一、第二品相比，官品自第三品起，职类分化和职位数量增幅程度突然加剧，呈现出一种非等差递增的关系。尽管可以说官品九品是一个金字塔型体系化架构，但它的剖面并不是等边三角形，而是更类于尖顶宽腹的塔形。简言之，官品品级架构的设计并不完全是从级别等差的意义出发的。

② ［汉］司马迁撰，［南朝宋］裴骃集解，［唐］司马贞索隐，［唐］张守节正义：《史记》，北京：中华书局，2014 年，第 3279~3280 页。

③ 《晋书》卷二一《礼志下》，第 650 页。

一定程度上保留了其朝班渊源的痕迹，寓有深刻的品位意义。

在"公、将军"朝班秩序的认识基础上，可进一步探究将军号体系内部的位序渊源，以及与官品架构组织的关系。《晋书·职官志》记载："光禄大夫……品秩第三，位在金紫将军下，诸卿上。"[1] 涉及金紫将军的相对位序情况。参考《宋志官品表》第三品，载：

> 诸征、镇至龙骧将军。
> 光禄大夫。
> 诸卿，尹。[2]

又《通典·晋官品》第三品，亦载：

> 诸征、镇、安、平、中军、镇军、抚军、前后左右、征虏、辅国、龙骧等将军
> 光禄大夫
> 诸卿尹[3]

官品表清楚显示了光禄大夫位在"诸征、镇"至"龙骧将军"下的情形，可证《晋志》所云"金紫将军"乃指三品将军。金紫将军即将军得佩金章紫绶者。《宋书·礼志五》载："骠骑、车骑将军，凡诸将军加大者，征、镇、安、平、中军、镇军、抚军、前、左、右、后将军，征虏、冠军、辅国、龙骧将军，金章，紫绶。"[4] 可见金紫将军实际涵盖了二品将军（骠骑、车骑将军，凡诸将军加大者）和三品将军（诸征、镇至龙骧将军）。由此可追问的是，章服制度中完整的金紫将军序列为何要析分为两个列等，分属于两个官品等级呢？

这要从汉代金紫将军的位序渊源说起。《汉书·百官公卿表上》云："前后左右将军，皆周末官，秦因之，位上卿，金印紫绶。汉不常置，或有前后，或有左右，皆掌兵及四夷。"[5]《续汉书·百官志一》载："将军，不常置。本注曰：掌征伐背叛。比公者四：第一大将军，次骠骑将军，次

---

[1] 《晋书》卷二四《职官志》，第 728 页。
[2] 《宋书》卷四〇《百官志下》，第 1367 页。
[3] 《通典》卷三七《职官一九·秩品二》，第 1003 页。
[4] 《宋书》卷一八《礼志五》，第 553~554 页。
[5] 《汉书》卷一九上《百官公卿表上》，第 726 页。

车骑将军，次卫将军。又有前、后、左、右将军。"刘昭注引蔡质《汉仪》曰："汉兴，置大将军、骠骑，位次丞相，车骑、卫将军、左、右、前、后，皆金紫，位次上卿。"① 据此可知，汉代将军尽管并不常置，但作为贵号的金紫将军仍有其相对稳定的范畴，基本不超出大将军、骠骑将军、车骑将军、卫将军和左、右、前、后将军八号。金紫将军的朝班位次，在汉代各个时期虽有过不同规定，但不外乎两种位序模式：一是以"公"为参照（如"位次丞相"或"比公"），一是以"上卿"为参照（如"位次上卿"或"位上卿"）。这两种位序模式深刻影响到金紫军号序列的官品安排。依《通典·晋官品》，二品、三品将军为：

> （第二品）骠骑、车骑、卫将军　诸大将军
>
> （第三品）征、镇、安、平、中军、镇军、抚军、前后左右、征虏、辅国、龙骧等将军 ②

不难判断，二品将军承自"比公"位序传统。《隋书·百官志上》云"前史所记，以位得从公，故将军之名，次于台槐之下"③，直接反映了这一制度秩序。位于二品的将军号，在汉代朝班安排中基本是以"公"位作为参照。前引《续汉志》"本注"叙述，东汉时期大将军、骠骑将军、车骑将军、卫将军拥有"比公"位次，《宋书·百官志上》亦载骠骑、车骑、卫将军"三号位亚三司"④，均为明证。至于大将军，曹魏时成为与大司马同等级别的、位在三公之上的尊贵职位，实际脱离了金紫将军序列。⑤ 然而大将军仍留下了与骠骑、车骑、卫三号同列的制度痕迹，即金紫将军加"大"，构成"某号大将军"后，位阶就升至骠骑、车骑、卫三将军之列。某种意义上，"某号大将军"以"将军号＋大将军"的形式承接了原来"大将军"的地位，可视为原"大将军"军号的一种变体。再如《宋书·百官志上》载鱼豢曰"四征……黄初中，位次三公"⑥，前揭"四征"军号为官品二品基准，其"位次三公"的等级安排，透露了二品将军与汉

---

① 《续汉书·百官志一》，《后汉书》，第 3563 页。
② 《通典》卷三七《职官一九·秩品二》，第 1003 页。
③ 《隋书》卷二六《百官志上》，第 817~818 页。
④ 《宋书》卷三九《百官志上》，第 1328 页。
⑤ 《北堂书钞》卷五一《设官部三·大司马》引《晋公卿礼秩》云："魏氏大司马、大将军各自为官，在三司上"（第 381 页），可以为证。
⑥ 《宋书》卷三九《百官志上》，第 1328 页。

代以来贵号将军的"比公"位序传统内在相关。①

相对的，三品将军则继承了前、后、左、右将军的位序模式。《北堂书钞》卷六四引《汉官解故》云："前后左右将军，皆周末官，秦因之，位上卿，金印紫绶，皆掌兵及四夷。"② 如前所考，"序位"是官品建构的必要操作，前后左右将军所在的金紫军号序列被叙定于以九卿为基准的第三品，与其"位上卿"的朝位渊源密切相关。要言之，汉代金紫将军的两种朝班位序，是官品建制叙定二品、三品将军的制度性源头。

以上分析表明，汉代以来趋于成熟且稳定的朝位安排是官品制度的重要渊源。官品等级架构及围绕"位"形成的一套秩序，与朝班位序紧密呼应。这对于理解和认识官品的制度性质及功能无疑具有重要提示意义。

三、身份考虑：官品的规划目的及其品位功能

前两小节分别探讨了官品的建制语境与制度渊源，与此相关，可进一步思考的是：建制者主要出于何种考虑或目的来规划官品？这套等级制度是何性质？发挥何种功能？

阎步克解析传统官阶制的政治社会意义，曾将"统治者规划官阶的目的"作为基本参考点，并提出"运作考虑"与"身份考虑"的相对概念：

> "运作考虑"是以"事"为本的，即根据技术需要来安排职位与人员的等级。这包括确定职位间的科层关系，标示职位的重要程度，并为人员的录用、薪俸、待遇、激励和奖惩提供等级尺度。"身份考虑"则着眼于"人"，其目的是安排地位与身份，分配权势利益，强化"拥戴群体"的政治效忠。③

运作考虑与身份考虑这组概念对官品制度性质的探讨，同样深有启发。那么，官品等级的规划，主要是出于运作考虑还是身份考虑呢？结合前面的考察，可以认为官品规划更多是出于身份考虑。

首先，官品是魏末咸熙创制的产物。在易代鼎革之际，由司马氏主导的这场制度兴造运动本身就带有"分配权势利益，强化拥戴群体的政治效忠"的潜在意图。前引《晋书·裴秀传》载"魏咸熙初，厘革宪司。时荀顗定礼仪，贾充正法律，而秀改官制焉。秀议五等之爵，自骑督已上六百

---

① 四征军号此后被调整为第三品。
② 《北堂书钞》卷六四《设官部一六·前后左右将军》，第488页。
③ 阎步克：《中国古代官阶制度引论》，第21~22页。

余人皆封"，表明自骑督以上六百余人在开建五等的爵制改革中获得爵位，构成核心受益群体。又前述《通典》引"八座议"提到"太尉荀顗所撰定体统，通叙五等列侯以上，尝为郡国太守、内史、郡尉、牙门将、骑督以上薨者，皆赐谥"，当时获赐谥资格的，大致上也是这批文武官员。他们同样是礼制改革的直接受益者。统治阶层通过此番制度兴造分配权势利益、强化拥戴力量，于此可见一斑。[1] 前揭官品初创建构，在"分层"操作中，将五品以上拟为大夫之上的特殊阶层，位于第五品末的"牙门将，骑督，安夷抚夷护军，郡国太守、相、内史，州郡国都尉"与"亭侯"，被划定为大夫阶层之下限。显然，官品作为官制改革的组成部分，在制度建构规划中充分考虑到上述核心受益群体。史书提到西晋元康三年（293）"始立国子学，官品第五以上得入国学"[2]，正是将五品以上作为特殊阶层的一种界定。官品等级的规划目的，与"分配权势利益，强化'拥戴群体'的政治效忠"的潜在意图是相互适配的，从中可看到官品规划着眼于"人"（政治受益群体）的一面。换言之，官品在创建之初即较多体现了身份考虑。

其次，官品渊源于朝班。朝班是用于安排官员地位和身份的重要手段，这多少提示了官品承载的品位功能。从史书中亦发现官品与官员身份秩序的关联线索。《宋书·文帝纪》记载南朝宋景平二年（424）少帝被废黜后，朝臣组成行台至江陵迎立刘义隆为帝，云：

> 侍中臣琇、散骑常侍臣巆之、中书监尚书令护军将军建城县公臣亮、左卫将军臣景仁、给事中游击将军龙乡县侯臣隆、越骑校尉都亭侯臣纲、给事黄门侍郎臣孔璩之、散骑侍郎臣刘思考、员外散骑侍郎臣潘盛、中书侍郎臣何尚之、羽林监封阳县开国侯臣萧思话、长兼尚书左丞德阳县侯臣孙康、吏部郎中骑都尉臣张茂度、仪曹郎中臣徐长琳、仓部郎中臣庾俊之、都官郎中臣袁洵等上表曰……[3]

"官衔＋臣＋名"的形式显示这是史官直接抄录的大臣上表具衔。梳理这

---

① 罗新指出："没有人怀疑，无论是司马昭开建五等还是曹操置六等爵，都是为禅代做准备，为完成鼎革易代争取更多的支持。把一定的、可能是额外的利益分配给某一群体，从而换取他们对禅代采取拥护或中立立场，当然是一种先予后取的策略。"（罗新《试论曹操的爵制改革》，《文史》2007 年第 3 辑，第 57 页）

② 《南齐书》卷九《礼志上》，第 155 页。

③ 《宋书》卷五《文帝纪》，第 78 页。

份具衔的次序，可发现它对应于官品的等级位次（如表 2.4 所示）。[①]

表 2.4 南朝宋景平二年大臣上表具衔次序与官品对应表

大臣具衔	本官次序	官品
侍中臣琇、散骑常侍臣巇之、中书监尚书令护军将军臣亮	侍中、散骑常侍、尚书令	三
左卫将军臣景仁、给事中游击将军臣隆、越骑校尉臣纲	左卫将军、游击将军、越骑校尉	四
给事黄门侍郎臣孔璨之、散骑侍郎臣刘思考、员外散骑侍郎臣潘盛、中书侍郎臣何尚之、羽林监臣萧思话	给事黄门侍郎、散骑侍郎、员外散骑侍郎、中书侍郎、羽林监	五
长兼尚书左丞臣孙康、吏部郎中骑都尉臣张茂度、仪曹郎中臣徐长琳、仓部郎中臣庚俊之、都官郎中臣袁洵	尚书左丞、吏部郎中、仪曹郎中、仓部郎中、都官郎中	六

表 2.4 具衔是按照群臣所带本官依官品等级位次而排定先后排序的。不仅如此，在称姓称名方面大臣具衔亦有规律：自第四品以上仅称名不称姓，五品以下则姓、名并称。这反映当时官方文书规范，其中所体现的整体秩序与官品密切相关。这条史料深刻反映了汉唐间的君臣关系。有学者对此精深研究，充分注意到官品在"臣某"形式的应用规则上起到决定作用，同时指出了是否具衔称姓的分界线位于四品和五品之间。这是相当敏锐细致的观察。

从表 2.4 的官衔内容可知，一众行台官员主要来自门下、集书、尚书、禁卫等官署机构。其中有一处细节值得注意，《宋书·傅亮传》载："少帝废，亮率行台至江陵奉迎太祖。"[②]傅亮是行台的领导者，也是政局的实际掌权者，但在这份表文里面，傅亮并非列在首位，而是位于侍中、散骑常侍之后，相关排位完全对应了官品的先后位次。西晋时期侍中、散骑常侍，不论职位权责还是升迁资位，均比不上尚书令，但与皇帝的关系则要更亲近。如《晋书·职官志》叙侍中云"御登殿，与散骑常侍对扶，侍中居左，常侍居右。备切问近对，拾遗补阙"，在皇帝登殿的礼仪场合

---

① 吏部郎的情况比较特殊。《唐六典》记载"魏晋、宋、齐吏部郎品第五"（第 28～29 页），则吏部郎在南朝宋时在第五品，但据《隋书·百官志上》"尚书郎中与吏部郎同列，今品同"（第 823 页），则吏部郎又一直与第六品之尚书郎同列。因吏部郎不见于魏、晋官品的单独记载，俟考。

② 《宋书》卷四三《傅亮传》，第 1451～1452 页。

中，侍中与散骑常侍以侍从身份居于左右，正是这一关系的体现。由此窥知相关位次的成立，主要不是基于职位权责，而是更多考虑了君臣关系、礼仪等级、品位序列等身份要素。① 前揭早期官品位次并非以职位为单元的串联排序，上述考察旁证了这一点，并再次提示了官品与朝班位序之间的关联。这些观察均表明官品发挥安排地位与身份的品位功能。简言之，官品在实际应用中亦较多体现了"身份考虑"。

这一时期记录朝廷礼仪活动的仪注，亦反映与官品相关的礼仪秩序。《宋书·礼志一》略云：

> 元嘉二十五年闰二月，大蒐于宣武场，主司奉诏列奏申摄，克日校猎，百官备办。设行宫殿便坐武帐于幕府山南冈。设王公百官便坐幔省如常仪，设南北左右四行旌门。……二品以上拥刀，备槊、麾幡，三品以下带刀。皆骑乘。②

宋文帝元嘉二十五年（448）举行的"大蒐"是高度仪式化的讲武活动。《宋志》保留其仪注，展示了整个活动从预备、举行到结束的大致流程。以上引文为节录，其中诸如"设行宫殿便坐武帐于幕府山南冈。设王公百官便坐幔省如常仪，设南北左右四行旌门"，即呈现了一个颇具规模的礼仪空间。朝廷品官按照"二品以上""三品以下"的标准有不同的武具配备规定，说明官品具有礼仪安排的属性。拥有不同官职、名号、爵位的一众官员，其身份地位经由官品品级配置形成整齐化的礼仪性秩序。

如前所示，官品建立是以礼仪、法律、官制的内在联动为前提。官品与礼制关联密切。关于这一点，官品文本亦留有线索。《通典·魏官品》第五品"诸军司……西域校尉、西戎校尉"与《通典·晋官品》第五品"诸军司……西域代部护羌乌丸等校尉"，其下均有"礼见诸将军"之文。③这五字不属于官职名称，很可能是一处注文，其大意是位于第五品的一众军职官仪礼数参同该品将军。这一线索透露了礼作为朝廷重要的身份安排

---

① 《宋书》卷六三《沈演之传》："太祖谓之曰：'侍中领卫，望实优显，此盖宰相便坐，卿其勉之。'"（第1844页）所以宋文帝的意思很清楚，侍中领职禁卫将军可视为通往宰相之位的便捷途径，可知仕进至侍中，距离尚书台长官（令、仆射）仍有一段距离。这从南朝史籍的人物仕宦记载中可以得到印证。至于散骑常侍，资望在东晋以后不断低落，资位更加不如。

② 《宋书》卷一四《礼志一》，第398页。

③ 分别见《通典》卷三六《职官一八·秩品一》、卷三七《职官一九·秩品二》，第992、1004页。

手段，是寓于官品之中。不妨举一具体事例，《南齐书·褚渊传》载王俭之议：

> 中朝以来，三公王侯，则优策并设，官品第二，策而不优。优者褒美，策者兼明委寄。尚书职居天官，政化之本，〔故〕尚书令品虽第三，拜必有策。录尚书品秩不见，而总任弥重，前代多与本官同拜，故不别有策。①

此关乎高级官爵的任命礼数。如王俭指出，"三公王侯，则优策并设，官品第二，策而不优"，三公王侯位居一品，其拜受场合兼施优文与策文，至于二品官，则独用策文。② 三品的尚书令当时已是宰相，其拜官规格得到提升，与二品同。值得注意的是，录尚书虽任重而"品秩不见"，由于没有官品，其拜受礼数缺乏独立性，只能随同于"本官"，以至于遇到单拜录尚书时该用何种礼数都要加以讨论，由此也反映出王朝礼仪秩序至少有部分是直接系于官品之上的。官品与礼制相适，构成一种身份性位阶。

在身份安排之外，官品亦构成配置官员特权的官阶体系。《宋书·礼志五》载：

> 诸在《官品令》第二品以上，其非禁物，皆得服之。第三品以下，加不得服三鑮以上、蔽结、爵叉、假真珠翡翠校饰缨佩、杂采衣、杯文绮……第六品以下，加不得服金鑮、绫、锦……第八品以下，加不得服罗、纨、绮、縠、杂色真文。③

作为晋代服制规定，类书引《晋令》亦有相近内容，试列举如下：

> 第三品已下，〔不〕得服杂杯之绮；第六品已下，〔不〕得服七彩绮。
> ——《太平御览》卷八一六引《晋令》④

---

① 《南齐书》卷五五《褚渊传》，第479~480页。
② 关于优文与策文的施用，参见周文俊《"优文"考释》，《文学遗产》2019年第2期。
③ 《宋书》卷一八《礼志五》，第565页。
④ 《太平御览》卷八一六《布帛部三·绮》引《晋令》，第3628页。两"不"字原缺，据上引《宋书·礼志五》补。

六品下，〔不〕得服金钗以蔽髻。

　　　　　　　　——《太平御览》卷七一八引《晋令》①

第六品已下，不得服罗绡。

　　　　　　　　——《太平御览》卷八一六引《晋令》②

第六品已〔下〕，不得服〔金鏤〕（今缜）绫锦。有私织者，录付尚方。

　　　　　　　　——《艺文类聚》卷八五引《晋令》③

服制以官品为限，明确规定不同品级区间的官员禁止服用的衣饰。反过来亦说明，官品越高则受限越少，享有特权也越大。至如第二品以上"其非禁物，皆得服之"，则属人臣在服制方面的最高特权。官僚阶层身份由此得到界定，地位得到强化。

《晋书·食货志》云：

　　　其官品第一至于第九，各以贵贱占田，品第一者占五十顷，第二品四十五顷，第三品四十顷，第四品三十五顷，第五品三十顷，第六品二十五顷，第七品二十顷，第八品十五顷，第九品十顷。而又各以品之高卑荫其亲属，多者及九族，少者三世。宗室、国宾、先贤之后及士人子孙亦如之。而又得荫人以为衣食客及佃客，品第六已上得衣食客三人，第七第八品二人，第九品……其应有佃客者，官品第一第二者佃客无过五十户，第三品十户，第四品七户，第五品五户，第六品三户，第七品二户，第八品第九品一户。④

晋代以官品为准，依"品之高卑"赋予各品级官员在占田、荫亲、复客等方面的经济特权。在这里，官品是分配官员特权权益的制度性依据。杨光辉即指出："官品秩位，是权力的象征，名位的标志。比如在西晋，人们熟知的占田制、荫亲属制、荫客制，都与官品密切相关；品秩不同，则权益有异，从而形成了按官品分配政治经济权益的等级序列。"① 所言甚是。至南朝前期仍可见其续绪。《宋书·羊玄保传附羊希传》记载刘宋时羊希上疏建言"占山"之限：

> 官品第一、第二，听占山三顷。第三、第四品，二顷五十亩。第五、第六品，二顷。第七、第八品，一顷五十亩。第九品及百姓，一顷。皆依定格，条上赀簿。若先已占山，不得更占。先占阙少，依限占足。若非前条旧业，一不得禁。②

羊希建议依官品为限规定占山面积，这明显带有前代以官品分配特权利益的制度痕迹。由此了解到官品的品位功能和官品安排官僚群体的身份地位，为权益分配建立阶序化的对应关系，从而实现身份界定与特权配置的挂钩。

值得注意的是，尽管"品之高卑"大致与官职级别高低相应，但官品品级与行政科层职级之间仍难以简单画上等号。早期官品体系中，同一部门不同职级的职位，若从科层关系看，其品级间隔或过小或又过大。以尚书省为例，令、仆射、尚书同在三品，丞、郎同在六品，同品之内包含有同部门的不同职级，这是间隔过小。与此同时，尚书与丞在同部门不过一级之差，但其官品则分属三、六，则又间隔过大了。显然，早期官品作为一套官僚位阶体系，其规划难以归入"根据技术需要来安排职位与人员的等级""确定职位间的科层关系"的运作考虑范畴。尽管阎步克亦曾指出，"九品官品既是职位的尺度，也是品位的尺度，把品位、职位都涵盖在内了。所以，很难说九品官品只是品位等级或只是职位等级，二者都是"③，认为九品官品兼具品位与职位两重尺度属性，但这是囊括了北朝隋唐制度所作出的整体判断。就魏晋南朝官品而言，或许还需作更为具体的讨论。

从名实角度来看，中国古代官品虽一贯以"九品"为名，但究其实际分等，大致又分为两种框架体系：一是"纯粹型"九品，九品即如其名，只有九个等级，其代表者是魏晋南朝官品；二是"扩展型"九品，九品之内又分正从及阶等，其实际等级远超乎"九"之数，其肇端者是北魏太和年间改定的官品。《魏书·官氏志》载北魏孝文帝"太和中……诏群僚

---

① 杨光辉：《官品、封爵与门阀士族》，《杭州大学学报（哲学社会科学版）》1990 年第 4 期，第 90 页。
② 《宋书》卷五四《羊玄保传附羊希传》，第 1677 页。
③ 阎步克：《从爵本位到官本位——秦汉官僚品位结构研究》，第 236 页。

议定百官，著于令"①，此为《前职令》。这次官品改制突破性地析分了官品九品，每品分为正、从，形成 18 级，同时每级又划出上、中、下三等，合共 54 等。及后在太和二十三年（499）"复次职令"，宣武帝即位后"初班行之，以为永制"②，是为《后职令》。整套官品保留了九品析分正、从的做法，自第四品以下，正品与从品均有上、下阶之分，形成 18 级 30 阶的等级体系。前后两次"职令"有级差格局区别，但相较于从晋朝沿用过来的"纯粹型"九品，其对官品制度改革的方向可谓一致，都是着眼于官品体制内部级别的拓展扩张。经过改制的北魏官品，在保留"九品"名义的同时，实际大幅扩容了品内级差。由北魏开创的"扩展型"九品格局为隋唐乃至后世遵用。

面对体系庞大、科层复杂的官僚行政系统，只有在等级足够充分的情况下，才能提供分级细密、合乎科层划分需要、体现以"事"为中心的职位等级框架。换言之，实际等级数量是官阶体系有效承担"职位分等"功能的前提条件。

从技术原理的角度看"纯粹型"九品框架，由于九品梯度有限，不易发挥职位等级的分等功能。尽管官职位次先后亦提供一定的细分尺度，但仍不足以支撑"纯粹型"九品框架成为充分确认与标示科层关系的职位等级体系。进一步来看，前揭官品建构的"序位"程序及"品视位定"的定品原则，其中的"位"与朝班品位秩序呼应，建制与官僚身份安排更为相关。如此说来，所谓科层品级间隔过大或过小，就建制者而言，或许根本构不成问题。因为他们对官品规划主要就是从身份考虑出发，早期官品由此体现出鲜明的品位尺度属性。

以上探讨，并不是要全然否认魏晋南朝官品的职位等级性质，而是希望说明此时的官品职位尺度并不充分，整套等级体系更多承担着安排身份地位、分配权势利益的品位功能。至少在"品位"与"职位"的天平上，早期官品是往品位等级一侧大幅倾斜的。《南齐书·魏虏传》载："王肃为虏制官品百司，皆如中国。凡九品，品各有二。"③ 可知当时南朝统治阶层已了解到北魏官品析分九品的新变化。此后南朝官品尽管经历了改制变动，但仍一如既往地沿用"纯粹型"九品框架。这一制度建设的路径选择，表明南朝官品始终未脱其身份考虑规划目的，同时意味着南朝官品在技术原理上亦难以突破自身有限的标尺梯度，不容易往职位等级的方向转

---

① 《魏书》卷一一三《官氏志》，第 3237 页。
② 《魏书》卷一一三《官氏志》，第 3253 页。
③ 《南齐书》卷五七《魏虏传》，第 1105 页。

化。这一制度状况与该历史时期发达的品位特权以及官僚阶层的"自利取向"特性，又是相互适应的。

四、无关选序：官品的另一重制度属性

在前面考察的基础上，这里接着要探讨的是，官品等级与选官秩序是否挂钩？二者在制度上有否构成直接对应的关系？这是对上述官品规划出于身份考虑抑或运作考虑的延伸思考。选官秩序是王朝官制的重要基础，也是官员迁升的基本依据，尤其关乎国家统治的有效运转及官僚组织的正常代谢。毫无疑问，这与运作考虑密切相关。考察官品是否与之挂钩，有助于进一步检视官品的制度性质与功能尺度。

一般认为，魏晋南朝时期官品与职官选序是挂钩的，然而史料所见，二者未必匹配。对此，汪征鲁曾提出意见，他关注"官职既迁（转）又降品的现象"，认为："就官品而言，存在着三种情况：一为升品，二为平转，三为降品。一般来说，升品即为升级，平转为平级调动，降品为降级。但在魏晋南北朝，情况远没有那么简单。因为当时官职的实际等级一方面主要由官品（或班数、命数）所决定，另一方面又不同程度地受官职的另外一些性质……的影响。再者，一个入仕者所任的官职往往不是一个，而是一系列，这一系列官职的质量与数量又都不同程度地决定这一官员的实际政治等级与社会地位。"[①] 汪征鲁所说的官职"实际等级"是与选序（迁转降）直接相关的。他认为官品对此起"主要决定"作用，其他职位要素（官职的质量与数量）亦可发挥影响，形成共同作用力。这种解释有点左右摇摆：在选序与官品匹配时，持官品"一元"决定论；两者不匹配时，则持职位"多元"决定论。而且，入仕者只任单一官职时出现迁官降品的情况并不罕见，以"一系列"官职多元作用于选序的解释尚有欠妥之处，某种程度上使官品与选序的关系面貌更加模糊难明。

对此可从另一个方向解读：所谓迁官降品，乃出于研究者以官品为选官位阶的预设，从而将官品与选序进行绑定所得出的关系。官品高低与迁官次序之间交错不定的对应，实际上提示了两者并未构成任何实质意义的制度关联。概言之，官品无关乎选序，官职迁转在根本上无所谓升品或降品。

不妨先从官僚体制顶层的开府仪同三司（从公）的授予对象说起。《晋书·职官志》云：

---

① 汪征鲁：《魏晋南北朝选官体制研究》，第 241～242 页。

开府仪同三司，……骠骑、车骑、卫将军、伏波……辅国等大将军，左右光禄、光禄三大夫，开府者皆为位从公。……诸公及开府位从公者，品秩第一，食奉日五斛。[①]

又《宋书·百官志上》云：

江左以来，将军则中、镇、抚、四镇以上或加大，余官则左右光禄大夫以上并得仪同三司，自此以下不得也。[②]

可以看到，官品一品的开府仪同三司的授予对象，既有二品的重号将军和诸大将军，又有三品的重号将军和光禄大夫。反过来说，二品、三品官均有可能以开府仪同三司升迁为一品官。若按官品对应升迁资次的思路，显然应该是由三进二、再由二进一的递进秩序，但开府位从公的上述选任机制说明官品与选序的关联预设是存在疑问的。

前揭官品的制度渊源之一是汉魏朝班。其中，第二品的制度设计与金紫将军“比公”，以及文、武分列的位序传统关系密切；光禄大夫由于与该品定准的九卿关联，从而列入第三品。相关的官品叙定并不是根据选序资位级别来确定。反过来说，文官光禄大夫与武官贵号将军的开府资格丝毫不受官品等级的影响。考察开府仪同三司授官的具体史例，如《晋书·羊祜传》载：

帝将有灭吴之志，以（羊）祜为都督荆州诸军事、假节，散骑常侍、卫将军如故。……后加车骑将军、开府如三司之仪。祜上表固让曰：“臣伏闻恩诏，拔臣使同台司。……据今光禄大夫李憙执节高亮，在公正色；光禄大夫鲁芝洁身寡欲，和而不同；光禄大夫李胤清亮简素，立身在朝，皆服事华发，以礼终始。虽历位外内之宠，不异寒贱之家，而犹未蒙此选，臣更越之，何以塞天下之望，少益日月！”[③]

羊祜时为卫将军（二品），在固让车骑将军、开府如三司之仪（从公，一品）上表中，列举光禄大夫（三品）李憙、鲁芝、李胤三人，指出他们更

① 《晋书》卷二四《职官志》，第726~727页。
② 《宋书》卷三九《百官志上》，第1329页。
③ 《晋书》卷三四《羊祜传》，第1015~1017页。

应获得开府仪同三司的授官，乃至以"臣更越之"为辞。这可能是出自让官表的一种谦辞，但至少可印证史志的记载：三品的光禄大夫与二品的贵号将军均有资格进位至一品的公、从公。[①] 光禄大夫虽然是三品官，在升迁阶序上却可以越过二品，仕至一品。这说明官资是与具体官职相联系的，职官升迁的资次秩序并非简单地循官品等级拾级而上。

从官僚体系顶层的官资规定可以窥见，官品的层级设计与官员的任官资格及升迁秩序并无直接、严格的对应联系。或许有人会提问：是否有可能二、三品官共同构成一品开府的官资呢？这种理解恐怕还是有难以疏通之处。因为与光禄大夫同处三品的显要之官，依据官资规定，没有开府仪同三司的资格。据《北堂书钞》卷五二引王隐《晋书》载晋惠帝元康元年诏曰："尚书仆射、光禄大夫戎，清虚履道，谋猷冲远，……其以王戎为光禄大夫、开府仪同三司。"[②] 同书又载惠帝元年诏曰："中书监、光禄大夫张华，历世腹心，情所凭赖，……其以为光禄大夫、仪同三司。"[③] 据此，王戎、张华二人分别出任尚书、中书省长官，均是以光禄大夫之资，仕为从公（开府仪同三司）。参照晋官品，尚书仆射、中书监均在第三品，同品中的位列甚至高于光禄大夫，而这两种职位本身均不具备开府的资格。可以看出，官品层级位次与升迁资次并不构成直接关系，官资是因具体官职而异的。

汉代比光禄大夫位望稍低的太中大夫，在魏晋官品中仅位处七品。但此官在汉末晋初时期选序官资一直不低。汉魏之际，贾诩即以太中大夫拜为太尉。[④] 魏明帝时，亦有从此官迁三公的事例。《三国志·魏书·卢毓传》云：

> 会司徒缺，毓举处士管宁，帝不能用。更问其次，毓对曰："敦笃至行，则太中大夫韩暨；亮直清方，则司隶校尉崔林；贞固纯粹，则太常常林。"帝乃用暨。[⑤]

---

① 《太平御览》卷二〇八《职官部六·司空》引《晋起居注》曰："武帝太始七年诏：'光禄大夫郑袤体行纯正，履道冲粹，退有清和之风，进有素丝之节，宜齐三阶之耀，补衮职之阙，明弼朕躬，匡其不逮，其以袤为司空。'"（第1000页）据此可知光禄大夫不仅具有获授开府仪同三司的资格，更可直接出任为公。
② 《北堂书钞》卷五二《设官部四·开府仪同三司》，第392页。
③ 《北堂书钞》卷五二《设官部四·开府仪同三司》，第392页。
④ 事见《三国志》卷一〇《魏书·贾诩传》。
⑤ 《三国志》卷二二《魏书·卢毓传》，第652页。

太中大夫韩暨得以参选司徒官缺，并最终在魏明帝授意选任后获拜此官，说明太中大夫的官资是比较高的。太中大夫的官品叙定或源自当时礼制秩序。如《通典·礼四三·初丧》载魏明帝时高堂隆议提到"今太中大夫秩千石，谏议、中散大夫秩皆六百石，此正天子之大夫也；而使下与二百石同列称不禄，生为大夫，死贬从士"[1]，太中大夫称"不禄"，正是先秦礼制对"士"死的称法。[2] 前面分析指出，第六品以下厘定为"士"阶层，此官或因比拟为礼制中的"士"被定为第七品，但似未影响其选序官资。自魏入晋以后，太中大夫在升迁秩序上仍然是颇显贵重的官职。在正常的授官程序下，如果单以官品比附此类官历次序，就会出现因品位变动幅度过大的情况。如《晋书·华表传》记载华表显贵以后的仕宦官历，云：

> 泰始中，拜太子少傅（三品），转光禄勋（三品），迁太常卿（三品）。数岁，以老病乞骸骨。……（诏）以为太中大夫（七品），……[3]

《晋书·华轶传》记华轶家世亦云"祖表，太中大夫"[4]，颇反映太中大夫在西晋仍是位望颇为崇重之官。《宋书·百官志上》云"自左光禄大夫以下，养老疾，无职事"[5]，《南齐书·百官志》云"诸大夫官，皆处旧齿老年"[6]，太中大夫等大夫官作为安置年老官员的官职，是官僚队伍保持流动更新与维持行政效率的重要一环，假设朝廷以官品为官阶资次秩序正常授官，这是将官员由三品退到七品。从官僚管理制度的角度，相当于将主动请求致仕的官员在阶序上加以贬退。这从事理与情理上均难以说通，由此说明官职的迁转、选授的秩序运作并不源自官品等级。[7] 据《通典·职官一六·光禄大夫以下》记载太中大夫，"晋视（御史）中丞、吏部（郎）"[8]，这里的"视"，是以某官为参照的意思。太中大夫（七品）与御史中丞（四品）、吏部郎（五品）均有确定的官品，且互不相同，其参照的必然不是官品，而应该是两种官职的选序资位。从太中大夫所视的两

---

① 《通典》卷八三《礼四三·初丧》，第2245页。
② 《礼记·曲礼下》："天子死曰'崩'，诸侯曰'薨'，大夫曰'卒'，士曰'不禄'，庶人曰'死'"（《礼记正义》卷五，《十三经注疏》，第2748页）。
③ 《晋书》卷四四《华表传》，第1260页。
④ 《晋书》卷六一《华轶传》，第1671页。
⑤ 《宋书》卷三九《百官志上》，第1334页。
⑥ 《南齐书》卷一六《百官志》，第353页。
⑦ 如将官品视为朝班秩序，就很好理解。太中大夫是授予年老人士的闲职，在朝会上不再与担任实职的一众高级官员处于同列，故被安排在靠后的班次。
⑧ 《通典》卷三四《职官一六·光禄大夫以下》，第936页。

种官职来看，其选资应亦不会过低，说明官品与选序并非同为一事。①

再看官品同为七品、与太中大夫同列的议郎。议郎是居职待调、没有明确固定职掌的散官。《晋书·王戎传》载："吴光禄勋石伟方直，不容皓朝，称疾归家。戎嘉其清节，表荐之。诏拜伟为议郎，以二千石禄终其身。荆土悦服。"② 这里的议郎就体现出居家无具体职事的性质，其迁官资位与官品难以确言有何直接联系。《通典·职官一一·三署郎官叙》云"晋议郎迁为太守"，下引《山公启事》曰："议郎许允，宜参广汉太守选。"③ 这一事例说明议郎可参与五品太守的官缺遴选，官品难以体现官资的选序性质。《太平御览》卷二三九引《晋起居注》载武帝泰始七年诏云："议郎胡奋开爽忠亮，有文武才干，历位外内，涉练戎事，威略之声著于方外，其以奋为冠军将军。"④《太平御览》卷二二四引《华峤集》云："〔议〕（乂）郎华峤，有论义著述之才，其以峤为散骑常侍，兼与中书共参著作事。"⑤ 按官品论迁官资序，上述二例是从七品升至三品，不符合一般理解的阶序意义。《晋书·刘颂传》载：

> 武帝践阼，拜尚书三公郎，典科律，申冤讼。累迁中书侍郎。咸宁中，诏颂与散骑郎白褒巡抚荆扬，以奉使称旨，转黄门郎。迁议郎，守廷尉。……帝以颂持法失理，左迁京兆太守，不行，转任河内。⑥

刘颂"迁议郎，守廷尉"大概是以议郎作为本官，摄理廷尉之职。他从黄门郎（五品）为议郎（七品），属于晋升迁官，从议郎（七品）为京兆太守（五品），却属于左降贬官。可知议郎的官品并不能反映相关选序。《晋书·山涛传》载：

> 入为侍中，迁尚书。以母老辞职，……表疏数十上，久乃见听。除议郎，……

---

① 《晋书》卷三五《裴秀传附裴宪传》："及（石）勒僭号，未遑制度，（宪）与王波为之撰朝仪，于是宪章文物，拟于王者。勒大悦，署太中大夫，迁司徒。"（第1050页）裴宪在石勒时以太中大夫迁司徒，应是源自魏晋之制。
② 《晋书》卷四三《王戎传》，第1232页。
③ 《通典》卷二九《职官一一·三署郎官叙》，第807页。
④ 《太平御览》卷二三九《职官部三七·冠军将军》，第1132页。
⑤ 《太平御览》卷二二四《职官部二二·散骑常侍》，第1065页。
⑥ 《晋书》卷四六《刘颂传》，第1293~1294页。

后除太常卿，以疾不就。会遭母丧，归乡里。……诏曰："……山太常虽尚居谅暗，……其以涛为吏部尚书。"涛辞以丧病，章表恳切。会元皇后崩，遂扶舆还洛。逼迫诏命，自力就职。①

山涛以尚书为议郎，再为太常卿，按官品理解的话，其地位的波动非常大。其实，这条官职的迁转路径应是平顺的，朝廷将山涛由尚书除拜议郎，主要是使他从官务繁重的尚书转为无具体职掌的散官，顺应他奉养老母的要求。在山涛的仕宦历程中，这自然不能算作贬官。在资位与资历上，尚书与议郎应是平顺过渡的，而非官品由三品降为七品。所以，之后可以从议郎除为太常，山涛因遭母丧没有应命。《北堂书钞》卷六〇引《晋起居注》载武帝泰始八年诏云："议郎山涛，至性简静，凌虚笃素，立身行己，足以励俗，其以涛为吏部尚书。"②《晋书》与《晋起居注》应是两份吏部尚书的委任诏，大概是山涛"辞以丧病，章表恳切"，曾推辞朝廷的任命，所以朝廷要一再下诏。可以看到，两份诏书一称议郎一称太常，官品差距颇大的两官，均用以标示山涛的当前官资，某种意义上表明当时制度并不以官品作为选任依据。上述分析对象主要集中在无具体职掌的散官。那么，对于有具体职掌的官职，其情况又如何呢？《通典·职官六·侍御史》引《山公启事》云：

"旧侍御史颇用郡守，今散二千石有才能尚少者可用不？"诏使八座详之。③

侍御史为六品，郡守为五品。"侍御史颇用郡守"即五品郡守迁为六品侍御史。山涛以"旧"字指出这是旧制，说明并非特殊事例。《北堂书钞》卷六二引《晋百官表注》云："侍御史，员十五人，皆用公府掾属高第补，或用故守相。议郎、〔郎〕中为之，初上称守，满岁拜真"④，《通典·职官六·侍御史》亦载："晋侍御史九人，颇用郡守为之"⑤，均证明此为常制。由此说明，选官并不以官品等级为据。官职的选序阶资是一套独立的秩序。《唐六典·太子詹事府》云：

①《晋书》卷四三《山涛传》，第 1224~1225 页。
②《北堂书钞》卷六〇《设官部一二·吏部尚书》，第 453 页。
③《通典》卷二四《职官六·侍御史》，第 670 页。
④《北堂书钞》卷六二《设官部一四·侍御史》，第 473 页。原文"议郎中"脱一"郎"字，应作"议郎郎中"，今补正。
⑤《通典》卷二四《职官六·侍御史》，第 669~670 页。

《晋令》："（太子）詹事丞一人，品第七；……"过江，多用员外郎及博士为之，迁为尚书郎。宋、齐品服同晋氏。[①]

据此，太子詹事丞的官品与选序是不合的。此官虽为七品，其选拔对象却是第五、第六品的员外郎、博士，说明官品并不构成选官资格。《唐六典·诸王府》云：

宋、齐诸王领镇者有长史，品第六，秩千石，铜印、墨绶，进贤两梁冠，绛朝服。[②]

"诸王领镇"是指宗王出居地方藩镇，例以所带军号建立军府，长史即军府上佐。此职官品为第六品，乃沿袭自晋制。[③]以官品而论，军府长史品秩不高。然而，南朝宋齐时期的军府长史，地位非同一般。其时由年幼宗王出守方镇的现象非常普遍，长官由于年龄过小，并没有实际从政的能力。[④]朝廷通常委任军府上佐摄理政务，行使长官职权，在职衔上为"行某州事"，或简称"行事"。鲁力研究指出，行事并无官品印绶只是一种委任方式，对象通常为军府长史。[⑤]在幼王出镇的政治背景下，长史通常代为行使州府长官的权力，其政治地位的重要性不言而喻，选序资位亦随之提升不少。

史籍中诸王军府长史的任用与升迁，均显示此职的选序资位颇高。兹举数例如下：

（王钊）世祖大明中，亦经清职，黄门郎，临海王子顼晋安王子勋征虏、前军长史，左民尚书。[⑥]

---

① 《唐六典》卷二六《太子詹事府》，第 662 页。
② 《唐六典》卷二九《诸王府》，第 729 页。
③ 《通典·晋官表》第六品有"公府长史""二品将军、诸大将军、特进、都督、中护军长史"（第 1004 页）。《宋书·礼志五》云："按《晋令》，公府长史，官品第六。"（第 557 页）公府与贵号将军长史均为六品，应无疑问。
④ 陈长琦指出，"综观南朝四代，幼王出镇是一非常普遍的现象。其担任职务之重要，出镇地区的广泛性及年龄的低幼化"，令人叹服。（陈长琦：《南朝时代的幼王出镇》，《华南师范大学学报（社会科学版）》1996 年第 1 期，第 105 页）
⑤ 据鲁力统计："《宋书》《南齐书》《梁书》《陈书》中收集了 114 个有明确官职记载的例子，其中长史 97 例、司马 9 例、谘议参军 6 例"（鲁力：《南朝"行事"考》，《武汉大学学报（人文科学版）》2008 年第 6 期，第 761 页）。
⑥ 《宋书》卷四二《王弘传附王钊传》，第 1435 页。

　　（羊玄保）迁尚书吏部郎，御史中丞，衡阳王义季右军长史、南东海太守，加辅国将军。入为都官尚书、左卫将军，加给事中，丹阳尹，会稽太守。①

　　（蔡兴宗）还为廷尉卿。……出为东阳太守，迁安陆王子绥后军长史、江夏内史，行郢州事。征还，未拜，留为左民尚书。②

　　（张悦）历中书、吏部郎，侍中，临海王子顼前军长史、南郡太守。③

　　（王僧虔）迁散骑常侍，复为新安王子鸾北中郎长史、南东海太守，行南徐州事，……寻迁豫章内史。入为侍中，迁御史中丞，领骁骑将军。④

　　（褚炫）凡三为侍中。出为竟陵王征北长史，加辅国将军，寻徙为冠军长史、江夏内史，将军如故。永明元年，为吏部尚书。⑤

　　（陆澄）迁都官尚书。出为辅国将军、镇北镇军二府长史，廷尉、领骁骑将军。永明元年，转度支尚书。⑥

上述例子证实了府长史的资位在南朝大为提升，然而官品依旧如昔，未见变化，深可说明官品与选序并无直接联系，吏部选官显然并非依循官品，官品并非选官的官阶。《南齐书·百官志》序云"蔚宗选簿梗概，钦明阶次详悉"⑦，里面提及"选簿""阶次"，据《隋书·经籍志二》著录，很可能是指范、荀二人的同名著作《百官阶次》。⑧《唐六典·尚书都省》征引

①　《宋书》卷五四《羊玄保传》，第 1676 页。
②　《宋书》卷五七《蔡廓传附蔡兴宗传》，第 1716~1717 页。
③　《宋书》卷五九《张畅传附张悦传》，第 1755 页。
④　《南齐书》卷三三《王僧虔传》，第 656 页。
⑤　《南齐书》卷三二《褚炫传》，第 644~645 页。
⑥　《南齐书》卷三九《陆澄传》，第 759 页。
⑦　《南齐书》卷一六《百官志》，第 347 页。
⑧　《隋书》卷三三《经籍志二》分别著录"《百官阶次》一卷"与"《百官阶次》三卷"（第 1096、1097 页），推测一卷本的《百官阶次》为范晔编撰，三卷本的《百官阶次》（一名《宋百官阶次》）是荀钦明之作。

《宋百官阶次》之文，曰"尚书仆射，胜右减左，望在二者之间"①，员外郎"美迁为尚书郎"②，佚文虽少，仍可从中知道其内容的梗概，里面的文字包括官职的资望比较、迁转途径等。结合《百官阶次》的书名，提示这可能是重点记载资望阶次的文献。《唐六典·太子右春坊》"太子中舍人"条的注文亦值得分析：

> 太子中舍人，本汉、魏太子舍人也。晋惠帝在储宫，以舍人四人有文学才美者，与中庶子共理文书；至咸宁二年，齐王攸为太傅，遂加名为中舍人，位叙同尚书郎。其后资渐高，拟黄门侍郎，班同门大夫，次尚书郎下。③

"位叙同尚书郎"应该点读为"位、叙同尚书郎"。位、叙之义，各有所指："位"应指班位，文中"班同门大夫"的"班"，义与此同④；"叙"是指选官资格，与下文"资渐高"之"资"同义。该段文字是说太子中舍人"资"拟黄门郎，比起"叙"同尚书郎之时，官资有了提高。这里"位""班"属于朝班位序，"叙""资"则为选序资位，相关说明将朝班与选序分别言之，提示两者是有所区别的。

《唐六典·太子左春坊》注曰"晋太子门大夫局准公车令，班同中舍人"⑤，可印证上述记载。又据《通典·晋官品》，太子门大夫、中舍人在第六品，两官以次相接，"班同"之义甚明。这是官品渊源自朝班位序的又一证明。另一方面，太子中舍人的选任资格出现变化，取得与黄门郎相同资位以后，官品并没有随之上升至第五品，仍然按照班位被列于第六品，说明朝班秩序可在官品中得到反映，其选序官资则相对独立于官品。

朝班位序与选序资位并行不悖，至少在曹魏时已见端倪。《通典·职官八·秘书郎》引"王肃表"曰：

> 臣以为秘书职于三台为近密，中书郎在尚书丞、郎上，秘书丞、郎宜次尚书郎下，不然则宜次侍御史下。秘书丞、郎俱四百石，迁

---

① 《唐六典》卷一《尚书都省》，第 7 页。
② 《唐六典》卷二《吏部尚书》，第 29 页。
③ 《唐六典》卷二六《太子右春坊》，第 670 页。
④ 《晋书》卷四十《贾充传》载"时吴将孙秀降，拜为骠骑大将军。帝以充旧臣，欲改班，使车骑居骠骑之右"（第 1168 页）。这里的改班就是对朝班位次的调整。
⑤ 《唐六典》卷二六《太子左春坊》，第 669 页。

宜比尚书郎，出亦宜为郡，……①

《续汉书·百官志三》引蔡质《汉仪》曰"（尚书郎）初上台称守尚书郎，中岁满称尚书郎，三年称侍郎。客曹郎主治羌胡事，剧迁二千石或刺史，其〔次〕（公）迁为县令"②，说明尚书郎出为二千石郡守，属于东汉以来的选官秩序。秘书丞郎参照尚书郎的升迁资格，是选官方面的内容。由此可知，王肃谓秘书丞、郎"宜次尚书郎下，不然则宜次侍御史下"是朝位方面的建议，用于确定官员的身份地位，"迁宜比尚书郎，出亦宜为郡"是对其选序资位的界定。

以上分析表明，与朝班渊源甚深的魏晋南朝官品制度并未参与选官运作，基本与选序无关。由官品构建的等级秩序用于身份安排，至于吏部选阶，则另有制度承担。此亦旁证官品规划较少出于运作考虑。

第二节　两晋宋齐官品的制度沿革

在了解官品性质与功能的基础上，以下试梳理官品从两晋至南朝宋齐的基本脉络，从整体上把握官品早期阶段的制度变动。

如前所考，《官品令》包括在由贾充主持修订的《晋令》之中，正式颁布于晋武帝泰始四年（268）正月。那么，晋代是否始终如一地在施行泰始年间颁行的《官品令》呢？结合若干线索可知，官品在两晋似乎有过不止一次的变动。不妨从特进的沿革情况切入来考察官品的变动。《宋书·百官志上》载"特进"，云：

晋惠帝元康中定位令在诸公下，骠骑将军上。③

又《晋书·职官志》载：

特进，汉官也。二汉及魏晋以加官从本官车服，无吏卒。太仆羊琇逊位，拜特进，加散骑常侍，无余官，故给吏卒车服。其余加

---

① 《通典》卷二六《职官八·秘书郎》，第734页。据《唐六典》卷十引《魏起居注》："青龙中，议秘书丞、郎职近日月，宜居三台上，亚尚书丞、郎。"（第297页）可知王肃上表在魏明帝青龙年间。

② 《续汉书·百官志三》，《后汉书》，第3598页。"其公"不可解，《唐六典》卷一《尚书都省》引《汉官》作"其次"（第9页），是。

③ 《宋书》卷三九《百官志上》，第1328页。

特进者，唯食其禄赐，位其班位而已，不别给特进吏卒车服。后定令，特进品秩第二，位次诸公，在开府骠骑上，冠进贤两梁，黑介帻，五时朝服，佩水苍玉，无章绶，食奉日四斛。太康二年，始赐春服绢五十匹，秋绢百五十匹，绵一百五十斤。元康元年，给菜田八顷，田驺八人，立夏后不及田者，食奉一年。置主簿、功曹史、门亭长、门下书佐各一人，给安车黑耳驾御一人，轺车施耳后户一乘。①

参考《晋志》"后定令，特进品秩第二，位次诸公，在开府骠骑上"，可推知上引《宋志》文有倒乙，原文应作"晋惠帝元康中定〔令〕（位），〔位〕（令）在诸公下、骠骑将军上"。两条史料共同提示了晋惠帝朝"定令"的历史线索，透露官品令在元康年间或有过调整。

值得注意的是，《晋志》叙特进云："元康元年，给菜田八顷，田驺八人，立夏后不及田者，食奉一年"，类似叙述颇见于《晋志》。如：诸公及开府位从公，"元康元年，给菜田十顷，田驺十人，立夏后不及田者，食奉一年"②；尚书令，"元康元年，始给菜田六顷，田驺六人，立夏后不及田者，食奉一年"③；"惠帝元康元年……（太子）二傅给菜田六顷，田驺六人，立夏后不及田者，食奉一年"④；光禄大夫与卿，"惠帝元康元年，始给菜田六顷，田驺六人"⑤。上述记载显示，众多高级官职在元康元年获得菜田、田驺方面的配给待遇。从这些大体雷同的文字判断，相关规定应出自《晋令》。前引《宋志》所云"元康中定令"与"元康元年"（291）这一时间点显然有着某种内在关联。《晋志》对上述诸官职的叙述，在"元康元年"之前均有"太康二年"（281）朝廷颁布赐春绢、秋绢、绵的待遇规定。那么，"太康二年"也是值得关注的时间点。

作为参考，《晋书·礼志上》载：

> 及晋国建，文帝又命荀顗因魏代前事，撰为新礼，……成百六十五篇，奏之。太康初，尚书仆射朱整奏付尚书郎挚虞讨论之。虞表所宜损增……虞讨论新礼讫，以元康元年上之。所陈惟明堂五

---

① 《晋书》卷二四《职官志》，第727页。标点经斟酌有改动。
② 《晋书》卷二四《职官志》，第726页。
③ 《晋书》卷二四《职官志》，第730页。
④ 《晋书》卷二四《职官志》，第742页。
⑤ 《晋书》卷二四《职官志》，第728页。同卷叙三品将军"菜田、田驺如光禄大夫诸卿制"，应该也是惠帝元康元年所定。

帝、二社六宗及吉凶王公制度，凡十五篇。有诏可其议。①

如前所论，魏晋之际荀𫖮撰新礼，官品亦在此时出台。"定礼仪"与"改官制"是联动的。根据《晋书·礼志上》记载，"太康初"与"元康元年"西晋朝廷对礼仪制度有进一步的修订举措。上述《晋书·职官志》则记录了"太康二年""元康元年"均颁布了有关高级官员待遇的新规定。这些内容大致可归入"官制"范畴。联系"礼仪"和"官制"的联动关系，可以看出上述时间点的重合并非偶然。《梁书·儒林传》序云：

> 时荀𫖮、挚虞之徒，虽删定新礼，改官职，未能易俗移风。②

此论言简意赅。"荀𫖮、挚虞之徒"即包括了魏晋之际荀𫖮主持的"定礼仪"，以及西晋中后期挚虞主持的"讨论新礼"。相关表述以"删定新礼"与"改官职"连称，提示了礼仪与官制的改动是互有关联的。

综合以上各种记载，大致可有如下推断：西晋《泰始令》是魏晋之际制度兴造的成果，其后又经历规模化改定，里面同样涉及礼仪、法律与官制多方面的联动调整。其中，武帝太康二年与惠帝元康元年是与此相关的重要时间点。官品体系或因此发生过变动，实非《泰始令》之旧。

当然，该推断还需要解决史料方面的一个疑问：《晋志》前称"后定令，特进品秩第二"，后谓"太康二年""元康元年"云云，岂非表明"定令"发生在此之前？这里有必要理顺《晋志》关于特进的叙述逻辑。它很可能抄撮不同材料，形成"层累"的文本叙述形态。不妨对史文予以分段并编号解析：

A. 特进，汉官也。二汉及魏晋以加官从本官车服，无吏卒。

B. 太仆羊琇逊位，拜特进，加散骑常侍，无余官，故给吏卒车服。其余加特进者，唯食其禄赐，位其班位而已，不别给特进吏卒车服。

C. 后定令，特进品秩第二，位次诸公，在开府骠骑上，冠进贤两梁，黑介帻，五时朝服，佩水苍玉，无章绶，食奉日四斛。

D. 太康二年，始赐春服绢五十匹，秋绢百五十匹，绵一百五十斤。

---

① 《晋书》卷一九《礼志上》，第581~582页。
② 《梁书》卷四八《儒林传》，第735页。

E. 元康元年，给莱田八顷，田驺八人，立夏后不及田者，食奉一年。置主簿、功曹史、门亭长、门下书佐各一人，给安车黑耳驾御一人，轺车施耳后户一乘。

片段 A 云"二汉及魏晋以加官从本官车服，无吏卒"，谓特进在晋代为加官、无吏卒。实际上这只是晋初情况，此表述显然与后面交代特进置吏卒的记载构成矛盾。据此判断该段文字有其独立逻辑，不排除是唐修《晋书》承用了《宋书·百官志上》"特进，前汉世所置，前后二汉及魏、晋以为加官，从本官车服，无吏卒"之文，或另抄自某种叙述官职历代沿革的早期材料。再看片段 C，前参《宋志》明言"定令"发生于"晋惠帝元康中"，可知此处所云"后定令"实为元康中事，但片段 D 又接着叙述晋武帝朝太康二年之事，论述次序倒置，及后的片段 E 所叙"元康元年"事，似乎与片段 C 同属一事。之所以会出现这样的叙述，很大可能与《晋志》编撰"特进"条所采用的文本处理方式有关。在片段 A 之后，史臣似乎还拼合了两段不同史源的原始材料，形成前后相接又相互独立的两个文本单元：前者（片段 B、C）未加明确系年，叙述特进在西晋前、后期的待遇变化；后者（片段 D、E）则采用具体的纪年形式，叙述有关特进待遇的新规定，它们在典制叙述上有所区别。而史源有别的片段 C、E 两段材料，均涉及元康定令之事，构成制度信息的相互补充。片段 C 云"冠进贤两梁，黑介帻，五时朝服，佩水苍玉，无章绶，食奉日四斛"，涉及服制和俸禄；片段 E 云"置主簿、功曹史、门亭长、门下书佐各一人，给安车黑耳驾御一人，轺车施耳后户一乘"，涉及吏卒与车制，正可说明此次定令以后，特进成为正式品官，摆脱了以往作为加官"不别给吏卒车服"的情况。由此或可判断，元康定令详细规定了特进官品、俸禄及"吏卒车服"，里面应牵涉到《晋令》中《官品》《吏员》《俸廪》《服制》等篇的重新改定。理清上述文本层次，有助于加深对"元康中定令"的细节理解。

从征、镇军号（四征、四镇）官品等级的前后变化，亦可发现西晋官品制度发生调整的线索。如前考察指出，官品制度建立时，四征将军是第二品的"基准"官职，参《通典·魏官品》第二品有"诸四征、四镇、车骑、骠骑将军"[①]，四征、四镇列于第二品，很可能是魏晋之际官品创建阶段

---

① 《通典·魏官品》第三品又有"诸征、镇、安、平将军"，"征、镇"重出，显示这个制度文本或有糅合晋制之处。

时的制度情形。这与当时尚未完成统一、征镇将军号保有较大政治象征意义，似不无关系。再参《通典·晋官品》和《宋志官品表》，征、镇将军是在第三品，作为参证，前述《宋书·礼志五》载录西晋服制，其中有"骠骑、车骑将军，凡诸将军加大者，征、镇、安、平、中军、镇军、抚军、前、左、右、后将军，征虏、冠军、辅国、龙骧将军，金章，紫绶。给五时朝服，武冠。佩水苍玉"[①]，显示征、镇应在西晋时期的某个时间点被划入，与安、平军号同列，依"品视位定"原则叙定为第三品。相关调整不排除也是"元康定令"的结果，其时西晋已灭吴，完成统一，且官僚体系中不断被强化的重内轻外观念均多少影响到外授的征、镇军号，其崇重程度或由此减损，随着军号序列的重新规划，其官品等级相应调至第三品。

事实上，出现官品调整的或许还不止征、镇军号。《晋书·职官志》对具有开府资格的将军号有如下交代：

> 骠骑、车骑、卫将军、伏波、抚军、都护、镇军、中军、四征、四镇、龙骧、典军、上军、辅国等大将军，左右光禄、光禄三大夫，开府者皆为位从公。[②]

三品将军始有资格开府。然而对比职官文献，可发现《晋书·职官志》所列得以开府的将军号中，伏波、都护、典军、上军并不在《宋志官品》和《通典·晋官品》的三品将军序列。这些"溢出"于官品表的历史信息，值得重点关注。

先说伏波将军。关于此将军号的渊源，《宋书·百官志上》载"伏波将军，汉武帝征南越，始置此号，以路博德为之"[③]。东汉时，光武帝以马援为伏波将军，南征交阯。伏波之号，蕴有对南方用兵的政治名号象征。至汉末，曹操在建安九年（204）平定邺城后，拜夏侯惇为伏波将军，直到建安二十四年（219）始改拜为前将军。[④] 及后，满宠以破吴之功，从扬武将军拜伏波将军，继而进拜前将军。[⑤] 从曹氏重臣夏侯惇十余年间带伏波军号与满宠"扬武（银青）—伏波—前（金紫）"的军号晋升途径，推知汉魏伏波将军的位望其实不低。西晋授伏波将军者，为降晋吴

---

① 《宋书》卷一八《礼志五》，第553~554页。
② 《晋书》卷二四《职官志》，第726页。
③ 《宋书》卷三九《百官志上》，第1332页。
④ 事见《三国志》卷九《魏书·夏侯惇传》。
⑤ 事见《三国志》卷二六《魏书·满宠传》。

人孙秀。《晋书·武帝纪》载泰始六年"十二月，吴夏口督、前将军孙秀帅众来奔，拜骠骑将军、开府仪同三司，封会稽公"[1]。晋朝优厚封赏归降的孙秀，拜为骠骑并开府，意在招徕敌国之将，至平定孙吴后，此举失去其标榜价值，孙秀因此遭降号。《三国志·吴书·孙匡传》裴注引《晋诸公赞》曰："吴平，（秀）降为伏波将军，开府如故。"[2]事实上，与他一同降号的，还有另一降晋吴将孙楷。《三国志·吴书·孙韶传》载孙楷"归晋"，"晋以为车骑将军"，裴注引《晋诸公赞》曰："吴平，降为渡辽将军。"[3]孙秀、孙楷在平吴后分别从骠骑、车骑降为伏波、渡（度）辽。裴松之曾评论过这一时期降将的待遇问题，云："在晋有孙秀、孙楷……秀、楷礼秩，优异尤甚。及至吴平，而降黜数等，不承权舆，岂不缘在始失中乎？"[4]西晋平吴在太康二年，前面已指出这也是《晋令》发生过变动的时间点。伏波位望本不低，在晋初应维持有较高品级，但随着孙吴的平定，此军号失去南征的政治名号意义，或调整入第五品，进而作为孙秀降号之授。不过，也不能排除还有另一种可能，就是伏波品级虽低于骠骑，但在平吴以后仍保有一定位望，还在金紫将军之列。毕竟孙秀能以之开府，很可能仍属三品将军。但可以肯定的是，至孙秀拜伏波将军以后，此军号趋于卑微化了。《晋书·陶侃传》："伏波将军孙秀以亡国支庶，府望不显，中华人士耻为掾属，以侃寒宦，召为舍人。"[5]尽管孙秀在降号后仍可开府，但其"亡国支庶"身份导致府望低落，乃至中原士大夫"耻为掾属"，伏波军号位望下降已是不争的事实。不排除伏波在及后的"定令"中缘此被降至五品银青之列。不论如何，伏波将军大概是经历过官品由高至低的变动调整。

次说都护将军。此号在汉魏之际位望不低。如《三国志·魏书·夏侯渊传》载"渊还，拜典军校尉。……会鲁降，汉中平，以渊行都护将军，督张郃、徐晃等平巴郡"[6]，《三国志·魏书·曹洪传》载曹洪"累从征伐，拜都护将军。文帝即位，为卫将军，迁骠骑将军"[7]，这是曹操亲信将领所历军号。另据《续汉书·百官志一》刘昭注引《魏略》曰"曹公置都护军

---

① 《晋书》卷三《武帝纪》，第60页。《晋书》卷三四《羊祜传》载："孙皓恣情任意，与下多忌，名臣重将不复自信，是以孙秀之徒皆畏逼而至。将疑于朝，士困于野，无有保世之计，一定之心。"（第1019页）

② 《三国志》卷五一《吴书·宗室·孙匡传》，第1214页。

③ 《三国志》卷五一《吴书·宗室·孙韶传》，第1216页。

④ 《三国志》卷四《魏书·三少帝纪·高贵乡公髦纪》，第140页。

⑤ 《晋书》卷六六《陶侃传》，第1768页。

⑥ 《三国志》卷九《魏书·夏侯渊传》，第272页。

⑦ 《三国志》卷九《魏书·曹洪传》，第278页。

中尉，置护军将军，亦皆比二千石，旋军并止罢"①，从都护、护军之名，大概有督摄征讨众军之责。《晋书·礼志中》载司马昭驾崩下葬，司马炎在"除丧"后仍坚持"深衣素冠，降席撤膳"，一众重臣上奏劝阻，其中有"都护大将军郭建"②，可见此号在晋初为重号。不过此号在泰始三年（267）即被正式罢撤。《晋书·武帝纪》载："秋八月，罢都护将军，以其五署还光禄勋。"③ 此号没有出现在官品表，亦说明官品表已非泰始之旧。

再说典军将军。《三国志·魏书·陈思王植传》裴注引《世语》载杨嚣"泰始初为典军将军，受心膂之任，早卒"④，这是晋初情况。《晋书·琅邪王伷传附司马繇传》："诛杨骏之际，繇屯云龙门，兼统诸军，以功拜右卫将军，领射声校尉，进封郡王，邑二万户，加侍中，兼典军大将军，领右卫如故。"⑤ 晋惠帝永平元年（同年改元"元康"）三月诛杨骏，司马繇因功拜"兼典军大将军"，可见此时仍有典军将军之号，且可加"大"，属贵号将军无疑。《晋书·汝南王亮传附司马矩传》载同年司马矩"与父亮同被害。追赠典军将军，谥怀王"⑥，亦是史证。

最值得注意的是上军将军。《三国志·魏书·曹真传》载："黄初三年还京都，以真为上军大将军，都督中外诸军事，假节钺"⑦；《晋书·乐安王鉴传》载司马鉴"咸宁初，以齐之梁邹益封，因之国，服侍中之服。元康初，征为散骑常侍、上军大将军，领射声校尉"⑧；《晋书·齐王攸传附司马蕤传》载司马蕤"寻进安南将军，都督豫州军事，增邑满二万户。未发，留为侍中、上军将军，给千兵百骑"⑨；《晋书·吴敬王晏传》载司马晏攻赵王司马伦失败被贬，"伦诛，诏复晏本封，拜上军大将军、开府，加侍中"⑩；从以上材料可见从曹魏到西晋，上军将军多授予宗室人物，其为重号将军无疑。"典军"与"上军"之号颇有关联。《后汉书·灵帝纪》载中平五年"八月，初置西园八校尉"注引乐资《山阳公载记》曰："小黄门蹇硕为上军校尉，……议郎曹操为典军校尉，……凡八校尉，皆统于

---

① 《续汉书·百官志一》，《后汉书》，第 3563 页。
② 《晋书》卷二〇《礼志中》，第 613 页。
③ 《晋书》卷三《武帝纪》，第 55 页。
④ 《三国志》卷一九《魏书·陈思王植传》注引《世语》，第 561 页。
⑤ 《晋书》卷三八《琅邪王伷传附司马繇传》，第 1123 页。
⑥ 《晋书》卷五九《汝南王亮传附司马矩传》，第 1593 页。
⑦ 《三国志》卷九《魏书·曹真传》，第 281 页。
⑧ 《晋书》卷三八《乐安王鉴传》，第 1138 页。
⑨ 《晋书》卷三八《齐王攸传附司马蕤传》，第 1136 页。
⑩ 《晋书》卷六四《吴敬王晏传》，第 1724 页。

塞硕。"① 东汉末八校尉之名，即有上军、典军的名目。西晋晚期赵王伦败后仍有"上军大将军"的拜受记载，但到了东晋时则全然不见该军号作为重号将军的痕迹，前考东晋元帝太兴二年有过"定官品"事②，上军将军很可能就是在东晋新定官品中被剔除出三品金紫军号序列的。限于史料整体信息不足，我们尚难以系统确知东晋初所定官品相对于西晋制度有哪些具体变化，但从上述蛛丝马迹可推知此次定品很大程度上涉及各个品级将军号序列的重新厘定。

以上考察表明两晋时期官品制度并非一成不变，中间经历制度性的调整变动。我们需要以动态的眼光来审视传统官制撰述偏于静态的沿革记录。

那么，进入南朝以后，官品制度的沿革情况又是如何呢？从整体上看，南朝宋齐官品制度保持了较强延续性。前引《宋志官品表》史臣谓"凡新置不见此诸条者，随秩位所视，盖晋江左所定也"，大致透露了南朝刘宋时期并未对官品制度作太大改动，基本沿用了东晋所定官品，同时对新置官职则采用"随秩位所视"原则来叙定其官品，官品体系保持稳定。南齐官制亦大体因循前代，萧子显《南齐书·百官志》序云："齐受宋禅，事遵常典，既有司存，无所偏废。"③官品制度应也在"常典"范畴之内。《唐六典》对官职的官品沿革记载亦可旁证南朝宋齐基本沿用晋官品（如表2.5所示）。

表2.5 《唐六典》魏晋宋齐官品沿革表

官职	等级沿革情况	官品	出处
尚书令	自魏至晋、宋、齐，秩皆千石，品并第三	三品	卷一·尚书都省
尚书仆射	魏、晋、宋、齐秩皆六百石，品并第三		卷一·尚书都省
尚书	自魏至梁并第三品		卷二·尚书吏部
中书监、令	晋氏监、令并第三品……宋、齐置监、令，品秩并同晋氏		卷九·中书省

---

① 《后汉书》卷八《灵帝纪》，第356页。
② 详见本书第一章第一节。
③ 《南齐书》卷一六《百官志》，第347页。

续表

官职	等级沿革情况	官品	出处
秘书监	《晋令》云"品第〔三〕（五）"，……宋、齐同晋氏	三品	卷十·秘书省
卿	两汉卿秩中二千石，魏、晋、宋、齐、梁、陈俱第三品		卷一八·大理寺
国子祭酒	《百官志》"祭酒……官品第三"，东晋及宋、齐并同		卷二一·国子监
太子詹事	《晋令》"詹事，品第三"……宋、齐品秩、仪服略同于晋		卷二六·太子詹事府
左右卫将军	（晋）品第四……宋、齐因之	四品	卷二四·诸卫
御史中丞	历晋、宋、齐、梁、陈，并以中丞为台主，品第四		卷一三·御史台
黄门侍郎	《晋令》云"品第五"……齐因晋、宋	五品	卷八·门下省
中书侍郎	《晋令》"品第〔五〕（四）"……宋、齐并同晋氏		卷九·中书省
太子率更令	（晋）太康八年，进品第五。宋、齐因之		卷二七·太子率更寺
尚书丞	自魏至宋、齐，品皆第六	六品	卷一·尚书都省
秘书丞	《晋令》"秘书丞品第六"……宋、齐并一人，品、服同晋氏		卷十·秘书省
著作郎	《晋令》"著作郎品第六"……宋、齐并同晋氏		卷十·秘书省
著作佐郎	《晋令》"著作佐郎品第六"……宋、齐并同		卷十·秘书省
廷尉正	魏氏第六品……宋、齐、梁、陈并一人，品同魏氏		卷一八·大理寺
博士	魏以太常统太学博士……晋官品第六……宋、齐无所改作		卷二一·国子监
国子助教	（晋）官品视南台御史，服同博士……宋、齐并同		卷二一·国子监
诸王友	魏、晋诸王置友一人，宋、齐因之，品第六		卷二九·亲王府

官职	等级沿革情况	官品	出处
太史令	晋太史令品第七……宋、齐、梁、陈并同晋氏	七品	卷十·太史局
太子詹事丞	晋令："品第七"，……宋、齐品服同晋氏		卷二六·太子詹事府

《唐六典》对宋、齐职官官品沿革的记载，基本上使用"并同晋氏""因之（晋）""无所改作"等语，说明了南朝宋、齐与晋官品的因承沿袭关系。更确切地说，宋、齐官品主要沿用了东晋所定制度。

第三节　南朝梁代官品改制

经历南朝宋、齐的相对稳定期，官品在梁代迎来改制。本节将考察相关情况并提出观点如下：梁官品在天监年间实际经历过两次制度改革，第一次改制在梁建立不久的天监二年（503），不仅调整了诸官职的官品，而且以"品下注秩"的方式，将原本相互独立的官品与秩级，建立起直接对应关系。第二次改制在天监七年（508），制定《新定官品》，与《选品》（官班）并行使用。《新定官品》改变官品与秩级刚性对应的原有办法，在官品之下细化调整不同官职的秩级，由此构建起官品为主、秩级为辅的等级秩序框架。《隋书·百官志上》载录的陈官品，实际是在梁代定型的《新定官品》（即第二次改制）基础上略做修订而成的。对梁代两次官品改制的考察，有助于理清官品、秩级、官班之间的制度关系。

一、梁初官品改制与"品下注秩"

关于梁初的官品改制，《隋书·百官志上》载：

> 天监初，武帝命尚书删定郎济阳蔡法度，定令为九品。秩定，帝于品下注一品秩为万石，第二第三为中二千石，第四第五为二千石。[1]

据《梁书·武帝纪中》载，天监二年四月癸卯"尚书删定郎蔡法度上《梁

---

[1] 《隋书》卷二六《百官志上》，第809~810页。

律》二十卷、《令》三十卷、《科》四十卷"①，蔡法度所定官品令当在《梁令》三十卷中。由此显示，此次《官品令》出台，与魏末晋初的制度兴造有类似之处，也是基于律令的全面修订。《唐六典·尚书刑部》注云："梁初，命蔡法度等撰《梁令》三十篇：一、《户》，……四、《官品》，……"②《官品令》为《梁令》第四篇，该篇篇次与《晋令》亦同。

此次官品改制仍是"定令为九品"，并未改变官分九品的原有体系格局。其中发生调整的，恐怕主要是诸官的官品等级。仅从这点看，它与前述两晋时期历次的"定令""定官品"事，性质上似无太大区别。但该记载接着称"秩定，帝于品下注一品秩为万石，第二第三为中二千石，第四第五为二千石。"梁武帝此番操作就别具意义了。这里不妨依史文原意将之概称为"品下注秩"。

《隋志》记载梁武帝只是注到第五品，那么往下的官品注的是哪一秩级呢？《隋志》同卷记载陈代封爵之制，其品、秩结合的形式与梁初"品下注秩"相近：

> 其封爵亦为九等之差。郡王第一品。秩万石。嗣王、蕃王、开国郡县公，第二品。开国郡、县侯，第三品。开国县伯，第四品。并视中二千石。开国子，第五品。开国男，第六品。并视二千石。汤沐食侯，第七品。乡、亭侯，第八品。并视千石。关中、关外侯，第九品。视六百石。③

此外，《隋志》记载陈代有"戎号拟官"，亦可见到类似形式。云：

> 镇卫、骠骑、车骑等三号将军，拟官品第一。比秩中二千石。四中、……等十六号将军，拟官品第二。秩中二千石。八安、……等十六号将军，拟官品第三。秩中二千石。忠武、……将军，合二十五号，拟官品第四。秩中二千石。轻车、……合十八号，拟官品第五。威雄、……等，拟官一百四号，品第六。并千石。龙骧、……拟官三十号，品第七。并六百石。超武、……等，拟官二十三号，品第八。并六百石。前锋、……等将军，拟官十号，品第九。并四百石。诸将起自第六品已下，板则无秩。其虽除不领兵，领兵不满百人，并除此官而为州郡县者，

---

①　《梁书》卷二《武帝纪中》，第45页。
②　《唐六典》卷六《尚书刑部》，第184页。
③　《隋书》卷二六《百官志上》，第829页。

皆依本条减秩石。二千石减为千石，千石降为六百石。自四百石降而无秩。其州郡县，自各以本秩论。凡板将军，皆降除一品。诸依此减降品秩。其应假给章印，各依旧差，不贬夺。①

陈代典章大多继承自梁制。上述陈制大概也不例外，或可推测梁武帝"品下注秩"的操作对象不仅有官职还有爵位、将军号（戎号）。不过，也不难发现三者在官品与秩级对应上存在差异（如表 2.6 所示）。

表 2.6　梁初定令与陈代爵制、戎号拟官所见官品与秩级对应异同表

梁初定令"品下注秩"所见官品与秩级对应		陈代爵制所见官品与秩级对应		陈代戎号拟官所见官品与秩级对应	
第一品	万石	第一品	万石	拟官品第一	中二千石
第二品	中二千石	第二品	中二千石	拟官品第二	中二千石
第三品	中二千石	第三品	中二千石	拟官品第三	中二千石
第四品	二千石	第四品	中二千石	拟官品第四	中二千石
第五品	二千石	第五品	二千石	拟官品第五	（阙载）
（阙载）		第六品	二千石	拟官品第六	千石
		第七品	千石	拟官品第七	六百石
		第八品	千石	拟官品第八	六百石
		第九品	六百石	拟官品第九	四百石

梁初"品下注秩"与陈代爵制、"戎号拟官"在官品与秩级对应上不尽相符，但对应原则仍属一致，即某一官品对应某一秩级（"陈官品"不在此例，详后分析）。至于秩级序列，从高至低依次是万石、中二千石、二千石、千石、六百石、四百石等，从"戎号拟官"有注云"二千石减为千石，千石降为六百石。自四百石降而无秩"可以为证。综合以上线索，梁初"品下注秩"既然有"第四第五为二千石"的叙述，那么可推断第六

① 《隋书》卷二六《百官志上》，第 827~828 页。杨恩玉、杨春芳校读认为，"陈朝将军号的官品与禄秩应为：一品、二品，中二千石；三品、四品，二千石；五品、六品，千石；七品、八品，六百石；九品，四百石"，可备一说。（杨恩玉、杨春芳：《论南北朝时期官品制性质的演变》，《江西社会科学》2021 年第 1 期，第 114 页）不过该文认为将"拟官品第一"的注文"比秩中二千石"理解为"比秩"的意思，从而认为"比"字应为衍文，似乎不确。这里的"比"与"拟官品"之"拟"同，是"比拟"的意思。

品应不及二千石，当为千石。至于第七至第九品，具体对应的秩级不好判断，但大致是取值于千石、六百石、四百石。

在了解"品下注秩"的基本面貌以后，可思考的是，梁武帝此番操作用意何在呢？要解答这一问题，首先要探讨魏晋以来官品与秩级之间的实际关系状况。

官品自创立以后，秩级亦继续行用。魏晋宋齐时期，官品与秩级不相对应的情况颇为突出。官职呈现为高品低秩或低品高秩。相关情形并不稀见，如：三品官里面，尚书令为千石、尚书仆射为六百石、尚书为六百石；中书监、中书令为千石。又如：四品官里的刺史，为六百石；五品官里的太守，则为二千石。有研究认为："官品高低与秩石多寡完全颠倒。这违背了官僚制下官员的权位、职责与待遇相一致的基本原则。这种混乱的局面直到萧齐基本没有变化。"[1] 从制度表象看确实如此。但若再深入思考的话，如此混乱的制度竟然连续运行了一百多年，从道理上说恐怕难以成立。而且，秩级为什么要刻意沿用东汉制度，基本未做调整呢？疑思及此，或许不能简单以制度"混乱"来理解这一时期秩级保持的稳定性。

《晋书·礼志下》引用西晋元会仪注，为认识此时期秩级的性质提供了重要线索：

> 晋氏受命，武帝更定元会仪，《咸宁注》是也。傅玄《元会赋》曰："考夏后之遗训，综殷周之典艺，采秦汉之旧仪，定元正之嘉会。"此则兼采众代可知矣。
>
> 《咸宁注》："……漏尽，侍中奏外办。皇帝出，钟鼓作，百官皆拜伏。太常导皇帝升御坐，钟鼓止，百官起。大鸿胪跪奏'请朝贺'。掌礼郎赞'皇帝延王登'。大鸿胪跪赞'藩王臣某等奉白璧各一，再拜贺'。太常报'王悉登'。谒者引上殿，当御坐。皇帝兴，王再拜。皇帝坐，复再拜。跪置璧御坐前，复再拜。成礼讫，谒者引下殿，还故位。掌礼郎赞'皇帝延太尉等'。于是公、特进、匈奴南单于、金紫将军当大鸿胪西，中二千石、二千石、千石、六百石当大行令西，皆北面伏。鸿胪跪赞'太尉、中二千石等奉璧、皮、帛、羔、雁、雉，再拜贺'。太常赞'皇帝延公等登'。掌礼引公至金紫将军上殿。皇帝兴，皆再拜。皇帝坐，又再拜。跪置璧皮帛御

---

[1] 杨恩玉、杨春芳：《论南北朝时期官品制性质的演变》，《江西社会科学》2021 年第 1 期，第 110 页。

坐前，复再拜。成礼讫，谒者引下殿，还故位。公置璧成礼时，大行令并赞殿下，中二千石以下同。成礼讫，以赞授赞郎，郎以璧帛付谒者，羔、雁、雉付太官。太乐令跪请奏雅乐，乐以次作。乘黄令乃出车，皇帝罢入，百官皆坐。昼漏上水六刻，诸蛮夷胡客以次入，皆再拜讫，坐。御入后三刻又出，钟鼓作。谒者、仆射跪奏'请群臣上'。谒者引王公二千石上殿，千石、六百石停本位。……"①

《晋志》交代晋武帝更定的元会仪《咸宁注》是"兼采众代"，所引傅玄《元会赋》亦云"采秦汉之旧仪"。《南齐书·礼志上》也称："晋武帝初，更定朝会仪，……至漏尽，皇帝出前殿，百官上贺，如汉仪。"②二者可相互参证。

这份采用"汉仪"的《咸宁注》，朝班排序亦参用秩级。"中二千石、二千石、千石、六百石当大行令西"是其明文。六百石是汉代官僚阶层的重要界限，这里从中二千石到六百石形成严整的朝班位序。秩级在朝会中构成礼制等级，发挥安排官员身份与地位的品位功能。中二千石、二千石、千石、六百石作为级别序列，堂而皇之应用于西晋元会这样的重大礼仪场合中，尤其是官品此时已在行用，这本身就说明时人并不认为相关制度存在颠倒或混乱的问题。《咸宁注》所见秩级除了用于充当朝位，其品位意义在其他方面亦有体现。《晋书·舆服志》载：

> 三公、九卿、中二千石、二千石、河南尹、谒者仆射，郊庙明堂法出，皆大车立乘，驾驷。……中二千石、二千石，皆皂盖，朱两轓，铜五采，驾二。中二千石以上，右騑。千石、六百石，朱左轓。③

车服之制是彰显官员身份的品位化手段，秩级参与其中，通过等级形式配置了不同的权益和待遇。

以上材料反映了两个相当重要的制度侧面：一是秩级同样参与此时期官僚身份秩序的构建，发挥品位功能，与官品并行不悖；二是王朝礼仪兼采秦汉，秩级长期作为汉帝国的官阶等级，提供衡定官职尊卑的基本尺度，此时仍寓有身份标识意义，在礼制等级层面保有其生命力。由此也就

---

① 《晋书》卷二一《礼志下》，第649~650页。
② 《南齐书》卷九《礼志上》，第159页。
③ 《晋书》卷二五《舆服志》，第762页。

可以理解，秩级在官品建立以后非但没有被取代，反而以保留汉代制度面貌的形式继续得到行用。换言之，秩级在当时之所以不做调整，恰是因为其"汉制"属性寓有标识身份地位的品位意义。

与秩级一并被保留汉制面貌的还有印绶。张小稳通过全面细致的归纳统计，得出结论：

> 魏晋宋齐时期印绶的规定与汉制几无不同，比二千石以上皆为银印（章）青绶，千石至四百石皆为铜印，有时甚至黄绶与墨绶的区别也丝丝入扣。若从官品的角度看，银印（章）青绶对应着二品、三品、四品、五品，铜印墨绶（黄绶）对应着上至三品、下至八品六个等级，二者呈现出重叠交叉的现象，这表明印绶与官品是没有关系的。由此可见，魏晋宋齐时期，印绶是与秩级相联系的，而与官品则没有关系。这再一次有力地证明了秩级是与职位相联系的。[①]

她敏锐地指出，"魏晋宋齐时期印绶的规定与汉制几无不同"，"魏晋宋齐时期，印绶是与秩级相联系的，而与官品则没有关系"，由此可得到一个基本判断：秩级与印绶以"与汉制几无不同"的形式行用于魏晋宋齐，彼此互有联系，均与官品没有关系。从这一角度出发，既然秩级与官品没有直接关系，也就谈不上二者如何对应的问题。二者有各自独立的制度逻辑，并行不悖。

张小稳还认为，这一时期秩级"与职务的繁简、职责的轻重相联系"，具有"职位分等"色彩。此理解或可再讨论。不可否认，秩级的"职位分等"色彩在汉代有相当明显的体现，但魏晋以来王朝国家行政体制发生了极大变化，如果秩级（包括印绶）要继续发挥其职位等级功能、保证以行政事效为重，合理的制度路径应该重新调整一番才对。但秩级体系在新的政制运作语境下，反而继续沿用旧制框架，无疑透露了一个基本事实：秩级不再是以"事"为中心的职位等级体系，它本身发生了品位化转变，具备更为浓厚的、强调"人"的身份的"品位分等"色彩。当时王朝在身份安排的方式与手段并不止一种，秩级应属于其中之一，承担相当的品位功能。秩级的品位化，与这一历史时期品位分等的发达是相适的。

支撑这一转变的制度要素是秩级对于官员身份地位仍保持着很强的标识效力。从时人表述反映出来的观念，可予一定程度的证明。如《宋

---

① 张小稳：《魏晋南朝时期的秩级》，《史学月刊》2004 年第 5 期，第 46 页。

书·徐羡之传》载晋宋之际徐羡之言："吾位至二品,官为二千石,志愿久充。"① 他是说当时已获中正品最高之二品,官位亦仕至二千石。"二千石"指的是他曾出任琅邪内史。其实,他当时已是刘裕的左膀右臂,官为大司马从事中郎,稍后刘裕北伐,他更是"转太尉左司马,掌留任,以副贰刘穆之"②。但他仍以"二千石"作为标榜,正可表明"二千石"是一种显著的地位标识。无独有偶,《宋书·谢瞻传》载同时期谢瞻对刘裕称"臣本素士,父、祖位不过二千石"③。此番谦辞与徐羡之所言意旨不同,但标识地位的内在逻辑则是相通的。《梁书·止足·陶季直传》载陶季直"仍迁建安太守,政尚清静,百姓便之。……梁台建,迁给事黄门侍郎。常称仕至二千石,始愿毕矣,无为务人间之事,乃辞疾还乡里"④,可见直到南朝齐梁间,"二千石"仍然是官僚地位显要的体现。细究以上数人语意,他们提及"二千石"时所表达的"止足"态度,均是针对自身获得的地位身份的,与职位相关的行政事务运作毫不相干,此亦透露出"二千石"蕴含的品位意义。《梁书·江革传》载:"革历官八府长史,四王行事,二为二千石,傍无姬侍,家徒壁立,世以此高之。"⑤ 特别在官历中标出"二为二千石"以示江革仕宦显达,亦反映上述观念。

在制度运作上,东晋以后朝廷高官出为郡太守多有"加秩中二千石"的做法,尤其体现了秩级的品位性质。如《晋书·虞潭传》载:

> 征拜尚书,寻补右卫将军,加散骑常侍。
> 成帝即位,出为吴兴太守,秩中二千石,加辅国将军。⑥

又如《宋书·宗室·营浦侯遵考传》载:

> 起为散骑常侍、五兵尚书,迁吴兴太守,秩中二千石。⑦

又如《宋书·袁湛传》载:

---

① 《宋书》卷四三《徐羡之传》,第 1444 页。
② 《宋书》卷四三《徐羡之传》,第 1443 页。
③ 《宋书》卷五六《谢瞻传》,第 1700 页。
④ 《梁书》卷五二《止足·陶季直传》,第 844 页。
⑤ 《梁书》卷三六《江革传》,第 584 页。
⑥ 《晋书》卷七六《虞潭传》,第 2012 页。
⑦ 《宋书》卷五一《宗室·营浦侯遵考传》,第 1614 页。

迁左民尚书，徙掌吏部。出为吴兴太守，秩中二千石，莅政和理，为吏民所称。入补中书令，又出为吴国内史，秩中二千石。①

又如《南齐书·王僧虔传》载：

寻迁豫章内史。入为侍中，迁御史中丞、领骁骑将军。……复为侍中、领屯骑校尉。泰始中，出为辅国将军、吴兴太守，秩中二千石。②

太守"加秩中二千石"的做法源于汉代"增秩"。《汉书·宣帝纪》载"颍川太守黄霸以治行尤异秩中二千石"，颜师古注曰："霸旧已二千石矣，今增为中二千石，以宠异之。"③《后汉书·韦彪传》载韦彪上书建言："其二千石视事虽久，而为吏民所便安者，宜增秩重赏，勿妄迁徙。"④汉代太守增秩为中二千石，通常为褒奖其政绩，是一种激发行政效率的手段，其"服务取向"颇为明显。这一传统至晋代未替，如《晋书·诸葛恢传》载："太兴初，以政绩第一，诏曰：'……会稽内史诸葛恢莅官三年，政清人和，为诸郡首，宜进其位班，以劝风教。今增恢秩中二千石。'"⑤不过更为普遍的情况是，此时期太守"加秩中二千石"是用于平顺官员个人内外官资的制度性举措，体现显著的"自利取向"。比如上引王僧虔之例，出任"豫章内史"时并无增秩，随着个人官资级别的提升，此后任吴兴太守时就加秩中二千石。这是对官员身份权益的一种照顾，相当于是让官员以"中二千石"之位履行太守二千石之职。这里，"中二千石"是系于官员个人的等级，较多体现了品位性质。据《宋书·礼志五》载：

郡国太守、相、内史，银章，青绶。朝服，进贤两梁冠。江左止单衣帻。其加中二千石者，依卿、尹。⑥

又《隋书·礼仪志六》载：

---

① 《宋书》卷五二《袁湛传》，第1632页。
② 《南齐书》卷三三《王僧虔传》，第656页。
③ 《汉书》卷八《宣帝纪》，第264页。
④ 《后汉书》卷二六《韦彪传》，第919页。
⑤ 《晋书》卷七七《诸葛恢传》，第2042页。
⑥ 《宋书》卷一八《礼志五》，第556页。

> 郡国太守、相、内史，银章龟钮，青绶，兽头鍪，单衣，介帻。加中二千石，依卿尹冠服剑佩。[1]

郡国太守"加中二千石"，服制方面"依卿尹"，享有更高规格的礼遇。"中二千石"构成用于身份安排的等级。《晋书·职官志》云："光禄大夫与卿同秩中二千石，著进贤两梁冠，黑介帻，五时朝服，佩水苍玉，食奉日三斛"；"三品将军秩中二千石者，著武冠，平上黑帻，五时朝服，佩水苍玉，食奉、春秋赐绵绢、菜田、田驺如光禄大夫诸卿制。"[2] 三品将军对应于中二千石，在待遇上亦依卿官。"中二千石"提供了一种品位尺度，配置官员的待遇，表明秩级所体现的身份性仍具有很强的生命力。

关于魏晋南朝的秩级性质，阎步克有过一番透彻的论述：

> 魏晋南朝的官品与禄秩并用做法，在于禄秩之制已有悠久传统，是大多数官员所习惯了的，假如把它骤然废除，就有可能造成官员俸禄和地位的过大波动。……这种"双轨制"兼顾了调整和稳定两方面的要求，所带来的倒不全是"混乱"。它确实给后人了解当时的实际等级结构添了不少麻烦，但作为当事人的官僚们就未必觉得麻烦了，……[3]

他重视从制度的历史语境来揭示魏晋南朝秩级继续存在的意义，深具卓识。当然，阎步克将此时期的秩级仍称"禄秩"，认为"在官品和禄秩并行的情况下，王朝确定俸禄时既参考了官品和禄秩，同时根据具体官职作具体规定，所以有些时候，薪俸甚至与官品和禄秩两者都不相合"[4]。其实，此时期秩石作为一种等级，尽管在俸禄上仍发挥着一定效力，但"薪俸甚至与官品和禄秩两者都不相合"的情况正可表明秩石在这方面的配置功能已大为削弱，秩石等级体系较多是出于身份考虑，相比起"禄秩"的称法，秩石或许称"秩级"更为合适。

有了以上论述的基础再来看梁初官品改制"品下注秩"，其制度史意义非同一般。原本没有直接关系、各自发挥其品位功能的官品与秩级，终

---

[1] 《隋书》卷一一《礼仪志六》，第243～244页。
[2] 《晋书》卷二四《职官志》，第728、729页。
[3] 阎步克：《品位与职位——秦汉魏晋南北朝官阶制度研究》，第300页。
[4] 阎步克：《品位与职位——秦汉魏晋南北朝官阶制度研究》，第296页。

于迎来了制度性统合的契机。《唐六典》留下的历代官品秩级沿革史料可帮助我们找寻梁代"品下注秩"的线索：

（三公）梁氏三公加秩至万石，……①

（尚书令）自魏至晋、宋、齐，秩皆千石，品并第三。梁加秩中二千石，……②

（尚书左、右仆射）魏、晋、宋、齐秩皆六百石，品并第三。梁品犹第三，秩中二千石，……③

（吏部尚书）自魏至梁并第三品。梁秩加至中二千石；……④

（侍中）梁氏秩〔中？〕二千石，品第三，……⑤

（黄门侍郎）《晋令》云："品第五，秩六百石，……"宋氏因晋，……齐因晋、宋，……梁氏增秩二千石，品第五，……⑥

（中书监、令）晋氏监、令并第三品，秩千石，……宋、齐置监、令，品秩并同晋氏。梁监增秩至中二千石，令秩增〔中〕二千石，监、令并增至二品；……⑦

（秘书监）《汉官》云："秘书监一人，秩六百石。"……《晋令》云："品第五，……"宋、齐同晋氏。梁改为省，……秘书监增秩中二千石，品第三；……⑧

（太子詹事）《汉书百官表》："詹事，……秩二千石。"……《晋

---

① 《唐六典》卷一《三公》，第4页。
② 《唐六典》卷一《尚书都省》，第6页。
③ 《唐六典》卷一《尚书都省》，第6~7页。
④ 《唐六典》卷二《吏部尚书》，第26页。
⑤ 《唐六典》卷八《门下省》，第241页。
⑥ 《唐六典》卷八《门下省》，第243页。
⑦ 《唐六典》卷九《中书省》，第273页。
⑧ 《唐六典》卷十《秘书省》，第296页。

令》："詹事，品第三，……"……宋、齐品秩、仪服略同于晋。梁秩中二千石，品第三；……①

《唐六典》叙述梁代官职的"加秩""增秩"情况，基本符合"于品下注一品秩为万石，第二第三为中二千石"的记载。

三公自两汉以来，位处官僚体系最高层，一直不在秩级范畴。学者研究指出，东汉时三公"地位最尊，为中二千石之上的一个特殊级别"②。梁初"品下注秩"令"一品秩为万石"，三公这个特殊级别也有了万石的秩级。

二品官中书监，三品官尚书令、仆射、列曹尚书、秘书监、太子詹事等，由"第二第三为中二千石"，秩级均加至中二千石。五品官黄门侍郎也是根据上述秩由品定的原则由六百石增秩为二千石。这些官职的新秩级与其官品是相对一致的对应关系，与梁武帝注文相互印证。

中书令与侍中的情况需要稍加辨析。按《唐六典》记载，中书令品第二、秩二千石，侍中品第三、秩二千石。原文恐有讹脱。据《唐六典》下文记载，中书监、令"陈氏监、令品秩依梁"，侍中"陈氏依梁"。《隋书·百官志上》陈官品的中书令、侍中均为秩中二千石，那么往上追溯，可以推断两官在萧梁时秩级应是中二千石。估计这是《唐六典》刊落"中"字而致讹。由此可以认为中书令、侍中也是秩中二千石。相关情况如表2.7所示。

表2.7 魏晋宋齐与梁初的高级官职官品、秩级对照表

官职	魏晋宋齐		梁天监初年改制	
	官品	秩级	官品	秩级
三公	一	无	一	万石
尚书令	三	千石	三	中二千石
尚书仆射	三	六百石	三	中二千石
吏部尚书	三	六百石	三	中二千石
侍中	三	比二千石	三	〔中〕二千石

---

① 《唐六典》卷二六《太子詹事府》，第662页。
② 黄惠贤、陈锋主编：《中国俸禄制度史》，武汉：武汉大学出版社，2005年，第32页。

续表

| 官职 | 魏晋宋齐 | | 梁天监初年改制 | |
	官品	秩级	官品	秩级
中书监	三	千石	二	中二千石
中书令	三	千石	二	〔中〕二千石
秘书监	三	六百石	三	中二千石
太子詹事	三	二千石	三	中二千石
黄门侍郎	五	六百石	五	二千石

总体来说，梁武帝的"品下注秩"操作为秩级带来三个重大改变。

一是取消比秩。前面考察指出，此次"注秩"所涉级别是万石、中二千石、二千石、千石、六百石、四百石。与正秩相对的比秩，在这次操作中完全消失，秩级整体简化。

二是脱离汉制。"品下注秩"的直接结果是秩依品定，官品与秩级建立起一种直接的关系对应，为此还增加"万石"秩级。秩级沿用汉制的基础逻辑也随之消解。

三是以秩系品。以往秩级与官品并行不悖，"品下注秩"以"注"的形式使秩级与官品产生直接关联，形成交集。这一模式也取消了秩级的独立性，秩级作为一种补充性的品位等级，系从于官品。

经过梁武帝"品下注秩"改造的秩级，彻底摆脱了传统的汉制属性，成为一套新的等级化体系，为梁代官品制度的进一步演变提供了新的可能。

二、梁天监七年新定官品与二次改制：兼考"陈官品"本于新定官品

梁初官品定令显载于史籍，历来是梁官品研究的聚焦所在。然而容易忽略的是，梁代官品此后还经历过一次改制。《隋书·经籍志二》提供了关键提示，其著录云：

《新定将军名》一卷……《新定官品》二十卷梁沈约撰[1]

---

① 《隋书》卷三三《经籍志二》，第1097页。

又《新唐书·艺文志二》著录云：

> 徐勉《梁选簿》三卷
> 沈约《梁新定官品》十六卷①

关于《隋志》著录的《新定官品》，清人姚振宗《隋书经籍志考证》云："按此（《新定官品》）与《新定将军名》皆天监七年事，故《新唐志》次徐勉《梁选簿》之后，将军名当亦备载于此书。"②姚振宗的见解很有道理，可以找到一处旁证，《唐六典·兵部尚书》引《梁官品令》云：

> 杂号将军一百二十五，分为二十四班，班多者为贵，骠骑班第二十四。③

《唐六典》此条所引《梁官品令》，应非蔡法度天监初所定官品。据《隋书·百官志上》载有司奏曰"天监七年，改定将军之名"④，此事即对应同卷所载"有司奏置一百二十五号将军"⑤事，可知一百二十五号将军是到天监七年（508）始设置。上述《梁官品令》记载将军号数目正是"一百二十五"，提示天监七年有过《官品令》出台，且与《隋志》题为"沈约撰"的《新定官品》存在密切关联。姚振宗谓"将军名当亦备载于此书"，其说允属有见。他推断《新定官品》与《新定将军名》"皆天监七年事"，尤具通识。《隋书·百官志上》载：

> 至七年，革选，徐勉为吏部尚书，定为十八班。⑥

官班建立与军号改制的时间均发生于天监七年（508），当非巧合。《梁书·武帝纪中》载天监六年闰十月乙丑，"尚书左仆射沈约为尚书令、行太子少傅"⑦。天监七年制定官班时，官品当亦在此时一同修订。由此推

---

① ［宋］欧阳修、［宋］宋祁：《新唐书》卷五八《艺文志二》，北京：中华书局，1975年，第1476页。
② ［清］姚振宗：《隋书经籍志考证》卷一七，载二十五史刊行委员会编《二十五史补编》第4册，第5318页。
③ 《唐六典》卷五《兵部尚书》，第152页。
④ 《隋书》卷二六《百官志上》，第819页。
⑤ 《隋书》卷二六《百官志上》，第816页。
⑥ 《隋书》卷二六《百官志上》，第810页。
⑦ 《梁书》卷二《武帝纪中》，第52页。

断，当年沈约和徐勉各自以尚书令和吏部尚书的身份，分别奏上新制定的官品和官班。这份天监七年出台的官品或因沈约领衔奏上的缘故，故以沈约为撰者。《新定官品》之名，不排除是后来流传过程中的命名，以便与梁初蔡法度所定官品令相区别。

应可指出，天监七年《新定官品》的具体形态和面貌，在史籍中是有迹可循的。它就是《隋书·百官志上》载录的陈官品。这里有三处重要线索可资说明，试分述如下。

（1）陈官品之第一品为"巴陵王、汝阴王后"。

汝阴王、巴陵王是南朝政权嬗变"禅让"模式的产物，分别奉宋、齐正朔。《宋书·顺帝纪》："齐王（萧道成）践阼，封帝为汝阴王，待以不臣之礼。行宋正朔。"①《南齐书·和帝纪》："梁王（萧衍）奉帝为巴陵王，宫于姑熟，行齐正朔，一如故事。"② 由此可知，以"巴陵、汝阴"二王之后为国宾，乃属萧梁制度，是梁武帝为宣示梁朝受禅前代继承宋、齐正统的政治布置。《隋志》记载梁代官班之制，上至流内一班，下及流外一班，均有"汝阴巴陵二王国"（或作"汝阴巴陵二国"）属官。此为梁制之佐证。

到了梁、陈嬗替之时，陈霸先代梁称帝，也是按前代故事如法炮制。据《梁书·敬帝纪》："陈王（陈霸先）践阼，奉帝为江阴王"③，则陈代之制，应该是"江阴王、巴陵王后"，就制度形式而言，陈代"二王"没有道理跳过奉梁朔的江阴王，只有梁制，才是奉齐、宋之朔的巴陵、汝阴二王。④ 由此判断《隋志》陈官品实本之于梁官品。

（2）陈官品明确记载二十四州刺史。

陈官品的第三至第五品记载各州刺史，交代了州名乃至具体州数。这为确定这份官品的制定时间提供了重要线索。⑤ 兹列表说明（如表 2.8 所示）。

---

① 《宋书》卷一〇《顺帝纪》，第 219 页。
② 《南齐书》卷八《和帝纪》，第 123 页。
③ 《梁书》卷六《敬帝纪》，第 168 页。
④ 梁敬帝被奉为江阴王后，继而为陈霸先所害。据《陈书》卷二《高祖纪》记载，陈霸先又以"梁武林侯萧咨息季卿嗣为江阴王"（第 41 页）。《陈书》卷五《宣帝纪》记载，陈宣帝时，萧季卿因罪被免，"封东中郎将长沙王府谘议参军萧彝为江阴王"（第 90 页），可知，江阴王奉梁朔并没有中断。
⑤ 参见《隋书》卷二六《百官志上》，第 823~824 页。

表 2.8　陈官品所记刺史州名与州数统计表

官品	刺史州名	州数
第三品	扬州刺史，南徐、东扬州刺史	3
第四品	荆、江、南兖、郢、湘、雍等州刺史 （本注"六州加督"云云，可知此为六州）	6
第五品	豫益广衡等州，青州领冀州，北兖北徐等州，梁州领南秦州，司南梁交越桂霍宁等十五州刺史	15
合计	扬、南徐、东扬、荆、江、南兖、郢、湘、雍、豫、益、广、衡、青领冀、北兖、北徐、梁领南秦、司、南梁、交、越、桂、霍、宁	24

《隋书·地理志上》载："梁武帝除暴宁乱，奄有旧吴，天监十年，有州二十三"①，可知天监十年（511）梁境州数是二十三。《资治通鉴·梁纪三·武帝天监十年》亦载："是岁，梁之境内有州二十三，……是后州名浸多，废置离合，不可胜记。"②那么，这二十三州究竟是哪些州呢？

创立于天监七年（508）的梁代十八班，班内的诸州府属官亦有具体的州名记载，分别为："扬州""南徐州""荆、江、雍、郢、南兖五州""湘、豫、司、益、广、青、衡七州""北徐、北兖、梁、交、南梁五州""越、桂、宁、霍四州"，也是二十三州。③将这二十三州与表 2.8 的陈官品二十四州进行比对，就会发现陈官品与梁十八班的二十三州均合，其中陈官品多出的一州是东扬州。

据《梁书·武帝纪下》载梁普通五年（524）"三月甲戌，分扬州、江州置东扬州"④。此年上据天监十年有十三年之久，其间梁代州数一直在扩充。陈官品的二十四州定数，提示了重要线索。试以胡阿祥所作《东晋南朝州郡县数统计表》（梁陈部分）为据说明如下（如表 2.9 所示）。

---

① 《隋书》卷二九《地理志上》，第 899 页。
② 《资治通鉴》卷一四七《梁纪三·武帝天监十年》，第 4601 页。
③ 参见《隋书》卷二六《百官志上》，第 810~815 页。《资治通鉴》胡三省注，据《南齐书·州郡志》认为天监十年梁二十三州为："扬、南徐、豫、兖、南兖、北徐、青、冀、江、广、交、越、荆、巴、郢、司、雍、梁、秦、益、宁、湘、南豫二十三州。"（第 4601 页）胡注失考《隋书·百官志》的梁十八班记载而以《齐志》为据，显然有误。
④ 《梁书》卷三《武帝纪下》，第 78 页。

表2.9 《东晋南朝州郡县数统计表》（梁陈部分）[①]

朝代	年代	州数	资料出处
梁	天监元年（502）	23	徐表
	天监十年（511）	23	《资治通鉴》
	天监十八年（519）	45	徐表
	中大通五年（533）	86	徐表
	大同中	107	《隋志》
	中大同元年（546）	104	徐表
	中大同元年（546）	109	胡表
	梁末陈初	54	徐表
陈	太建元年（573）	80	徐表
	太建十二年（580）	64	徐表
	祯明二年（588）	43	胡表

从表2.9中信息可以获知：天监十八年（519）州数已达四十五，及后更逾百，陈代州数虽递有削减，然至灭亡前仍达到四十三之数。这就说明陈官品二十四州数，不可能是根据陈代的本朝情况制定，而是沿袭自一份早期制度范本，在此基础上改订而成今天所见的《陈官品》。相关数目演变颇能说明"陈官品"文本来源的最初定本时间非常早。较晚形成的东扬州则可能是后来加入官品的。除此以外，二十三州中新建州份依靠设置时间亦可帮助推定其形成时间上限。据《梁书·武帝纪中》，衡、桂、霍三州在二十三州之中为新置州份，其建置年代为：

衡州：分湘广二州置衡州（天监六年四月）
桂州：分广州置桂州（天监六年七月）
霍州：分豫州置霍州（天监六年十二月）[②]

[①] 胡阿祥：《六朝疆域与政区研究（增订本）》，北京：学苑出版社，2005年，第379页。未引用原表郡数、县数数据。表中资料出处，"徐表"指徐文范《东晋南北朝舆地表》，"胡表"指胡阿祥所编《政区建置表》。
[②] 以上记载分别参见《梁书》卷二《武帝纪中》第51、52、52~53页。

霍州的建立在天监六年十二月，由此可知，这份官品一般不会早于天监七年。而天监七年，正是徐勉建立十八班制度之年，这大概不是巧合。

根据这一发现，可以对官品变迁线索进行如下推测：天监七年，官班制定的同时，朝廷对蔡法度所定官品也进行修订调整，所以官品的州名州数（包括新定官名）均与十八班制相合。起初官品的州数为二十三，及后梁代州郡数目大为膨胀，但未再改动官品州份原文。只是普通五年（524），新建置的东扬州由于是极为重要的州份，可能被添加进官品构成二十四州定数，之后州数一度逾百，亦未再改变。陈代就是根据这份制度文本修订成本朝官品。概而言之，陈官品正是渊源自梁代天监七年所定官品。[①]

（3）陈官品的官职名同于梁天监七年官班。

不仅州名州数，陈官品与《隋志》记载的梁官班，在官职名方面也是相同的，益可说明天监七年官班与官品是同时被制定，故具体官职名共通于徐勉《梁选簿》与沈约《新定官品》。

这里有一处旁证。《唐六典·御史台》叙殿中侍御史云："梁、陈，史不载其品秩。"[②] 对此，阎步克认为："《通典》卷三七《梁官品》及《隋书·百官志上》，殿中御史明明列在流外七班。《唐六典》的编者好像连《隋书·百官志》也没有善加利用。"[③] 其实，《唐六典》要反映的殿中侍御史"品秩"不是指官班，而是天监七年的新定官品。通过官班与官品对比可知，这份新定官品基本上不收入流外官班的官职。殿中侍御史正是因为在流外七班，所以不在九品官品的范畴，在陈官品中亦确实找不到，说明殿中侍御史应是没有官品品级的。《唐六典》的说法其实并不误。

综合以上考释，显示《隋志》陈官品与梁天监七年新定官品关系密切，应是在新定官品的制度文本上修订而成。[④] 在此认识基础上，可通过《隋志》陈官品来考察梁代官品的二次改制。

---

① 普通五年（524）东扬州建置后加入官品一事，正可表明梁代官品一直在行用。此亦可证梁官品从未被官班取代，官品与官班是同时在使用，陈官品完全承接自梁官品。
② 《唐六典》卷一三《御史台》，第 381 页。
③ 阎步克：《品位与职位——秦汉魏晋南北朝官阶制度研究》，第 249 页。
④ 阎步克在研究中已将梁官品的修订与天监七年联系起来，指出："这官品析时在天监七年的可能性最大。……两下综合，便把年份限定于天监七年左右了。"（阎步克：《品位与职位——秦汉魏晋南北朝官阶制度研究》，第 388 页）不过他又推定，天监七年官品是先析分为正从上下，然后改换为十八班制度，并总结认为："《通典》、《隋志》所记陈官品，应是陈朝的再度更革之制，并非对梁朝的沿用。"这里似可稍加辨析。上述分析表明陈官品基本沿用了梁天监七年官品，从陈官品的面貌亦可推知天监七年新制定的官品应该没有析分为正从上下。

细究发现，源自梁天监七年新定官品的陈官品，秩级附注于各品官职之下。这明确反映了官品为主、秩级为辅的秩序格局。作为二次改制的成果，这份官品部分吸收并因承了梁初官品"品下注秩"以官品秩级相结合的制度因子。同时可看到，前三品的高级官职亦较多沿用了梁初所定秩级。兹以《隋书·百官志上》"陈官品"的一至三品内官官职（巴陵王汝阴王后除外）作一说明。

> 相国，丞相，太宰，太傅，太保，大司马，大将军，太尉，司徒，司空，开府仪同三司，已上秩万石。……尚书令，已上秩中二千石。品并第一。
>
> 中书监，尚书左右仆射，特进，太子二傅，左右光禄大夫，已上中二千石。品并第二。
>
> 中书令，侍中，散骑常侍，领、护军，中领、护军，吏部尚书，列曹尚书，金紫光禄大夫，光禄大夫，已上并中二千石。左右卫将军，御史中丞，已上二千石。太后卫尉、太仆、少府三卿，太常、宗正、太府、卫尉、司农、少府、廷尉、光禄、大匠、太仆、鸿胪、太舟等卿，太子詹事，国子祭酒，已上中二千石。……品并第三。①

尚书令"陈加品至第一"，秩级保持在梁初所定的中二千石。其余调整如尚书左右仆射"陈品加至第二"，中书令则由二品降为三品，由于二、三品在梁初定秩时均为中二千石，所以秩级仍为一致。至于第三品的御史中丞，在两晋宋齐时期是四品官，推测御史中丞在天监初官品令出台时，可能仍在第四品。②按"品下注秩"的"第四第五为二千石"规定，御史中丞秩级应为二千石。此官或是在新定官品时被调整至第三品，位次甚至在列卿之前，但秩级仍为二千石。位次在御史中丞之前的左右卫将军，情况大致亦属如此。

以上事例似可说明梁初"品下注秩"对天监七年"新定"官品尤其在高级朝廷官的秩级方面，仍反映出一定的制度延续性。但也要注意到，"新定"官品对梁初"品下注秩"的制度框架也有较大的制度性突破。

由于梁初"品下注秩"是同一官品的官职，均对应一个秩级，至如

---

① 《隋书》卷二六《百官志上》，第 823 页。
② 《唐六典》卷一三《御史台》："历晋、宋、齐、梁、陈，并以中丞为台主，品第四。"（第 378 页）陈官品御史中丞升至第三品，这里的年代连叙亦以陈官品为四品，似属误记。但在此以前则应属于四品官。

"第二第三为中二千石，第四第五为二千石"，更是两官品对应一秩级，直接形成秩与官品的刚性对应关系。面对复杂的职官体系，这种划一处理尽管为秩级与官品结合创造了条件，但同时使秩级失去叙定官位的自主性，甚至成为完全附庸于官品的一套等级。梁初的"品下注秩"或许急于脱离汉制，未细致考虑如此操作以后产生的制度局限。之后统治阶层大概觉察到相关问题，因此在数年之后的天监七年，借着官班制筹建时机，一并启动了官品的二次改制。从陈官品可看到改制以后的制度面貌：秩级不再与官品直接绑定，而是跟随具体官职。这恐怕就是官品二次改制的改革要点和成果。

官品的二次改制，形成了一套官品与秩级共同配合叙定官职的等级体系。它一方面延续了"品下注秩"将官品、秩级结合的新格局，并继承了简化秩级体系（取消比秩）的新思路，另一方面则回归于以秩级系于具体官职的传统办法，实现了两套等级的有机结合。对此，陈官品提示的线索有助于了解其等级逻辑。

首先看州刺史、大郡太守的进品规则。"扬州刺史"下注云："凡单车刺史，加督进一品，都督进二品，不论持节假节。扬州、徐州加督，进二品右光禄已下。加都督，第一品尚书令下。"[1] 又如"荆江南兖郢湘雍等州刺史"下注云："六州加督，进在第三品东扬州下。加都督，进在第二品右光禄下。"[2] 再如"豫益广衡等州，青州领冀州、北兖北徐等州，梁州领南秦州、司南梁交越桂霍宁等十五州"下注："加督，进在第四品雍州下。加都督，进在第三品南徐州下。不言秩。"[3] 亦如"会稽太守"下注云："二千石。加督，进在第四品雍州下。加都督，进在第三品南徐州下。诸郡若督及都督，皆以此差次为例。"[4] 以上涉及的进品规定是颇为一致的，即以督、都督为差次，有进一品、二品之别。值得注意的是"进某品某官下"的表述，表明官品级别和位次均构成等级安排要素。又"尚书左右丞，尚书、吏部侍郎、郎中"，"已上六百石。尚书郎中与吏部郎同列，今品同"[5]。"同列"透露位次安排应考虑朝班因素。

其次看同系统职位的同秩异品情况。郡太守均为二千石，根据郡的规模有不同的官品等级，其中"会稽太守"及"吴郡吴兴二太守"在第五

---

① 《隋书》卷二六《百官志上》，第823页。
② 《隋书》卷二六《百官志上》，第824页。
③ 《隋书》卷二六《百官志上》，第824页。
④ 《隋书》卷二六《百官志上》，第824页。
⑤ 《隋书》卷二六《百官志上》，第823页。

品，"不满万户太守、内史、相"在第七品。据此可推知，六品的"万户以上郡太守、内史、相"之下，秩级有脱，为二千石。由此可见，太守固定系于二千石，应是照顾到当时的普遍观念。官品此时又起到差叙等级的作用。

再次看同系统职位的同品异秩情况。如：第五品"皇弟皇子府谘议参军（八百石），皇弟皇子府板谘议参军（不言秩），皇弟皇子府长史（千石），皇弟皇子府板长史（不言秩），皇弟皇子府司马（千石），皇弟皇子府板司马（不言秩），皇弟皇子公府从事中郎（六百石）"[1]，皇弟皇子府高级僚佐安排在同一品，除了位次先后，秩级叙定了诸官的不同身份地位。两晋南朝以来，官员任命方式有中央任命和非中央任命两种方式。如《宋书·百官志上》云："除拜则为参军事，府板则为行参军。晋末以来，参军事、行参军又各有除、板。"[2]此处"除拜"是指朝廷中央任命，"府板"是指军府自行任命，二者又简称为"除、板"。又如《宋书·颜师伯传》载宋文帝语其子刘骏："朝廷不能除之，郎可自板，亦不宜署长流。"骏"乃板（师伯）为参军事，署刑狱。"[3]《南齐书·张敬儿传》载萧道成谓沈攸之"诏除郡县，辄自板代"[4]，"除"与"板"相对，对应两种任命形式。其中"板"又称"白板""假板"。《宋书·孝武帝纪》载大明五年（461）八月庚寅，"制方镇所假白板郡县，年限依台除，食禄三分之一，不给送故"[5]，规定"白板"郡县地方长官的任期可参照"台除"。这里"台除"是中央任命之意，"白板"与之相对，是指方镇自行假板署任。参《宋书·文帝纪》载元嘉二十七年（450）正月辛未，"制交、宁二州假板郡县，俸禄听依台除"[6]，与"台除"相对的"假板"，意同"白板"。作为参考，南朝陶弘景在《真诰·阐幽微》曾以现实制度解释书中的仙界秩序，谓"犹如郡县官爵有台除，非白版之例也"[7]，亦以台除与白版相对。这里的"白版"，同样是指非朝廷正式任命的意思。板授官在陈官品等级上与台除官同，秩级此时起到另一重作用，如："庶姓公府长史、司马""蕃王府长史、司马""庶姓持节府长史、司马"均有注云"板者并（皆）不言

---

[1]　《隋书》卷二六《百官志上》，第 824 页。
[2]　《宋书》卷三九《百官志上》，第 1328 页。
[3]　《宋书》卷七七《颜师伯传》，第 2182～2183 页。
[4]　《南齐书》卷二五《张敬儿传》，第 526 页。
[5]　《宋书》卷六《孝武帝纪》，第 138～139 页。
[6]　《宋书》卷五《文帝纪》，第 104 页。
[7]　［南朝梁］陶弘景撰，赵益点校：《真诰》卷一五《阐幽微》，北京：中华书局，2011 年，第 267 页。

秩"。"不言秩"作为秩级的一种特殊形式，在这里发挥叙定官员身份的功能。

统计可知，陈官品有万石、中二千石、二千石、千石、八百石、六百石、四百石、二百石八个级别，同时包括"依减秩例""不言秩"两种情况。一般认为梁陈秩级是俸禄等级[1]，似可讨论。从陈官品可看到，定秩的秩级只有八级，如果认为秩级是确定官员俸禄的级别，数量未免偏小。学者研究指出："（西汉）秩别最完善的时候……自丞相至佐史大致有20级，……东汉时，大约有十七八个秩别等级。"[2]两汉有近二十级的秩等，魏晋以来官职体系大为膨胀，梁代在此情形下反而选择取消比秩简化秩级体系，将俸禄配置于八个级别（算上"不言秩"亦只有九级），这在道理上恐难以说通。由此判断，秩级此时应该还是延续了魏晋宋齐的品位化趋势，提供身份地位安排的等级尺度。

当然亦要指出，官品经历二次改制后，梁初"品下注秩"的原初模式仍有其生命力。这体现在前述爵位和"戎号拟官"上，官品与秩级刚性对应的形式基本得到保留。究其原因，大概是由于爵位和军号本身就是高度同质化的位号，故而与秩级的照应是相对单一化的。于是，天监七年官品"新定"时，爵位和军号也就延续了"品下注秩"的原有做法。

小　结

本章回应官品研究中的"是什么"（What）与"什么时间"（When）两大关切。经过上述考察，可简要总结如下：

官品成立于魏晋之际，是咸熙制度兴造运动的产物，它是依托礼仪、法律、官制的相互联动，最终建立起来的。官品的制度渊源是成熟的朝班位序，建制者出于身份考虑规划这套等级，此亦可进一步解释前揭官品建构原理，为何技术上会涉及"连官"。叙品原则是"品视位定"而非"依官（职）定品"，排序上亦未遵从职位大小排队的逻辑。这是因为官品并非以职位分等作为规划考虑的起点，建制者恐怕无意于单纯通过官品来标示职位的重要程度。事实上纯粹的九品框架，从原理来看亦难以充分发挥细致划分科层关系的功能。官品建制的原初目的，主要还是着眼于确认官员的身份地位，配置相应的权益。

---

① 参见汪征鲁《魏晋南北朝选官体制研究》，第149页。
② 黄惠贤、陈锋主编：《中国俸禄制度史》，第30~31页。

　　要言之，魏晋南朝时期官品是一套源自朝班、基于身份考虑规划、具备身份安排与权益分配等品位功能的等级体系。官品有其适用场合与应用规则。官品作为等级，并非始终居于中心地位，其他场合和情景下的等级及位次秩序也不一定就是官品制度的支脉或延伸。

　　官品建立以后，与秩级是并行不悖的关系。秩级此时沿用不替，基于时人的认同观念，仍保持汉制面貌，因此与现实中的科层制度关系脱钩，主要发挥身份安排功能，向品位化的方向转变，秩级为其后与官品发生交汇提供了制度基础。梁代官品有过两次改制，均与秩级有关。第一次官品改制时，梁武帝以"品下注秩"的方式，将原本相互独立的两套等级官品和秩级作刚性绑定，且秩级被简化。之后的二次改制，官品与秩级的关系有所调整，秩级重新获得一定的独立性，从配于官品，仍发挥叙定身份的品位功能。《隋书·百官志上》载录的陈官品，反映了梁代官品二次改制的制度面貌。

第三章 文本与文献：中古时期
官品史料与官制撰述

通过史料记录的历史信息来考察官制问题，是制度史研究的通行方法与基本路径。制度史料的考察，具体可分为"文本"与"文献"两大层面。一般理解这两者关系，认为文本是文献中的文字，文献就是由多个文本单元所构成的书籍整体。这是基于文献"客体"，以"结果"为导向得出的一种理解。在此理解下，文本是从属于"客体"文献的静态不变的存在。具体而言，常说某条史料出于某种文献，就是上述认识的体现。这一认识自然不错，但亦有必要指出，在此方法的基础上还应寻求文本"主体"，以"过程"为导向，更深入地理解问题。简要而言，文本作为独立的史料基本单元，根据不同的分析情境，可以是字、词、句、段乃至全篇。文本不仅是静态的文字存在，同时作为主体，有其动态历史过程。其中牵涉到文本本身的来龙去脉与流变路径，以及相关的生成、传播、接受机制。"文本主体"的方法思路，就是从文本出发，围绕文本的关系与过程，来认知、探索与解决制度史研究中遇到的问题。相比起"文献客体"强调文献的类型载体，"文本主体"更关注文本的内外分际，根据文本自身的源流与亲疏关系理出文本谱系，同时将"文本"作为知识与信息的载体，分析史料信息的生成、转移、分化、整合、重构等不同可能，为制度研究提供判断依据。

随着学界探索的不断深入，中古制度研究的边际效应也随之凸显。在有限的史料条件下，有必要有机地结合文本主体与文献客体双重视角和相应的方法，在文本与文献两大层面并行推进中古制度史研究。

以晋代官品为例，现存所见就有《晋官品令》《晋令》《晋官品》等不同名目的史料。基于文献之名，一般认为这些史料直接采录自西晋法律令典《晋令》。它们散见于各种典籍，通常被视为律令文献系统的遗文，官品制度的研究普遍围绕这一认知展开解读与分析。但如果从文本的角度考察，则上述史料所反映的情况要复杂不少，里面更多的是官品作为一种制度信息与知识，在不同的文本载体中流动，展现它被不断形塑与编织的动态历史过程。循此思路梳理旧的史料，或许可以挖掘出新的制度线索，拓宽中古制度史的研究空间。①

　　本章尝试以数种常见的官品史料为切入，通过对文本内涵、形态、格式、体例及史源的分析与考辨，讨论有关文献的名与实，探究中古时期官制撰述所见文本流动及其具体机制，以期更深入理解制度文本与文献的多元面相与复杂关系。

第一节　官品史料的两种文本模式：
以《晋令·官品令》辑佚为例

　　如前所示，西晋官品具载于《晋令》，这是一种以律令形式施行的官员等级制度。由于《晋令》早已散佚不存，前人的文献辑佚工作，成为认识《晋令·官品令》的一种重要途径。②

　　《晋令》辑佚，最早可溯至清人严可均。然其辑集失于疏简，仅得43条，对考察《官品令》的参考价值不大，此置不论。20世纪前期，《晋令》辑佚取得了较大进展，先后有不同辑本问世，试将《晋令·官品令》辑佚成果举要如下。

　　浅井虎夫《晋令逸》，载于浅井虎夫《中国法典编纂沿革史》。该本主要辑录单条佚文，辑文来源有类书史志所引《晋官品令》《晋令》等，以及《唐六典》所载"晋""晋氏"条目，共得150余条。唯各条不分次序，全本亦未立篇目，但浅井氏判断"其中多为《官品令》"，同时认为"《通典》卷三十七则依《官品令》列举晋官品也"③，对《官品令》的内容范围作了大致勾勒。

　　程树德《晋令》，载于程树德《九朝律考·晋律考》。该本以《唐六典》上引注文为依据设立篇目，其在《官品令》篇加疏语云："按《晋令》

---

①　需要附带说明的是，制度史研究提倡从"文本"出发的分析，这并非要取代从"文献"出发的学理与方法。笔者认为，在方法论上，文献学与文本学各有侧重，相互补充。文本学作为研究手段，是以史料"结构性"的部分消解为代价（前提），换取对其"过程性"更为细致的考察，倘若研究只重视过程而忽略结构，也会存在碎片化的危险。因此二者本质上很难说存在绝对的优劣之分，具体还要看所思考的历史问题性质。

②　为方便叙述，并区别以下提到的《晋官品令》《晋官品》《晋令》等几种书目（篇目）专名，本章将法律令典《晋令》的《官品令》篇，统称为《晋令·官品令》，特此说明。

③　参见〔日〕浅井虎夫著，陈重民译，李孝猛点校《中国法典编纂沿革史》，北京：中国政法大学出版社，2007年，第45～52页。原著于1911年由京都法学会出版。

他篇皆散佚无考，惟此篇首尾尚称完具。《通典》并载有晋官品目录一篇。"①其辑录主要以《通典·晋官品》为大纲，其余单条辑文（辑引来源大略同浅井氏）以附注形式随录于各官职之后。

张鹏一《晋令辑存》，原为未刊遗稿，经今人徐清廉校补成书出版。该本亦据《唐六典》注分篇，其《官品令》篇先列出单条佚文，而后辑录《通典·晋官品》。②

可以看出，诸家辑本对《晋令·官品令》关涉之内容与范围有较为一致的判断，但它们对于体系化的《通典·晋官品》与零散的单条佚文之间的关系有着不同理解。浅井氏的意见认为单条佚文出自《晋令·官品令》原文，是其本，《通典·晋官品》是"依《官品令》列举晋官品"，属于后出文献，是其末。程氏的理解则反之，他称《晋令·官品令》"首尾尚称完具"，将《通典·晋官品》视为纲要式的"目录"，是其本，零散的单条佚文则附于"目录"之中，是其末。张氏对此不置一词，仅分列而两存之，这种处理方式是以两者在《晋令·官品令》中分别独立成文为前提的。

以上各家立场很有代表性。学界此后对《晋令·官品令》佚文及其关系的认识，基本没有超出上述逻辑。各家意见的分歧与辑佚文字本身隐含的问题有关。实际上，《通典·晋官品》与单一佚文的差异性相当明显，这尤其体现在文本的叙述形态与承载信息上。

《通典·晋官品》以官品等级为纲，各品之下按照一定的序列逻辑，排列各种官职，基本不涉及其他信息。

单一佚文以具体官职为纲，主体内容广泛涉及官品、服制、职掌及其他待遇等各种信息。

两类佚文的内在"矛盾"难以在同一维度下融合。各家辑本的体例不尽相同，正是缘于各家在处理两者关系问题上所持的不同立场与理解。由此也启发思考：诸家在进行辑佚工作的时候，应该是只注意到文献之名而忽视了文本内容之实。或许可从文本出发，作更细致的史料学辨析。顺着这一思路，以下尝试就相关的制度史料作文本层面的考察与辨析。

第二节　类书所引《晋官品令》的文本内涵与文献性质

从以上讨论出发，本节尝试引入新的思考方向：官品史料的两种文本

---

① 程树德：《九朝律考》卷三《晋律考下》，上海：商务印书馆，1934 年，第 325 页。
② 参见张鹏一编著，徐清廉校补《晋令辑存》，西安：三秦出版社，1989 年，第 51~68 页。

模式由于内在矛盾而关系复杂难明，问题的出现似乎与文献之名有关。辑者由于看到引源书目有"官品"或"令"之字眼，就与《晋令·官品令》直接关联，是否忽略了文本内容本身的指示线索呢？两类辑文的叙述形式不同，是否即提示了其史源有异呢？以上所思，似乎可从文本这一形成矛盾的起点来解答，在诸家《晋令》辑本所搜集的众多史料中，以《晋官品令》为名的制度撰述文本是解读的突破口。下面试作一考辨。

古书文献引用《晋官品令》基本集中于《北堂书钞》，文献来源较为单一①，较大程度排除了不同古书引用的《晋官品令》为同名异书之可能；而且，《晋官品令》在文本上具有中古时期制度撰述的某种典型性，以之为解读枢纽，有助于探索《官品令》的文本谱系及相关的历史过程。

检视存世类书，引源书目作《晋官品令》且今见出处最早者，合共12 条（如表 3.1 所示）。

表 3.1 存世类书引《晋官品令》汇辑表②

序号	《晋官品令》引文	出处
1	司马，官品第一，武冠、绛朝服、佩山玄玉	《北堂书钞》卷五一《设官部三·大司马》
2	秘书郎，掌中外五阁经书，复核合事，正定脱误	《北堂书钞》卷五七《设官部九·秘书郎》
3	大法驾出，则正直侍中负传国玺陪乘	《北堂书钞》卷五八《设官部一〇·侍中》
4	大法驾出，则次直侍中护驾，正直侍中负传国玺陪乘。不置剑，余皆骑从。御登殿，与散骑常〔侍〕对状，侍中居左、常侍居右	《北堂书钞》卷五八《设官部一〇·侍中》
5	旧侍中职掌摈威仪，尽献纳，纠正补过，文乐若有不正，皆得驳除。书表章奏皆掌署也	《北堂书钞》卷五八《设官部一〇·侍中》
6	给事黄门，四人，与侍中掌文案，赞相威仪，典署其事	《北堂书钞》卷五八《设官部一〇·给事黄门侍郎》
7	给事黄门，四人，大法驾出，次直黄门郎从驾	《北堂书钞》卷五八《设官部一〇·给事黄门侍郎》

① 正史史志引述称《晋官品令》或《官品令》云云，均非文献的直接引用，说详后。

② 《晋官品令》，清黄奭有辑本，收入《汉学堂丛书·子史钩沉·史部·别史类·众家晋史》，此为清道光中甘泉黄氏刊民国十四年（1925）王鉴修补本。黄氏合共辑有 12 条，但笔者重检文献，发现里面存在较多脱误。其中失收《北堂书钞》引《晋官品令》"侍中"3 条，同时又误收《北堂书钞》引《晋令》4 条。

序号	《晋官品令》引文	出处
8	尚书仆射、尚书，六人，皆铜印墨绶、进贤两梁冠、纳言帻、绛朝服、佩水苍玉执笏负符。加侍中者，武〔冠〕(官)，左貂金蝉	《北堂书钞》卷五九《设官部一一·尚书总》
9	太子太师，品第三，旧视尚书令，位在卿下，进贤两梁冠五时朝服	《北堂书钞》卷六五《设官部一七·太子太师》
10	太子太师，佩水苍玉	《北堂书钞》卷六五《设官部一七·太子太师》
11	太康十年，皇子三人为郡王，领四郡为城，皆五万户	《北堂书钞》卷七〇《设官部二二·诸王》
12	三公，绿綟绶也。綟音庆	《初学记》卷一一《职官部上·太师太傅太保》

以上辑文的若干细节线索显示《晋官品令》未必直接源自西晋律令原文。如表 3.1 中第 11 条"太康十年，皇子三人为郡王，领四郡为城，皆五万户"，时、人、事三要素均具备，属于记事之辞，基本可以排除它是律令条文的可能。其性质更像是叙述西晋郡王沿革的说明文字。

再看第 5 条述侍中职掌，文曰"旧侍中职掌摈威仪"云云；又第 9 条述太子太师视位，文曰"旧视尚书令，位在卿下"。两条叙述都使用了"旧"字，这是叙述官制沿革的一种常见语词，用于交代前代的制度情形。《通典·职官五·吏部尚书》引《职官录》曰："梁吏部郎旧视中丞，迁侍中。"[①] 又同书《职官七·光禄卿》云："(梁光禄)卿旧视列曹尚书，天监中，视中庶子，职与汉同。"[②] 又《职官八·鸿胪卿》引《职官录》曰："旧视散骑常侍，天监中，视中丞、吏部。"[③] 又《职官九·国子监》云："梁国子助教旧视南台御史，品服与博士同"[④]；又《职官一三·太子六傅》引《职官要录》曰："三少旧视左仆射，冠服同三太也。"[⑤] 以上"旧视某官"的文例大概都出自陶藻《职官要录》[⑥]，表明当时的官制撰述存在惯用语式，《晋官品令》辑文上述两处表述细节是与之相通的。目前尚未找到证

① 《通典》卷二三《职官五·吏部尚书》，第 633 页。
② 《通典》卷二五《职官七·光禄卿》，第 698 页。
③ 《通典》卷二六《职官八·鸿胪卿》，第 724 页。
④ 《通典》卷二七《职官九·国子监》，第 767 页。
⑤ 《通典》卷三〇《职官一三·太子六傅》，第 821 页。
⑥ 参见《隋书》卷三三《经籍志二》著录"《职官要录》三十卷(陶藻撰。)"，第 1097 页。

据可证明这是制度规定方面的律令原文。

再看第 12 条 "三公，绿綟绶也。綟音戾"，此条亦见于《太平御览》卷二〇六引《晋官品令》，文字相同。"綟音戾" 作为音训注释，肯定也不会是律令文字。此外，《文选》卷六〇李善注引《魏晋官品》曰："相国、丞相，绿綟绶。"[1] 其文本内容与陈述方式与本条相当接近。两条史料由于摘抄难以知悉其原来的叙述形式，但换一种理解思路，即 "绿綟绶" 是《晋官品令》《魏晋官品》中相当稳定的文本信息，故得以被征引而存世。那么，"绿綟绶" 作为服制内容，为什么会出现在两种以官品为名的文献中呢？沿着这一思路，通览《晋官品令》的辑文，不难发现其记录的制度信息并不限于官品，里面的内容归纳起来，甚至可以推测整合出一套叙述模式，即：

某官、员额、官品、资位、印绶、冠服、佩玉、职掌、沿革

这套模式是以具体官职为中心，依照某种叙述次序列叙各种制度信息。这些信息实际上构成了不同的文本单元（如上述 "绿綟绶" 就是最基本的文本单元）。在被他书引用时，文本单元可以被切割、编辑或重组，进而形成新的文本形态（当然，"某官" 是不可或缺的单元）。比如表 3.1 中第 1 条 "司马，官品第一，武冠、绛朝服、佩山玄玉"，是 "某官、官品、冠服、佩玉" 单元的组合，如若 "佩玉" 单元被切割独立出来，就会形成如第 10 条显示的情况，肯定不会否定第 10 条与第 9 条 "太子太师，品第三，旧视尚书令，位在卿下，进贤两梁冠。五时朝服" 为同系文本关系。再如第 12 条 "綟音戾" 的训释是一种补充性编辑，"绿綟绶" 作为原始单元，又以同一文本形式出现在《魏晋官品》。《白氏六帖事类集》卷二一之 "中郎将" 门："银章青绶，《魏晋官品》云冠服如将军。"[2] 这在一定程度上亦提示了印、绶、冠、服等官职信息是《魏晋官品》叙述的内容模块。

需加补充说明的是，今见史志引述称《官品令》者，并不能视作《官品令》的直接引文。如学者多有引用的《北史·拓跋孝友传》载拓跋孝友奏表云：

① ［南朝梁］萧统编，［唐］李善注：《文选》卷六〇《行状》任昉《齐竟陵文宣王行状》，北京：中华书局，1977 年，第 829 页。
② ［唐］白居易：《白氏六帖事类集》卷二一，北京：文物出版社，1987 年。引文是上下关联的，则《魏晋官品》记载中郎将为 "银章青绶，冠服如将军"。

古诸侯娶九女，士有一妻二妾。《晋令》：诸王置妾八人；郡君、
侯，妾六人。《官品令》：第一、第二品有四妾，第三、第四有三妾，
第五、第六有二妾，第七、第八有一妾。①

依照点校本标点，是在"《官品令》"下加冒号，表示"第一、第二品有四
妾，第三、第四有三妾，第五、第六有二妾，第七、第八有一妾"为《官
品令》之文，这一点读并不准确。结合前后文，其表述类似于《宋书·礼
志五》所云"诸在官品令第二品以上，其非禁物，皆得服之"②，是指"诸
在"官品令第一、第二品的官员允许有四妾，往下如此类推。这部分内容
是统合在前面《晋令》之内的，即《晋令》规定了诸王、郡君、侯及各品
官员的置妾数量。总之，原点校本在《官品令》下所加的冒号应该取消。
此外，如《晋书·职官志》云"魏晋官品令又有禁防御史第七品"③，《魏
书·礼志四》云"案晋《官品令》所制九品，皆正无从，故以第八品准古
下士"④，都是以《官品令》为主语的概述之辞，并不是源出《官品令》的
直接引文。

综合以上分析，如果摆脱类书所引《晋官品令》为《晋令·官品令》
原文的预设，改从文本内涵审视其性质，该典籍更有可能是一部撰述官
制的职官文献。其内容兼综多元，应非单纯的律令文书节录本。据《隋
书·经籍志二》载"梁有徐宣瑜《晋官品》一卷，荀绰《百官表注》十六
卷，干宝《司徒仪》一卷，《宋职官记》九卷，《晋百官仪服录》五卷，
《大兴二年定官品事》五卷，《百官品》九卷，亡"⑤，显示梁代阮孝绪《七
录》曾著录有"徐宣瑜《晋官品》一卷"与"《百官品》九卷"，两种书名
均涉"官品"，但卷数相差较大，这恰好可以解释前面提到的《通典·晋
官品》与单条辑文之差异性问题。《通典·晋官品》首尾完具，独立成篇，
整体容量不大，和徐宣瑜《晋官品》应该属于同一种系统，与《晋令·官
品令》更为接近。各家辑本所收的单条辑文，实际上来自当时记录典章的
职官文献，可视为另一系统。如前所示，这类辑文大多从具体官职出发叙
述，并广涉各种制度信息，由此形成的文本模式也反映了当时官制撰述的
格套化。这些书籍由于容纳了较多的职官信息，体量应不至于太小。《百

---

① ［唐］李延寿：《北史》卷一六《拓跋孝友传》，北京：中华书局，1974 年，第 609 页。
② 《宋书》卷一八《礼志五》，第 565 页。
③ 《晋书》卷二四《职官志》，第 739 页。
④ 《魏书》卷一〇八之四《礼志四》，第 3047 页。
⑤ 《隋书》卷三三《经籍志二》，第 1096 页。

官品》有九卷之数，应是其信息容量的直观反映。上述《晋官品令》《魏晋官品》等文献均应归属于这个系统。

第三节　古书所引部分《晋令》名实考辨

事实上除了《晋官品令》，古书所引《晋令》的部分条文很有可能亦属职官文献，而非律令文书。比如以下两条出自《北堂书钞》的材料。《北堂书钞》卷六五两引《晋令》云：

> 詹事，品第三，旧〔视〕（规）中领护。[1]

> 左右卫率，品第五，旧视中领护。[2]

两条《晋令》的文本单元，不论内容还是结构，与表 3.1 中第 9 条"太子太师，品第三，旧视尚书令"的叙述颇为一致。出现这种情况存在两种可能。

第一种可能是书名省称。由于《北堂书钞》多引《晋官品令》（上述第 9 条即是），此《晋令》可能是《晋官品令》之省写。作为旁证，表 3.1 第 2 条"秘书郎，掌中外五阁经书，复核合事，正定脱误"，《初学记》卷一二引《晋令》曰："秘书郎掌中外三阁经书，覆校残阙，正定脱误。"[3] 二者文字颇为接近。再如第 5 条"旧侍中职掌摈威仪，尽献纳，纠正补过，文乐若有不正，皆得驳除。书表章奏皆掌署也"，《文选》卷五〇李善注引《晋令》曰："侍中，除书表奏皆掌署之。"[4] 二者文字亦多有重合。以上两处引用的《晋令》，与《北堂书钞》所引《晋官品令》很有可能就是同一种书。

当然，亦不排除存在第二种可能，是异书同系（甚至同源），即两种文献均依照或承袭了某种官制撰述模式，由此呈现出文本结构的相似性（甚至是一致性）。在史志中可以找到一个例证。《宋书·礼志五》云：

---

[1] 《北堂书钞》卷六五《设官部一七·太子詹事》，第 499 页。"太子詹事"条原云"旧规中领护"，"规"为"视"之讹，今订正。

[2] 《北堂书钞》卷六五《设官部一七·太子左右卫率》，第 499 页。

[3] 《初学记》卷一二《职官部下·秘书郎》，第 298 页。

[4] 《文选》卷五〇《史论》沈约《恩幸传论》，第 704 页。

公府长史、诸卿尹丞、诸县署令秩千石者,铜印,墨绶。朝服,进贤两梁冠。江左公府长史无朝服,县令止单衣帻。宋后废帝元徽四年,司徒右长史王俭议公府长史应服朝服。曰:"……按《晋令》,公府长史,官品第六,铜印,墨绶,朝服,进贤两梁冠。掾、属,官品第七,朝服,进贤一梁冠。《晋官表注》,亦与《令》同。"①

王俭在论议中主要引用《晋令》,并以荀绰《晋百官表注》补充说明,这提供了相互参证的重要线索。先来看王氏具体引用的《晋令》文本,其叙述形式为:

公府长史(某官)—官品第六(官品)—铜印(印)—墨绶(绶)—朝服(服)—进贤两梁冠(冠)

王俭所引《晋令》,是以具体官职为纲、组合各种文本单元的格式化叙述,类似前述《北堂书钞》所引《晋令》,带有明显的官制撰述特征。再来理解王氏所云"《晋官表注》,亦与《令》同",参《北堂书钞》卷六八引《晋百官表注》:

太宰长史,铜印、墨绶、朝服、进贤两梁冠,官品第六,俸月五十斛。②

《晋百官表注》属于职官文献,自无可疑。此条与上引《晋令》有着相同的文本逻辑,载录的职官信息亦基本一致,其中差别不过是"官品"作为文本单元置于服、冠之后,同时多一"月俸"文本单元,这正是前述"异书同系"的典型情况。王俭讨论公府长史的服饰问题,同时引述《晋令》与《晋百官表注》为据,也是时人对书籍谱系与关系认知的一种间接提示。

不论"书名省称"抑或"异书同系",二者基本上都表明中古时期存在过一种被命名为《晋令》的书籍,它有别于律令《晋令》,属于职官文献。以往普遍理解,古书所引《晋令》(包括《晋官品令》)出自律令系统,由此得出《晋令·官品令》内容丰富、篇幅较大的结论。早期研究律令的

---

① 《宋书》卷一八《礼志五》,第557页。文中"晋官表注"应为荀绰《晋百官表注》之省称,点校本缺标书名线,不妥,今加书名号。
② 《北堂书钞》卷六八《设官部二〇·长史》,第513页。

学者如程树德即认为：“《唐六典注》所引《晋官品令》文独多，其中或仅云晋氏，或单称晋，以他条证之，实则皆《官品令》中文也。”[1] 仁井田陞在《唐令拾遗·序论》中亦以《晋令》佚文为据，认为晋代《官品令》“不仅有官品规定，而且有冠服和职制方面的规定”，并且说“这种表述方式，如果与隋唐《官品令》只规定官品名称的方式相对比，应该说是有特色的。纵观《晋令》逸文，一半以上属于《官品令》”云云。[2] 此说与程氏意见颇为接近，且作出了《晋令·官品令》有特色而异于后世隋唐《官品令》的基本判断。

其实，上述理解颇值得商榷。从外证来看，不论此前汉代的《二年律令·秩律》还是此后隋唐的《官品令》，二书涉及官员等级的法令专篇内容均较为单一，如上述理解认为《晋官品令》包括冠服和职制方面等规定，在古代律令演变脉络中显得非常突兀。从内证检视，前面分析已表明《晋官品令》（包括部分《晋令》）存在非律令性质的文字，假如推定这些文献是直接源出律令文书，则难以解释这些不相关的文字从何而来。

又，《唐六典》明载《服制令》为法律令典《晋令》之一篇，小林聪已论证《宋书·礼志五》所叙服制内容摘自西晋《服制令》[3]，其说甚是。按照《宋志》的记载，印绶、冠服、佩玉等都属于《服制令》的基本内容，其文本形式为：

> 某官、某官、某官　印绶、冠服、佩玉

前谓官制撰述以单一官职为纲，《服制令》与此并不一致，同时《官品令》没有理由重复《服制令》的服制内容。如此说来，前揭“某官，官品，印绶、冠服、佩玉”的官职叙述模式，其实是糅合了《官品令》与《服制令》的律令内容，不排除撰写作为职官文献的《晋令》时，编者有意识地按照具体官职一一加以编辑，将律令中与该官职相关的信息内容加以整合，形成一整套以官职为纲的综合信息条录。时人根据这部经过编辑的《晋令》，就可以迅速了解任何一个具体官职在制度上的各项规定，而无须检阅不同的篇目才能寻找一个官职的各方面信息。或许正是出于这一原因，这部《晋令》得以流行普及，并成为官制撰述系统的重要组成部分。

①　程树德：《九朝律考》卷三《晋律考下》，第 325 页。
②　〔日〕仁井田升著，栗劲等编译：《唐令拾遗》，长春：长春出版社，1989 年，第 806 页。
③　参见〔日〕小林聪《六朝时代の印绶冠服规定に关する基础的考察——「宋书」礼志にみえる规定を中心にして》，《史渊》第 130 号，1993 年。

　　由此也可注意到，法律令典《晋令》与官制撰著《晋令》虽非同一文献，但它们之间仍然体现了源与流的关系。萧子显《南齐书·百官志》序言（以下简称"萧序"）对此有潜在而重要的提示，云：

> 建官设职，兴自炎昊，方乎隆周之册，表乎盛汉之书。存改回沇，备于历代，先贤往学，以之雕篆者众矣。若夫胡广《旧仪》，事惟简撮，应劭《官典》，殆无遗恨。王朗奏议，属霸国之初基；陈矫增曹，由军事而补阙。今则有《魏氏官仪》、鱼豢《中外官》也。山涛以意辩人，不在位次。荀勖欲去事烦，唯论并省。定制成文，本之《晋令》，后代承业，案为前准。肇域官品，区别阶资，蔚宗选簿梗概，钦明阶次详悉，虞通、刘寅因荀氏之作，矫旧增新，今古相校。①

　　结合前后文，萧序"先贤往学，以之雕篆者众矣"为关键之语，乃概指众多的官制撰述。此语之前，萧序交代了作为官制撰述典范的两大渊源：一为"隆周之册"，即《周官》；一为"盛汉之书"，即《汉书·百官公卿表》。而在此语之后、"若夫"以下，则扼要地举出东汉以来记录"建官设职"及"存改回沇"的"雕篆者"。可以认为，萧序所言构成了一部关于官制撰述的缩微简史。其中"定制成文，本之《晋令》"及"肇域官品，区别阶资"的表述，提供了时人在官制撰述认知方面的重要参证线索。

　　需要指出，萧序语意迂回曲折，尤其对所举诸家并非全然肯定，其中暗寓褒贬微意。大致说来，萧子显对各个朝代的叙述均采用先抑后扬的笔法。如：叙东汉，"胡广《旧仪》，事惟简撮"为抑；"应劭《官典》，殆无遗恨"为扬。再如：叙曹魏，"王朗《奏议》，属霸国之初基。陈矫增曹，由军事而补阙"，这里"霸国""军事"之用词，提示其特殊背景，相关的奏议、措施固然反映了制度的部分情况，但并不能充分体现王朝廷的核心秩序，是为先抑；"今则有《魏氏官仪》、鱼豢《中外官》也"，将两书作为记录曹魏一朝典制的书籍，言下不无肯定之意，是为后扬。

　　萧序叙晋代，亦可作如是解读。先说"山涛以意辩人，不在位次。荀勖欲去事烦，唯论并省"，其中"不在""唯论"是略微寓有贬义的修辞。推敲其语意，萧子显并不是要对他们予以否定，而是重在表达如下意思："位次"是朝廷秩序的一种体现，山涛"以意辩人"，不以为据，固然《山

---

① 《南齐书》卷一六《百官志》，第 347 页。

公启事》有不少选官方面的内容当时亦获得极高赞誉，但它难以体现官僚的位阶秩序，不足为制度撰述所取法。至于荀勖，正如《晋书》本传载他的奏疏云"私谓九寺可并于尚书，兰台宜省付三府"①，萧子显谓其"唯论并省"，是指荀勖建议九卿并于尚书，兰台省入三府，但里面并未涉及九卿、尚书、兰台、三府之"建官设职"信息，此即"唯论"之落脚点。因此该奏议虽然深切指出制度弊端，但就撰述而言，同样不足以作为取材主体。在此解读基础上，可进一步理解"定制成文，本之《晋令》，后代承业，案为前准"之语意。萧子显认为《晋令》体现了晋朝制度的核心秩序，他更推崇那些"本之《晋令》"记录王朝常典定制的制度撰著，由这些撰著所记晋代"建官设职"情况，后世也就能够"案为前准"。前引王俭事例，他引用的两种著述都有"本之《晋令》"的特征，正是"案为前准"之应用体现。由序言所谓"肇域官品，区别阶资"，亦可推知官品、阶资作为王朝制度与官僚位阶秩序的基本体现，这是官制撰述的重点所在。从这一论述出发，当时职官文献选择以"官品"为名，如前述《晋官品令》《魏晋官品》，或与此认知有关。

　　赵立新对《南齐书·百官志》序言已有相当详尽的解读，多有精辟见解。②本节观点与他所论存在一致之处，都认为萧序存在一条官制撰述的主线，但具体理解也有不同。赵立新认为萧子显在序中对所叙诸家均持肯定态度，是"列举具时代性的职官文献及其撰录者，以二者共同呈现职官文献与历代官制的关系"③，本节则认为在此主线之中，萧序对各个朝代的叙述采用了先抑后扬的笔法。比如有关晋代，叙山涛、荀勖，属于先抑，述《晋令》，属于后扬。赵文对此认为："山涛的选用启事、荀勖省官之议和《晋令》的关系，《志序》以为前两者的成果能够成为明文制度者，都需要以《晋令》的规范为本，成为后来历代依循的准则。"④从前后文来看，山涛既然是"以意"辨人选举不以"位次"为据，正可表明《山公启事》辨人之"以意"，与"定制成文"构成对立关系。《隋书·经籍志》著录《山公启事》，不入史部职官篇而入集部，应当也存在上述考量。

　　总而言之，萧序所论对于理解时人有关官制撰述的认识、观念与态度

---

①　《晋书》卷三九《荀勖传》，第 1155 页。

②　参见赵立新《〈南齐书·百官志·序〉所见中古职官文献与官制史的意义》，《台大历史学报》第 62 期，2018 年，第 47~102 页。

③　赵立新：《〈南齐书·百官志·序〉所见中古职官文献与官制史的意义》，《台大历史学报》第 62 期，2018 年，第 95~96 页。

④　赵立新：《〈南齐书·百官志·序〉所见中古职官文献与官制史的意义》，《台大历史学报》第 62 期，2018 年，第 72 页。

及中古制度文献的名实问题，都具有重要的意义。

第四节　《通典》魏晋南朝"秩品"名实辨析

如前指出，以官品等级为纲的官品表区别于以官职为纲的官制撰述，史料自成一系统。《通典·职官典》叙述官制，虽主要以官署与官职为纲目，同时仍编有"秩品"专篇，较集中地收录了多份官品表。按朝代顺序罗列，其中从魏至南朝陈，分别标名为《魏官置九品》《晋官品》《宋百官》《齐官品》（下注"未详"）《梁官品》《陈官品》，形成一条魏晋南朝的官品脉络，有助于清晰认识官品制度的沿革历史。

前面从文本层面考察过《通典》"秩品"中的《宋百官》，指出它虽源于《宋志官品表》，但存在隐性的文本重构，里面将"诸条"平行分列的原初形态改变为同品官职单列串联的书写模式。[1] 该事例提示《通典》"秩品"深受其编录方式限制，对制度客观状况的呈现未必确切。[2] 从文献层面来看，《通典》收录的涉及魏晋南朝的数份官品表，其名（标题）与实（内容）同样有诸多值得辨析的地方。

一、《通典·魏官置九品》辨名

《通典》记载的《魏官品》是尚能看到的反映曹魏官品制度的重要史料。然而，这份史料还是存在着较多的问题，需要做更为细致的辩证。

有必要先对"魏官品"之名进行辨析。《通典》在"历代品秩"载录的曹魏官品之上题有"魏官置九品"，联系后面"晋官品""宋百官""齐官品"等目，不妨认为杜佑在"魏官置九品"之下记录的官品文本，其提纲的立意就是"魏官品"（为便于论述，以下将《通典·魏官置九品》简称为《通典·魏官品》）。细绎史料可以发现，"魏官品"作为专有名词，在魏晋南北朝隋唐史籍中实际出现的频率极少。《通典·魏官品》的史源究竟为哪些文献，是值得辨析的问题。

有研究认为《通典·魏官品》的史源之一是著录于《新唐书·艺文

---

① 详见本书第一章第一节。
② 不惟编录方式，《通典》的编纂目的亦非纯然从"制度史"出发。近年来学界注意到这一问题，侯旭东《"制度"如何成为了"制度史"》一文指出："《通典》的编纂，虽然从三代下及唐代，贯穿古今，却不是出于博古通今的知识性追求，亦不是以史学为目标，而是为了帮助君子经世致用（致治），使他们在没有多少实际为政经验的情况下，迅速掌握理政的要领。"（《中国社会科学评价》2019 年第 1 期，第 69 页）

志》的"《魏官品令》一卷"。然而考之《新唐志》原文，此说似可商榷。《新唐书·艺文志二》对魏晋南北朝的职官类典籍有如下著录，谨按其顺序从左至右抄录。

> 荀攸等《魏官仪》一卷　傅畅《晋公卿礼秩故事》九卷　《百官名》十四卷　干宝《司徒仪注》五卷　陆机《晋惠帝百官名》三卷　《晋官属名》四卷　《晋过江人士目》一卷　卫禹《晋永嘉流士》二卷　《登城三战簿》三卷　范晔《百官阶次》一卷　荀钦明《宋百官阶次》三卷　《宋百官春秋》六卷　《魏官品令》一卷　王珪之《齐职官仪》五十卷　徐勉《梁选簿》三卷　沈约《梁新定官品》十六卷　《梁百官人名》十五卷　《陈将军簿》一卷①

可以看到，有关著录大致是按朝代时间先后排序的。《魏官品令》排在《宋百官春秋》与《齐职官仪》之间。显然，这份官品令的"魏"，不是指三国的曹魏而应该是南北朝的北魏。它可能是魏收《魏书·官氏志》太和职令的一种摘抄本。至少这份《魏官品令》与《魏书·官氏志》有着相近的史源。

宋人王应麟《玉海·官制》在"元魏职员令"之条解释云："《后魏书》太和十五年十一月乙亥定官品，十七年六月乙巳作职员令二十一卷行之，十九年十二月乙未朔见群臣于光极堂宣下品令，为大选之始。《唐志》《魏官品令》一卷。"②王氏认为《新唐书·艺文志》所录《魏官品令》与北魏官制相关，这种意见是正确的。

清代学者对这一问题的判断已出现错误。致误原因可能就是没有注意到《新唐志》的著录顺序与年代相关，因魏官品之名径归为曹魏之制。比如姚振宗编《三国艺文志》收录《魏官品令》，下注"《唐书·艺文志》《魏官品令》一卷，《通志·艺文略》《魏官品令》一卷"③。姚氏并没有列出收入此书的具体依据，显然是望文生义、失于考察而误认此书为曹魏作品。清人杨晨《三国会要》云"《唐书·艺文志》有《魏官品令》一卷"④也是将这份官品令视为曹魏官品，误与姚氏同。

---

① 《新唐书》卷五八《艺文志二》，第 1476 页。
② ［宋］王应麟：《玉海》卷一一九《官制》，北京：中国书店，1987 年，第 2192 页。
③ ［清］姚振宗：《三国艺文志》卷三，载二十五史刊行委员会编《二十五史补编》第 3 册，第 3229 页。
④ ［清］杨晨：《三国会要》卷九《职官上·公卿庶职》，北京：中华书局，1956 年，第 131 页。

总而言之，《新唐书·艺文志》著录的《魏官品令》属北魏官制，肯定不是《通典·魏官品》的来源。《晋书·职官志》亦有与魏官品关涉的记载，云：

> 殿中侍御史，案魏兰台遣二御史居殿中，伺察非法，即其始也。……又案魏晋官品令又有禁防御史第七品，孝武太元中有检校御史吴琨，则此二职亦兰台之职也。①

《晋志》史臣案语"魏晋官品令又有禁防御史第七品"，中华书局点校本对"魏晋官品令"未加专名线，然而这是典章类文献，当无疑问。不过，这里可以有两种不同的标点方式：一是"魏、晋《官品令》"，二是"《魏晋官品令》"②，所得理解也很不一样。

若按前者点读，是依从两种文献理解，分别为魏《官品令》与晋《官品令》，均记载"禁防御史"。若按后者点读，《魏晋官品令》为一书，书中有反映禁防御史在第七品的信息。"禁防御史"见于《通典·魏官品》第七品，未载于《通典·晋官品》。对此需要指出，《通典》两份官品本身颇为复杂，正是要辩证的问题，官品中出现具体某个职官信息，都不能轻易放大以作为对整份文献的理解。"魏、晋《官品令》"的点读，实际上难有证据直接证实或证伪。相比之下，《魏晋官品令》的书名，倒是有旁证可参。《文选》卷六〇李善注引《魏晋官品》曰："相国、丞相，绿綟绶。"③《白氏六帖事类集》卷二一之"中郎将"门："银章青绶，《魏晋官品》云冠服如将军。"④ 从《文选》李善注的引书体例看，这里应不会是"魏、晋《官品》"，而肯定是一种文献。从《白氏六帖》的叙述模式看，也不会读为"魏、晋《官品》云冠服如将军"，可见唐人尚可以看到名为《魏晋官品》的文献。"魏晋"作为书目连称，多少可以反映当时文献命名的一种规则，至少可说明《魏晋官品令》作为一书之名，在命名规则上并无问题。为此，这里倾向于认为读作《魏晋官品令》较具合理性。

上述例证有一处细节值得注意。《魏晋官品》的引用是使用"云""曰"，看上去是对文献中文本内容的直接引用。本章第二节已通过

---

① 《晋书》卷二四《职官志》，第 739 页。
② 中华书局点校本对"魏晋官品令"未加专名线与波浪线，可能就是出于这样的疑问，难以径下判断。
③ 《文选》卷六〇《行状》任昉《齐竟陵文宣王行状》，第 829 页。
④ 《白氏六帖事类集》卷二一。

分析指出《魏晋官品》《魏晋官品令》属于以官职为纲的官制撰述类文献，其叙述模式是从具体官职出发来记录与之相关的各种信息。这些文献以"魏晋"为名，其性质有可能是杂糅了魏、晋之制的职官文献。

通过梳理《通典·魏官品》的职官年代线索，可以发现《通典·魏官品》亦有可能杂糅了魏、晋之制。其中存在两种比较特殊的情况：一是魏制所有，晋制所无；二是魏制所无，晋制所有。分属两个朝代的官职与制度秩序，在同一份官品中均有所反映。试列举《通典·魏官品》上述两种特殊的情况，分析如下。

1. 魏制所有，晋制所无

《通典·魏官品》记载的部分官职是曹魏特有或特定历史时期的产物。阎步克已经证明了第一品的黄钺大将军、大丞相，第四品的游骑将军，第五品的符节令，第七品的中廷御史、三台五都侍御史①，可为参考。

不过，不能因为存在魏制有而晋制无的情况就判断《魏官品》是曹魏官品，从反证的角度，《魏官品》确实又存在魏制无而晋制有的情况。

2. 魏制所无，晋制所有

《通典·魏官品》记录的某些官职或制度秩序并非曹魏制度，而是在西晋建立以后，甚至要到西晋中后期才出现的。兹略举数例。

（1）龙骧将军（三品）。

《宋书·百官志上》："龙骧将军，晋武帝始以王濬居之。"② 这说明龙骧将军之号属于西晋之制。不过，阎步克曾认为《魏官品》所列龙骧将军最初应是有号无人"③，即此为曹魏之制，魏先有其号，晋始有其人，此说或可商榷。《宋书·五行志二》云："孙皓天纪中，童谣曰：'阿童复阿童，衔刀游渡江。不畏岸上虎，但畏水中龙。'晋武帝闻之，加王濬龙骧将军。"④《晋书·王濬传》亦载："寻以谣言拜濬为龙骧将军、监梁益诸军事。"⑤ 可知龙骧将军乃是在伐吴前夕根据"水中龙"的谣言创设的。这印证了《宋志》"晋武帝始以王濬居之"的记载，魏晋之际不可能逆知此号而预设。据此说明龙骧将军是在特定的历史条件下创立的，此将军号只能

---

① 参见阎步克《品位与职位——秦汉魏晋南北朝官阶制度研究》，第 245～251 页。
② 《宋书》卷三九《百官志上》，第 1330 页。
③ 阎步克：《品位与职位——秦汉魏晋南北朝官阶制度研究》，第 242 页。
④ 《宋书》卷三一《五行志二》，第 996 页。《晋书》卷三四《羊祜传》亦载此事，"又时吴有童谣曰：'阿童复阿童，衔刀浮渡江。不畏岸上兽，但畏水中龙。'祜闻之曰：'此必水军有功，但当思应其名者耳。'会益州刺史王濬征为大司农，祜知其可任，濬又小字阿童，因表留濬监益州诸军事，加龙骧将军"（第 1017 页）。
⑤ 《晋书》卷四二《王濬传》，第 1208 页。

是西晋以后之制，创设时间更后至晋太康初年。

（2）前军、左军、右军、后军将军（四品）。

前、左、右、后军将军，即禁卫武官系统的"四军"。这一建制自魏至晋经历了较长时间才确立下来。《宋书·百官志下》："魏明帝时，有左军将军，然则左军魏官也。晋武帝初，置前军、右军，泰始八年，又置后军。是为四军。"①《晋书·职官志》："左右前后军将军，案魏明帝时有左军，则左军魏官也，至晋不改。武帝初又置前军、右军，泰始八年又置后军，是为四军。"②这说明四军的完整建制直到西晋泰始八年（272）才正式成型。

（3）左右积弩、积射、强弩将军（四品）。

《晋书·武帝纪》载泰始四年（268）四月，"罢振威、扬威护军官，置左右积弩将军"③。《宋书·百官志下》："前汉至魏无积射。晋太康十年，立射营、弩营，置积射、强弩将军主之。"④左右积弩将军设置于泰始四年，积射、强弩将军设置于太康十年（289）。其为晋制无疑。

（4）太子家令、率更令、仆（五品）。

《唐六典·太子家令寺》引"晋太康八年诏"曰："太子家令、率更令、仆，东宫之达官也，宜进品第五，与中庶子、二率同。"⑤据此太子三卿（家令、率更令、仆）的官品升至第五品是在太康八年（287），大概魏末晋初官品建立时。太子三卿的官品为六品。《通典·魏官品》太子三卿列在第五品，位在中庶子与卫率之间，属于晋代制度。

（5）二品将军正、行参军（七品），三品四品正、行参军（八品）。

《唐六典·亲王府》载："晋氏加置行参军，以自辟召，故曰'行'也。"⑥《通典·职官一五·总论郡佐》载："前代又有行参军者。晋河间王颙以太宰辅政，始置之，掌使命。历代皆有。"⑦军府加置行参军，时间已晚至晋惠帝时。

上述列举证实曹魏、西晋两朝独有的职官与制度同时出现在《魏官品》中。从"魏制所有，晋制所无"说明这份官品可能参录了反映曹魏时期官制的某种早期文献，至于"魏制所无，晋制所有"，说明这份官品掺

---

① 《宋书》卷四〇《百官志下》，第 1354 页。
② 《晋书》卷二四《职官志》，第 740 页。
③ 《晋书》卷三《武帝纪》，第 57 页。
④ 《宋书》卷四〇《百官志下》，第 1355 页。
⑤ 《唐六典》卷二七《太子家令寺》，第 696 页。
⑥ 《唐六典》卷二九《亲王府》，第 731 页。
⑦ 《通典》卷三三《职官一五·总论郡佐》，第 914 页。

杂了晋代后来的制度。

《魏官品》杂糅魏晋制度还有一处重要的旁证。《魏官品》的第二品有"诸四征、四镇（将军）"，第三品有"诸征镇安平将军"，四征、四镇将军序列同时见于两个品级。

《通典·魏官品》第六品有"骠骑车骑卫将军府从事中郎""四征镇公府从事中郎"，大致可判断在第二品的四征镇将军与第六品的僚佐从事中郎，属于同一时期的制度秩序。此外，四征、四镇将军在某一时期为独立军号序列，可以得到他校的证明。据《宋书·百官志上》引鱼豢曰："四征，魏武帝置，秩二千石。黄初中，位次三公。汉旧诸征与偏裨杂号同。"[1] 曹魏时四征将军地位非常高，具有"位次三公"的地位。第六品的"四征镇公府从事中郎"，征、镇将军府是与公府排在一起，证明了鱼豢的说法。

《宋志》又引鱼豢曰："魏世车骑为都督，仪与四征同。若不为都督，虽持节属四征者，与前后左右杂号将军同。"[2] 车骑将军在魏世加都督号，官仪比四征将军，不加都督则等而下之，而与前后左右杂号将军同。这说明四征之位次在曹魏时地位甚高，甚至一度在车骑之上。第六品"骠骑车骑卫将军府从事中郎"，骠骑、车骑、卫三大贵号将军府并列，也说明了此列军号的独立性。除此之外，《通典·礼三五·天子上公及诸侯卿大夫士等贽》载"魏明帝青龙二年，诏下司空"事，诏文云："征南将军见金紫督使，位高任重。近者正朝，乃与卿校同执羔，非也。自今以后，从特进，应奉璧者如故事。"[3] 征南将军提升至特进阶层，特进在晋代官品中位于第二品，在此有理由相信曹魏末年在定品时参考过这一位序。通过以上的证据列举，说明第二品"诸四征、四镇、车骑、骠骑将军"的序列是曹魏制度的反映。

至于第三品的"诸征镇安平将军"，与《通典·晋官品》所记相同，属于晋制。同一份官品，魏晋不同的制度秩序同时并存，更旁证了《通典·魏官品》杂糅魏晋两代制度的判断。[4]

除《魏晋官品令》以外，传世史料有关《甲辰令》《甲辰仪》的信息

---

① 《宋书》卷三九《百官志上》，第 1329 页。
② 《宋书》卷三九《百官志上》，第 1328 页。
③ 《通典》卷七五《礼三五·天子上公及诸侯卿大夫士等贽》，第 2049 页。
④ 四征四镇将军外，值得辨析的还有《通典·魏官品》第五品的将军序列："鹰扬、折冲、轻车、虎烈、宣威、威远、宁远、伏波、虎威、凌江等将军"（第 992 页），下文将分析伏波将军在魏末晋初属于贵号的金紫将军，当时不应位居第五品，说明《魏官品》对军号的记载掺杂了不少晋代制度。

亦是学者所重点关注。《唐六典·兵部尚书》"辅国大将军"条注：

> 魏《甲辰令》、晋《官品令》、梁《官品令》辅国将军并第三品，……①

同卷《兵部尚书》"游骑将军"条注：

> 魏《甲辰令》："游骑将军，第四品。"②

《唐六典·秘书省》"秘书令史"条注：

> 魏《甲辰仪》："秘书令史，品第八。"③

《隋书·经籍志二》著录：

> 《甲辰仪》五卷（江左撰）④

《旧唐书·经籍志上》著录：

> 《甲辰仪注》五卷⑤

《新唐书·艺文志二》著录：

> 《甲辰仪注》五卷⑥

以上是以"甲辰"为名的文献线索。由于史料有限且信息不充分，上述记载存在多种可能性。自清代以来，学者从不同方面推测以上记载所反映的史实。

比如，清人侯康认为："《唐六典》卷五引《魏甲辰令》，辅国将军第三品，游骑将军第四品；卷十引《魏甲辰仪》，秘书令史品第八。其次序

---

① 《唐六典》卷五《兵部尚书》，第 152 页。
② 《唐六典》卷五《兵部尚书》，第 153 页。
③ 《唐六典》卷一○《秘书省》，第 298 页。
④ 《隋书》卷三三《经籍志二》，第 1098 页。
⑤ ［后晋］刘昫等：《旧唐书》卷四六《经籍志上》，北京：中华书局，1975 年，第 2006 页。
⑥ 《新唐书》卷五八《艺文志二》，第 1489 页。

皆在《晋官品》以前，则曹魏时书也。然他别无所见，又未知是专记官制之书否。"① 他注意到《唐六典》自身的叙述脉络，《魏甲辰令》《魏甲辰仪》都列在《晋官品》之前，应为曹魏时书，但侯康未判断其来源与性质。

清人姚振宗在《三国艺文志》中认为《魏甲辰仪》"疑即《魏故事》中佚本，或首篇有'甲辰'字，遂以《甲辰仪》名书。《旧唐志》次董巴《舆服志》之后，盖亦以为曹魏时书。'江左'不知何人。两《唐志》皆无撰人"②。他从《旧唐志》的编排亦推断《魏甲辰仪》为曹魏时书，同时推测《甲辰仪》的史源是《魏故事》。关于"江左"，姚氏在《隋书经籍志考证》中论说较详，称"此云'江左撰'，则大抵东晋人钞录魏令中之涉于仪品者为是书，首一卷从《甲辰令》中钞出，故曰《甲辰仪》"③，认为"江左"意为东晋人抄曹魏令仪而成书。

阎步克认为："可能是江左有什么人对魏《甲辰令》做过整理编辑，后人便把这部书题为'江左撰'，但其内容仍应是曹魏制度。《甲辰令》或《甲辰仪》都记有官品，《唐六典》又以'魏《甲辰令》、晋《官品令》、梁《官品令》'并列，由此看它很可能就是曹魏的《官品令》，至少可以证明曹魏确有'官品'之制。"④ 对文献年代（曹魏）和撰人（江左）的解释，阎论与上述两种意见相近；对于《甲辰令》的史源，他则认为是魏《官品令》。

张旭华认为："曹魏初年就已建立了官品制度，且其建立时间最迟不过太和三年。而魏《甲辰令》虽然也是曹魏王朝颁布的正式法令，但其颁布时间应在魏《官品令》之后，……由于魏《甲辰令》有可能经过东晋人的重新编辑，已非其本来面貌，以致杜佑在不经意间或是未加慎审甄别地将晋代才设置的一些官职一并列入到《魏官品》中，也是完全有可能的。"⑤ 由此理出的文献脉络是：先有魏官品令，后有甲辰令，再辗转到《通典·魏官品》。

梁健认为："甲辰仪应是魏甲辰仪的简称，甲辰仪注是其别称，甲辰令是其异称，四者实一书。《魏甲辰仪（注）》、《甲辰令》、《官品令》之间

---

① ［清］侯康：《补三国艺文志》卷三，载二十五史刊行委员会编《二十五史补编》第 3 册，第 3177 页。

② ［清］姚振宗：《三国艺文志》卷三，载二十五史刊行委员会编《二十五史补编》第 3 册，第 3232 页。

③ ［清］姚振宗：《隋书经籍志考证》卷一八，载二十五史刊行委员会编《二十五史补编》第 4 册，第 5321 页。

④ 阎步克：《品位与职位——秦汉魏晋南北朝官阶制度研究》，第 248 页。

⑤ 张旭华：《〈魏官品〉产生时间及相关问题试释——兼论官品制度创立于曹魏初年》，《郑州大学学报（哲学社会科学版）》2006 年第 5 期，第 23 页。

关系，笔者更倾向于《魏甲辰仪（注）》《甲辰令》产生在前，《官品令》是对它们的修正。"① 这一观点则认为先有甲辰令，后有魏官品令。

以上诸家之说，在有限的史料条件下，对"甲辰"与魏官品的关系做了不同程度的勾勒与解释，各家观点或有一致，亦有不同，都可视为制度过程中存在的某种可能性，在缺乏新史料作为有力补充的客观情形下，不妨兼而存之。

在这里还想强调的是，从文本内容来看，似乎还不能排除一种可能性，《甲辰令》《甲辰仪》并非官品表之类的制度文献，而是属于前面提到的以官职为纲的一种制度撰述。上一节分析过古书所引的《晋官品令》《晋令》都属于类似情形。从目前《唐六典》三处引用的情况看，都是"官职，官品"的基本叙述模式。前面分析南朝时王俭在上书中谓"按《晋令》，公府长史，官品第六，铜印，墨绶，朝服，进贤两梁冠。掾、属，官品第七，朝服，进贤一梁冠。《晋官表注》，亦与《令》同"②，已指出该《晋令》是属于以官职为纲的官制撰述，联系《隋志》明确记载《甲辰仪》"江左撰"，自然不能排除此《甲辰仪》是东晋时期的一种制度撰述的可能性，它的性质与王俭所引《晋令》或有一致之处。

如果《唐六典》所引《甲辰仪》《甲辰令》与《隋志》载录之《甲辰仪》存在关联的话，那么，此类以"甲辰"为名的文献，是否如一般理解所预设的，属于一份官品表史料，而与《通典·魏官品》发生关联？限于史料不足，同样未能予充分证明。在这里将问题提出，是认为至少上述疑问是需要纳入研究考虑之中的，这样才能为该问题的日后推进提供解读的方向。张金龙根据魏《甲辰令》的"游骑将军"为南朝萧梁时才出现的官职，认为"仅此一点，对《魏甲辰令》的可靠性即有必要加以怀疑，至少它并非曹魏时期的原始律令文本，而应出自梁陈甚或隋唐人之手"③。这一观点也是值得参考的。

总之，根据现存史料尚不能确证《通典·魏官品》的史源，从具体内容来看，它是一份杂糅了魏、晋制度的官品表文献，其中保留了一些曹魏时期的官品制度线索。

二、《通典·齐官品》注"未详"辨释

关于南齐官品，《通典·职官典》"秩品"列有《齐官品》名目，下注

---

① 梁健：《魏官品令考》，《苏州大学学报（法学版）》2014 年第 3 期，第 77 页。
② 《宋书》卷一八《礼志五》，第 557 页。
③ 张金龙：《"魏官品"、"晋官品"献疑》，《文史哲》2017 年第 4 期，第 28 页。

"未详"二字。其语意不明，易生歧义，下面拟作一解释。

阎步克曾有《南齐官品拾遗》一文，通过搜罗梳理各种类书的典章记载，钩稽南齐职官官品，并加以归类，用力颇勤。他还提出了很有意思的观点："然而事实上，南齐官品并没有全都湮灭无闻，仍有数十种官职的品阶可以考见于史籍它处，尤其是类书所引《齐职仪》能够提供不少材料。《唐六典》在追溯官职渊源、官品变迁时往往述及南齐官品，许多注明出自《齐职仪》，未注者大约也是以《齐职仪》为本的。成于宋代的《职官分纪》、《太平御览》等依然多次征引《齐职仪》，而《通典》作者对它却没有善加利用，这很让人奇怪。"[①] 阎步克认为，杜佑"未详"之说没有记载具体的官品内容，亦没有利用《齐职仪》等职官材料，仅留下"齐官品"之目，这是名实相离。其实，杜佑的有关处理是基于《通典》对《历代秩品》南北朝部分的编撰方式，编者主要做的是转录史志官品表，而非自行辑集编订。杜佑将齐官品注为"未详"，其主要意思大概不是说官品不明，实指萧子显《南齐书·百官志》阙载官品一事。

《通典》主要根据官品载体的文献情况为所载录的南北朝官品命名，有关基本情况如表 3.2 所示。

表 3.2　《通典》记载南北朝官品出处表

《通典》命名	原始出处	备注
《宋百官》	《宋书》卷四〇《百官志下》	
《齐官品》	未详	《南齐书》卷一六《百官志》未载官品表
《梁官品》	《隋书》卷二六《百官志上》	即《五代史志·百官志上》，为梁陈制度篇
《陈官品》	《隋书》卷二六《百官志上》	即《五代史志·百官志上》，为梁陈制度篇
《后魏百官》	《魏书》卷一一三《官氏志》	
《北齐职品》	《隋书》卷二七《百官志中》	即《五代史志·百官志中》，为北齐制度篇
《后周官品》	《周书》卷二六《卢辩传》、《北史》卷三十《卢辩传》	
《隋官品令》	《隋书》卷二八《百官志下》	

---

① 阎步克：《品位与职位——秦汉魏晋南北朝官阶制度研究》，第 301 页。

可以认为，《通典》记载南北朝官品，主要工作是转录现成的完整官品史料。就南北朝史籍而言，只有萧子显《南齐书》未备载秩品，这应该是注为"未详"的原因。

可作为参考的是《通典》将《宋志官品》命名《宋百官》。显然《通典》编撰者将收于《宋书》的官品表，视为刘宋官品。前面已指出，《宋志官品》"晋江左所定"，史臣明确交代其年代。但《通典》并未理会这一内在线索，只是单纯以载体《宋书》的对应年代为依据，为官品表命名。

对《通典》的这种命名方式，还可以从《通典》收录《宋书·礼志五》的相关记述得到印证。《宋书·礼志五》的服制内容，被收入《通典》卷六三《礼典·天子诸侯玉佩剑绶玺印》，杜佑将之置于"晋制"之后，并记载云："宋皇太子，金玺龟钮，朱绶，四采，赤黄缥绀，佩瑜玉。……别部司马以下，假墨绶。"[1] 显然杜佑是将《宋志》的记载作为南朝刘宋之制加以记录了。前面已指出《宋书·礼志五》所记舆服之制，主体部分是对晋代制度的追述，内容并不限于刘宋。其实《宋书·礼志一》序谓："今抄魏氏以后经国诞章，以备此志云。"[2] 沈约已对本志记录的时间跨度有过明确交代，不过《通典》似对此却未加细辨，而径将《宋书》诸史志所记归为刘宋之制，因此难免出现不少的误记。据此，《通典》将《宋书·百官志》所附官品记载定名为《宋百官》，并非杜佑别有所据，而是他在撮述前代史籍典志时，存在《宋志》所记即属南朝宋代之制的先入为主的理解。

杜佑在注释中提及："汉魏以降，逮于周隋，既多无注解，或传写讹舛，有义理难明，虽研核莫辨，今但约其本史，聊存一代之制。他皆类此，览之者幸察焉。"[3] 他提到"约其本史"，对照司马彪《续汉书·百官志》与《通典》对东汉秩级的记录，杜佑可能将《续汉志》各个官职，按照秩级进行过归类，但有关做法实际上难以应用于官品。诚如阎步克指出秩级与官品的区别："同秩的官职并无高下之分"，官品"以'居前'、'居后'来排比职官位次"[4]，同秩官职由于无高下级别，所以从原书辑出分类即可，但官品同品之中是有高下秩序的，杜佑即便看到了各书零散的官品记载（如王珪之《齐职仪》虽然记载了南齐官职的官品，但这部书是以官职为记述主体，官品记载分散系于各个官职之下），要编订出一份反映

---

[1] 《通典》卷六三《礼典·天子诸侯玉佩剑绶玺印》，第 1756～1758 页。
[2] 《宋书》卷一四《礼志一》，第 356 页。
[3] 《通典》卷三六，第 986 页。
[4] 阎步克：《从爵本位到官本位——秦汉官僚品位结构研究》，第 265 页。

当时秩序的官品也存在难度。更何况，作为编撰者的杜佑并未过多编订，《通典》基本上是采用直接摘抄转录存世现成的官品史料的省力方式，以此"聊存一代之制"而已。

上述分析表明，杜佑注《齐官品》"未详"，并无他意，主要是指《南齐书》史志无详细的官品记载。[①] 前揭南朝宋、齐沿用晋官品的意见，仍然是成立的。事实上，阎步克在《南齐官品拾遗》的总结中已指出"南齐基本上沿用了晋宋官品，晋宋齐三朝的官品大致一脉相承"[②]，这是很有见地的观点，笔者深表认同。《拾遗》一文的学术意义是细化了有关南齐官品记载的认识，只是还不能据此得出南齐在前代之外另行创设有本朝官品的结论。

不妨推测，萧子显在《南齐书·百官志》为何没有留下如《宋书·百官志》附录的官品记载？其原因之一正是南齐继续沿用前代官品，加之《宋书》已对东晋时期官品表作了简录，史臣或认为没有必要作叠床架屋之事。因而他们没有在书中载录官品表，仅在序言中以"事遵常典"作了简要交代。附志于此，亦是对《通典》注谓齐官品"未详"的一点说明。

总之，杜佑撰录历代官品，对每代均有一份独立官品的编撰思路，或有失偏颇，一定程度上造成了理解的混乱。《通典》所谓《宋百官》《齐官品》是典制类书编撰模式化的取名，其中《宋百官》实为东晋时期官品，《齐官品》注曰"未详"则缘于《南齐书·百官志》未载官品表之故。

小　　结

本章归纳官品记载的两种文本模式：一是呈现出整体结构性的表式记录，基本特点是以等级为纲，每品按照一定的序列逻辑，排列各种官职，基本不涉及其他信息；二是从具体职位出发的模式化书写，基本特点是以官职为纲，其主体内容除了标示出该官职在官品在第几品，还广泛涉及服制、职掌及待遇等各种相关信息。两种文本模式自成一体，各有渊源，史料谱系上亦分为两支，形成不同的文献系统。

本章通过重点分析数种与晋代官品有关的常见史料，进一步证实古书引用的《晋官品令》与部分《晋令》，并不完全等同于晋代法令《晋令》，

---

① 《通典》亦有引用《齐职仪》。《通典》卷二一引《齐职仪》云："东宫殿中将军属官有导客局，置典仪录事一人，掌朝会之事。"（第557页）同书卷二九引《齐职仪》曰："凡尚公主拜驸马都尉。"（第811页）杜氏应是清楚知道该书记载了南齐官职的官品。

② 阎步克：《品位与职位——秦汉魏晋南北朝官阶制度研究》，第312页。

它们属于当时众多的官制撰述之一种。相比之下，《通典·晋官品》在史料谱系上或更接近《晋令·官品令》，但由于"单列型"书写形式的局限，很有可能掩盖了《晋令·官品令》的"分列式"原貌。

至于官品史料所见"某官，第几品"的惯常表达模式，其实已将单一官职从官职结构化序列中抽离出来，性质上属于官制撰述，由此构成了制度文本的一个基本单元。由于这是围绕具体单一官职的叙述，因此可与其他制度文本单元组合，形成叙述模式相对稳定、内容则丰富多元的职官记载，存见于各种名目的制度文献之中，成为官品记录的另一种主要存在形式。

《通典·职官典》载录魏晋南朝历代"品秩"，其编撰模式是汇集各史史志的官阶等级材料，使之形成线性排序，形成一种经典的官制撰述模式，但如深入制度内在逻辑，文本生成语境不同的各份等级表，通过汇录的方式合于一篇，未必能够反映制度史的实际脉络。

第四章 官班与资位：梁代官班 制度与魏晋南朝资位秩序 *

梁代建立官班制度，是魏晋南朝等级制度史一大事件。该制度作为梁制之代表，其等级表载录于《隋书·百官志上》（即《五代史志·百官志上》）。以官职为对象的官班等级记录亦颇为丰富，散见于中古时期的各类典籍。不过，正是官班这一制度的存在，对魏晋南朝等级制度的认识构成不少挑战。在不少制度文献的撰述话语里，对官品与官班通常是从制度前后因承的角度加以叙述。但从二者的内部结构和组织逻辑来看，又找不到它们之间明显的制度承袭轨迹。制度内部逻辑与制度外缘书写存在较大的矛盾。值得追问的是：官班的等级性质是什么？是官品秩序的延伸吗？官班的制度渊源又是什么？是从官品等级演化发展而来吗？

本章尝试通过制度源流考察解读上述问题。下面拟从官班的建制语境出发，结合选官制度及相关迁官事例来探讨官班的位阶秩序，并进一步追溯官班制度的历史渊源，以此整体把握官班的制度性质与历史脉络。同时旁及与官班同年出台的将军号等级新制的考察，探讨梁代军号班制的成立目的与制度意义。

第一节 "革选"与选阶：梁代官班建制及其位阶秩序

一、革选与选品：梁代官班建制

《隋书·百官志上》记载梁代官班制度的建立，云：

---

* 本章是在笔者的博士学位论文《魏晋南朝官品与官资秩序研究》第三章"南朝梁代官班制度与资位秩序"的基础上修订而成。论文于 2013 年 5 月通过答辩，6 月正式提交。同年 8 月，《历史研究》2013 年第 4 期刊发杨恩玉《萧梁官班制渊源考辨》，该文也明确指出"梁官班制并非由九品官制析分而成，也可能并未经过北魏九品十八级官阶制的中间环节，而是直接由魏晋宋齐的官阶继承发展而来"（第 170 页）。杨先生的基本观点和分析，与拙论文不谋而合，可谓殊途同归。拙论能够与时贤高见相为呼应，颇感荣幸，谨此说明。

　　　　至（天监）七年，革选，徐勉为吏部尚书，定为十八班。以班
　　　多者为贵，同班者，则以居下者为劣。①

据此可知，吏部尚书徐勉在天监七年（508）定十八班，标志着梁代官班
制度正式建立。上述记载透露这是王朝选官制度的"革选"举措。《梁
书·徐勉传》载：

　　　　（徐勉）在选曹，撰《选品》五卷；……②

据《梁书·武帝纪中》载天监六年十月"以五兵尚书徐勉为吏部尚书"③。
此谓徐勉"在选曹"，是在吏部尚书任上撰《选品》，所指即对应天监七
年革选定官班事。此外，徐勉所撰"《选品》五卷"同样值得关注。《南
史·徐勉传》载此作"《选品》三卷"④，卷数有异。《隋书·经籍志二》
著录：

　　　　《梁选簿》三卷（徐勉撰）……《新定官品》二十卷（梁沈约撰）⑤

又《新唐书·艺文志二》著录：

　　　　徐勉《梁选簿》三卷
　　　　沈约《梁新定官品》十六卷⑥

《梁选簿》与《选品》究竟是何关系呢？很可能，二者是同一种书。《梁选
簿》为三卷，恰与《南史》载《选品》卷数合（《梁书》之"五"或属讹
字）。而且，前面考察已指出，"沈约《梁新定官品》"的文献信息可解读
为天监七年尚书令沈约主持官品二次改制事。⑦同理，徐勉撰《梁选簿》
对应同年吏部尚书徐勉主持定官班事，与上述徐勉"在选曹，撰《选品》"
的记载正相契合。阎步克曾指出"《选品》五卷与《梁选簿》三卷应即一

---

① 《隋书》卷二六《百官志上》，第 810 页。
② 《梁书》卷二五《徐勉传》，第 428 页。
③ 《梁书》卷二《武帝纪中》，第 52 页。
④ ［唐］李延寿：《南史》卷六〇《徐勉传》，北京：中华书局，1975 年，第 1486 页。
⑤ 《隋书》卷三三《经籍志二》，第 1097 页。
⑥ 《新唐书》卷五八《艺文志二》，第 1476 页。
⑦ 参见本书第二章第三节。

事"①，可从。

与梁代官班建制记载相关的《选品》、《选簿》、"革选"都涉及"选"，这提示官班是选官制度的有机组成部分。其中"选品"之名，说明官班构成选官资位级别，是应用于选官运作的一套等级体系，为官员选用提供职位等级尺度。由此可认为，官班制度的规划主要出于"运作考虑"。前揭官品与选序无关，其规划目的更倾向于"身份考虑"，进一步说明官班与官品是相互区别的。

官班在革选语境下建立，值得留意。事实上，革选早在梁代建立之初就已部分启动。《隋书·百官志上》载：

> 建康旧置狱丞一人。天监元年，诏依廷尉之官，置正、平、监，革选士流，务使任职。又令三官更直一日，分受罪系，事无小大，悉与令筹。若有大事，共详，三人具辨。脱有同异，各立议以闻。尚书水部郎袁孝然、议曹郎孔休源，并为之。位视给事中。②

天监元年（502）依廷尉正、平、监而新置建康三官。"革选士流"的具体操作，一方面是选用有才望的士人充任此官，另一方面则是以"位视某官"的方式立下制度规定，调整官职的选任之"位"。参考官班等级，建康三官与给事中同在第四班。这大概就是"位视"的制度性体现。二者处于同班，表明天监七年定官班时沿用了建康三官"革选"的规定。此外，《隋书·百官志上》载梁代官班制度以"位不登二品者"为流外七班，"流外有七班，此是寒微士人为之。从此班者，方得进登第一班"③。建康三官在四班，属流内十八班，可推知其授官对象是"位登二品者"，即获得中正品二品的士人，因此"革选士流"又有提高选任资格之意。这一做法并非梁代首创，较早在东晋时已有之。《宋书·裴松之传》载：

> 年二十，拜殿中将军。此官直卫左右，晋孝武太元中革选名家以参顾问，始用琅邪王茂之、会稽谢辅，皆南北之望。④

① 阎步克：《品位与职位——秦汉魏晋南北朝官阶制度研究》，第 358 页注释一。
② 《隋书》卷二六《百官志上》，第 809 页。
③ 《隋书》卷二六《百官志上》，第 813 页。
④ 《宋书》卷六四《裴松之传》，第 1858～1859 页。

《宋书·百官志下》载殿中将军："晋孝武太元中，改选，以门阀居之。"[①]
殿中将军一职在两晋时期位望起伏颇大。《北堂书钞》卷六四引《语林》
云："庾公与郗公书：'殿中将军，旧用才学之士，以开视听，而顷悉用面
墙之人也。'"[②]据《晋书·职官志》载："（晋）武帝甚重兵官，故军校多选
朝廷清望之士居之。"[③]军校即领、护、骁、游诸将军及五营校尉，属典宿
卫的禁卫武官，殿中将军大概属禁卫系统的缘故，故用"才学之士"。这
是西晋时的情况。到了东晋，选用陵替，从清职变为浊官，所以到晋孝武
帝的时候又进行了"革选"，任用在南北都有名望的士人来提高此职位望。
不过似乎此官最后还是不为清流所重，在南朝仍由武人出任。南朝宋孝武
帝针对散骑常侍一官亦有过革选之举。《宋书·孔觊传》载：

> 初，晋世散骑常侍选望甚重，与侍中不异，其后职任闲散，用
> 人渐轻。孝建三年，世祖欲重其选，……于是吏部尚书颜竣奏曰：
> "常侍华选，职任俟才，新除临海太守孔觊意业闲素，司徒左长史王
> 彧怀尚清理，并任为散骑常侍。"世祖不欲威权在下，其后分吏部尚
> 书置二人，以轻其任。……既而常侍之选复卑，选部之贵不异。[④]

宋孝武帝对散骑常侍的革选，主要因袭前代选用在南北都有名望之士任职
的方式，但收效甚微。宋孝武帝意图重振散骑常侍的选望并抑制吏部尚
书的权力，这是南朝皇权复兴历史潮流下的集权举措。所谓"不欲威权在
下"，是重在加强君权意志对官僚制度的控制，限制高门士族对选官运作
的影响力。梁代天监年间一系列的革选有着大致相近的原因。无独有偶，
梁武帝对散骑常侍亦进行了革选。《隋书·百官志上》载：

> 天监六年革选，诏曰："在昔晋初，仰惟盛化，常侍、侍中，并
> 奏帷幄，员外常侍，特为清显。……通直常侍，本为显爵，员外之

---

① 《宋书》卷四〇《百官志下》，第 1356 页。
② 《北堂书钞》卷六四《设官部一六·骁骑将军》，第 492 页。《晋书》卷七三《庾亮传》
　载庾亮与郗鉴书："主上自八九岁以及成人，入则在宫人之手，出则唯武官小人，读书
　无从受音句，顾问未尝遇君子。侍臣虽非俊士，皆时之良也，知今古顾问，岂与殿中将
　军、司马督同年而语哉！不云当高选侍臣，而云高选将军、司马督，岂合贾生愿人主之
　美，习以成德之意乎！"（第 1922 页）疑《北堂书钞》所引即出自此书。
③ 《晋书》卷二四《职官志》，第 741 页。
④ 《宋书》卷八四《孔觊传》，第 2363 页。《宋书》卷八五《王景文传》载："迁司徒左长
　史。上以散骑常侍旧与侍中俱掌献替，欲高其选，以景文及会稽孔觊俱南北之望，并以
　补之。"（第 2390~2391 页）可与互证。

选，宜参旧准人数，依正员格。"自是散骑视侍中，通直视中丞，员外视黄门郎。[1]

相比宋孝武帝的革选，梁武帝的不同之处在于他采用"视"某官的方式，从制度上厘定官职的选任资位。参考官班可知，散骑常侍与侍中同在第十二班，通直散骑常侍与御史中丞同在第十一班，员外散骑常侍与黄门郎同在第十班。由此透露，在革选语境下，由"视官"确立的官职资位与官班等级秩序颇相一致。

文献记载反映，天监年间多种官职以"视"某官的方式做出资位调整，大多反映在官班等级上。兹整理这一时期"视"官与官班的关系情况（如表 4.1 所示）。

表 4.1　梁代天监年间视官与官班对应表

革选对象	官班	视官	官班	时间	是否对应	出处
太常卿	十四	金紫光禄大夫	十四	七年	是	《隋志》
宗正卿	十三	列曹尚书	十三	七年	是	《隋志》
司农卿	十一	散骑常侍	十二	七年	否	《隋志》
太府卿	十三	宗正	十三	七年	是	《隋志》
少府卿	十一	尚书左丞	九	七年	否	《隋志》
太仆卿	十	黄门侍郎	十	七年	是	《隋志》
卫尉卿	十二	侍中	十二	七年	是	《隋志》
大匠卿	十	太仆	十	七年	是	《隋志》
光禄卿	十一	太子中庶子	十一	七年	是	《隋志》
鸿胪卿	九	尚书左丞	九	七年	是	《隋志》
太舟卿	九	中书郎	九	七年	是	《隋志》
太子太傅	十六	尚书令	十六		是	《隋志》
太子少傅	十五	尚书左仆射	十五		是	《隋志》
太子詹事	十四	中护军	十四		是	《隋志》

[1] 《隋书》卷二六《百官志上》，第 803 页。

续表

革选对象	官班	视官	官班	时间	是否对应	出处
太子家令	十	通直常侍	十一	六年	否	《隋志》
太子率更令	十	黄门郎	十	六年	是	《隋志》
太子仆	十	黄门郎	十	六年	是	《隋志》
太子左、右卫率	十一	御史中丞	十一		是	《隋志》
太子门大夫	六	谒者仆射	六		是	《隋志》
太子舍人	六	通直郎	六		是	《隋志》
左右骁骑	十一	太子二率	十一	六年	是	《隋志》
左右游击将军	十一	太子二率	十一	六年	是	《隋志》
云骑、游骑	十	降左右骁、游一阶	十		是	《隋志》
散骑常侍	十二	侍中	十二	六年	是	《隋志》
通直散骑常侍	十一	御史中丞	十一	六年	是	《隋志》
员外散骑常侍	十	黄门郎	十	六年	是	《隋志》
建康三官	四	给事中	四	元年	是	《隋志》
尚书侍郎	六	通直郎	六	三年	是	
胄子律博士	三	员外郎	三	四年	是	《隋志》
太常丞	五	尚书郎	五	七年	是	《唐六典》
太常主簿	流四	二卫主簿	流四	七年	是	《唐六典》
尚书都令史	二	奉朝请	二	九年	是	
劝农谒者	流七	殿中御史	流七	九年	是	《隋志》
嗣王府行参军	二	降正王府一阶	二		是	《唐六典》
扬州别驾	十	黄门郎	十		是	《通典》
南徐州别驾	八	散骑（常）侍〔郎〕	八		是	《通典》

由表 4.1 可见，除了个别情况，视官与官班基本上都是对应的。① 从时间线索来看，自天监元年至九年，革选一直在陆续进行，对职官资位体系进行持续的调整构成官班制度的重要基础。天监七年的官班制度是朝廷对官职选任资位等级体系的一次制度大整合。

不过《南史·徐勉传》载"天监初，官名互有省置，勉撰立《选簿》奏之，有诏施用。其制开九品为十八班，自是贪冒苟进者以财货取通，守道沦退者以贫寒见没矣"②，谓官班（十八班）是从官品（九品）拓展而来，此说值得辨析。前面考察官品已指出，天监七年制定了一份新的官品，与官班同时行用。上述对"视官"情况的整理亦表明官班与官品并无直接的联系，难以确知《南史》"开九品为十八班"之说的史源所本。仔细推敲李延寿这条记载，其本意似不在记录官制，而是要批判梁代政风。然而将官班确立的选官秩序与"贪冒苟进"直接关联，似属武断之论，不排除这是批评者的后出之见，且混淆了官品与官班的关系。类似的混淆误解亦见于《通典》，云："梁时别驾官品，扬州视黄门郎，南徐州视散骑（常）侍〔郎〕。"③ 据《陈官品》（本于天监七年《新定官品》），扬州别驾六品，黄门郎四品，南徐州别驾六品，散骑侍郎五品，官品并不对应。参考梁官班，扬州别驾与黄门郎均属第十班，南徐州别驾与散骑郎均属第八班，说明《通典》此处所谓的官品实指官班。这是唐代人混淆官班与官品的显著例子。李延寿"开九品为十八班"的说法，可能是不清楚南朝制度状况而误记。假设他的说法远有所承，那也可能与当时"班""位""品"互用引起的误会有关。《梁书·江蒨传》载："初，天监六年，诏以侍中、常侍并侍帷幄，分门下二局入集书，其官品视侍中"④，这里的官品实指官班。前引《隋志》已说明此为梁武帝的革选之举，属于资位调整，何况散骑常侍、侍中的官品早已确定，同属于三品，毋须用"视"来作等级确定。由此判断，《江蒨传》"官品"的提法，或是与本书开始揭示的"选品"有关。时人将官班视为选官的品级，在表述上或记作"官品"，但意义与一般理解的官品等级是不同的。

---

① 从"尚书都令史"与"劝农谒者"来看，《隋书·百官志上》记载的梁官班文本反映了天监九年的革选状况，可知这份文本的定本时间并非天监七年。其中出现班等与视官不对应的个别例子，可能是天监七年以后官职资位仍有微调，相关变化情况或亦反映在这份文本中。

② 《南史》卷六〇《徐勉传》，第 1478 页。

③ 《通典》卷三二《职官一四·总论州佐》，第 890 页。原文"散骑常侍"当作"散骑侍郎"，今改正。

④ 《梁书》卷二一《江蒨传》，第 373 页。

比较《隋志》的《梁官班》和《陈官品》(本于天监七年《新定官品》),二者很难说存在明显的秩序因承关系。阎步克曾对官班制度性质做过精要概括,指出:"表面上看,班、品二者叠床架屋了,十八班看上去只是九品官品的一分为二。但实际不是这样。细审列在十八班的官号,可以看到三点:第一、爵级、军号不见于十八班,但却列在官品之中;……第二、班、品并不一致。……第三、十八班之下还有七班,……十八班主要是用来确定官资的。"[1] 这是很有启发的意见。以上分析说明官班是独立于官品的资位等级。

官班制度"以班多者为贵",班序以"十八"为最高,依次递减,以"一"为最低一级。这明显异于传统官品等级以"一"为贵的特点。为什么梁代官班的级别设定会以大数为贵呢?当中是否有其他方面的借鉴?

道教典籍中的如下线索,似乎成为认识的突破。《真诰·稽神枢》云:"其一等地下主者,散在外舍,闲停无业,不受九宫教制,不闻练化之业,虽俱在洞天,而是主者之下者。此自按四明法,一百四十年,依格得一进耳。一进始得步仙阶,给仙人之使令也。"陶弘景注曰:

> 依《剑经》,主者大有品秩,迁转年限,赊促悬殊。此等数之目异于品名,反以多为贵,如此阶秩矣。[2]

陶弘景引《剑经》注释,道教的地仙即"地下主者"是有秩等级的。"此等数之目异于品名,反以多为贵",是对仙人品级的宗教想象。这套等级体系分为三等,其中"第三等,地下主者之高者",位等序数以大数为尊。"等数之目"与"迁转年限"深有关系,这无疑令人想起梁代官班作为职官迁转秩序"以班多者为贵"的鲜明特点。

梁武帝家世奉道的背景为治史者熟知。《隋书·经籍志四》云:"故言陶弘景者,隐于句容,好阴阳五行,风角星算,修辟谷导引之法,受道经符箓,(梁)武帝素与之游。及禅代之际,弘景取图谶之文,合成'景梁'字以献之,由是恩遇甚厚。……然武帝弱年好事,先受道法,及即位,犹自上章,朝士受道者众。"[3] 周一良指出梁初道教与政治的密切联系:"萧

---

① 阎步克:《从爵本位到官本位——秦汉官僚品位结构研究》,第 263 页。
② 《真诰》卷一三《稽神枢》,第 224 页。整理本前言提到"真诰的编成时间,当代学者普遍认为在公元四九九年(齐永元元年,己卯)"(第 18 页),则相关文字肯定要早于梁代建立官班的天监七年(508)。
③ 《隋书》卷三五《经籍志四》,第 1240 页。

衍的小字恰足帮助说明他是家族世代信仰道教的。萧衍早年信仰如此，所以和道教大师陶弘景有密切关系。而道教对萧衍的政治活动，也起过不小的作用。"① 梁朝君臣因家世信仰的缘故，利用道教知识为缘饰进行制度改造，是有可能的。②

梁代官班序数不仅具有某种宗教色彩，而且还加入术数的诠释。《隋书·百官志上》记载了与官班同时建立的将军班制，"凡十品，二十四班。亦以班多为贵。其制品十，取其盈数。班二十四，以法气序"，"别为八班，以象八风"③。阎步克对此曾有推论："梁武帝的改制尽管表面上花样新奇，但其最核心的内容却是源于北魏的，……为了表明其想象力不输于孝文帝，梁武帝又翻出了一大堆新花样，……皆有'天人感应'的吓人来头"④。梁代官班是否源于北魏先置不论，这里阎步克注意到梁代官班"盈数""气序""八风"具有"天人感应"的特色，有关术语有着黄老学说的显著特点，与道教在某一层面上存在契合相通之处。不妨继续探求《真诰·稽神枢》的线索。紧接上文"其一等地下主者"，又有如下记载：

> 其二等地下主者，使径得行仙阶，级仙人，百四十年进补管禁位。管禁之位，如世间散吏者也。此格即地下主者之中条也。……其第三等地下主者之高者，便得出入仙人之堂寝，游行神州之乡，出馆易迁、童初二府，入晏东华上台，……此即主者之上者，仙人之从容矣。⑤

神仙道教将"地下主者"分为第一、第二、第三等，分别对应"下者""中条""高者"。此亦与梁代官僚阶层的划分存在某种契合之处：梁代官班在十八班之外，又有流外七班及勋位、蕴位等级。《隋书·百官志上》记载："位不登二品者，又为七班"，"流外有七班，此是寒微士人为之。从此班者，方得进登第一班。"⑥ 唐长孺认为："流外七班以处通常被

① 周一良：《梁武帝及其时代》，载周一良《魏晋南北朝史论集》，北京：北京大学出版社，1997年，第360页。

② 道教对现实制度本来多有借鉴，如南朝陆修静《道门科略》："道家法服，犹世朝服，公侯士庶，各有品秩。"（《道藏》第24册，上海：上海书店，北京：文物出版社，天津：天津古籍出版社，1994年，第781页）梁代官班制度可能反过来取鉴了道教某些内容与体系。

③ 《隋书》卷二六《百官志上》，第817~818页。

④ 阎步克：《品位与职位——秦汉魏晋南北朝官阶制度研究》，第409~410页。

⑤ 《真诰》卷一三《稽神枢》，第224页。

⑥ 《隋书》卷二六《百官志上》，第813、822页。

认为寒微的低级士族，以下还有所谓'三品蕴位'、'三品勋位'，那便是寒人之职。"① 杨恩玉指出："三品蕴位及勋位迁流外七班，流外七班迁流内十八班，三者等级分明。"② 据此，可以梳理出官僚阶层的三个等级：勋位、蕴位（寒人），流外七班（低级士族），流内十八班（高级士族）。官僚体系的组织架构与道经的"主者三等"颇相重合。流内十八班与流外七班之间有明显的界线，是官与吏的分界。《真诰》描述"二等地下主者，……如世间散吏者也。"在对仙界的想象与人间现实制度进行比照时，恰好将第二等归入胥吏阶层。这一点隐约佐证了梁代官班制或从宗教知识体系中吸取某些养分，完成了制度框架的建设。③

综上所言，梁代官班与"选"密切相关，是应用于选官运作的一套等级体系。其中"选品"之名，说明官班构成选官资位级别，作为选官制度的有机组成部分为官员选用提供职位等级尺度。官班制的推出是在"革选"的语境之下，对王朝原来资位秩序的调整。其等级规划主要出于运作考虑。前揭官品与选序无关，官品规划目的更倾向于身份考虑，正可与此参证。南朝自身的制度与知识资源，对官班制度的框架设计产生有潜在而深刻的影响。

二、班即阶也：梁代官班制度所见选阶秩序

梁代官班制度，订立了一套"选品"等级，它与官僚体系的"阶级""阶次"密切相关，充分反映了选官运作下的位阶秩序。《隋书·百官志上》记载将军班制的黜陟原则：

> 转则进一班，黜则退一班。班即阶也。④

这一原则亦适用于官班制度。在梁官班众多史料中，不乏以"阶"作

---

① 唐长孺：《南朝寒人的兴起》，载唐长孺《唐长孺文集》卷二《魏晋南北朝史论丛续编》，第 113 页。

② 杨恩玉：《萧梁官班制的形成考论——以流外七班、三品勋位及蕴位为中心》，《南京师大学报（社会科学版）》2012 年第 4 期，第 55 页。

③ 当然，限于史料，尚难以证明梁代官班制度的三个层次与道教典籍关于地仙三等的想象之间必然存在直接联系。但有深厚道教背景的梁代君臣，从道教"仙阶"概念取得某种灵感，将宗教知识用以改造"官阶"体系，其可能性恐怕难以排除。此外，《真诰·稽神枢》记载："地下主者复有三等，鬼帅之号复有三等，……夫求之者非一，而获之者多途矣。要由世积阴行，然后皆此广生矣。鬼帅武解，主者文解，俱仙之始也。"（第224 页）梁代官制分为文官班与将军班两个等级体系，是否也借鉴了道教"地下主者"（文官）与"地下鬼帅"（武官）的系统呢，这也是值得思考的问题。

④ 《隋书》卷二六《百官志上》，第 819 页。

"班"的表述例子。如《隋书·百官志上》载：

> 天监六年，置左右骁骑、左右游击将军，位视二率。改旧骁骑曰云骑，游击曰游骑，降左右骁、游一阶。[1]

参考梁官班等级，"左右骁骑、游击"在十一班，"云骑、游骑"在十班，可见"降一阶"即"低一班"，说明"阶"与"班"同义。《唐六典·诸王府》引《梁选簿》云："嗣王府行参军降正王府一阶。"[2] 嗣王府行参军在二班，比三班的皇子皇弟府（正王府）行参军低一班。这里《梁选簿》的"阶"也是班。

"班即阶也"揭示了官班制度的选官阶序属性。揆之史籍，官班等级与拾级而上的迁官秩序是相互呼应的。《梁书·良吏·伏暅传》载伏暅：

> 累迁司空长史，中书侍郎，前军将军，兼《五经》博士，……出为永阳内史，……征为东阳太守。……征为国子博士，领长水校尉。时始兴内史何远累著清绩，高祖诏擢为黄门侍郎，俄迁信武将军、监吴郡。暅自以名辈素在远前，为吏俱称廉白，远累见擢，暅迁阶而已，意望不满，多托疾居家。[3]

所谓"迁阶"，《南史》伏暅本传作"循阶"[4]，意义相同，是循常阶而迁之意。相关记载显示伏暅与何远计较之处在"名辈"与"廉白"。"名辈"的具体反映是门第。"为吏俱称廉白"是吏能，才（才能）、资（官资）、地（门第）是当时最为基本的铨选考量标准。[5] 何远起家于王国侍郎，父亲仕至尚书郎，何远大概是一般士族。伏暅亦出自一般士族，不过其父乃南朝以研治经学而著名的大儒伏曼容，门望应比何氏为高。不过，最令伏暅感到不满的，大概是他们的仕进资历。

> 伏暅：司空长史（9）—中书侍郎（9）—前军将军（9）—永阳内史—东阳太守—征为国子博士（9），领长水校尉

---

① 《隋书》卷二六《百官志上》，第 806 页。
② 《唐六典》卷二九《诸王府》，第 731 页。
③ 《梁书》卷五三《良吏·伏暅传》，第 856~857 页。
④ 《南史》卷七一《伏曼容传附伏暅传》，第 1732 页。
⑤ 才、资、地是当时最为基本的铨选考量标准，详细分析见本书第六章第二节。

　　何远：武昌太守，坐事除名—起为武康令—始兴内史—擢为黄门侍郎（10）—仁威长史（10）—信武将军、监吴郡

　　据《梁书·良吏·何远传》载诏书曰："何远前在武康，已著廉平。复莅二邦，弥尽清白。……宜升内荣，以显外绩。可给事黄门侍郎。"[①]伏、何二人的资位差距体现在何远得到梁武帝赏识"升内荣"，被擢为官班十班的黄门侍郎，此后更进一步迁官为"监吴郡"。《隋书·百官志上》记载梁代郡县长官"选拟略视内职。郡守及丞，各为十班"[②]，《隋书·食货志》载陈代"丹阳、吴郡、会稽等郡，同太子詹事、尚书班"，[③]似可作为参考。太子詹事、尚书班即十三、十四班，何远"监吴郡"是代理长官，资位等级或要稍低，假设是在十二班，那么相比之前的十班也是一次超迁。这是《伏暅传》记载何远"累见擢"的具体制度体现。

　　伏暅在出任两郡太守之前，已在官班九班有过至少三任经历，最后被征为国子博士，领长水校尉。按《梁书》的说法，在升迁上这算迁阶，国子博士在官班九班，不过在帖领长水校尉一职后，官资要高于九班的其他人，因此属于迁官。如《梁书·殷钧传》载"迁五兵尚书（13），犹以顿瘵经时，不堪拜受，乃更授散骑常侍（12），领步兵校尉"[④]，《梁书·萧子恪传》载"除散骑常侍（12），领步兵校尉，以疾不拜，徙为光禄大夫（13）"[⑤]，若改授或徙官前后班等不对等，则帖以五营校尉作为资位补偿。据此推测，伏暅新授官的资位等级大概是从九班升至十班。这是《南史》伏暅本传谓"循阶"的实际制度情况。整件事情也就有了清晰的面貌：伏暅与何远均历经两任太守。何远曾被除名，资历上远不如伏暅（三任九班），却接连擢升成为黄门郎（十班）并仕至监吴郡的阶序。伏暅在地方厉行清节以求名，最后却只得到循阶（十班）升迁，因而"意望不满"。这一例子反映出官班作为选阶的等级秩序。

　　《梁书·张缅传附张绾传》载：

　　　　迁中军宣城王长史，俄徙御史中丞。高祖遣其弟中书舍人绚宣旨曰："为国之急，惟在执宪直绳，用人本不限升降。晋宋之世，周

----

① 《梁书》卷五三《良吏·何远传》，第860~861页。
② 《隋书》卷二六《百官志上》，第816页。
③ 《隋书》卷二四《食货志》，第749页。
④ 《梁书》卷二七《殷钧传》，第450页。
⑤ 《梁书》卷三五《萧子恪传》，第563页。

闵、蔡廓并以侍中为之，卿勿疑是左迁也。"时宣城王府望重，故有此旨焉。[1]

宣城王萧大器是太子萧纲的嫡长子，在大同四年（538）"授使持节、都督扬徐二州诸军事、中军大将军、扬州刺史"[2]，宣城王的嫡长孙身份使其府望尤为贵重，高于诸王。据《梁书·褚翔传》载"时宣城友、文学加它王二等"[3]，按官班之制，皇弟皇子府长史在十班。推测萧大器中军大将军府长史的班等也要高于诸王两级，为十二班，而御史中丞在十一班，所以梁武帝才特意下旨，消除张绾面对迁官有"左迁"的疑虑。由此可以说明官班就是"用人升降"秩序的依据。

以上分析的主要是升迁的情况。再看看黜降的例子。《梁书·张缅传》载：

> 俄迁御史中丞，坐收捕人与外国使斗，左降黄门郎，兼领先职，俄复为真。……中大通三年，迁侍中，未拜，卒，时年四十二。[4]

张缅遭受降官处分以后，官衔应为黄门郎兼御史中丞，实际上是降阶居职。《梁书·到洽传》载："迁御史中丞，弹纠无所顾望，号为劲直，当时肃清。以公事左降，犹居职。"[5] 左降居职是这一时期处置官员的一种行政措施，具体就是降低官员的本资但保留职务。大概御史中丞作为掌管弹劾的宪官与当时清闲之职不同，职务颇为繁剧。朝廷针对官员在任难免犯错，为保证频繁任免不致影响政务运作而采取左降居职的方式。参考官班可知，上述事例中，御史中丞为十一班，黄门郎为十班，张缅"左降"后资位级别下降一等。"复为真"（即恢复本官官资）以后，他又从御史中丞迁官至十二班的侍中，黜官、复官、迁官的顺序均体现了官班的选官资位秩序。

由此可进一步注意到，官班的资位秩序不能脱离具体官职而存在。《陈书·宗元饶传》载宗元饶上弹事曰："臣等参议，请依旨免褒所应复除官，其应禁锢及后选左降本资，悉依免官之法。"[6] 这里的"本资"是指官员本官的资位等级，用以叙定他的官阶。如上述张缅之例，他"左降"以

---

① 《梁书》卷三四《张缅传附张绾传》，第 558 页。
② 《梁书》卷八《哀太子传》，第 194 页。
③ 《梁书》卷四一《褚翔传》第 650 页。
④ 《梁书》卷三四《张缅传》第 546 页。
⑤ 《梁书》卷二七《到洽传》第 446 页。
⑥ ［唐］姚思廉：《陈书》，北京：中华书局，2021 年，第 434 页。

后，需要以黄门郎标志其本官官资，第十班不能脱离职位单独作为叙定官员官资的"本阶"。杨恩玉指出："梁官班制是士庶起家与官职迁转的官阶制度。"① "官班制的基本性质决定了它的首要作用是士庶起家与官员官职迁转的基本参照体系。"② 这都是正确的意见。还需要指出，此时在升迁秩序上，尚未出现独立于职位以外的"本阶"等级。其官阶主要还是靠仕宦资历中具有标示本阶作用的职位来界定。这种以本官官资系于具体官职的做法，值得留意。如沈约《奏弹王源》起首，云：

> 给事黄门侍郎、兼御史中丞、吴兴邑中正臣沈约稽首言：……③

沈约弹劾王源是在南齐时。这里黄门郎标示了沈约的本官资位，御史中丞作为兼官则是具体职事担任。《梁书》沈约本传所记载的这段仕宦经历容易导致歧义。"迁中书郎，本邑中正，司徒右长史，黄门侍郎。……俄兼尚书左丞，寻为御史中丞"④，给人印象是沈约从黄门郎迁御史中丞，为离任前职、就任后官。实际情况应该是沈约黄门郎的本官官资不变，先兼尚书左丞而后改为兼御史中丞。沈约本资迁升的途径应该是"中书郎—司徒右长史—黄门郎"，参考梁官班，中书郎在九班，司徒右长史、黄门郎均在十班，同班之中，司徒右长史属"居下者"，较黄门郎"为劣"。沈约的官历充分反映了循资迁升的秩序。

上述事例所见以甲官叙定官资等级、乙官决定官员职事的模式，类似于"散官+职事官"的官僚等级制度。但有所区别的是，如中书郎、司徒右长史、黄门郎，既构成本官、具备标识资位的散官官阶性质，也是职事官。官班制度实际上反映了当时官资与职位相结合的官阶仕进秩序。《梁书·周舍传》记载了一个典型的例子。

> 高祖即位，博求异能之士，吏部尚书范云与颙素善，重舍才器，言之于高祖，召拜尚书祠部郎。时天下草创，礼仪损益，多自舍出。寻为后军记室参军、秣陵令。入为中书通事舍人，累迁太子洗马，散骑（常）侍〔郎〕，中书侍郎，鸿胪卿。……迁尚书吏部郎，太子右

---

① 杨恩玉：《萧梁官班制的形成考论——以流外七班、三品勋位及蕴位为中心》，《南京师大学报（社会科学版）》2012年第4期，第58页。
② 杨恩玉：《官班制的性质、编制标准与作用考论》，《史学月刊》2012年第10期，第44页。
③ 《文选》卷四〇《弹事》沈约《奏弹王源》，第561页。
④ 《梁书》卷一三《沈约传》，第261页。

卫率，右卫将军，虽居职屡徙，而常留省内，罕得休下，……日夜侍
上，预机密，二十余年未尝离左右。……为右卫，母忧去职，起为明
威将军、右骁骑将军。服阕，除侍中，领步兵校尉，未拜，仍迁员
外散骑常侍、太子左卫率。顷之，加散骑常侍、本州大中正，迁太
子詹事。

普通五年……舍坐免。迁右骁骑将军，知太子詹事。……赠侍
中、护军将军，……①

周舍自入为中书通事舍人以后，一直负责诏诰制作，参预朝廷机密之事，
"虽居职屡徙，而常留省内"。其职务几乎一直未变，"二十余年未尝离左
右"，实际负责中书舍人"预机密"事务。当时的办法是继续让这类官僚
迁官，用新官的阶资标识其个人官资。不难看出，周舍的徙官对象主要是
清资文官与禁卫武官。这些官某种程度上具备后世"散阶官"的性质，标
识着官员的阶资等级。② 所谓"居职屡徙"，徙官构成周舍迁升的"本阶"。

尽管史料未必完整记载周舍的历官情况，不过可以看出徙官主要是循
着官班等级往上迁升。

中书通事舍人（4）—太子洗马（6）—散骑侍郎（8）—中书侍
郎（9）—鸿胪卿（9）—尚书吏部郎（11）—太子右卫率（11）—右
卫将军（12）—母忧去职，起为明威将军、右骁骑将军（11）—服
阕，除侍中（12），领步兵校尉，未拜，仍迁员外散骑常侍（10）、太
子左卫率（11）—顷之，加散骑常侍（12）、本州大中正—迁太子詹
事（14）—坐免—迁右骁骑将军（11），知太子詹事。

周舍的"本阶"顺序，在母忧居丧之前的阶段非常清晰。迁官官职的
官班等级呈向上趋势，中间的授官则有各种帖领的因素，尚难以知其综
合的资位等级。而在周舍卒官后，梁武帝诏书显示他的官衔为"太子詹事
（14）、豫州大中正"，最终得到赠官"侍中、护军将军（15）"，充分体现
了阶位拾级而上的秩序。

《梁书·傅岐传》载：

---

① 《梁书》卷二五《周舍传》，第415～416页。原文作"散骑常侍"似有误，资序应作
   "散骑侍郎"为妥，今改正。
② 南朝制度并未发展出唐代的散官与职事官并存的官阶制，只能通过迁任更高的官职来标
   识官员的资位。某些官职既是职事官，同时具备后世标识阶资的"散阶官"性质。

至都，除廷尉正，入兼中书通事舍人，迁宁远岳阳王记室参军，舍人如故。出为建康令，以公事免。俄复为舍人，累迁安西中记室，镇南谘议参军，兼舍人如故。……太清元年，累迁太仆，司农卿，舍人如故。在禁省十余年，机事密勿，亚于朱异。[①]

傅岐"在禁省十余年"，中书通事舍人是他的主要职务。他的迁官大多数是一种"本资"。傅岐迁转官职，官班等级也体现出一种递进次序。

除廷尉正（6），入兼中书通事舍人—迁宁远岳阳王记室参军（6），舍人如故—出为建康令，以公事免。俄复为舍人—累迁安西中记室（7），镇南谘议参军，兼舍人如故—太清元年，累迁太仆（10），司农卿（11），舍人如故—迁中领军（14），舍人如故

另一显著例子见《梁书·裴子野传》，载：

吏部尚书徐勉言之于高祖，以为著作郎，掌国史及起居注。顷之，兼中书通事舍人，寻除通直正员郎，著作、舍人如故。又敕掌中书诏诰。……俄迁中书侍郎，余如故。大通元年，转鸿胪卿，寻领步兵校尉。子野在禁省十余年，静默自守，……赠散骑常侍，……[②]

裴子野也是一位"在禁省十余年"的文吏型官僚。梁武帝褒赠诏书记其官衔为"鸿胪卿、领步兵校尉、知著作郎、兼中书通事舍人"，可知"鸿胪卿、领步兵校尉"标示了裴子野的本阶，著作郎、中书通事舍人则是他的主要职事。

著作郎，掌国史及起居注—顷之，兼中书通事舍人—寻除通直（6）、正员郎（8），著作、舍人如故。又敕掌中书诏诰—俄迁中书侍郎（9），余如故—大通元年，转鸿胪卿（9），寻领步兵校尉—赠散骑常侍（12）

不难看出，傅岐、裴子野多次徙官均有标示本资的官阶意义，他们循着班

---

① 《梁书》卷四二《傅岐传》，第 668 页。
② 《梁书》卷三〇《裴子野传》，第 489~490 页。

序迁升。

对以上诸人的仕宦分析，印证了前揭分析意见：官班并不是官品，而是"选品"，是王朝选官制度的等级体系。官品主要叙定官员的身份待遇，官班叙定的则是官员的选任资位。《梁书·裴子野传》还记载这样一件事：

> 二年，吴平侯萧景为南兖州刺史，引为冠军录事，府迁职解。时中书范缜与子野未遇，闻其行业而善焉。会迁国子博士，乃上表让之曰："伏见前冠军府录事参军河东裴子野，……苟片善宜录，无论厚薄，一介可求，不由等级。……乞以臣斯忝，回授子野。……"有司以资历非次，弗为通。[①]

《梁书·范缜传》亦载范缜历官中书郎、国子博士。依照官班，中书郎、国子博士均在九班。范缜看重裴子野的才能，上表希望让官于裴氏。裴子野之前出任萧景冠军府的录事参军一职，此职官班在二班。[②] 从二班的录事参军到九班的国子博士，已不属于一般的"超迁""荣转"，而是重才能而不问官资的特殊要求。范缜所谓"一介可求，不由等级"是越过了王朝的选官常制，吏部最终以"资历非次"的理由拒绝了范缜的让官请求。官员的个人资位与朝廷职官资位等级之间构成了对应的关系，如果二者不相匹配，在制度上就属于"非次"。官班作为资位等级体系，发挥官员和职位的资格配置功能。

阎步克指出："从属于官品的'阶级'与从属于官员个人的'阶级'，存在着一而二、二而一的关系。……阶级的双重意义：官职的阶级和个人的阶级。……在选官的时候，选曹要对这两种'阶级'同时斟酌平衡，使二者尽量相应。"[③] 这是很有启发的意见。以上对史传人物的官班分析，已从"个人的阶级"的角度探讨官班的选阶位序，下面再从"官职的阶级"来观察官班的等级秩序。

以官署机构（如州府、军府）为对象整理和排列部门职位的官班级别，可发现在官班主导的秩序之下，各科层官职呈现出鲜明的选资阶序特征。先以州别驾、治中、主簿为例说明（如表 4.2 所示）。

---

① 《梁书》卷三〇《裴子野传》，第 488 页。
② 萧景为梁武帝从父弟，族属已疏，因此其府应属"庶姓持节府"，庶姓持节府录事参军在第二班。
③ 阎步克：《品位与职位——秦汉魏晋南北朝官阶制度研究》，第 425 页。

表 4.2　州府僚佐（别驾、治中、主簿）官班表

州份		扬	南徐	荆江雍郢南兖		湘豫司益广青衡		北徐北兖梁交南梁		越桂宁霍	
刺史身份				皇弟皇子	嗣王庶姓	皇弟皇子	嗣王庶姓	皇弟皇子	嗣王庶姓	皇弟皇子	嗣王庶姓
官班与职位	十班	别驾									
	九班	治中									
	八班		别驾								
	七班		治中								
	六班			别驾							
	五班			治中	别驾	别驾					
	四班				治中	治中	别驾	别驾			
	三班						治中	治中	别驾	别驾	
	二班	主簿	主簿	主簿					治中	治中	别驾
	一班					主簿		主簿			治中

　　官班清楚呈现出州府僚佐的官资阶序架构。一方面，州府内别驾、治中、主簿诸职位，官班与科层分等相对应，形成高下级差；另一方面，因应具体州份的层级（依重要度而定），同样的官职在不同州府中被叙定为不同官班，亦形成级差。在扬州、南徐州之外，其余州份还会根据刺史身份或为"皇弟皇子"或为"嗣王庶姓"进一步细化官班叙定。比如皇弟皇子为州刺史，对比嗣王庶姓，州府上纲（别驾、治中）官班均高一班。

　　整个州府僚佐系统，通过官班等级体系树立起井然的资位阶序。各色官职由科层职级、州份地位、长官身份等要素，共同叙定其官班。同一州府内的不同职位，不同州份间的同种官职，均可通过官班确定其等级。

　　虽然《隋书·百官志上》对梁代州刺史的选任仅留下"其州二十三，并列其高下，选拟略视内职"的信息，未明确记载诸州刺史的官班等级，不过根据诸州府官的官班级差，可以推测各州刺史的选官资位肯定也会析分为不同等级。至少官班州府僚佐所见"扬""南徐""荆江雍郢南兖""湘豫司益广青衡""北徐北兖梁交南梁""越桂宁霍"六等，很可能就是州刺史选资阶序的侧面反映。

　　在州府之外，军府（包括公府）僚佐的官班阶序亦值得分析（如表4.3所示）。

表 4.3　军府（包括公府）僚佐官班表

官班与职位	皇弟皇子府	嗣王府	庶姓公府	皇弟皇子之庶子府	藩王府	庶姓持节府
十	长史　司马					
九	从事中郎　谘议参军	长史　司马	长史　司马			
八	掾属①	从事中郎　谘议参军	从事中郎　谘议参军	长史	长史	长史
七	中录事、中记室、中直兵参军②	掾属	掾属	司马	司马	司马
六	功曹史　录事、记室、中兵参军	中录事、中记室、中直兵参军	中录事、中记室、中直兵参军	谘议参军	谘议参军	谘议参军

① 《隋书·百官志上》原文为"皇弟皇子公府掾属"（第 811 页），本表在皇子皇弟府目下，简略为"掾属"。此下还有"皇弟皇子公府祭酒"，亦简为"祭酒"。

② 第七班原为"皇弟皇子之庶子府中录事、中记室、中直兵参军"，疑误。据第五班有"皇弟皇子之庶子府中录事、中记室、中直兵参军"，可知第七班应为"皇弟皇子府中录事、中记室、中直兵参军"，据有关位次，可知第七班应为"皇弟皇子府中录事、中记室、中直兵参军"。

续表

府主身份与官品（公） 府类别 官班与职位	皇弟皇子府	嗣王府	庶姓公府	皇弟皇子之庶子府	藩王府	庶姓持节府
五	主簿	功曹史	功曹史②	中录事、中记室、中直兵参军	中录事、中记室、中直兵参军	
		录事、记室、中兵参军①	录事、记室、中兵参军	功曹史	功曹史	
四	正参军	主簿	主簿	录事、记室、中兵参军	录事、记室、中兵参军	中录事、中记室、中直兵参军
三	祭酒	正参军	正参军	主簿	主簿	录事、中兵参军
	行参军					功曹史
二		祭酒	祭酒	正参军	正参军③	
		行参军	行参军			

① 嗣王府"录事、记室、中兵参军"原文阙载，皇弟皇子府与皇弟皇子之庶子府，"功曹史"与"录事、记室、中兵参军"同班，据补。
② 庶姓公府"功曹史"原文阙载，据以上原则，比照相关位次补。
③ 藩王府"正参军"原文阙，据以上原则，比照相关位次补。

续表

府主身份与军（公）府类别　官班与职位	皇弟皇子府	嗣王府	庶姓公府	皇弟皇子之庶子府	藩王府	庶姓持节府
一				行参军	行参军	主簿
流七	长兼参军					正参军
流六	参军督护	长兼参军	长兼参军			板正参军
流五	功曹督护	参军督护	参军督护	长兼参军	长兼参军	行参军
流四		功曹督护	东曹督护	参军督护	参军督护	板行参军
流三				功曹督护	功曹督护	长兼参军
流二						参军督护
流一						功曹督护

纵向观察表4.2可见，皇弟皇子府、嗣王府、庶姓公府有着最为完整的编制。从上往下为长史，司马，从事中郎，谘议参军，掾属，中录事、中记室、中直兵参军，功曹史，录事、记室、中兵参军，主簿，正参军，祭酒，行参军，长兼参军，参军督护，功曹督护，其余军府的职官编制略有减省。军府佐吏在组织架构上差别不大。各类军府僚佐最显著的差别在于由府主身份叙定了不同的官班等级。[①]再横向观察此表可以发现，府望大致分为四等。皇弟皇子府最高，嗣王府与庶姓公府次之，皇弟皇子之庶子府与藩王府又次之，庶姓持节府最低。每一等府望均对府佐的官班等级有较为一致的叙定，形成整齐划一的等级秩序。

军府属吏的资位因府主不同而划分不同的等级，并不是梁代才开始。《宋书·武帝纪上》载"镇军府佐吏，降故太傅谢安府一等"[②]，这说明至少在东晋之时，各军府僚佐已有清晰的资位阶次等级。这套等级体系与朝官的资位等级大概是相通的，有助于确定居职府吏的官员在整个王朝官僚体系中的位置，也有助于确定各府僚佐的选任资格。

第二节　梁代官班制度渊源考释：以魏晋南朝职官资位秩序为线索

长期以来，对官班制度的认识较多以官品为中心或起点，将官班视为官品制度之延伸或余脉。前引《南史·徐勉传》谓"开九品为十八班"及《通典》"秩品"称梁官班为《梁官品》，均体现了这一理解倾向。前面初步梳理了官班与官品各自独立运作的制度关系，在此基础上，下面通过追溯官班的制度渊源以理清官班历史脉络，进一步确认其制度性质。

不妨从一条记录南齐时期官僚位阶的史料说起。《南齐书·王晏传附王诩传》载：

> （王诩）永明中为少府卿。六年，敕位未登黄门郎，不得畜女妓。诩与射声校尉阴玄智坐畜妓免官，禁锢十年。[③]

"敕位未登黄门郎"的"位"，从官品等级的角度很难说通。王诩为少府

---

① 皇弟皇子府并非萧梁所创。《宋书》卷九五《索虏传》载"尚书左仆射何尚之参议发南兖州三五民丁"（第2578页），已见到"诸皇弟皇子府"的记载。
② 《宋书》卷一《武帝纪上》，第14页。
③ 《南齐书》卷四二《王晏传附王诩传》，第828页。

卿，是三品官；阴玄智为射声校尉，是四品官，官品均高于五品的黄门郎，他们仍属违反敕令而坐罪免官。

其实，跳出以官品为中心的思路，上述问题并不难解释。所谓“位”，并非指官品，而是指资位。“位未登黄门郎”，意指仕进登用资位未至黄门郎一级。对此，可参考此后始成立的梁代官班等级，会发现很有意思的线索。

黄门郎在第十班，射声校尉在第七班，少府卿在第十一班。射声校尉的班等远低于黄门郎，此官“位未登黄门郎”是比较好解释的。至于少府卿在梁代制度中还是高出黄门郎一班，需稍加辨析。《南齐书·良政·沈宪传》：“少府管掌市易，与民交关，有吏能者，皆更此职。”[1] 少府在南齐时是属于掌管交易的职位，强调吏能，与“职闲廪重”的清资官是有所区别，推测南齐时资位要低于黄门郎。作为参证，《隋书·百官志上》记载梁代少府卿“位视尚书左丞”[2]，尚书左丞在第九班，仍较黄门郎低一班，这或许说明了梁初对南齐时期此官资位等级的因承。[3] 据此认为南齐时少府卿的“位”同于尚书左丞，低于黄门郎。

以上辨析可以说明南齐时，少府卿与射声校尉的资位大概均低于黄门郎。这样就可以合理解释“位未登黄门郎”的真正制度含义——“位”是资位，并与梁代官班等级秩序有着某种联系。《宋书·蔡廓传》载徐羡之云：“黄门郎以下，悉以委蔡（廓），吾徒不复厝怀；自此以上，故宜共参同异。”[4] 一般认为黄门郎是指官品五品，似未达其间。[5] 徐羡之谓“黄门郎以下”，与吏部选官直接相关的是职位登用的资格等级，而且时人均清楚“以上”“以下”的层级，这无疑证明了刘宋时黄门郎已是资位等级的重要界限。上述齐武帝的敕令是对这一秩序的延续。《颜氏家训·涉务篇》云：“晋朝南渡，优借士族；故江南冠带，有才干者，擢为令仆已下尚书

---

① 《南齐书》卷五三《良政·沈宪传》，第 1014~1015 页。
② 《隋书》卷二六《百官志上》，第 805 页。
③ 至于少府属十一班，或是后来有所调整。梁代对职官有过多次改动变革，笔者猜测在及后的某个时间，朝廷对少府卿可能进行过革选。可以找到一条旁证材料，《唐六典》卷二十《太府寺》引《梁选簿》：“太市令属四品市职之任，不容过卑，天监三年革其选。”（第 543 页）这显示太市令作为“市职之任”，在齐末梁初还是属于中正四品资格即可担任的职位，故有“过卑”的形容。经过革选，太市令在梁十八班的第一班，属于流内官，与“位不登二品”的流外官完全区别开来，太市令资位得到重新调整。职掌市易的少府可能也经过革选，因此班位较之前有所提高。
④ 《宋书》卷五七《蔡廓传》，第 1714 页。
⑤ 《通典》卷一四《选举二·历代制中》收录这条材料，杜佑注云：“按，宋黄门，第五品也。”（第 333 页）

郎中书舍人已上，典掌机要。"① 颜之推记述东晋朝廷的人事任用，亦以具体官职的资位作为上下界限。东晋实际情况是否如此暂不深究，颜氏之说至少说明南朝时人的制度观念确是如此。

南朝时期官僚体系的等级限定已不限于使用官品几品为界，而详细到某一具体官职。《宋书·索虏传》载宋文帝元嘉二十七年（450）北伐，"发南兖州三五民丁，父祖伯叔兄弟仕州居职从事、及仕北徐兖为皇弟皇子从事、庶姓主簿、诸皇弟皇子府参军督护国三令以上相府舍者，不在发例"②，"仕"至哪一职位以上不在征发之例，均有明确规定。这种级别显然是一种资位等级。《南齐书·礼志上》云："建元四年正月，诏立国学，置学生百五十人。……取王公已下至三将、著作郎、廷尉正、太子舍人、领护诸府司马谘议经除敕者、诸州别驾治中等、见居官及罢散者子孙"，"永明三年正月，诏立学，创立堂宇，召公卿子弟下及员外郎之胤，凡置生二百人。"③ 国子学为招收生员所划定的界限不再采用晋代以五品为限的方式，而是列清官员所仕的具体官职，明确出现某职位"以上""以下"或"下及"某职位的表述形式。该等级形式有效划分了官僚层级。

梳理史料发现，在南朝宋、齐两代，官品等级以外确实还存在另外的等级秩序，在官僚制度中亦起到界定位阶的作用。这种有别于官品的等级有不少明显是属于资位范畴。《唐六典·门下省》叙述给事中沿革，云：

> 魏氏复置，或为加官，或为正员。晋氏无加官，亦无常员，隶散骑省，位次散骑常侍。《晋令》云："品第五，武冠，绛朝服。"宋、齐隶集书省，位次诸散骑下、奉朝请上。④

给事中的官品是第五品，《唐六典》又载此官在宋齐时的"位次"，具体是处于"诸散骑"（散骑郎、通直郎、员外郎）以下奉朝请以上。参《南齐书·百官志》记载集书省职，有关次序一目了然：

> 散骑侍郎。通直散骑侍郎。员外散骑侍郎。
> 给事中。

---

① 王利器：《颜氏家训集解（增补本）》卷四《涉务篇》，北京：中华书局，1993 年，317 页。
② 《宋书》卷九五《索虏传》，第 2578 页。
③ 《南齐书》卷九《礼志上》，第 154 页。
④ 《唐六典》卷八《门下省》，第 244 页。

奉朝请。[①]

给事中所处位置与《唐六典》"位次诸散骑下、奉朝请上"的记载完全吻合。由此可以说明，《南齐书·百官志》所列集书省官职顺序，反映了南朝宋齐的"位次"秩序。参考《通典·晋官品》与《宋志官品表》第五品：

> 《通典·晋官品》：给事中　给事黄门、散骑、中书侍郎[②]
> 《宋志官品表》：给事中　黄门、散骑、中书侍郎[③]

在官品体系里，给事中高于散骑郎甚至在黄门郎之上，可证《唐六典》与《南齐书·百官志》反映的"位次"有别于官品等级秩序。概言之，上述"位次"非指官品，实为资位。参考史证，《宋书·隐逸·雷次宗传》载：

> 又除给事中，不就。……（元嘉）二十五年，诏曰："前新除给事中雷次宗，……可散骑侍郎。"[④]

从朝廷对隐士雷次宗的授官来看，从给事中到散骑侍郎，这蕴寓有晋升秩序。两官资位存在高下之别，散骑侍郎要高于给事中，如此才能彰显朝廷加礼尊贤之意。这一秩序完全符合前述给事中在诸散骑之下的"位次"。作为比较，给事中的官品位次是先于散骑侍郎的。由此旁证官品与资位未必是等同的。根据前述《南齐书·百官志》所记集书省职位次，梁官班等级如下：

> 散骑侍郎（八班）、通直散骑侍郎（六班）、员外散骑侍郎（三班）。
> 给事中（四班）。
> 奉朝请（二班）。

按照梁官班，员外散骑侍郎要低给事中一班，除此以外，诸官官班高下仍大体与南齐时期的位次秩序相应。这反映了梁代官班主要渊源于宋齐时期

① 《南齐书》卷一六《百官志》，第 359 页。
② 《通典》卷三七《职官一九·秩品二》，第 1004 页。
③ 《宋书》卷四〇《百官志下》，第 1368 页。
④ 《宋书》卷九三《隐逸·雷次宗传》，第 2518 页。

的资位等级格局，同时可能会根据实际情况部分官职有所调整。要言之，梁代官班的制度渊源与资位秩序关系甚深。

南朝宋齐的资位调整多以"准某官"的方式确立位次。《南齐书·百官志》云：

> 建元四年，有司奏置国学，祭酒准诸曹尚书，博士准中书郎，助教准南台御史。选经学为先。若其人难备，给事中以还明经者，以本位领。①

《宋书·范泰传》载范泰曾议国子助教的选任，云："今有职闲而学优者，可以本官领之，门地二品，宜以朝请领助教，……其二品才堪，自依旧从事。"②南齐置国学立国子助教的举措与范泰所议如出一辙。"选经学为先"即是以才能为先，此为二品才堪。其人难备的话，则找清资官中的学优者兼任。"给事中以还"是资位上的等级范围划定，大概是上至给事中下及奉朝请的清资官，均可以"本位"领国子助教一职。"本位"亦即清资官资位。

参考梁代官班，国子祭酒与列曹尚书均在第十三班，国子博士与中书侍郎均在第九班，国子助教为二班，南台侍御史为一班，两者班等相近。由此可知，梁十八班的等级安排，正是源自前代"准某官"的资位秩序而间有微调。在这个事例中看到，朝廷立国学所置官职有"准某官"的规定，说明当时对新设官职存在着通行的做法，主要使用比照某官资位的方式确定其官资等级。类似事例还见于《宋书·百官志下》，载：

> 武卫将军，无员。……晋氏不常置。宋世祖大明中，复置，代殿中将军之任，比员外散骑侍郎。
> 武骑常侍，无员。汉西京官。……后汉、魏、晋不置。宋世祖大明中，复置。比奉朝请。③

宋孝武帝重新设置了前代久经停用的武卫将军与武骑常侍。官职从无到有，需确定其等级。此处"比某官"是资位比照，通过与现有官职相对照的方式来确定其资位。按梁官班制，武卫将军与员外散骑侍郎均在第三

---

① 《南齐书》卷一六《百官志》，第 351 页。
② 《宋书》卷六〇《范泰传》，第 1767～1768 页。
③ 《宋书》卷四〇《百官志下》，第 1356 页。

班，武骑常侍与奉朝请均在第二班。刘宋"比官"与梁代官班的对应关系，清楚反映了官班制度有效继承前代的官职资位规定。《太平御览》卷二二〇引《梁选簿书》载中书监"自宋已来比尚书令、特进之流而无事任，清贵华重大位多领之"①。按梁官班制，中书监与特进在十五班，尚书令在十六班，自南朝宋代，此三官的资位相当。《梁选簿书》明确记载了南朝的资位比官，是其因承前代制度的明证。

除了"准某官""比某官"，还有作"视某官"，也属于官职的资位比照。《唐六典·太常寺》引《宋百官春秋》云：

> 太常丞视尚书郎，铜印、黄绶，一梁冠，品第七，……②

尚书郎官品第六，太常丞品第七，说明"太常丞视尚书郎"所涉等级秩序并非官品而是资位。按梁官班制，尚书郎中、太常丞，均在第五班，宋制资位与梁制官班符同，提示了这套制度秩序的前后因承关系。《通典·职官四·尚书左右丞》提到南齐时制度规定：

> 尚书左丞……视中书郎，迁黄门郎。③

尚书左丞的官品为六品，中书郎为五品，"视某官"不会是官品的比照。显然，这条史料反映的是南齐时尚书左丞的资位等同于中书郎，其迁升方向是资位更高的黄门郎。按梁官班制，尚书左丞与中书郎，均在第九班，黄门郎在第十班，完全对应上述秩序。"视"与"迁"，均关乎选官资位秩序，且与官班密切关联，其历史脉络贯通于官班成立前后。《通典·职官三·中书侍郎》载：

> 宋中书侍郎，进贤一梁冠，介帻，绛朝服，用散骑（常）侍〔郎〕为之。④

---

① 《太平御览》卷二二〇《职官部一八·中书监》，第1047页。
② 《唐六典》卷一四《太常寺》，第395页。
③ 《通典》卷二二《职官四·尚书左右丞》，第598页。
④ 《通典》卷二一《职官三·中书侍郎》，第563页。原文"散骑常侍"似有误。一般升迁路径，资位较低的中书郎，不会选资位较高的"散骑常侍"为之，作"散骑侍郎"是，今订正。

如《南齐书·孔稚珪传》载"迁正员郎，中书郎，尚书左丞"①，证明依散骑郎（正员郎）的资位可迁为中书郎，存在"散骑郎—中书郎"的晋升顺序。前述尚书左丞"视中书郎"，此处从中书郎迁尚书左丞，则两官资位大致相当，可互为迁转。

上述官职的选官资位秩序，亦可从梁官班得到确认。散骑侍郎在第八班，与第九班的中书郎恰好相差一班。结合前面《通典》"中书郎迁黄门郎"的记载，宋齐官职升迁次序与梁代官班等级构成如下对应关系："散骑郎（八班）—中书郎（九班）—黄门郎（十班）"，这是南朝循资迁官的典型升迁路径，其阶序意义相当明显，反映出梁代官班是对前代资位秩序的继承。有关线索还可以往上追溯。《通典·职官一六·光禄大夫以下》记载"太中大夫"一职，云：

> 晋视（御史）中丞、吏部（郎），……②

按梁官班制，御史中丞、吏部郎、太中大夫同在第十一班。按晋官品，御史中丞四品、吏部郎五品、太中大夫七品，三职官品均不同。因此，此谓"晋视中丞、吏部"，应是来自某种叙述资位比拟的职官撰述。相关秩序与晋官品不符却与梁官班相应，正好表明自晋代至南朝存在一套官品以外的等级秩序。

探寻梁代官班的制度渊源，除了资位比照方面，职官史料所见南朝官职选任与迁转秩序也反映重要线索。《唐六典·太常寺》注云：

> 宋太常用尚书，亦转为尚书，如迁选曹尚书、领，护等。齐因之。③

据梁代班制，尚书十三班，太常十四班，吏部（选曹）尚书十四班，领军、护军将军十五班，据《隋书·百官志上》载"太常视金紫光禄大夫"④，金紫光禄大夫在十四班，由此推断梁代太常的资位或有过变动。在调整以前的南朝宋、齐时期，太常与列曹尚书资位相同，故两官可以互

---

① 《南齐书》卷四八《孔稚珪传》，第 925 页。
② 《通典》卷三四《职官一六·光禄大夫以下》，第 936 页。
③ 《唐六典》卷一四《太常寺》，第 394 页。
④ 《隋书》卷二六《百官志上》，第 804 页。

转，同时可往更高资位的官职如吏部尚书与领军、护军将军升迁。① 相关记载表明，这些官职迁转的依据在当时是有"资"可循的。正是这套有序而成熟的官资等级体系，保证了王朝选官制度的正常运作。再往上溯至两晋，可找到与该官资体系相关的线索。《唐六典·太子詹事府》注云：

> 《晋令》："（太子）詹事丞一人，品第七；铜印、墨绶，进贤一梁冠，皂朝服；局拟尚书左、右丞。"过江，多用员外郎及博士为之，迁为尚书郎。宋、齐品服同晋氏。梁、陈品第八。②

如果执着于官品对应晋升的逻辑，迁官顺序呈现为"员外郎（五品）、博士（六品）—太子詹事丞（七品）—尚书郎（六品）"，显然晋官品与该迁官次序并不对应。尝试转为参考梁官班，会有如下秩序呈现：

> 员外郎（三班）、博士（二班）—太子詹事丞（四班）—尚书郎（五班）

东晋时业已形成的迁官次第，与南朝梁代官班阶次存在如此高的契合程度，绝非巧合。再看一条旁证史料，《唐六典·吏部尚书》注云：

> 《宋百官阶次》有员外郎，美迁为尚书郎。③

所谓"美迁"，就是区别于依循资位拾级而上的一般升迁。美迁是擢升，越过常资之位超迁至更高资等的职位。参照梁班制来描述这一迁升路径，是"员外郎（三班）—（美迁）—尚书郎（五班）"，员外散骑郎在资位上越过一级，直接迁职至高其两级的尚书郎，"美迁"的制度含义在资位秩序中完全呈现出来，而且与上述"员外郎（三班）—太子詹事丞（四

---

① 南朝宋、齐记载太常与列曹尚书互转的例子有很多。如《宋书·张茂度传》："入为五兵尚书，徙太常"（第1648页）；《宋书·郑鲜之传》："高祖践阼，迁太常，都官尚书"（第1858页）；《宋书·隐逸·阮万龄传》："寻除左民尚书，复起应命，迁太常"（第2508页）；《南齐书·张绪传》："迁为祠部尚书，复领中正，迁太常，加散骑常侍，寻领始安王师。"（第665页）

② 《唐六典》卷二六《太子詹事府》，第662页。

③ 《唐六典》卷二《尚书吏部》，第29页。《宋百官阶次》之"员外郎"为员外散骑侍郎，《唐六典》编者误认作吏部员外郎，故编于吏部。但这并不影响对《宋百官阶次》史料原意的理解。

班）—尚书郎（五班）"循资而迁的一般晋升顺序恰好形成互证。

《通典·职官三·侍中》云：

> 侍中，汉代为亲近之职，魏晋选用，稍增华重，而大意不异。……旧迁列曹尚书，美迁中领护、吏部尚书。[1]

从"选用""迁"与"美迁"的相关表述，可推知以上数个官职在魏晋南朝的资位从高到低应是"中领护、吏部尚书—列曹尚书—侍中"。这也可从梁官班得到印证：中领军、护军将军与吏部尚书在十四班，列曹尚书在十三班，侍中在十二班。还可注意到，上述诸官同在第三品，若按前后位次则侍中居首，列曹尚书（包括吏部尚书）在后，中领军将军居末，与资位秩序明显不吻合。

通过对官职迁转线索的整理与分析，可知魏晋宋齐选官运作之下所形成的资位秩序与梁陈施用的官班制度，是前后关联且内在相通的。官班作为等级制度并非独树一帜，亦非全新创制，而是根植于深厚的选官制度土壤中。《梁书·武帝纪上》记载萧衍在齐梁易代之际上书朝廷，称"前代选官，皆立选簿，应在贯鱼，自有铨次"[2]。这条史料明确提到梁代以前，吏部选官均有设立"选簿"。选簿应载有职官资位等级方面的详细规定，属于王朝人事选授任用制度的重要组成部分，故能体现"贯鱼""铨次"的资次秩序。前引《隋志》著录"《梁选簿》三卷 徐勉撰"，《梁选簿》反映的就是徐勉建立官班制度的内容，从"前代选官，皆立选簿"的线索提示，亦可证明梁代官班是对前代选官制度的继承。

阎步克曾指出当时学界对官资与官品关系普遍有如下理解："晋代的'阶级繁多'情况是相当复杂的。首先是官品各级中存在着居前和居后的排序，学者常常由此观察某官官资，指出某官在'第几品第几位'；进而一品之中，还可能有若干官职为一组而构成的不同位次；最后，各个位次或各官的承接排序还与官职的类别有关。其间关系，看起来就像印刷电路板一样错综交织。"[3]这种认为"某官官资在第几品第几位"的理解思路值得辨析。《北堂书钞》卷五七引刘谦之《晋记》云：

---

① 《通典》卷二一《职官三·侍中》，第547~548页。
② 《梁书》卷一《武帝纪上》，第23页。
③ 阎步克：《北魏对萧梁的官阶制反馈》，载阎步克《品位与职位——秦汉魏晋南北朝官阶制度研究》，第418页。

中书令王献之卒，赠太常。以侍中王珉代之。皆一时之美也。①

从王献之"中书令—太常"与王珉"侍中—中书令"的赠官与迁官资次，可知三官的资位从低到高是"侍中—中书令—太常"。然而官品的位次恰好反过来，侍中居首，中书令居中，诸卿居后。参考梁官班，侍中十二班，中书令十三班，太常十四班，与《晋记》反映的资位次序正相符合。这说明资位与官品位次并无直接关系。官品与资位分属两种不同等级，并不能简单混为一谈。

《通典·选举四·杂议论上》载西晋李重之议，值得重点关注：

> 始平王文学李重又以为等级繁多，又外官轻而内官重，使风俗大弊，宜厘改，重外选，简阶级，使官久。议曰："……汉魏以来，内官之贵，于今最崇，而百官等级遂多，迁补转徙如流，能否无以著，黜陟不得彰，此为理之大弊也。夫阶级繁多而冀官久，官不久而冀理功成，不可得也。……臣以为今宜大并群官等级，使同班者不得复稍迁；又简法外议罪之制，明试守左迁之例，则官人之理尽，士必量能而受爵矣。……"帝虽善之，竟不能行。②

李重之议是针对当时"等级繁多"的问题。里面所谓"等级""阶级"并非指官品九品，而是选阶资位。他批评"百官等级遂多，迁补转徙如流"，所议论的正是与官员迁转机制相关的选官资位等级秩序。他建议"大并群官等级，使同班者不得复稍迁"，透露了当时"等级"与"稍迁"所涉的制度运作，即官员循资位"等级"而有职位"稍迁"，并构成个人官资。李重指出，围绕官资而建立的一套迁转机制造成官员频繁调职，不能久于其任，对政务产生消极影响。他认为问题根源在于"阶级繁多"，故主张"简阶级"，简化资位体系。《晋书·李重传》记载李重另一份上书，亦有类似建言：

① 《北堂书钞》卷五七《设官部九·中书令》，第430页。
② 《通典》卷一六《选举四·杂议论上》，第386～387页。《晋书》卷四六《李重传》载李重"与李毅同为吏部郎，时王戎为尚书，重以清尚见称，毅淹通有智识，虽二人操异，然俱处要职，戎以识会待之，各得其所。毅字茂彦，旧史阙其事。于时内官重，外官轻，兼阶级繁多，重议之，见《百官志》"（第1312页）。可知唐修《晋书》的有关文字，迻录自某段旧晋史佚文。

> 建树官司，功在简久。阶级少，则人心定。久其事，则政化成
> 而能否著，……以为选例九等，当今之要，所宜施用也。①

李重说"阶级少""久其事"，都体现了上述议政理念。值得注意的是，他
为此建议施用"选例九等"。所谓"选例九等"指的很可能是刘颂建立的
九班制。《晋书·刘颂传》载刘颂：

> 转吏部尚书，建九班之制，欲令百官居职希迁，考课能否，明
> 其赏罚。贾郭专朝，仕者欲速，竟不施行。②

刘颂早年上书晋武帝，已提出"官久非难也，连其班级，自非才宜，不得
傍转以终其课，则事善矣"③，明确表达了"官久事善"的政治理念。他在
元康七年（297）接替建立甲午制的王戎掌任吏部，建立九班制。④九班制
是对选官体制的一次改革，目的是"欲令百官居职希迁"。这与李重"大
并群官等级，使同班者不得复稍迁"之议，有着高度一致的目标。⑤前述
李重说的"选例九等"当指九班制，他的建言是对刘颂实施制度改革的
响应。⑥

九班制的具体内容今已不存。但从"九班"之名，以及上述刘颂、李
重言论反复强调的"大并等级""连其班级""居职希迁"，可判断该制度
应是将原本繁多的资位等级体系简化为九个等级（与九品官品无关）。由

---

① 《晋书》卷四六《李重传》，第 1309 页。
② 《晋书》卷四六《刘颂传》，第 1308 页。
③ 《晋书》卷四六《刘颂传》，第 1308 页。
④ 据万斯同《晋将相大臣年表》，王戎在元康七年由尚书左仆射出任司徒，不再领吏部
尚书。新任吏部尚书为刘颂。（载二十五史刊行委员会编《二十五史补编》第 3 册，第
3334 页）可知刘颂是在这一年代替王戎接任吏部。
⑤ 阎步克也注意到李重"选例九等"与刘颂"九班制"的联系，"其（李重）所说的'选
例九等'，应即'九班'之类。刘颂所谓'建九班之制'，大概是根据'选例九等'，而
进一步设定了若干抑制'傍转'的迁转规则"。（阎步克：《论北朝位阶体制变迁之全面
领先南朝》，《文史》2012 年第 3 辑，第 202 页注释八）
⑥ 李重谓"选例九等，当今之要，所宜施用"的上书，《晋书》将之系于"为始平王文学"
期间，可能有误。类似的例子见于《晋书·潘岳传》对《闲居赋》的编叙。缪钺曾指出
其中之误："（《晋书·潘岳传》）叙岳作《闲居赋》在为散骑侍郎诣事贾谧之后，则误。
岳作《闲居赋》应在征补博士未召以母疾辄去官免之时，其《闲居赋序》叙述甚明。"
（缪钺：《〈文选〉赋笺》，载缪钺《缪钺全集》第二卷，石家庄：河北教育出版社，2004
年，第 45 页）缪钺的考证说明《晋书》对传主作品在诸事记载中的编叙并不一定完全
可靠。或许可以从文本内的线索推定，李重所说的"选例"即吏部选制，"选例九等"
与"九班制"之名，词义意思是一致的。李重这份上书很可能作于刘颂建九班制之后。

于资位等级被极大压缩，官员迁官调任频率也就会显著下降，九班制贯彻了"官久事善"的改革意图。但这也意味着官员晋升速度大为减缓，与"仕者欲速"的官僚群体意愿是深相违背的，九班制因此未能施行。不过，十六国石赵时期，九班制似乎得到过施用。《晋书·石季龙载记上》载石虎诏书云：

> 　　吏部选举，可依晋氏九班选制，永为揆法。选毕，经中书、门下宣示三省，然后行之。[1]

相关表述清楚显示，九班制以"选制"为名应用于"吏部选举"，可与《刘颂传》的记载相印证。从历史整体角度看，九班制终究未能成为魏晋南北朝选官制度的主流。这一时期的资位等级体系主要呈现的仍是"等级繁多"特征。

关于西晋时期吏部选制的建立，史书着墨不多。不过，传世史料仍提供了重要信息。《北堂书钞》卷六〇引《晋诸公赞》云：

> 　　李胤字宣伯，为吏部尚书，正身率职，不倾不挠，遂刊定选制，著于《令》。[2]

据《晋书·李胤传》，李胤"泰始初，拜尚书，……迁吏部尚书，仆射"[3]，他担任吏部尚书大约是在西晋之初。《晋诸公赞》载李胤为吏部尚书，"刊定选制，著于《令》"，应在此时。从"刊定""著于《令》"的相关表述可知该选制的订立，很可能是晋朝建立后由朝廷授意、经李胤主持的一次制度建设。故最终定著于《晋令》，成为具备法律效力的选官制度。限于史料，目前无从获知更详细的建制过程和制度内容，不过可肯定的是，李胤在晋初刊定的选制奠定了资位"等级繁多"的基调。由此亦可见，前述李重、刘颂屡屡针对的"等级""阶级""班级"，在制度与法令上是有源可循的，至少可上溯至李胤选制。

基于以上考察，可以大致勾勒两晋南朝的选官制度脉络。晋初李胤刊定选制，著于法令。此后刘颂出于"简阶级"的改革意图，建立九班制，当时未能施行。尽管十六国石赵曾施用过九班制，但在更长的历史时段

---

[1] 《晋书》卷一〇六《石季龙载记上》，第 2764 页。
[2] 《北堂书钞》卷六〇《设官部一二·吏部尚书》，第 453 页。
[3] 《晋书》卷四四《李胤传》，第 1253 页。

内，制度主流仍是李胤所刊选制，吏部选序格局维持着"等级繁多"的特征，并形成一套延续性强、大体稳定、间有调整的资位秩序。选制历经两晋至南朝宋齐，一直发挥其制度功能。至梁代徐勉建立官班制度，在"革选"语境之下，以"选品"之名，又将这套选官资位体系进行了一次制度化改造，构成梁、陈职官铨选运作的制度基础。

值得留意的是，该制度脉络之下涉及选制建设的主持人物，如李胤、刘颂、徐勉都是在其吏部尚书任上完成的建制。作为比较，前考主持官品建设的人物如裴秀、沈约，当时或任尚书仆射、或任尚书令。由此可见，这两套制度一直分别由尚书省的不同主官负责，隐约透露其所承载的制度功能差异，也从侧面印证了魏晋南朝选品与官品是互为独立、各具功能的两套等级体系。

关于资位秩序与官品等级，前述宫崎市定看到"东晋时代在晋升顺序上突然不按照官品进行，屡屡发生自上品向下品移动也算作升迁的情况"[①]，感到难以解释。通过以上事例分析，可以解答有关疑惑。晋升顺序不按官品其实是不足为怪的，因为升迁秩序本就与官品无涉，而与资位有关。宫崎氏推测晋升"不按官品"的情况，认为存在刘颂九班制影响的可能，问题的关键已经呼之欲出。正是由于九班制是对资位的改革措施，是属于资位秩序脉络下的制度，所以给人印象是九班制影响了升迁制度。其实，刘颂九班制当时并没有真正实施，与其说有关现象是受从未实行的九班制影响，不如说晋升顺序本就与独立于官品的资位秩序密切联系。跳出以官品为中心的研究思路，就可以发现官僚制度秩序是多元的，因为梁代官班承自资位秩序，并不是从官品转化而来。

阎步克曾撰文《北魏对萧梁的官阶制反馈》，提出梁代天监七年（508）建立的十八班制度是对北魏太和二十三年（499）《后职令》的制度窃取，并推测天监七年十八班的制度形态是梁朝君臣出于掩饰目的下的改头换面。[②] 他发前人未发之覆，扩充了南北朝制度互动的视野眼光。不排

---

① 宫崎市定著：《九品官人法研究：科举前史》，第 126 页。
② 阎步克曾经就北魏数年之间的制度改革对南朝的影响，以及南朝对北魏制度的窃取改造，有过这样的推测："可以想象，在齐、梁易代之时，南朝君臣最多只能得知北魏第一次《职令》的改革消息，对其正在进行的第二次改革未必了了。就算他们业已风闻了北魏的第一次改革，改朝换代政治漩涡中的挣扎角逐，仍将让他们自顾不暇。到了天监初年蔡法度'定令为九品'时，洛阳的新生事物似乎仍未引起建康方面的注意。不过数年之后，第二次官品改革的消息传来之时，梁朝君臣们对北魏新制的优越性，就再也无法等闲视之了。"也就是说，梁武帝第一步是先来生吞活剥了这正从上下之法，随后第二步是将之改头换面为十八班之制，以标榜自有'特色'。（参见阎步克《品位与职位——秦汉魏晋南北朝官阶制度研究》，第 391~408 页）

除梁代对北魏制度可能有过某种借鉴学习，不过从整个魏晋南北朝更长的时段考察，梁代官班制度是渊源有自的。上述考察表明，梁代官职的官班等级与魏晋以来的资位记载是颇相吻合的。资位秩序犹如细水长流，一直存在于魏晋南朝的官僚制度之中。梁武帝绝不是由于十数年前北魏制度更造潮流的突然兴起始有匆遽冒袭改制之举，而是在魏晋以来官资制度发展演化脉络下，进行制度的必要调整与更新，最终将资位秩序转换为官班等级，使南朝选制的阶序意义得到进一步彰显。

总而言之，梁代官班有其直接的制度渊源，是在前代选官体制的资位秩序基础上发展而来的，可认为是魏晋南朝吏部选官运作的阶段化建制成果。官班构成选品等级，与官职的选任资格与迁转阶序密切相关，完全独立于官品。官班与官品是并行不悖的两种等级制度，有着各自的渊源脉络，不可混为一谈。

第三节　备其班品：梁代将军号等级制度的建置

梁代天监七年（508），官班制度正式建立，官品等级亦经历二次改制。这一年，朝廷也对将军号等级实施改革。《隋书·百官志上》载有司奏提及"天监七年，改定将军之名，有因有革"[1]，同卷详载了"厘定"将军之名的具体情况，云：

> 又诏以将军之名，高卑舛杂，命更加厘定。于是有司奏置一百二十五号将军。……凡十品，二十四班。亦以班多为贵。其制品十，取其盈数。班二十四，以法气序。制簿悉以大号居后，以为选法自小迁大也。前史所记，以位得从公，故将军之名，次于台槐之下。至是备其班品，叙于百司之外。其不登二品，应须军号者，……凡十四号，别为八班，以象八风。所施甚轻。又有……大凡一百九号将军，亦为十品，二十四班。正施于外国。[2]

天监七年不仅厘定将军号，而且建立了新的军号等级制度。史志称"备其班品，叙于百司之外"，准确概括了这套军号等级新制的两个方面：一是将军号以班、品并立的形式共同叙定等级；二是将军号从百官职位体系中

---

①　《隋书》卷二六《百官志上》，第819页。
②　《隋书》卷二六《百官志上》，第816～819页。

抽离，自成一套相对独立的名号等级系统。[①] 对梁代将军号等级制度建置的考察，有助于深入认识两晋南朝时期官阶位号秩序的演变脉络，以及梁代天监年间官僚等级体系建设的内在逻辑。

一、梁代将军号"备其班品"的制度渊源

如前指出，"备其班品"是梁代将军号新制的重要方面，将军号的等级划分"凡十品，二十四班"。表面上看，军号等级由班、品复合叙定是崭新的制度设计。不过，梳理魏晋以来军号等级的发展线索，可发现梁代将军等级制度品、班并用，是源自前代将军号的两种等级划分方式。

（一）以"品"分等

魏晋之际官品创立，将军号被纳入官品，分属于第二、第三、第四、第五、第八品五个品级。这一时期史籍不乏"几品将军"的记载，直接以官品代替具体军号。这可从两个方面来理解。一方面是同品之内包含了多个将军号，径称"几品将军"可达到以简驭繁的效果。如：《魏官品》载有二品将军正行参军、三品四品正行参军，《晋官品》载有"二品将军、诸大将军"的长史、司马，均属此例。另一方面是由于将军号的权益与身份配置基本是以官品为准的。如：《晋书·职官志》载有"朝会禄赐从二品将军之例""加兵之制，诸所供给依三品将军""三品将军秩中二千石者……食奉、春秋赐绵绢、菜田、田驺如光禄大夫诸卿制"的待遇规定[②]，提示将军号不论如何繁杂，其具体权益大都与官品挂钩。又如：《晋书·舆服志》"三品将军以上、尚书令辂车黑耳有后户，……尚书及四品将军则无后户，漆毂轮"[③]，《南齐书·舆服志》"四品、五品将军，皆银章"[④]，各色军号在同一官品中章绶服冠的安排也是一致的。不同军号的身份地位差异，通过官品等级就可以做到一目了然，某种情况下，称"几品将军"即可标识此人获得的身份地位。

来看看记载几品将军的史料：

> 陈敏反于扬州，以（周）玘为安丰太守，加四品将军。[⑤]

---

① 通过统计《通典·晋官品》所录军号，可知两晋以来将军号从贵号的骠骑、车骑、卫将军到杂号的偏、裨将军，总数在九十多号。梁代的将军号新制增置为一百二十五号，此外尚有"不登二品"之十四号，"施于外国"之一百九号，军号数量大为膨胀。
② 《晋书》卷二四《职官志》，第729页。
③ 《晋书》卷二五《舆服志》，第763页。
④ 《南齐书》卷一七《舆服志》，第381页。
⑤ 《晋书》卷五八《周处传附周玘传》，第1572页。

（张）平、（樊）雅遣军主簿随宣诣丞相府受节度，帝皆加四品将军，即其所部，使捍御北方。[1]

南康人何钦所居岖固，聚党数千人，（王）敦就加四品将军，于是专擅之迹渐彰矣。[2]

将兵都尉钱顾陈事合旨，翼拔为五品将军，赐谷二百斛。[3]

元凶弑立，分会稽五郡置会州，以诞为刺史，即以琛为会稽太守，加五品将军，置将佐。[4]

史籍记载的例子大部分是出于招抚目的，比如司马睿对流民帅授予军号之类。这样的例子恐怕还有不少，时人看重的或许就是朝廷给予的显而易见的身份标识。这些是与军号的官品直接关联的，至于具体军号为何反倒在其次，故留下了"几品将军"的记载，这是对其身份地位方面的强调。[5]

以上分析说明，将军号以"品"分等，不同的军号序列依所在官品构成五等，并配置了具体的待遇、身份与地位。

（二）以"阶"分等

以官品区分军号层级，只有五等。而在实际的军号晋升运作里面，有着更为细化的军阶划分。《晋书·卞壶传附卞敦传》载：

除征虏将军、徐州刺史，镇泗口。及勒寇彭城，敦自度力不能支，与征北将军王邃退保盱眙，贼势遂张，淮北诸郡多为所陷，竟以畏懦贬秩三等，为鹰扬将军。[6]

---

[1] 《晋书》卷八一《桓宣传》，第 2115 页。

[2] 《晋书》卷九八《王敦传》，第 2555 页。

[3] 《晋书》卷七三《庾亮传附庾翼传》，第 1932 页。

[4] 《宋书》卷八一《顾琛传》，第 2279 页。

[5] 类似逻辑下的称呼还有"金紫将军"。如《晋书·艺术·陈训传》载："都水参军淮南周亢尝问训以官位，训曰：'君至卯年当剖符近郡，酉年当有曲盖。'……后亢果为义兴太守、金紫将军。"（第 2468 页）又如《宋书·毛修之传》载："高祖表（修之）为龙骧将军，……修之下郡上表曰：……乞解金紫宠私之荣，赐以鹰扬折冲之号。"（第 1553～1554 页）金章紫绶是将军号的重要品位要素，也是身份地位的重要标识。"金紫将军"与"几品将军"在称呼上无疑有相通之处。

[6] 《晋书》卷七〇《卞壶传附卞敦传》，第 1874 页。

卞敦的军号被"贬秩三等",从三品的征虏将军降为五品的鹰扬将军。这里的"三等"显然并非以官品为级差,因为两个军号的品级只有两级之差。"三等"所对应的恐怕是军阶序列。征虏将军在三品将军最后一列,鹰扬将军为五品将军首列,据此推测,四品将军可能被析分为两个军阶。①《晋书·庾亮传》载:

> 迁亮都督江、荆、豫、益、梁、雍六州诸军事,领江、荆、豫三州刺史,进号征西将军、开府仪同三司、假节。亮固让开府,乃迁镇武昌。……会寇陷邾城,毛宝赴水而死。亮陈谢,自贬三等,行安西将军。②

庾亮在军号"贬三等"后,自征西将军而为行安西将军。其军号高下次序应为:"征西将军(四征阶列)—镇西将军(四镇阶列)—安西将军(四安阶列)—行安西将军"③,可见征、镇、安、平将军号即使同为三品,在军阶体系中也是分"等"的。时人可以清楚认识到军号与军号之间相差多少"等",说明军号阶序业已成为晋升迁阶制度的一部分。

当时的降号既非以品位为级差,亦非以相连军号为递减次序。梳理史料可以发现,降号处分通常就是以军阶为级差。《晋书·郗鉴传附郗昙传》载:

> (郗昙)仍除北中郎将、都督徐兖青幽扬州之晋陵诸军事、领徐兖二州刺史、假节,镇下邳。……后与贼帅傅末波等战失利,降号建威将军,寻卒,……追赠北中郎。④

按《通典·晋官品》,北中郎将所在的"四中郎将"与建威将军所在的

---

① 笔者推测"宁朔、建威、振威、奋威、扬威、广威、建武、振武、奋武、扬武、广武"为一阶,"四中郎将"亦为一阶,不过当时将军号阶序经常调整,难以确定具体序列的高下。
② 《晋书》卷七三《庾亮传》,第1921页。
③ 《宋书》卷九七《夷蛮·林邑国传》载宋文帝诏曰:"林邑介恃遐险,久稽王诛。……行建武将军、龙骧司马萧景宪协赞军首,勤捷显著,……可持节、督交州广州之郁林宁浦二郡诸军事、建威将军、交州刺史。"(第2610~2611页,标点斟酌调整)萧景宪为行建武将军,属临时授予军号随军征伐,在此被提升为建威将军,序列上是五威五武将军的军号晋升,同时由临时性质的"行"某将军升为正式的将军。这说明行某将军的阶序应低于正式将军。
④ 《晋书》卷六七《郗鉴传附郗昙传》,第1805页。

"五威将军"作为军号序列同在官品第四品，所以郗昙的降号并不是以官品为据，其中反映了不同的将军号序列存在细化的军阶位序。唯四中郎将在《晋官品》中是在五威五武军号序列之下，而郗昙从北中郎将降为建威将军，大概是不同时期相关军号的阶序发生过调整。周一良指出，"疑将军位号因时代不同而前后有变更"[①]，所论甚是。《南齐书·百官志》载四中郎将"晋世荀羡、王胡之并居此官。宋、齐以来，唯处诸王，素族无为者"[②]，四中郎将军号位望呈现愈加贵重之势。郗昙死后，重新被赠官北中郎将，反映出军阶升降的秩序。《晋书·王恭传》载：

> 其后帝将擢时望以为藩屏，乃以恭为都督兖青冀幽并徐州晋陵诸军事、平北将军、兖青二州刺史、假节，镇京口。初，都督以"北"为号者，累有不祥，……恭表让军号，以超受为辞，而实恶其名，于是改号前将军。慕容垂入青州，恭遣偏师御之，失利，降号辅国将军。[③]

王恭不愿接受平北将军之号，在"超受"的推辞理由下改为前将军。平北将军与前将军同在三品，可见"超受"是针对军阶而言的。这一事例反映四平将军的军阶高于前后左右将军。后来王恭作战失利，从前将军被降号为辅国将军，辅国也在官品第三品，显然这次降号处分所遵从的规则也是军阶位序，大概处分程度就是被贬号一等。《晋书·殷仲堪传》载：

> 授仲堪都督荆益宁三州军事、振威将军、荆州刺史、假节，镇江陵。……朝廷以仲堪事不预察，降号鹰扬将军。……以堤防不严，复降为宁远将军。[④]

殷仲堪所带军号，从振威降为鹰扬再降为宁远，连续两次降号都不是顺着相连的军号作为递减次序，亦非以军号的官品为级差，表明降号应是军阶

---

① 周一良：《魏晋南北朝史札记（补订本）》之《〈宋书〉札记》"将军位号高下"条，第136页。
② 《南齐书》卷一六《百官志》，第350页。
③ 《晋书》卷八四《王恭传》，第2184页。
④ 《晋书》卷八四《殷仲堪传》，第2197页。

的降减。①

由此判断，这一时期将军号等级秩序，在官品之外还有一套有效运作的等级体系，具体是以"阶"分等。这套军阶体系有着比官品更细致的阶序划分。军号的晋升降黜主要以军阶之"等"为据，某种意义上具有资位的性质。

上述分析有助于理解梁代天监七年将军号的建制成果。整个军号体系"凡十品，二十四班"，以班、品相互结合来叙定等级。比如最为贵重的三十五个军号列为同一品，分属于五个班阶。由此判断军班新制"品"的等级来源于前代军号制度的以"品"分等，是受到用官品划分军号等级的方法的影响；"班"的等级来源于以"阶"分等，是继承了前面细化的军号阶序的等级体系。要言之，魏晋以来将军号的"品""阶"分等模式，直接影响了梁代天监七年的将军号等级的制度建设，构成梁代军号"备其班品"的重要制度渊源。

二、梁代将军号等级制度的"革选"意义

了解梁代将军号等级制度源自前代两种等级秩序的同时，还可以注意到《隋志》交代了这次制定军号班品的理由，是"将军之名，高卑舛杂"。这是很重要的线索。要了解"高卑舛杂"的真正含义，还需要从魏晋以来的将军号发展形势说起。

前揭将军号的扩张始于东汉末年，魏晋以来，将军号逐渐发展，呈现出普授与滥授的趋势。有关这一趋势，阎步克在《魏晋南朝将军号的散阶化》一文中已有比较详细的史料整理，兹不重列。② 他胪列除领兵将军之外获授军号的几大群体，分别有"中下级军官""地方军政长官""地方民政长官""中央朝官"，并指出"将军之号向将校以及各类官僚的普授、滥授，便是其虚衔化、位阶化的最主要动因"③。

除了阎步克揭示的"虚衔化""位阶化"两种趋势，将军号的"卑微化"同样是不可忽视的趋势。《晋书·王导传》载：

> 永嘉末，迁丹杨太守，加辅国将军。导上笺曰："昔魏武，达政

---

① 如《晋书·蔡豹传》："迁建威将军、徐州刺史。……降号折冲将军，以责后效。"（第2111～2112 页）这也是从五威之列降为鹰扬之列，大概是降一阶。
② 参见阎步克《魏晋南朝将军号的散阶化》，载阎步克《品位与职位——秦汉魏晋南北朝官阶制度研究》，第 435～450 页。
③ 阎步克：《品位与职位——秦汉魏晋南北朝官阶制度研究》，第 444 页。

之主也。荀文若，功臣之最也，封不过亭侯。仓舒，爱子之宠，赠不过别部司马。以此格万物，得不局迹乎。今者临郡，不问贤愚豪贱，皆加重号，辄有鼓盖，动见相准。时有不得者，或为耻辱。天官混杂，朝望颓毁。导忝荷重任，不能崇浚山海，而开导乱源，饕窃名位，取紊彝典，谨送鼓盖加崇之物，请从导始。庶令雅俗区别，群望无惑。"①

在两晋之际，将军号的授予已经发展为普遍情况。王导谓"今者临郡，不问贤愚豪贱，皆加重号，辄有鼓盖，动见相准。"地方郡守已能得到如辅国这样的三品将军号，同时还有鼓吹、曲盖等象征身份标识的"加崇之物"。获得军号的群体与人数日益扩大，自然产生王导所言"天官混杂，朝望颓毁"的现象，原本显贵的部分将军号因此逐渐卑微化。

《南齐书·百官志》对将军号的记载提示了这一趋势的演变结果。在"征、镇、安、平"之后，所罗列的将军号有"左、右、前、后将军。征虏将军。四中郎将。……冠军将军。辅国将军。宁朔将军。宁远将军。龙骧将军"，后云："凡诸小号，亦有置府者。"②大概南朝时宁朔、宁远将军的军号阶序脱离原来四、五品的所载位置，有所调整，次于辅国将军之后。③在龙骧将军以下，萧子显未再详列，而以"凡诸小号"一语带过。显然大部分的银青将军军号（四品、五品）已经变为小号将军，其施用已然卑微化。《南齐书·百官志》记载的重要军号并非孤证，南朝宋齐及齐梁之际，参与军争与政争的诸人物军号情况可予充分证明。

《宋书·沈攸之传》载刘宋末年随从沈攸之起兵反对萧道成的主要人物，云：

> 十二月十二日，攸之遣其辅国将军、中兵参军、督前锋军事孙同，率宁朔将军中兵参军武宝、龙骧将军骑兵参军朱君拔、宁朔将军沈慧真、龙骧将军中兵参军王道起；又遣司马、冠军将军刘攘兵，率宁朔将军外兵参军公孙方平、龙骧将军骑兵参军朱灵宝、龙骧将军骑兵参军沈僧敬、龙骧将军高茂；又遣辅国将军中兵参军王灵秀、

---

① 《晋书》卷六五《王导传》，第1146～1147页。
② 《南齐书》卷一六《百官志》，第350～351页。
③ 宁远、宁朔的阶次，可得到史料印证。《南齐书》卷二四《柳世隆传》载："出为宁远将军、巴西梓潼太守。……寻为晋熙王安西司马、加宁朔将军。"（第498页）《南齐书》卷二七《李安民传》载："徙安民为刘韫冠军司马、宁远将军、京兆太守，又除宁朔将军、司州刺史、领义阳太守。"（第564页）

辅国将军中兵参军丁珍东，率宁朔将军中兵参军王珍之、宁朔将军外兵参军杨景穆，相继俱下。攸之自率辅国将军录事参军兼司马武茂宗、辅国将军中兵参军沈韶、宁朔将军中兵参军皇甫贤、宁朔将军中兵参军胡钦之、龙骧将军中兵参军东门道顺，闰十二月四日至夏口。①

上述诸人所带军号均为重号。同卷又记载建康朝廷发出的劝谕荆州士民的尚书符，详细列明了萧道成一方诸位人物的官衔，众人的军号等级有过之而无不及，云：

> 今遣新除使持节督郢州司州之义阳诸军事平西将军郢州刺史闻喜县开国侯黄回、员外散骑常侍冠军骁骑将军南临淮太守重安县开国子军主王敬则、辅国将军屯骑校尉长寿县开国男王宜与、辅国将军南高平太守军主陈承叔、辅国将军左军将军南濮阳太守葛阳县开国男军主彭文之、龙骧将军骠骑行参军军主召宰，精甲二万，前锋云腾。又遣散骑常侍领游击将军湘南县开国男新除使持节督湘州诸军事征虏将军湘州刺史军主吕安国、屯骑校尉宁朔将军崔慧景、辅国将军军主任候伯、辅国将军骁骑将军军主萧顺之、辅国将军游击将军军主垣崇祖、宁朔将军虎贲中郎将军主尹略、屯骑校尉南城令曹虎头，舳舻二万，骆驿继迈。又遣辅国将军后军将军右军中兵参军事军主苟元宾、宁朔将军抚军中兵参军事军主郭文孝、龙骧将军抚军中兵参军事军主程隐隽，轻牒一万，截其津要。新除持节督广交越宁湘州之广兴诸军事领平越中郎将征虏将军广州刺史统马军主沌阳县开国子周盘龙、辅国将军后军统马军主张文憘、龙骧将军军主薛道渊、冠军将军游击将军并州刺史南清河太守太原公军主王敕勤、龙骧将军射声校尉王洪范、龙骧将军冗从仆射军主成买等，铁马五千，龙骧后陈。②

这种政治具文尤其反映出同一政治事件下的人物详细职官情况。以下通过列表说明双方的军号分布情况（如表4.4所示）。

---

① 《宋书》卷七四《沈攸之传》，第2114页。
② 《宋书》卷七四《沈攸之传》，第2115~2116页。

表 4.4　南朝宋末政争参与人物军号分布统计

	四平至前后左右	征虏	冠军	辅国	宁朔	龙骧	总数
沈攸之				5（28%）	7（39%）	6（33%）	18（100%）
萧道成	1（6%）	2（11%）	2（11%）	8（44%）		5（28%）	18（100%）

各人的将军号均见于上述《南齐书·百官志》所罗列的重号将军，并没有在此以外的"小号将军"。不妨猜测，《南齐志》的重号将军就是金紫将军，而传统的银青将军如五威、五武将军已经变成卑号。金紫与银青的军号序列的位望高下出现了严重分化。基于这一制度事实，在当时的权力斗争中，双方出于彰显自身阵营的力量与巩固麾下武将的忠诚等目的，均不愿以卑号授人。

其实，军号的普遍滥授并非始于宋末。在宋明帝与晋安王刘子勋争夺帝位的政争中，已见到贵号将军被滥授的情况。《宋书·邓琬传》记载宋明帝在平定子勋势力后，功臣封侯拟定的奏书就有四位"假辅国将军"，说明非常时期会临时授予带兵将军重号军号。这次政争参与人物的军号分布情况如表 4.5 所示。

表 4.5　宋明帝与晋安王刘子勋政争参与人物军号分布统计[①]

	前后左右	征虏	冠军	辅国	宁朔	龙骧	五威五武	总数
宋明帝				4（31%）	5（38%）	4（31%）		13（100%）
晋安王刘子勋	2（9%）	1（5%）	4（18%）	2（9%）	3（14%）	6（27%）	4（18%）	22（100%）

五威五武将军此时仍占一席之地，但比例并不大。主要军号集中在辅国、宁朔、龙骧三号上，说明刘宋中后期金紫与银青将军的尊卑分化情况愈加明显。如果联系东晋末年刘裕在京口起兵时对桓玄发布的檄文："辅国将军刘毅、广武将军何无忌、镇北主簿孟昶、兖州主簿魏咏之、宁远

---

① 据《宋书》卷八四《邓琬传》所载邓琬檄京师文以及宋明帝平乱之后的封爵奏书统计。

将军刘道规、龙骧将军刘藩、振威将军檀凭之等，……扬武将军诸葛长民，……征虏参军庾赜之等"[1]，可见部分人物甚至不带军号，五威五武等银青将军的数量尚与金紫将军大致相当，反映出传统四品以下的将军号到了刘宋中期以后已逐渐不被看重，将军号体系逐渐分化为高下尊卑迥然有别的军阶等级。

在三品与四品将军位望差距不断扩大的制度背景下，《隋志》记载梁代建立将军班制所针对的"将军之名，高卑舛杂"现象自然应该引起注意。陈苏镇在《南朝散号将军考辨》一文指出："梁代散号将军制度的最重要变化，是在旧日的三品将军与四品将军之间加置了十六班共一百六十号将军。"[2]这是很细致的发现，陈苏镇所说的是之后普通六年（525）的情况。天监七年建立班制时，三、四品之间加置的军号为六十号，共十二班。至此，梁代班制的重要等级线索逐渐浮出水面。试列表分析如下（如表4.6所示）。

表4.6 天监七年将军班等（二十四至十三班）

班序	将军号	代原有军号	品级
二十四班	镇卫、骠骑、车骑内外通用		凡三十五号，为一品。是为重号将军（第一品）
二十三班	四征、东南西北，止施外。四中，军、卫、抚、护，止施内		
二十二班	八镇东南西北，止施在外。左右前后，止施在内		
二十一班	八安东西南北，止施在外。左右前后，止施在内		
二十班	四平、东南西北。四翊，左右前后		
十九班	忠武、军师		十号为一品（第二品）
十八班	武臣、爪牙、龙骑、云麾	代旧前后左右四将军	
十七班	镇兵、翊师、宣惠、宣毅	代旧四中郎	

---

[1] 《宋书》卷一《武帝纪上》，第8页。

[2] 陈苏镇：《南朝散号将军考辨》，《史学月刊》1989年第3期，第30~31页。

续表

班序	将军号	代原有军号	品级
十六班	智威、仁威、勇威、信威、严威	代旧征虏	十号为一品（第三品）所谓五德将军者也
十五班	智武、仁武、勇武、信武、严武	代旧冠军	
十四班	轻车、征远、镇朔、武旅、贞毅	代旧辅国	凡将军加大者，唯至贞毅而已
十三班	宁远、明威、振远、电耀、威耀	代旧宁朔	十号为一品（第四品）

梁武帝将原来的三品将军划归为从二十四班到十三班，共十二班。四品的五威五武将军则被归入流外将军班，在这中间就是新置的六十号军号，为流内十二班至一班，亦共十二班。这份将军班品有着与前代制度格局相关联的众多秩序线索，与前代相比有如下变化。

（1）传统四征、镇、安、平军号增加一倍，所增位号用于内官施除，与镇卫、骠骑、车骑构成第一品的重号将军。其中，原来的中军、镇军、抚军三号被取消，大致上折合到与四征将军对应的"四中"将军之中。《梁书·武帝纪中》载天监六年五月己巳，"置中卫、中权将军"[1]，应该就是"四中"将军的前身。[2]

（2）增加忠武、军师两号。前后左右四将军与四中郎将各自构成一阶，以新号代替，军号保持原数。

（3）征虏、冠军、辅国、宁朔各自构成一阶，以新号代替，将旧号一变为五。

可以看到，新定的前四品军号大体是在原金紫将军序列基础上拓展而来，原银青将军者只有四中郎将，由于其专授宗室而位望较高，此次脱去中郎将之名，重新厘定新的将军号，是原银青序列转为上品将军的特例。

这里透露了隐微的线索：传统银青将军卑微化以后，原有的金紫将军体系就成为军号改制的重要蓝本。天监七年重新建立新的军号等级体系，前四品取自原来的金紫将军序列，并加以扩展分层。其建制目的是要将之

---

① 《梁书》卷二《武帝纪中》，第 52 页。
② 梁军号班制，"四中，军、卫、抚、护，止施内"。其中"护"字记载有误，在梁书中找不到中护将军的记载，疑"护"应作"权"，即为中权将军。

回复到军号始兴之时金紫与银青并重的层级模式。

梁班制的第三品"五德将军"的命名方式非常特别，这是很重要的提示线索。所谓五德将军，就是以"智、仁、勇、信、严"五德，分别与"威""武"二字结合，构成十个军号。这让人自然想到传统的"五威五武"将军，正是以"建、振、奋、扬、广"五字与"威""武"的结合方式所构成。两种相近的命名方式不应是偶然巧合，而可能是梁武帝有意为之。这样，梁代第三品"五德将军"与传统的第四品银青就有了某种联系。传统模式是金紫将军分为两品（第二、第三品），银青将军又分为两品（第四、第五品），合共四个等级。萧梁则是将当时仍然显贵的金紫将军析分，也是分为四品，这很可能是对原有等级秩序的重建。以五德将军为线索，梁代将军号改制的品级照应关系如表 4.7 所示。

表 4.7　梁代将军号改制的品级照应表

魏晋宋齐	二、三品金紫（征镇安平）	三品金紫（前后左右）	四品银青（五威五武）	五品银青（鹰扬折冲）
梁陈	第一品	第二品	第三品	第四品

由此推测：梁军班第一品是以原来的第二品将军及第三品诸征、镇、安、平将军为参照基础，扩编为镇卫、骠骑、车骑、四征、四中、八镇、八安、四平、四翊，构成三十五号的"重号将军"；军班第二品是以三品前后左右四将军为基准，原来四品的四中郎将由于军号地位的提升，也顺势被调整为与四将军同品，编为一个等级；军班第三品以原第四品的五威五武将军为参照，由于此序列军号已然卑微化，故新设"五德将军"十号作为新的品级；传统五品银青将军是一道重要界限，军班亦以第四品为界，将征虏、冠军、辅国、宁朔等最低一级的金紫军号进行扩编。至此完成上等军号的体系构建。

联系天监七年的职官革选背景，将军官班的建立是一次军阶制度改革的尝试。以上分析表明，梁代君臣面对两晋以来将军号普授滥授的制度格局，试图重建旧有的军阶秩序。他们采取增号重建的方式，以保持尊显地位的金紫将军为制度蓝本，将之扩展为新的军号等级体系（从十三班到二十四班）。原来的银青将军，如四品的"五威五武"序列，五品的鹰扬、凌江将军，由于已然不受重视，故被改造为流外八班，成为"所施甚轻"的军号。

牙门、代旧建威。期门，代旧建武。为八班。

侯骑、代旧振威。熊渠，代旧振武。为七班。

中坚、代旧奋威。典戎，代旧奋武。为六班。

戈船、代旧扬威。绣衣，代旧扬武。为五班。

执讯、代旧广威。行阵，代旧广武。为四班。

鹰扬为三班。陵江为二班。偏将军、裨将军，为一班。①

"五威五武"与鹰扬、陵江军号，还是留下原来四、五品军号序列的一些痕迹。这些曾经颇为显贵的军号，位望大为下降，仅稍高于低微的偏、裨将军，说明已然卑微化的传统军阶序列在新的制度中被舍弃了。原来银青的"五威五武"到金紫的"征虏、冠军、辅国"等军号仅一阶之隔，现在大幅增加十二班，究其目的，是希望通过增设军阶等级，保证新建的上层军号不被滥授而重趋卑微。凭借战功晋升的武人要获得上层的贵号将军号，要更加困难。陈奕玲指出："梁陈的军号改革使军号的数量和阶级大为增加，疏散了此前聚集在三、四品军号上的人员，也就拉长了根据战功或年劳沿位阶而上升的路程。"② 这是正确的意见。《梁书·陈庆之传》载：

> 普通中，魏徐州刺史元法僧于彭城求入内附，以庆之为武威将军（十二班），与胡龙牙、成景俊率诸军应接。还除宣猛将军（六班）、文德主帅，……③

陈庆之为寒人武将。在迎北魏降臣时，朝廷大概出于宣扬军威的目的授予他较高的军号，然而武威将军在十二班仍未能越过十三班（代旧宁朔）这一界限。之后还朝，陈庆之的军号估计是回归了常态，他被除为六班的宣猛将军。类似陈庆之这样的武人肯定还有很多，只是由于他们身份低微，史籍没有留下太多的记载。这类武人以军勋晋升，在低级军班中缓慢往上晋升。军班创立的意图之一，大概就是要改变以往因军号普授造成下层武人较易获取贵号的制度格局。

传统的征虏、冠军、辅国、宁朔等最低一级的金紫军号，亦由一变为五，增加了往上晋升的难度。《梁书·张齐传》载：

---

① 《隋书》卷二六《百官志上》，第818页。

② 陈奕玲：《魏晋南朝军号散阶化的若干问题》，《燕京学报》新13期，2002年，第13页。

③ 《梁书》卷三二《陈庆之传》，第509页。

迁天门太守，宁朔将军如故。四年，魏将王足寇巴、蜀，高祖
以齐为辅国将军救蜀。未至，足退走，齐进戍南安。七年秋，使齐
置大剑、寒冢二戍，军还益州。其年，迁武旅将军、巴西太守，寻
加征远将军。①

张齐的这段军号晋升经历发生在将军号新制颁布前后。可以看到，他从宁朔进号为辅国，之后在军班改制后授"代旧辅国"的武旅（十四班），及后加号，是同班的征远。② 可知军班新制是增加了军号晋升的级次。

同时，在军号滥授之下，重号将军并没有员额的限制，同一重号军号被授予多人，如上述刘宋两次权力斗争，不同阵营人物的军号分布以辅国、宁朔、龙骧最为集中。《宋书·百官志上》记载："自左右前后将军以下至此四十号，唯四中郎将各一人，余皆无定员。"③ 在军号尊卑日益分化的情况下，金紫军号的身份标识的意义也随之减弱。据此推测，新建的军号在编制扩大的同时，加置了员额限制，宋齐以来某一军号同时授予多达七八人的情况，似未再见于史籍。

总之，梁代军班制度的建立与当时军号"高卑舛杂"的制度现实息息相关，改革军班制度是对传统银青以下军号卑微化的革选之举。新的军号体系分为上下两个阶层。上层军号主要以传统金紫将军为蓝本，重建前代贵号将军的层级体系。从表面上看，此制大幅增加了将军号数量，但这主要是对魏晋以来军号滥授现实的承认，下层军号的大幅扩编使上层军号保持显贵的地位，以此阻遏寒人武夫凭借军功而迅速获取贵号。军班制度的改革重新赋予将军号身份叙定作用。

小　　结

长期以来，受以官品为中心本位制度的影响，梁代官班常被混同于官品制度，其制度性质亦未能得到厘清。有关梁代官班的渊源脉络与制度意义的认知，尚多有缺失。相关考察表明，官班是独立于官品运作的选阶资位等级体系。该制度由吏部尚书徐勉主持建立，名为"选品""选簿"，是

---

① 《梁书》卷一七《张齐传》，第316页。
② 类似的例子还有《梁书》卷一八《康绚传》，载："除辅国将军、竟陵太守。魏围梁州，刺史王珍国使请救，绚以郡兵赴之，魏军退。七年，司州三关为魏所逼，诏假绚节、武旅将军，率众赴援。九年，迁假节、督北兖州缘淮诸军事、振远将军、北兖州刺史。"（第327页）
③ 《宋书》卷三九《百官志上》，第1331页。

标示职位选阶的一套等级，体现了选官体制下的职位等级秩序。

通过本章对资位秩序的线索梳理，魏晋南朝选官资位等级制度的发展脉络如图 4.1 所示。

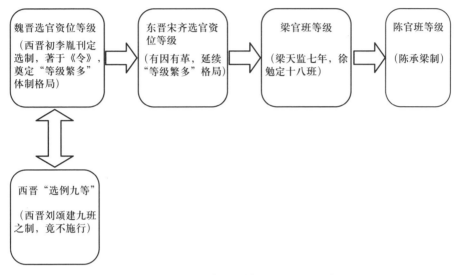

图 4.1　魏晋南朝选官资位等级制度发展示意图

魏晋南朝的选官资位等级，承担着确定职官铨选与官员升迁位次、叙定官员个人等级及官职任用资格的官阶功能，是官僚制度的重要组成部分。此时期的职官铨叙选任并不是以官品为中心开展的，而是另有"选制"的制度规范，吏部主要是以资位等级（亦可理解为"选品"）为依据，履行基本的选官职能。

梁代官班制度是对前代资位制度的继承与发展。有论者认为梁代十八班制度渊源自西晋刘颂九班制。[①] 其实，刘颂九班制是对资位的改革举措，在晋代没有真正得到实施，并没有成为资位制度的主流。梁官班的制度主要源自吏部选制中的资位等级体系是对前代主流选制的继承。刘颂九班与梁代官班均属于同一制度（资位）范畴，但二者并无直接的因承关系。

官班的建立，是在"革选"的名义下进行的制度整顿，利用本土自身的制度条件与思想资源，将原来的资位等级体系加以位阶序数化，构建出

---

① 宫崎市定提出"九班选制只是在九品官制的内部立班，而班与品相矛盾，就产生了如果按班的话，是否会出现从上品向下品移动的疑问。"（宫崎市定著：《九品官人法研究：科举前史》，第 126 页）中村圭尔在宫崎氏的基础上对"品制与班制"加以探讨，认为官品与官班共同叙定迁官资格。（参见中村圭爾《六朝贵族制研究》，第 239～251 页）

一套更为清晰的官阶体系。其目的是为理顺与调整此前因权力斗争而被打乱的各种政治与制度关系，这是南朝皇权重振历史趋势下的一次重要政治举措。与此同时，将军号作为重要的身份标识位号，从原来官品中独立出来，成为品、阶相结合的职官位号体系，是梁代君臣为重建日益卑微化的旧有将军号等级体系的一次努力和尝试。

阎步克曾经探讨过"南朝散官阶官化的停滞不前"的问题，指出："门第、中正品、文武、清浊、官吏之别与官品、官职间错综交织的等级对应，乃是一种基于传习的秩序。由于它并非出自刻意规划，所以只是'散乱'于不同等级、不同机构、不同职类之中，而非一个外在的、整齐的位阶序列。"[①] 上述分析可以补充解释他的论证。南朝之所以没有形成散官阶官化的潮流，原因之一可能是因为制度自身已经存在一套"整体的位阶序列"。这套等级似可具体为官班。如前所分析，这是渊源于魏晋的资位等级体系，历经南朝的发展，到梁代因"革选"改制机缘完善了阶序制度。从职官发展历史的眼光观察，此举或决定了官资制度的具体走向，即南朝制度自成一格，走了一条不同于北朝的路。"散官阶官化"主要体现了"北朝—隋唐"制度发展脉络。以上对官班渊源及制度意义的探讨，似可说明"魏晋—南朝"官僚制度发展有其自身的制度发展逻辑。

---

① 阎步克：《品位与职位——秦汉魏晋南北朝官阶制度研究》，第573页。

第五章　官衔与官制：官资视角下的两晋南朝官衔与制度程序

众所周知，魏晋南北朝制度史料存量不足，加上传统典制文献存在书写模式的局限，有关王朝国家的制度程序及运作情形记载往往语焉不详。这要求学人在学术方法和视野上不断拓展，同时在史学解读上精耕细作，从不同方面深入挖掘与提取史料中深蕴的官制情境信息以丰富充实制度史研究。

官衔是显示官员职位、资格、身份与地位的基本名号形式，也是官资秩序中不可忽视的结构成分，其中多蕴含制度秩序的关键细节。通过解读官衔形态，探析其中的制度含义，能够以小见大，见微知著，找到探索制度史的新视角与切入点，从而获得制度史的新知。

两晋南朝时期，存在一些含有特殊制度含义的官衔形式，保存了揭示制度程序的重要线索。本章将从两晋南朝时期的官衔形态出发，从官资秩序与制度运作的视角，重点讨论"兼官""新除"两种类型化官衔，解释其制度内涵，挖掘潜藏其中的制度史信息，综合考察"本官"与"兼官"的官资制度关系及从"新除"到"本官"所涉官职除拜过程及制度程序，丰富并深化此时期官制运作的过程认识。

第一节　本官与兼官：两晋南朝的兼官制度

两晋南朝时期官员以本资兼领某官是常见的制度现象。一般而言，其官衔形式可概括为"甲官兼乙官"或"甲官领乙官"。学界对此职官术语的解释仍颇有模糊之处：或简单释为兼任，或径直视作加官，难免失之笼统甚或出现误读。本节尝试从官资、职位的角度来探析南朝兼官的制度内涵，指出兼官是资、职分离状态下的官制形态，兼官制度体现了重职事、任才能、久职任的职位意义。

两晋南朝时期的兼官，究其制度性质，大体有两种类型：一是职事官的兼领制度，涉及国家日常政务运作；二是事务官的权兼制度，通常应用于重要礼仪场合，朝廷委派官员权兼事务官，事讫则罢。本节关注的兼官制度主要是前者。

搜之文献，此时期兼官具有特定含义，是官僚资格管理秩序下的重要职官形态。下面试钩稽史料线索，从官资、职位二重角度切入，解析南朝兼官的具体内涵，揭示兼官的职能意义及兼官与品位秩序的内在关联，探索官僚制度与皇权政治运作之互动机制。

一、别阶而兼：官衔所见兼官与官资位阶之关系

南朝时期官衔系"兼"字的，有特定的制度含义。这里试从沈约在《奏弹王源》所具列的官衔说起。

> 给事黄门侍郎、兼御史中丞、吴兴邑中正臣沈约稽首言：……①

这篇弹劾公文由萧统《文选》收录，文章清晰记录了沈约上书时的官衔原貌。"兼"作为官衔限定词出现在南朝的公文文书中，是值得注意的制度线索。

不难发现，沈约弹奏王源是履行所兼之官（兼御史中丞）的职责，与本官（给事黄门侍郎）职权反而没有关涉。那么，应如何解释"兼"字在文书中的内在含义呢？若将沈约官衔置于《梁书》本传的仕历脉络中，可有进一步解读："迁中书郎、本邑中正，司徒右长史，黄门侍郎……俄兼尚书左丞，寻为御史中丞，转车骑长史。隆昌元年，除吏部郎。"② 这段前后相续的仕履经历，揭示了本官与兼官的重要秩序线索。前面指出梁代官班渊源于前代资位等级秩序，这里拟援引作为参考。所做分析如表 5.1 所示。

---

① 《文选》卷四〇《弹事》沈约《奏弹王源》，第 561 页。
② 《梁书》卷一三《沈约传》，第 261 页。《沈约传》载官历"为御史中丞"，与前引沈约《奏弹王源》所列官衔"兼御史中丞"有所区别。推敲斟酌，似以公文《奏弹王源》所载为是。推测史家记载时因涉及前一兼官"兼尚书左丞"而在后面使用了笼统的表述。实际官历情况应是沈约以黄门郎作为本官，先兼尚书左丞再兼御史中丞。当然，也有一种可能是两种记载并不矛盾，沈约奏弹王源时是兼御史中丞，其后即真转为本官。不过从后面沈约还当过车骑长史而此官资位低于御史中丞的情况来看，他先兼御史中丞后即真的可能性似乎不高。

表 5.1　沈约部分仕历官资简表

甲官 （本官）	中书郎 （9）	司徒右长史 （10）	黄门郎 （10）	黄门郎 （10）	黄门郎 （10）	车骑长史 （10）	吏部郎 （11）
乙官 （兼官）				尚书左丞 （9）	御史中丞 （11）		

表 5.1 内数字表示梁代官班等级。该履历展示了相当有意思的制度现象：甲官作为本官，迁官序列呈现出位阶等级递进的规律特征，体现了拾级而上的迁升秩序。乙官作为兼官，其位阶等级与本官并不一致，反映了与本官官资有别的特殊内涵。这隐约提示了本官与兼官是以官资位阶为参照基础的两种制度形态。钩稽史籍线索，相关的制度内涵及意义可得到进一步揭示。《南齐书·庾杲之传》载：

> 迁黄门郎、兼御史中丞，寻即正。[1]

从官员迁升位阶的角度观察，庾杲之在即正后，本官由黄门郎转为御史中丞，位阶随之发生变化。参照梁代官班等级的话，黄门郎（十班）与御史中丞（十一班）相差一班，若梁承齐制的判断不误，则两官位阶在齐梁时存在一级之差，那么庾氏的"即正"恰好构成一阶之转，反映御史中丞从兼官成为正官，是位阶晋升的结果，意味着官员本资的改变。这一推断在史籍中可找到佐证。《梁书·张缅传》载：

> 俄迁御史中丞，坐收捕人与外国使斗，左降黄门郎，兼领先职，俄复为真。[2]

张缅的事例从左降的角度印证了上述的位阶秩序。他在拜官、处分、复职的过程中，其实一直都在御史中丞的职位上，只是个人本资出现了微妙变化。"左降黄门郎"，是本官贬降一阶；"兼领先职"则是御史中丞在本资左降后，成为"兼"官。之后的官复原职，则与前述庾杲之兼官即正的逻辑完全一致，官资较黄门郎上升一阶。这一由官僚晋升、黜降所引起的本资变化过程可概括为"御史中丞（11）—黄门郎（10）、兼御史中丞—

---

[1]　《南齐书》卷三四《庾杲之传》，第 683 页。
[2]　《梁书》卷三四《张缅传》第 546 页。

御史中丞（11）"。不难发现，兼官是官员本资与职阶存在差异下的职官形态。

至于御史中丞是作为本官还是兼官，在职务与职权方面应无本质差别。这也表明"兼"字作为职官限定词，并不改变职位本身的职能与权责，反映了兼官以事务与职责为中心的职位特征。由此表明，若将此时期官衔中"兼"的含义仅简单理解为兼任他官，虽无大误，仍未达其间。其行用条件是以具体官资为参照，即适用于职阶与官员本资不相匹配的情况。①

值得注意的是，职事官在兼官形态下虽与本资有所区别，但并不意味着职、阶的完全剥离，兼官职位没有脱离本官自成体系，在成为正任官以后，即重新回归到官员位资与职阶合二为一的状态。这一内在属性是汉魏以来兼官制度固有内涵的体现。《华阳国志·后贤志·陈寿传》云：

> 数岁，除太子中庶子。……再兼散骑常侍。惠帝谓司空张华曰："寿才宜真，不足久兼也。"②

陈寿事例即说明"兼"与"真"是一组相对的职官概念。"兼"相对于正任而言，是非正命官的官职形态。《汉书·王莽传中》载"县宰缺者，数年守兼"，颜师古注云"不拜正官，权令人守兼"③，说明此制其来有自。兼官因此具有不拜正授、居职任事的职位特点，且任官资格相对于正官存在级差，由此形成职级与职事分离的制度形态。

南朝兼官制度在继承以外，在官僚品位因素大为发展的历史条件下，其内涵有了新的发展。《宋书·范泰传》云：

> 明年，议建国学，以泰领国子祭酒。泰上表曰：……昔中朝助教，亦用二品。颍川陈载已辟太保掾，而国子取为助教，即太尉准

---

① 基于这一判断，官衔有无"兼"字是判别官员之官资位阶的重要提示。这在当时更牵涉到官僚制度的资格管理秩序，时人对本资与兼官的区分似乎也比较严格。前引沈约《奏弹王源》文书所列官衔，御史中丞使用"兼"字，即属一例。此外南朝史籍记载大臣上奏所系官衔亦常有带"兼"字。此类情况反映出兼官与本资有别的具体意义，可见对于官僚衔位的含义表达"兼"字是不可或缺的。

② ［晋］常璩著，刘琳校注：《华阳国志新校注》，成都：四川大学出版社，2015年，第494页。

③ ［汉］班固撰，［唐］颜师古注：《汉书》卷九九中《王莽传中》，北京：中华书局，1962年，第4140~4141页。

之弟。所贵在于得才，无系于定品。教学不明，奖厉不著，今有职闲而学优者，可以本官领之，门地二品，宜以朝请领助教，既可以甄其名品，斯亦教学之一隅。其二品才堪，自依旧从事。①

这是治史者常引用的史料。一般认为这条史料显示国子助教用二品士人，于此似可商榷。推敲范泰语意，此职似属寒官，本用三品士人。"亦用二品"应是指常例用三品，亦有例外用二品之意。②范氏明确指出"无系于定品"，只有将"定品"理解为三品，始能符合句意。太尉陈准之弟陈载的例子是作为特例援引，举证二品上人亦曾出任过此职，以说明无系于限定之三品。这份上书重在表明国子助教虽为寒官，但事关教学，贵在"得才"，因此不必拘于常制，以职位规定的中正品资格为限。如果此理解不误，那么其中的授官建议就很有探讨价值。

首先，"有职闲而学优者，可以本官领之"，大概指向已仕至清要官职（职闲）并具备儒学素养的官僚（学优者）。以本官兼领助教，反映官员个人的官资位望由本官叙定，国子助教作为兼官不影响官员本资，由此实现其教学职能。

其次，"门地二品，宜以朝请领助教"，指向准备入仕或入仕不久的高门子弟。这是以中正二品资之奉朝请作为本官，用来叙定官资与门第，寒官国子助教构成兼官，用来安排职事。通过本官达到"甄其名品"的目的，兼官则收"敦学"之效用。

再次，"二品才堪，自依旧从事"，大概指向寒门以下因其才能、功劳缘故升为中正二品的士人，可直接除授本职。③

可以看出，范泰上书应是依据当时兼官制度而发议，正好说明兼官具备某种独立于个人官资的特质。如果说前代兼官制度主要造成职位、职等分离，那么此时期的分离形态则进一步扩展为职位与资格。因此，兼官的相对基准，已不仅限定于正官而是泛化为包含任职资格的官资。

分析至此，有一问题仍需厘清，兼官相对官资具有独立性，那么它与服务于官僚、增益官资的加官制度是否存在区别？如果答案是肯定的，那此区别又在制度的哪个层面得以反映呢？

---

① 《宋书》卷六〇《范泰传》，第1767~1768页。
② 由二品士人充任中正三品资格的官，在西晋时是有可能的。三品还不像后来那样卑微，只不过这样的例子恐怕也不多。（参见唐长孺《九品中正制试释》，载唐长孺《唐长孺文集》卷一《魏晋南北朝史论丛》，第109页）
③ 如《宋书》卷七五《王僧达传附苏宝生传》："本寒门，有文义之美。元嘉中立国子学，为《毛诗》助教"（第2143页），是其例证。

众所周知，南朝品位制度呈现繁荣局面，并发展出深具时代特色的"带帖"加官之制用于调整官员的官资位望。[①]周一良对此有过确切解释，谓"南朝官制大抵视本官以及其人资之轻重而兼领他职，谓之带帖"[②]。带帖制度的授官通常固定为"甲官领乙官"的官衔结构，与兼官制度的"甲官兼（领）乙官"形式接近甚至相同。然究其制度逻辑，二者似有本质区别，试考辨之。带帖制度的典型史料载于《南齐书·何戢传》，云：

> 建元元年，迁散骑常侍、太子詹事，寻改侍中，詹事如故。上欲转戢领选，问尚书令褚渊，以戢资重，欲加常侍。渊曰："宋世王球从侍中、中书令单作吏部尚书，资与戢相似。顷选职方昔小轻，不容顿加常侍。……若帖以骁、游，亦为不少。"乃以戢为吏部尚书，加骁骑将军。[③]

何戢新除吏部尚书需有带帖加官，是与其本资"资重"直接相关。参照梁官班，太子詹事与吏部尚书同在十四班，属于同阶。何氏前官已加侍中，因此后官需帖一官位使官资前后平衡。齐高帝与褚渊对带帖一职的往复讨论集中在散骑常侍与骁骑将军两官，联系上下文意，他们在斟酌的过程中似乎无须考虑带帖官职的编制员额问题。这一蛛丝马迹是往下解读的关键线索。

南朝时期，散骑常侍属于东省文官，骁骑将军则属于西省武官，东西省官职日益散阶化，原有编制员数已无法维系。阎步克研究指出："五校、三将、诸将军等西省将军、将校业已'无员'"，"'带帖'实际是取西省军校为官号来维系品位、加重官资，而这种做法无疑将赋予西省军校以浓厚'名位'性质。"[④]至于东省的情况亦如此，《宋书·任农夫传》载："前世加官，唯散骑常侍，无通直员外之文。太宗（宋明帝）以来，多因军功至大位，资轻加常侍者，往往通直员外焉。"[⑤]加官职位的大量增殖，必然打破东省文官的员额规制。可以说，东西省官职的散阶化是以"无员"作为

---

① 阎步克即指出，此时期"各种散位、加官、名号之类便迅速增殖"，"这些官职是围绕官僚个人身份、品位而繁衍开来，并用以维系和调节其身份、品位的。"（阎步克：《品位与职位——秦汉魏晋南北朝官阶制度研究》，第370、372页）
② 周一良：《〈南齐书·丘灵鞠传〉试释兼论南朝文武官位及清浊》，载周一良《魏晋南北朝史论集》，第123页。
③ 《南齐书》卷三二《何戢传》，第646页。
④ 阎步克：《仕途视角中的南朝西省》，《中国学术》2000年第1期，第52、58页。
⑤ 《宋书》卷八三《任农夫传》，第2332页。

前提的。

一般而言，职官铨叙制度的运作，是官僚任满后腾出编制中的职缺始能选举调补，以体现"因官择人"的选官原则。然而上述例子中，齐高帝与褚渊主要是根据何戢的官资轻重在东西省的散阶化官职中选择其带帖之职。这个过程并没有受到员额限制，完全体现出"因人授官（资）"的特点。由此，兼官与带帖的问题也就找到了解答途径。

兼官制度是"因官择人"，选官程序是以职位为中心，受编制员额这一官僚制度根本因素的限制。一般官员即便是以兼官任职，仍占用该官的员额。举个例子，前述的多人以本官兼御史中丞，按王朝编制，御史中丞历来只有一员，官员"兼"此职的同时，不会再有一位正官。[1] 前面曾经总结，南朝兼官的职务与职权同于正官，原因即在于此。

带帖制度则属"因人授官（资）"，人事部门是以品位为中心，根据官员个人官资授予加官。带帖之官一般不受员额限制，是服务于官僚权益的制度安排。

以上是对兼官与带帖制度区别的推论，其中编制员额可作为判别要素。试举尚书五都令史为例说明。《隋书·百官志上》叙"五都令史"，云：

> 旧用人常轻，（天监）九年诏曰："尚书五都，职参政要，……可革用士流，每尽时彦，庶同持领，秉此群目。"于是以都令史视奉朝请。其年，以太学博士刘纳兼殿中都，司空法曹参军刘显兼吏部都，太学博士孔虔孙兼金部都，司空法曹参军萧轨兼左户都，宣毅墨曹参军王颙兼中兵都。五人并以才地兼美，首膺兹选矣。[2]

尚书都令史是维系尚书台运转的重要职位，固定编制为五人。革选诏书出台以后，原来担任此职的寒流士人自然不符合职位要求，都令史由此全部空出职缺，最终由五位出身高贵的官员以兼官形式"首膺兹选"。这是兼官占用编制员额的明证。

魏晋南朝的侍中，员额设置即分为两种情况，是兼官与加官存在制度区分的有力证明。《宋书·百官志上》叙"侍中"云：

---

[1]　除非朝廷增开编制（如宋孝武帝将吏部尚书之员数改一为二），一般而言，兼官与职位的关系只可能有两种变化情况：官员解除兼官，空出员额，重新进入铨选程序；官员即真，成为正任官。

[2]　《隋书》卷二六《百官志上》，第 802 页。

魏、晋以来，置四人，别加官不主数。①

《晋书·职官志》亦云："魏晋以来置四人，别加官者则非数。"② 侍中分为正官与加官两种情况。正官员额规定为四人，属于职事官。官员以较低本资出任此职则为"兼侍中""长兼侍中"。这种兼官形态是正官的延伸，亦需承担职位的具体事务。③ 侍中作为加官，主要是为增益官员资望，员额上完全没有限制。侍中所反映的兼官与加官有别，印证了前述兼官独立于官资的分析判断。

综合以上考察，可以揭示南朝兼官制度与官资位阶的关系。简言之，兼官是资、职不相对应状态下的官制形态。一方面，兼官相对独立于官资，将官职固有的位阶因素暂时抽离，以附从于官员的本资；另一方面，兼官是以本资为参照基础的委任形式。围绕官资与职位的匹配度，兼官与本官存在转换机制。兼官与带帖加官的官衔形态十分接近，但二者貌同实异：前者重在职务履行，更为强调职能意义；后者服务于官僚权益，侧重于名位意义。员额编制是朝廷维系职事运作的重要结构因素，它的有无是兼官区别于带帖加官的一大特征。基于此，兼官的职事官性质是值得深入分析的问题，试往下探讨。

二、居职任事：兼官的职事官性质

翻检南朝史籍可以发现，诸如《恩幸》《良吏》《儒学》《文学》等类传，传主仕履多历兼官，这是非常有意思的线索。从中可以隐约觉察兼官与专职专才的联系。《南齐书·良政·孔琇之传》云：

出为乌程令，有吏能。……迁尚书左丞，又以职事知名。转前军

---

① 《宋书》卷三九《百官志上》，第 1343 页。
② 《晋书》卷二四《职官志》，第 732 页。
③ 长兼侍中是官员以较低本资出任侍中正职的制度形态。如：《南齐书》卷四六《萧惠基传》载惠基"还为吏部郎，迁长兼侍中。袁粲、刘秉起兵之夕，……时直在侍中省"（第896 页），宿值侍中省是履行职务的明证；《南齐书》卷四九《王奂传附王缋传》载缋"迁太子中庶子、领骁骑，转长兼侍中。世祖出射雉，缋信佛法，称疾不从驾"（第 944页）。从驾是正员侍中的职责之一，可知长兼侍中是职事官，有力证明兼官并非加官。此外，另有一种"兼侍中"的情况，是朝廷委任官员在重要礼仪场合担任侍中，如《宋书》卷一〇〇《自序》云："时车驾祀南郊，特诏（沈）邵兼侍中负玺，代真官陪乘。"（第 2698 页）这是属于临事差遣，事讫则罢，不在正官、加官范畴。相关考察参见孙正军《禅让行事官小考》，《史学集刊》2015 年第 2 期。

将军，兼少府。迁骁骑将军，少府如故。①

孔琇之两度"兼少府"，与其"有吏能""以职事知名"的政治才能深有关系。据同卷《沈宪传》载"少府管掌市易，与民交关，有吏能者，皆更此职。"② 可知少府掌管物资交易，属于承担繁重事务的剧职，需要具备吏能才干的官员。孔琇之出任此职，应是当时少府出缺后吏部选官依才登用的结果。

那么，孔琇之的少府之职为什么是"兼"呢？这就又与其个人官资有关。由于缺乏南齐时期的官阶资料，这里只能根据梁代情况加以推论。梁天监七年，少府卿"位视尚书左丞"③，则南齐时少府似与尚书左丞处于同一位阶。孔琇之大概是尚书左丞之职已任满，并因"职事知名"而应迁阶晋升。显然，与左丞同阶的少府是让他屈就了，因此朝廷量才叙任孔氏为少府的同时，授其前军将军为本官，通过兼官形式任以职事。不过，前军将军在梁代官班为九班，亦与尚书左丞、少府同级。笔者推测南齐时前军将军可能相当于梁官班十班的水平，则孔琇之官历大致为"尚书左丞（9）—前军将军（10）—骁骑将军（11）"，构成循资而进的迁官秩序。少府一职的位阶较孔氏晋升后的本资为低，因此他有两度"兼少府"的授官经历。以上分析虽有推测之处，不过从史书中也可找到依据。同卷《李珪之传》云：

> 迁镇西中郎谘议，右军将军，兼都水使者。珪之历职称为清能，除游击将军，兼使者如故。转兼少府，卒。④

李珪之同样因"历职称为清能"而兼"都水使者""少府"等剧职，其本官则经历"西中郎谘议（9）—右军将军（10）—游击将军（11）"。对照可以发现，孔、李二人的迁官资序基本一致，往后的迁升均授西省武官，前为"四军"，后为"骁、游"，二人在南齐时可能即构成一阶之转。上节已分析西省武官属于"散阶化"职位，在官衔中属于标示官资的虚位，兼官是孔、李二人主要承担的职任。他们备受肯定的考绩与政务才能是任职的首要条件，体现了此时期王朝选官程序重才轻资的一面。兼官因其不以

---

① 《南齐书》卷五三《良政·孔琇之传》，第1016页。
② 《南齐书》卷五三《良政·沈宪传》，第1014~1015页。
③ 《隋书》卷二六《百官志上》，第805页。
④ 《南齐书》卷五三《良政·李珪之传》，第1016页。

官资为重的特点，成为王朝选才任官的重要方式。

《梁书·孔休源传》云：

> 俄除临川王府行参军。高祖尝问吏部尚书徐勉曰："今帝业初基，须一人有学艺解朝仪者，为尚书仪曹郎。为朕思之，谁堪其选？"勉对曰："孔休源识具清通，谙练故实，自晋、宋《起居注》诵略上口。"高祖亦素闻之，即日除兼尚书仪曹郎中。是时多所改作，每谘访前事，休源即以所诵记随机断决，曾无疑滞。[①]

这则史料从铨叙选官的角度清楚展示了兼官的"产生"过程。梁武帝提出了出任仪曹郎的官员须"有学艺解朝仪"，这是职位的才能要求；吏部尚书徐勉举荐孔休源，皇帝表示同意，是人选亦满足职位要求。这里职位与才能虽已匹配，但官资出现问题。参照梁代官班等级，临川王行参军应在三班，尚书仪曹郎中则为五班。孔休源若直接除拜正官，则属超阶晋升，在选贤任能的同时却也冲击到官僚制度的资格管理秩序。因此，兼官成为兼顾官资与才能的有效授官办法。孔休源以兼官形式任职仪曹郎，充分履行职能的同时又保障了官僚队伍的整体秩序。对官员来说，他虽然未有超升本资，但可出任实缺要职，并施己所长，亦有利于日后仕途的晋升。可见，兼官制度对王朝政治运作与官僚仕宦经营均有不可忽视的潜在影响。

南朝时期出现不少专职专才的史例，基本是在兼官形态下实现的。如《梁书·裴子野传》云：

> 吏部尚书徐勉言之于高祖，以为著作郎，掌国史及起居注。顷之，兼中书通事舍人，寻除通直正员郎，著作、舍人如故。又敕掌中书诏诰。……俄迁中书侍郎，余如故。大通元年，转鸿胪卿，寻领步兵校尉。子野在禁省十余年，……中大通二年，卒官，年六十二。[②]

裴子野在卒官后，朝廷所下赠官诏书列其正式官衔为"鸿胪卿、领步兵校尉、知著作郎、兼中书通事舍人"。结合本传所载，可知裴子野长期任职著作郎与中书通事舍人，通过兼官形式久居其职。这源自他具备为时

---

① 《梁书》卷三六《孔休源传》，第 578 页。
② 《梁书》卷三〇《裴子野传》，第 488 页。

论所肯定的史才与笔才，是职位与才能的结合。该兼官事例亦见载于史志与典书。据《唐六典·中书省》注云：

> （中书通事舍人）梁用人殊重，简以才能，不限资地，多以他官兼领，并入阁内，专掌中书诏诰，犹兼呈奏之事。故裴子野以中书侍郎、鸿胪卿常兼中书通事舍人，别敕知诏诰。[1]

这里"简以才能，不限资地，多以他官兼领"是确切精辟的叙述，其中隐含不易觉察的因果关联。仅从单一职位观察，看似能唯才是任、不问资地，但实际上职位并不能脱离王朝体制运作而单独存在，官僚品位秩序对官资、门第的内在要求必然会制约职位的取士标准。兼官制度为官僚资格管理制度提供了更为灵活的手段，一定程度上协调了能力与官资的矛盾关系。因此，"以他官兼领"的制度形式是职事官实现"简以才能，不限资地"的重要前提。

南朝时期的兼官职位所涉及的职类、职等、职事均颇为多样，难以一概言之。[2] 这是重才能、轻资地的制度选择结果。兼官的复杂情况，兼官职位与王朝国家政务运作之间的密切关系，鲜明地反映了兼官以事务与职责为中心的职位特征。[3]

兼官强调职事权责、有别本资的制度秩序，可在当时的免官事例中得到进一步佐证。如《南齐书·袁彖传》载：

> 又以中书兼御史中丞。转黄门郎，兼中丞如故。坐弹谢超宗简奏依违，免官。[4]

---

[1] 《唐六典》卷九《中书省》，第 276 页。

[2] 结合南朝史籍记载，看到可带"兼"字的职事官其官署机构大致有如下分类（礼仪场合的兼摄官除外）。卿：太常（包括太常丞）、卫尉、廷尉（包括廷尉正、监、平）、少府、将作大匠、都水使者（梁改为太舟卿）；尚书台：尚书仆射，诸曹尚书，尚书左丞、右丞，尚书郎；御史台：御史中丞；中书省：中书郎、中书通事舍人；秘书省：著作郎；公府：司徒左、右长史；军府：记室参军、中兵参军；禁卫武官：二卫将军；学官：国子祭酒、国子博士、太学博士、五经博士；东宫：太子中庶子、太子二卫率、东宫通事舍人。

[3] 阎步克提出"品位与职位"的分析框架，对笔者启发甚深。笔者这里提到的"以事务与职责为中心的职位特征"，是借鉴了他"官僚服务取向""以事为中心"等概念。（参见阎步克《品位与职位——秦汉魏晋南北朝官阶制度研究》，第 1~74 页）

[4] 《南齐书》卷四八《袁彖传》，第 924 页。

袁彖被免时之官衔，应与前节所引沈、庾、张诸例一致，为"黄门郎，兼御史中丞"。[1] 关于他的处分在《南齐书·谢超宗传》所载左丞王逡之的弹奏文书中有更为详细的表述，云："请以见事免彖所居官，解兼御史中丞，辄摄曹依旧下禁止视事如故。"[2] 这里的"所居官"是黄门郎，即袁氏的官资位阶所系之本官。[3] 可以清楚看到，兼官（御史中丞）职权的解除在弹事中是单独列出的，以区别于所居官（黄门郎）的罢免，说明兼官与所居官在制度层面上有明确区分。[4]《宋书·礼志二》载何承天弹事可作为参证：

> 元嘉二十三年七月，白衣领御史中丞何承天奏："……谨案太学博士顾雅、（注：太学博士领）国子助教周野王、博士王罗云、颜测、殷明、何惔、王渊之、前博士迁员外散骑侍郎庾邃之等，咸蒙抽饰，备位前疑，既不谨守旧文，又不审据前准，……太常臣（注：郄）敬叔位居宗伯，问礼所司，腾述往反，了无研却，混同兹失，亦宜及咎。请以见事并免今所居官，解野王领国子助教。"……诏敬叔白衣领职。余如奏。[5]

在元嘉二十三年（446）何承天弹奏太学诸博士议礼失当的事例中，处分所造成的官位前后变化可分为三种情况，如表 5.2 所示。

---

[1] 史籍中有如此多例"黄门郎、兼御史中丞"，大概是两官位阶在齐梁时构成一阶之转的缘故。以往对南朝官位清浊的认识多以黄门郎为清，而以御史中丞为浊。就迁升制度逻辑而言，类似理解颇有不妥之处，或有辩正空间。

[2]《南齐书》卷三六《谢超宗传》，第 710~711 页。

[3]《宋书》卷四二《王弘传》载其弹文，云："御史中丞都亭侯王准之，显居要任，邦之司直，风声噂喈，曾不弹举。若知而弗纠，则情法斯挠。如其不知，则尸昧已甚。岂可复预班清阶，式是国宪。请免所居官，以候还散辇中。"（第 1425 页）从文意可知，王准之被免去所居官御史中丞以后，则不复"预班清阶"，说明所居官具有标示官员的官资位阶意义。

[4]《南齐书》卷三六《谢超宗传》记载了袁彖的弹奏文书，其中对谢超宗的处分意见为"请以见事免超宗所居官，解领记室"（第 709~710 页），也是"免所居官""解领记室"被分别提出。

[5]《宋书》卷一五《礼志二》，第 432~434 页。原文"国子助教周野王"，据前段文字，周野王的完整官衔为太学博士领国子助教，为方便论述出注补说。原文"太常臣敬叔"，因公文体例未详其姓氏，据《宋书》卷六六《何尚之传》"太常郄敬叔"记载，亦出注补充。

表5.2 元嘉二十三年官员议礼失当处分前后官位对比表

处分结果	官员	处分前官位		处分后官位	
		所居官	兼官	所居官	兼官
免所居官	顾雅、王罗云、颜测、殷明、何恢、王渊之	太学博士	（无）	白衣	（无）
	庚邃之	员外散骑侍郎	（无）	白衣	（无）
免所居官、解兼官	周野王	太学博士	国子助教	白衣	（无）
免所居官、领原职	郗敬叔	太常	（无）	白衣	太常

从表5.2中可以看到，周野王的处分结果反映了本官与兼官并存的情况下，除罢免所居官（官资）外，还需要特别注明解兼官（职位）。此与上述袁豹事例相参，二者很好地反映了兼官与所居官在制度上的区分。其中公文遣词有"免"与"解"的不同，应是二者性质有所区别的缘故。

值得注意的是，白衣领职作为处罚方式，接近于"所居官＋兼官"的形态结构。[1] 该事例中，何承天是以"白衣领御史中丞"具衔上奏弹事，即说明官员白衣领职是需要执行职务的。上节所引张缅左降黄门郎兼御史中丞之例，是本资改变后以兼官形式履行职务。两者在资、职关系上存在共通之处。再联系处罚对象郗敬叔，以白衣身份摄领太常职位，其职务与权责应无改变，所不同的是所居官被罢免后身份降为白衣，个人本资被剥夺。由于原有职位与官资已不相对应的缘故，他需要通过"领职"形式继续承担职事。

白衣领职之例，主要是摄领原官职事。当时亦有免官后以白衣兼他职者，如《南齐书·到㧑传》载：

（永明）三年，复为司徒左长史，转左卫将军。……为有司所举，免官。久之，白衣兼御史中丞。转临川王骠骑长史，司徒左长

---

[1] 关于两晋南朝时期的白衣领职现象，学界已有不少研究成果。如刘伟航、高茂兵认为白衣领职与免官是完全不同的两种处分方式。（参见刘伟航、高茂兵《两晋南北朝"白衣领职"初探》，《西南大学学报（社会科学版）》2007年第3期，第173～177页）诸位主要是从官僚管理方式的角度论证此问题，本书则尝试从官资与职位关系的视角观察白衣领职，将此处罚形式延伸至兼官制度范畴加以讨论。

史，……①

又如《南齐书·刘悛传》载：

> （郁林）讽有司收悛付廷尉，将加诛戮。高宗启救之，见原，禁
> 锢终身。……海陵王即位，以白衣除兼左民尚书，寻除正。高宗立，
> 加领骁骑将军，复故官，驸马都尉。②

又如《陈书·张种传》载：

> 迁侍中、领步兵校尉，以公事免，白衣兼太常卿，俄而即真。③

上述诸例与白衣领职的制度逻辑是一致的。即经历"免官—白衣—兼官
（领职）"的过程。这是对免官同时免职的一种制度变通，是通过兼官领
职形式促使职位与官员资格分离。因此，白衣领职可视为"甲官兼（领）
乙官"的变例。"领职"实质就是兼官，是兼官制度的非常态形式，官员
被免所居官后，官资发生变化的同时，仍可通过领职（兼官）形式摄理
职务。从职位与职能的角度而言，白衣领职是官员居职任事的特殊制度
形态。

　　大体而言，南朝兼官制度体现了重职事、任才能、久职任的职位意
义。在与官员本资分离的机制下，兼官强化了官僚制度的职能意义，其涵
盖官职范围主要包括朝廷体制中承担实际职务的职事官。通过除拜兼官的
授官方式，选官制度得以铨叙任用人才，满足职位所需的专门知识与治事
能力。同时，兼官为官员久居其职提供了制度可能：官员的名位维系、身
份权利再到功劳酬奖、过失处罚等，均可通过本官晋升、降级、罢免等方
式实现，官员能够通过兼官形式长时间居职任事，从而保证王朝制度的职
能运作效率。

三、职资分立：兼官的制度意义

　　南朝官僚制度通过兼官与本资的分立，保证了职能效率与官员权益的
平衡。兼官与本资相互配合，使得南朝官僚制度形成具有时代特色的职、

---

① 《南齐书》卷三七《到㧑传》，第 720~721 页。
② 《南齐书》卷三七《刘悛传》，第 726 页。
③ 《陈书》卷二一《张种传》，第 319 页。

资秩序。其中尤以为服务皇权而恩幸寒人的事例为著。兹举徐爰官历为例说明。《宋书·恩幸·徐爰传》载：

> 迁<u>员外散骑侍郎</u>。……时世祖将即大位，……以兼太常丞，撰立仪注。孝建初，补<u>尚书水部郎</u>，转为<u>殿中郎</u>、兼右丞。……<u>寻即真，迁左丞</u>。……大明六年，又以爰领著作郎，……七年，爰迁<u>游击将军</u>。其年，世祖南巡，权以本官兼尚书左丞，车驾还宫，罢。明年，又兼左丞，著作兼如故。世祖崩，营景宁陵，爰以本官兼将作大匠。……前废帝……以爰为<u>黄门侍郎、领射声校尉</u>，著作如故。……太宗即位，……以<u>黄门侍郎改领长水校尉</u>，兼尚书左丞。明年，除<u>太中大夫</u>，著作并如故。①

徐爰的仕履有多次兼官经历，如果分离出以职事为中心的兼官，可勾勒如下的迁官路线。以梁代官班为参照，徐爰的本资有如下呈现：

> 员外郎（3）—尚书水部郎（5）—尚书殿中郎（5）—尚书右丞（8）—尚书左丞（9）—游击将军（10）—黄门郎、射声校尉（10.5？）—黄门郎、长水校尉（10.5？）—太中大夫（11）②

尚书左丞、右丞两官，在徐爰仕历中均曾以本官与兼官两种形态出现。其转换基本是以个人本资作为基准的。徐爰在居职任事的同时，本资基本是逐步提升的，校尉作为带帖之位参与到他的官资计算中。至于兼官则与帖职明显不同，兼官与政务直接相关，基本是在职位与官资不对应的情况下，承担所兼之太常丞、右丞、著作郎、左丞、将作大匠等职事官的具体事务。由此，反映了官僚品位资格管理与选官制度的关联与秩序。

前面分别从官资、职位的二重角度探讨了南朝兼官的历史现象与制度内涵。如果将此制度置于汉唐官僚制度脉络中观察，可有更深入的制度意义解读。

南朝"甲官兼（领）乙官"的兼官形态是一种资、职分立的制度模

---

① 《宋书》卷九四《恩幸·徐爰传》，第2533～2536页。标点经斟酌有改动。标线处为徐爰本资所系。

② "游击将军"梁官班十一班，据前面分析，南齐时似在十班为是。徐爰为刘宋时人，故取后者。"黄门郎、射声校尉"与"黄门郎、长水校尉"尚难定其确切位阶，兹以带帖校尉为半阶，定为十班半。

式：甲官以系官资，乙官以任职事。此形式与隋唐以后"散阶＋职事官"的成熟官阶制度颇为类似，但二者貌同实异。

隋唐的散阶与职事官是互为独立、自成体系的等级序列；南朝的本官与兼官则来自同一职官系统，本官与兼官因应个人官资变化甚至可以互相转换。兼官相对于本官，其独立性主要是基于官资不相一致的情况，同一职位的两种形态在职务、职能方面并无显著区别。尽管南朝兼官体现了以事为中心的鲜明特点，但无法促使职事官超越品位而具有完全独立的职位意义。

唐代"散阶＋职事官"是相对固定的官职形态，是资、职的完全分离，"散阶"从散官与军号演变而来，是纯粹的本阶符号；南朝"所居官＋兼官"则属于官资秩序下的制度变例，是资、职的暂时分离，兼官形态下的"所居官"通常来自名位化、闲散化的职位，但实质仍是官职，并没有虚化为位阶符号。

基于上述分析，可知南朝官制本质上仍然是资寓于官，与北朝和隋唐阶职两分的制度发展潮流异趣。[①] 在此基础上，有别于北朝和隋唐的制度脉络可得到呈现：自两汉魏晋至于南朝，官僚制度维持着资（秩、阶）、职合而为一的制度形态。

这一认识有助于阐释南朝兼官的制度意义，可以联系汉代"增秩"与"贬秩"之制加以讨论。阎步克对此制有精要解读：

> 增秩、贬秩既然造成了秩次和职位的分离，也可以说这里就开始闪现出"品位"色彩了。王朝规定了某职定俸"若干石"，但对此并不墨守。增秩、贬秩的变通做法，便蕴含着对超越职位的"品位"的需求，这需求内在于传统政治之中。……增秩和贬秩所造成的"职位"与"品位"一定程度分离，较之唐代文武散阶还有重大距离。[②]

阎步克所论很好地阐释了"以职位为中心"的汉代官制，以增贬秩级的变通形式使秩次和职位分离，从而兼顾"品位"内在需求。有意思的是，这段精彩的分析文字基本可移作解读南朝兼官制度。只不过时移世易，制度语境换成其对立面——"以品位为中心"，若干关键词需要从相反方向改

---

① 阎步克考察南北朝到隋唐位阶体系变迁大势时指出"东晋十六国与南北朝的制度演化，明显南北分途"，"东晋十六国以来，制度的演化分为南北两系"，所论深具卓见。（参见阎步克《论北朝位阶体制变迁之全面领先南朝》，第 199~200 页）

② 阎步克：《品位与职位——秦汉魏晋南北朝官阶制度研究》，第 204 页。

换过来。以阎步克之论为参考蓝本，这里尝试改写如下：兼官造成了官资与职位的分离，显示出"职位"色彩。王朝规定某职定阶在某一班位，但对此并不墨守。兼官的变通做法，便蕴含着对超越品位的"职位"的需求，这种需求内在于传统政治之中。兼官所造成的"职位"与"品位"出现一定程度的分离，较之唐代文武散阶还有重大距离。

以上改写可印证阎步克"品位与职位"研究的方法论意义：品位与职位是解读中古时期官制的两个基本维度。两者构成相反而又相成的关系，官僚制度不可能只有单纯"品位"或"职位"的一面。虽然魏晋以来职官名位大量增殖，服务于官僚的资品制度亦发展成熟，但是维系王朝体制运转的职能需求并不可能因此消失，其职位服务取向即"内在于传统政治之中"。兼官模式源于权守正官的官制传统，在新的历史条件下为王朝制度提供了一种独立于官资、以事务为中心的职位管理形式。

以上对兼官制度的考察说明，南朝皇权政治回归的历史进程并不能停留在皇帝"主威独运"及恩幸寒人"耳目所寄，事归近习"等感性判断上（语出《宋书·恩幸传》序）。实际上，皇权伸张与政务维系有其深厚的制度理性基础。从官衔形态到文书体制再到选官程序，乃至参政议事，朝廷官僚制度中的大小环节，均透露了相当丰富的信息，有助于进入历史场景中去探索。

本资与兼官的关系或许是其中一种观察视角，在品位秩序成熟发展的历史趋势下，兼官因内涵意义不断深化而演进为重要的官制补充。这本身是传统政治的内在要求，也是朝廷制度的自我调适，体现了朝廷制度的多元化取向。

第二节　从除授到拜受：东晋南朝的官职除拜制度

官职除拜，是朝廷进行命官授职的制度形式，也是官员受官与履新的程序安排，构成选官制度运作的终端环节。东晋南朝时期，官衔存在"新除某官"的专称，具有特定的官资含义，是认识此时期官职除拜制度的重要切入口。

就东晋南朝时期而言，学界对官职除拜的具体运作，认识上仍多有模糊之处。一方面是由于史料的局限。尽管史籍文献对人物的仕履记载颇为丰富，但对除拜过程则鲜少提及，有关官职任命的记录零碎而分散，不易看清其基本面貌。另一方面是由于解读的局限。官职除拜作为一种模式化的任命程序，难免给人以例行公事的印象。以往研究对官职除拜史料的利用，大多集中于人物任官时间方面的考证，至于除拜程序本身，则非关注之重点所在，专门的讨论寥寥无几。应当指出，官职除拜作为一个制度问题，仍存在着不小的考释空间，也很有深入研讨之必要。

南朝官职除拜，就制度而言，它是朝廷的日常政务，依托文书行政，可分为不同的阶段与环节，有一套规范化的运作流程。各个职能部门依规章程序处理具体事务，最终完成对官员的任命。对官员来说，除拜程序是每次新任命之必经起点，其间官员亦会与朝廷发生多次关涉。朝廷授官与个人受官构成任命过程中的基本关系。此时期具体的官衔形态，正是了解这一过程的重要窗口。与此呼应，官职除拜也是一套官场礼仪，授受双方在不同阶段、不同场合下展开多种形式的互动，富于政治文化的仪式符号更是交织其中。此过程是以礼仪型君臣关系为中心展开，既有强调职位责任的功能取向，又有实现品位权益的现实意义。对此问题的探讨，有助于更全面地了解南朝官僚制度的运作情形及官场场域的活动情境。

本节尝试整理史料中的各种零散线索，以官衔术语"新除"为切入点，解析除、拜的制度含义与性质，并从制度时间、政务环节与礼仪程序诸方面考察南朝官职除拜的基本程序及其运行机制。顺带一提的是，本节所观察的官职主要集中在中高级别范畴。

一、官衔所见"新除"释义

作为个人官位的结衔形式，"新除"在南朝史籍中并不稀见。兹举例说明之。

《宋书·文帝纪》记载元嘉六年（429）朝廷对王敬弘的两次任命：

> 夏四月癸亥，以尚书左仆射王敬弘为尚书令，……（五月）癸巳，以新除尚书令王敬弘为特进、左光禄大夫。[1]

史书记载的两次任命，时间前后仅相隔了三十天。显然上述"新除"并不能简单解释为新官，它是对王敬弘先前所授尚书令的一种制度化表述。《宋书·王敬弘传》对此事始末有较详细的交代："迁尚书令，敬弘固让，表求还东，上不能夺。改授侍中、特进、左光禄大夫"[2]，可知王敬弘坚持辞让尚书令之授，未有实际接受，朝廷亦随之改授他官。《文帝纪》记载

---

① 《宋书》卷五《文帝纪》，第 84 页。
② 《宋书》卷六六《王敬弘传》，第 1894 页。

的后一任命称他的前官为"新除尚书令"，应是来自此时期的制度规定，特指此官尚未完成拜受程序。

再看《梁书·武帝纪下》载：

> （普通元年）六月丁未，以护军将军韦叡为车骑将军。……（八月）甲子，新除车骑将军韦叡卒。①

据同书《韦叡传》载，"普通元年夏，迁侍中、车骑将军，以疾未拜。八月，卒于家"②，由于韦叡"以疾未拜"车骑将军直至去世，故《武帝纪》将此官职记作"新除车骑将军"。此亦表明除官而"未拜"，可称为"新除"。参考《南齐书·曹虎传》载曹虎"转散骑常侍、右卫将军。……帝疑虎旧将，兼利其财，新除未及拜，见杀"③。史家以"新除"与"未及拜"连叙，正可揭示其意。南朝史籍所见"新除"事例，均有"未拜"之义，这里不再列举。

史书使用"新除"的词例，可追溯至《后汉书》。然其早期含义与上述解释有着微妙差别，通常是指官员已受拜官职而尚未到任。具体事例如《后汉书·宦者·张让传》称"时巨鹿太守河内司马直新除"，该传载汉灵帝时官员出任要职须交修宫钱，"当之官者，皆先至西园谐价，然后得去。有钱不毕者，或至自杀"，又云"其守清者，乞不之官，皆迫遣之"。司马直不愿同流合污，"被诏，……辞疾，不听。行至孟津，……即吞药自杀"④。从"当之官者""乞不之官"及司马直出任河北郡守而"行至孟津"的线索，可知这里的"新除"侧重于表示尚未到任。此外，如同书《伏隆传》记载汉光武帝拜伏隆光禄大夫以镇抚齐地，"并与新除青州牧守及都尉俱东"⑤，又如《赵岐传》记载赵岐为敦煌太守，"与新除诸郡太守数人俱为贼边章等所执"⑥，均同此义。

不惟"新除"，两汉正史所见尚有"初除""始除"，亦可解释为受任而未之官。关于"初除"，《汉书·翟方进传》载"故事，司隶校尉位在司直下，初除，谒两府"⑦；《汉书·王莽传上》载太后下诏，要求"州牧、

---

① 《梁书》卷三《武帝纪下》，第 74 页。
② 《梁书》卷一二《韦叡传》，第 251 页。
③ 《南齐书》卷三〇《曹虎传》，第 625～626 页。
④ 《后汉书》卷七八《宦者·张让传》，第 2535～2536 页。
⑤ 《后汉书》卷二六《伏湛传附伏隆传》，第 899 页。
⑥ 《后汉书》卷六四《赵岐传》，第 2123 页。
⑦ 《汉书》卷八四《翟方进传》，第 3414 页。

二千石及茂材吏初除奏事者，辄引入至近署对安汉公，考故官，问新职，以知其称否"①。《后汉书·丁鸿传》载丁鸿上封事，提到"刺史二千石初除谒辞（大将军窦宪），求通待报，虽奉符玺，受台敕，不敢便去，久者至数十日"②。以上都是官吏在"初除"后须前往拜谒官长或权要之例。再如《后汉书·虞诩传》载虞诩被任命为朝歌长，自云："初除之日，士大夫皆见吊勉。"③此后史载"及到官"云云，即表明了他在"初除"时并未到任。在"初除"之外，"始除"亦有此义。如《后汉书·方术下·公沙穆传》载公沙穆迁缯相，到官之后，书谒缯侯刘敞，云："臣始除之日，京师咸谓臣曰'缯有恶侯'，以吊小相。"④正可与上例参证。综合各种线索可知，"新除"在早期史料中并非制度专词，意思可与诸如"初除""始除"互通，且主要用于一般叙述，与官衔尚无直接关系。

目前可考年代最早的"新除"官衔用例出自东晋。《北堂书钞》卷五七引《晋中兴书》云：

> 王珉，字秀琰，迁拜为中书（科）令。诏曰："新除侍中王珉，才学博瞻，理义精通，宜处机近，以察时务，其以珉长兼中书令。"⑤

参《晋书·王珉传》载王珉"历著作、散骑郎，国子博士，黄门侍郎，侍中，代王献之为长兼中书令"⑥，又《晋书·王献之传》载王献之"卒于官（中书令）"⑦，以此推知中书令一职，因王献之去世而空出官缺，朝廷以名望选王珉补之。其时王珉应是始除侍中而尚未受拜，故诏书称"新除"。"新除侍中"作为正式官衔出现在授官诏书之中，是"新除"制度化的反映。可惜东晋留下的记载数量寥寥，难以展开更为详细的分析。⑧今见"新除"用例集中出现在南朝时期。

---

① 《汉书》卷九九上《王莽传上》，第 4049 页。
② 《后汉书》卷三七《丁鸿传》，第 1266 页。
③ 《后汉书》卷五六《虞诩传》，第 1867 页。
④ 《后汉书》卷八二下《方术下·公沙穆传》，第 2730 页。
⑤ 《北堂书钞》卷五七《设官部九·中书令》，第 429 页。"科"字显为衍文，今删。本条史料所载诏文亦见《艺文类聚》卷四八《职官部四·中书令》引《王珉别传》、《初学记》卷一一《职官部上》引《王珉别传》、《太平御览》卷二二〇《职官部一八·中书令》引《王珉别传》。由此推测，何法盛《晋中兴书》与《王珉别传》两者史源接近。
⑥ 《晋书》卷六五《王导传附王珉传》，第 1758 页。
⑦ 《晋书》卷八〇《王羲之传附王献之传》，第 2106 页。
⑧ 另一用例见《晋书·安帝纪》载义熙十二年（416）六月己酉"新除尚书令、都乡亭侯刘柳卒"（第 265 页）。

在上述诏文中，"新除侍中"是以单一官衔的形式存在的，未能确定是文字有简省抑或当时制度即如此。南朝时期，涉及"新除"的官衔，完整结构多为"现居官＋新除官"，试举例说明。任昉《齐竟陵文宣王行状》记录了朝廷对竟陵王萧子良的褒赠诏书，称其生前官衔为"故使持节都督杨州诸军事、中书监、太傅、领司徒、杨州刺史、竟陵王、新除进督南徐州"①，这是出自当时的第一手官方文书，无疑是相当正规的官衔书写形式。其中"新除进督南徐州"是作为正式官衔的组成部分，值得留意。联系该《行状》前述云"复以申威重道，增崇德统，进督南徐州诸军事，余悉如故。并奏疏累上，身殁让存"，参考《南齐书·竟陵文宣王子良传》记载"进督南徐州""其年疾笃"②，可知萧子良屡次辞让"进督南徐州"，至去世时仍未受拜。故在此官前系以"新除"，单独附列于官爵之后。以上文例显示，现居官与新除官是一种并列结构，是此时期官衔的组合形态之一。

由此表明，"新除"作为标示尚未受拜官职的结衔形式，是一种独立的官衔结构。作为参证，《文苑英华》卷四一六载沈约《常僧景等封侯诏》云：

> 门下：庐陵王中兵参军事、〔直〕（宣）阁将军、军主、新除右军〔将军？〕常僧景，车骑江夏王参军事、直阁将军、新除右军中郎将薛元嗣、安东庐陵王参军事、振武将军徐元称，假宁朔将军、庐陵王国侍郎、延明主帅殷系宗，前军将军、宣阁格虎队主马广，或气略强果、或志识贞济、或忘家奉国，诚著夷险，方寄戎昭，克清时难，宜命爵启土，以奖厥劳，可封一千户、开国县侯，本官、新除、驱使悉如故。主者施行。③

众所周知，"如故"多见于此时期的封授官爵诏书，是常用的公文格套语，用于表示受官受爵者在朝廷本次封授以后的官衔保留项，无疑这也是理解

---

① 《文选》卷六〇《行状》任昉《齐竟陵文宣王行状》，第829页。
② 《南齐书》卷四〇《武十七王·竟陵文宣王子良传》，第779页。
③ ［宋］李昉等编：《文苑英华》卷四一六《中书制诰三七·封爵》，北京：中华书局，1966年，第2106页。此诏作成于南齐末。陈庆元认为在永元元年（499）二年（500）间（参见［南朝齐］沈约著，陈庆元校笺《沈约集校笺》，南京：江苏古籍出版社，1995年，第45页），可参。从诏文"诚著夷险""克清时难"等语，可知常僧景等人是在东昏侯在位期间发生的某次军事政变中立功。又薛元嗣时为"车骑江夏王参军事"，江夏王宝玄于永元二年三月应崔慧景反，五月败死。诏文不可能为此次政变后作，更大的可能是对应陈显达永元元年起兵反，是年十二月底失败事，可进一步推测此诏当作于永元二年初。

官衔结构的重要线索。所谓"本官、新除、驱使悉如故",是以概称的形式代指诸人官衔结构,三者各有所指:本官指现居官,新除指的是新除官,驱使则指军职。不妨以常僧景的官衔为例来具体说明。他的"本官"是庐陵王中兵参军事、直阁将军,"驱使"是军主,"新除"是右军。"驱使"在当时别具含义,主要涵盖了由皇帝差遣指派、承担实际职务的某些职位。它在诏书中别为一项,从侧面说明了"本官"与"新除"作为官衔概称的独立性质及相互间的并列关系。"本官+新除"的概称用例,即印证了前面对现居官与新除官的结构关系分析。

关于"新除",朱季海有如下解释:"凡授官未拜,但称新除。此类或缘本人无意就新,或缘朝旨徒欲以为迁转阶资之地。"①丁福林亦有类似理解,谓:"二人是时当未及拜官就职即被杀,故曰'新除'耳。"②前贤在解释工作上迈出了重要一步,可惜并未作更多的展开,论述亦稍嫌简略。至于朱季海认为"新除"缘于官员"无意就新"或用作"迁转阶资",这一理解更是改换概念,将"未拜"等同于最终"不拜",进而将"新除"的发生视为特殊缘由下的运作结果。解释上似有以偏概全之嫌,未能有效揭示"新除"的完整制度含义。史书记载的"新除"多数事例是得官者因各种原因最终不拜,如前面所引王敬弘、韦叡、萧子良均属此类情形,这也很容易让人以为除拜特例与"新除"存在着因果关系。这是一个需要重点辨析的问题。

对此,前引《常僧景等封侯诏》充分提示了"新除"的实际含义。"新除"之所以列入"如故",成为各人的官衔保留项,缘于这是一份封爵诏书。当时对立功者的班赏,朝廷既晋升官位又赐封爵位,二者在程序上各自独立,即授官在前,封爵在后。由此判断,常僧景、薛元嗣获得升官,随后在新官尚未及拜受时,朝廷又下诏封爵,诏文提到常僧景、薛元嗣二人官衔中的"新除"部分,其实就是他们早前已下诏除授的晋升官职。概言之,"本官、新除、驱使悉如故"是一种制度性的交代与补充,大意是要说明封爵乃独立进行,并不影响诸人此后继续完成拜受新除官职的程序。由此表明,官衔中的"新除"丝毫没有"本人无意就新"的意图,由于授官与封爵各自运作,亦排除了朝廷在封爵诏书中是以新除诸官为"迁转阶资"之可能,可证官衔中的"新除"并无最终不拜官职的意思。

---

① 朱季海:《南齐书校议》,北京:中华书局,1984年,第4页。
② 丁福林:《宋书校议》,上海:上海古籍出版社,2002年,第230页。

类似例证还可以从正史中找到。《宋书·沈庆之传》载：

> 世祖践阼，以庆之为领军将军，加散骑常侍，寻出为使持节、督南兖豫徐兖四州诸军事、镇军将军、南兖州刺史，常侍如故，镇盱眙。
>
> 上伐逆定乱，思将帅之功，下诏曰："朕以不天，有生罔二，泣血千里，志复深逆，鞠旅伐罪，义气云踊，群帅仗节，指难如归。故曾未积旬，宗社载穆，遂以眇身，猥纂大统。永念茂庸，思崇徽锡。新除使持节、散骑常侍、都督南兖豫徐兖四州诸军事、镇军将军、南兖州刺史沈庆之，新除散骑常侍、领军将军柳元景，新除散骑常侍、右卫将军宗悫，督兖州诸军事、辅国将军、兖州刺史徐遗宝，宁朔将军、始兴太守沈法系，骠骑谘议参军顾彬之，或尽诚谋初，宣综戎略；或受命元帅，一战宁乱；或禀奇军统，协规效捷，偏师奉律，势振东南。皆忠国忘身，义高前烈，功载民听，诚简朕心。定赏策勋，兹焉攸在，宜列土开邑，永蕃皇家。庆之可封南昌县公，元景曲江县公，并食邑三千户。悫洮阳县侯，食邑二千户。遗宝益阳县侯，食邑一千五百户。法系平固县侯，彬之阳新县侯，并食邑千户。"又特临轩召拜。[1]

沈庆之"出为使持节、督南兖豫徐兖四州诸军事、镇军将军、南兖州刺史，常侍如故"，此后朝廷为了赏功，又下诏封爵。[2] 其时沈氏尚未正式拜受新官，故诏书以"新除"系其官衔。文中所见柳元景、宗悫二人官衔，亦同此理。从各人本传可知，他们最终均拜受了"新除"官职，同样不存在"无意就新"的情况。此亦表明，"新除"所指的除官未拜，并不限于史籍常见的那些作为结果的"不拜"事例。原则上朝廷除授的官职，在受拜之前均称为"新除"。简言之，"新除"用于标识过程而非表示结果。

---

① 《宋书》卷七七《沈庆之传》，第 2191~2192 页。

② 据《宋书·孝武帝纪》载元嘉三十年六月庚申"诏有司论功班赏各有差"（第 122 页），上述封爵诏书是在此指示下形成的。具体流程是尚书台（有司）接到庚申诏后拟出班赏方案，经过孝武帝审核同意，交由中书省草诏，再经皇帝画可付外（具体文书程序的详析见后）。另据《孝武帝纪》记载，元嘉三十年闰六月"壬申，以领军将军沈庆之为镇军将军、南兖州刺史。癸酉，以护军将军柳元景为领军将军"（第 122 页），与封爵诏书"新除使持节、散骑常侍、都督南兖豫徐兖四州诸军事、镇军将军、南兖州刺史沈庆之，新除散骑常侍、领军将军柳元景"相对应，可知封爵诏的颁出不会早于闰六月癸酉。

通过上述封爵诏的参证，可进一步明确"新除"的制度含义：所有官职的任命，在正式除授以后制度程序均会经历"新除"过程，直至得官者完成拜受。从官衔形式理解，"新除"系于官职，主要指此官尚在除拜之间，是既除未拜的一个制度阶段。至于史籍所见各种最终"不拜"新授官职的事例，不论出于何种原因，实际上都可视为正常除拜阶段下的一种停滞，从而使官职止于"新除"状态。换言之，此类终于不拜的官职之所以称"新除"，与造成不拜的各种特殊缘由（包括"无意就新""迁转阶资"）并无直接关系。"新除"作为官衔形式，是官职除拜过程的一种制度标识。

二、除拜过程与制度时间

南朝史籍文献记载某人徙官，常用诸如除、拜、为、授、迁、转、补等动词加以叙述。就史家要表达的意思而言，此类语词通常并无多大区别。但若从南朝的制度运作本身理解，则要另当别论。依前所揭，此时期官职的任命程序均会经历已除未拜的"新除"阶段，直至拜受。换言之，先除后拜是以上过程的基本秩序。由此提示，"除"和"拜"作为制度术语，既互有关联又各有特定含义（比如"新除"就不能写作"新拜"），共同构成官职任命的基础环节。循此思路，下面尝试探讨官职除拜的具体过程，解释"除"和"拜"的制度含义，并考察与此相关的制度时间性质。

南朝时期高级官职的除拜程序，在《隋书·百官志上》所载梁、陈时期"用官式"中有较为集中的记述，云：

> 其有特发诏授官者，即宣付诏诰局，作诏章草奏闻。敕可，黄纸写出门下。门下答诏，请付外施行。又画可，付选司行召。得诏官者，不必皆须待召。但闻诏出，明日，即与其亲入谢，后诣尚书上省拜受。若拜王公则临轩。[①]

这条史料（以下简称《用官式》）展示了从朝廷"发诏授官"到得官者"拜受"的除拜过程始末。其重要性不言而喻。据此，官职除拜的主要程序可简要归纳如下：

> 皇帝授官旨意（任命决议形成）→中书省诏诰局（草诏奏闻）→皇帝（敕可）→门下（答诏请付外）→皇帝（画可）→尚书台选司

---

① 《隋书》卷二六《百官志上》，第830页。标点经斟酌有改动。

（行召）→得官者拜受

"发诏授官"是法理意义上的关键程序，即以诏书为委任文书载体来确认官职任命。反过来亦可认为，诏书未发出则意味着官职任命未正式生效。对此，可找到若干事例加以说明。如《宋书·刘延孙传》载刘延孙从外任被征为"侍中、尚书左仆射，领护军将军"，此后宋孝武帝"又欲以代朱修之为荆州，事未行，明年，（延孙）卒，时年五十二"①。所谓"事未行"就是指任命刘延孙为荆州刺史的诏书尚未发出，这项任命也就未能生效。是故在刘延孙去世后，朝廷褒赠诏书仍记其官衔为"故侍中、尚书左仆射、领护军将军东昌县开国侯"。可见皇帝即使已有授官旨意，甚至准备出诏的文书流程已在进行中，但只要诏书未发出，任命就未能作数。类似事例又见于《陈书·鄱阳王伯山传》。鄱阳王陈伯山居母丧以孝闻，陈后主曾向群臣称："鄱阳王至性可嘉，又是西第之长，豫章已兼司空，其亦须迁太尉。"其后"未及发诏而伯山薨"②，同样提示了官位除授与"发诏"的直接关联。再如《陈书·华皎传》载华皎"密启求广州，以观时主意，高宗伪许之，而诏书未出。皎亦遣使句引周兵"③，此陈废帝朝事，谓陈顼"伪许"华皎广州刺史，又云"诏书未出"，意味着授官须以诏书为法理基础，若无诏书正式发出，该任命不能成立。又如《陈书·孔奂传》载："及右仆射陆缮迁职，高宗欲用奂，已草诏讫，为后主所抑，遂不行。"④此陈宣帝朝事。当时以孔奂为尚书右仆射的诏书已经草成，由于太子陈叔宝阻挠而"不行"，从政务程序理解，这是说诏草并未正式付外，孔奂由此与右仆射失之交臂。

在明确发诏与官职任命之间关系的基础上，可进一步考察除拜的制度时间及其性质。这里不妨先揭举同时期的一例北朝史证。《北史·冯诞传》载北魏孝文帝以冯诞为司徒事：

> （太和）十六年，以诞为司徒。帝既爱诞，除官日，亲为制三让表并启。将拜，又为其章谢。⑤

① 《宋书》卷七八《刘延孙传》，第 2214 页。
② 《陈书》卷二八《世祖九王·鄱阳王伯山传》，第 407 页。
③ 《陈书》卷二〇《华皎传》，第 308 页。
④ 《陈书》卷二一《孔奂传》，第 325 页。
⑤ 《北史》卷八〇《外戚中·冯熙传附冯诞传》，第 2679 页。

这里的"除官日"无疑是关键线索，提示了官职任命的制度时间概念。与此相应，"将拜"意即临近拜受之日。此表述暗示了另一个制度时间的存在。为便于论述，姑称此时间为"拜受日"。由此推知，朝廷命官授职的程序起止，是与"除官日""拜受日"直接相关。

不惟北朝实施过以上制度，南朝的官职除拜亦遵循着相近的运作程序。前面所揭"新除"官衔就是最为直接的证据。"新除"表示了已除未拜的任命状态，在拜受以后即取消，转为"本官"。换言之，"新除"官衔的使用是自"除官日"起直到"拜受日"止。"新除"就是由以上两个时间所定义的制度性过程。梳理南朝史籍线索，可进一步分析除、拜的制度时间性质。《梁书·简文帝纪》载：

> （中大通）三年（531）四月乙巳，昭明太子薨。五月丙申，诏曰："非至公无以主天下，非博爱无以临四海。所以尧舜克让，惟德是与。文王舍伯邑考而立武王，格于上下，光于四表。今岱宗牢落，天步艰难，淳风犹郁，黎民未乂，自非克明克哲，允武允文，岂能荷神器之重，嗣龙图之尊。晋安王纲，文义生知，孝敬自然，威惠外宣，德行内敏，群后归美，率土宅心。可立为皇太子。"七月乙亥，临轩策拜，以修缮东宫，权居东府。[①]

此时期立储、封爵、授官的制度程序是相通的，可相互参证。上述记载完整交代了萧纲被立为太子所经历的两个制度时间。"五月丙申，诏曰"表明这一天是立储诏书发出之日。"除官日"的制度含义正与此相同，可认为是除官诏书正式生效的日期。《用官式》谓得官者"但闻诏出"，即可在次日入宫谢恩。这一行为的前提正是以"诏出"之日为官职除授的法理时间。前面分析"事未行""未及发诏""诏书未出"均指未正式授官，亦可与此参互理解。至于"七月乙亥，临轩策拜"，则清楚显示这一天为"拜受日"。策拜仪式的举行，标志着任命最终完成。《用官式》云得官者"诣尚书上省拜受""拜王公则临轩"，所对应的具体时间正是"拜受日"。可见，拜受仪式不仅在空间秩序上得以体现，同时在时间秩序上具备重要的制度意义。

官职任命须经历一个制度过程，主要是基于行政现实运作的原因。至少自秦汉时期已经如此。侯旭东指出："从秦汉通常情形看，新拜官还要

---

① 《梁书》卷四《简文帝纪》，第118页。

新刻官印，亦需要准备制书一类文书，更有拜官授印的仪式，不是件仓促可就的事。"①尽管如此，汉代授官并没有刻意将除、拜加以区分，若某人不拜某官，相当于就和此官断绝一切关系，朝廷并不会考究既除不拜的情况。从汉代史籍提示的线索看，时人一般取拜受日作为任命时间。②除、拜时间的区别，可能经历了一个漫长的过程，但至迟到西晋已经确立。如《荀岳墓志》记荀岳官历，云：

> 太康元年（280）十二月举秀才，二年正月廿日，被戊戌诏书，除中郎。三年八月廿七日庚戌诏书，除太子舍人。六年十月七日辛巳，除尚书左中兵郎。七年七月十七日丁卯疾病，去职，被壬申诏书，除中郎。十年五月十七日，除屯骑始平王司马。十二月廿七日，除中郎，参平南将军楚王军事。永熙元年（290）九月，除参镇南将军事。永平元年（291）二月三日，除河内山阳令，元康元年（291）三月廿五日到官。三年五月四日，除领军将军长史，六月六日拜。四年五月五日，除中书侍郎，六月二日拜。③

志文对荀岳最后两任官职——领军将军长史与中书侍郎——均记录了除、拜的具体日期，是目前所见兼记"除官日"与"拜受日"的最早用例。此外，志文所记"二年正月廿日，被戊戌诏书，除中郎"与"三年八月廿七日庚戌诏书，除太子舍人"，亦反映了"除官日"与除授诏书之间的内在关系。

在此认识基础上再来观察南朝官职的除拜过程。依《用官式》所述，发诏授官须经过规范化的文书运作流程。对此，陈仲安、王素有过精要分析，指出："（中书省）诏诰局根据皇帝的旨意起草诏令，……诏令经皇帝

---

① 侯旭东：《宠：信—任型君臣关系与西汉历史的展开》，北京：北京师范大学出版社，2018年，第138页。

② 以西汉朱博为例来做分析。《汉书·百官公卿表下》哀帝建平二年（前5）"四月戊午，大司空博为御史大夫，乙亥迁。"（第845页）这里记"乙亥迁"是指朱博从御史大夫晋升丞相。据《汉书·五行志中之下》载，"哀帝建平二年四月乙亥朔，御史大夫朱博为丞相，少府赵玄为御史大夫，临延登受策，有大声如钟鸣"（第1429页），又《汉书·朱博传》"初博以御史为丞相，封阳乡侯，玄以少府为御史大夫，并拜于前殿，延登受策，有音如钟声"（第3409页），可知《百官公卿表下》所记朱博迁丞相的四月乙亥是拜受日。

③ 录文参考毛远明校注《汉魏六朝碑刻校注》第二册，北京：线装书局，2008年，第309页。《荀岳墓志》拓片见赵万里《汉魏南北朝墓志集释》，图版14，新文丰出版公司编辑部编辑《石刻史料新编》第3辑第3册，台北：新文丰出版公司，1977年。

认可，用黄纸正式写出后，再交门下省审核。门下省认为没有问题，才答诏（即覆奏）请付外施行。经皇帝再次批准，遂送有关部门执行。"① 所论甚是。

至此，尚有一处关键细节需要确认，即"除官日"具体对应上述程序的哪一步。可以认为，皇帝最后"画可"批准是除授诏书正式付外（尚书台）执行的法理依据，经此一步，即意味着"诏出"（或曰"发诏"）。在此之前，诏书还处于准备阶段，并不具备法律效力。因此，这个"画可"的日期就是"除官日"。试看以下史例，《陈书·世祖纪》载天嘉元年（560）七月：

> 景辰（避唐讳，即丙辰），立皇子伯山为鄱阳王。②

又《陈书·鄱阳王伯山传》载：

> 天嘉元年七月丙辰，尚书八座奏曰："臣闻本枝惟允，宗周之业以弘，盘石既建，皇汉之基思远，故能协宣五运，规范百王，式固灵根，克隆卜世。第三皇子伯山，发睿德于龆年，表歧姿于丱日，光昭丹掖，晖暎青闱，而玉圭未秉，金锡靡驾，岂所以敦序维翰，建树藩戚。臣等参议，宜封鄱阳郡王。"诏曰"可"。……其年十月，上临轩策命之曰："于戏！夫建树藩屏，翼奖王室，钦若前典，咸必由之。……往钦哉！其勉树声业，永保宗社，可不慎欤！"③

据上可知，陈文帝第三子陈伯山获策封为鄱阳王，同样经历了两个制度时间：一在天嘉元年七月丙辰，一在当年十月某天。后者举行了临轩策命仪式，可明确为"拜受日"。关于前者，还可再加考释。

《伯山传》载"天嘉元年七月丙辰"，其后载"诏曰'可'"，可知这是陈文帝在尚书八座奏案文书上画"可"的日期。④ 在此先稍加说明，伯山封王之命并非以诏书形式发出，有别于惯常事例。据《伯山传》称"初高祖时，天下草创，诸王受封仪注多阙，及伯山受封，世祖欲重其事"，于

---

① 陈仲安、王素：《汉唐职官制度研究（增订本）》，上海：中西书局，2018年，第57~58页。
② 《陈书》卷三《世祖纪》，第57页。
③ 《陈书》卷二八《世祖九王·鄱阳王伯山传》，第406页。
④ 至于尚书八座上呈奏案的具体时间，或即在当天，或在稍前，但无论如何，八座上呈奏日期并不是史臣的记录重点。

是通过最高级别政务官员联名上奏的形式推动此事。①由于立伯山为王是来自最高政务机构尚书台的请求，具体通过奏案形式上呈，因此皇帝无须另行下诏付台执行。他只要在奏案上画"可"，尚书台即获得执行此项事务的法理授权。《隋志》所引《用官式》就提到中低级官职的铨选任命，"以黄纸录名，八座通署，奏可，即出付典名"②。正可与此互证。从行政运作逻辑理解，不论以奏案抑或以诏书的形式授官，均是皇帝画"可"为据。《世祖纪》载立伯山为王事在七月丙辰，与《伯山传》所记时间相合，无疑是关键提示。史家修撰本纪，《起居注》等原始记注档案是其重要依据。③《隋书·经籍志二》载录"《陈天嘉起居注》二十三卷"④，《世祖纪》的上述日期很可能即源自此。史官之所以采用与记录这个时间，正是由于此为皇帝画"可"、政务文书正式生效之日。概而论之，这是文书时间经由史官记注进而成为史书时间。

以伯山封王事例为突破口，可进一步推知，南朝正史诸本纪"某年某月某日，以某人为某官"的记事模式，其中"某年某月某日"应当就是皇帝在授官诏书上画"可"的日期，简言之，就是"除官日"。

参考南朝授官的具体史例，可证实以上推断。《宋书·文帝纪》载元嘉三十年（453）春正月：

> 壬午，以征北将军、南徐州刺史始兴王濬为卫将军、荆州刺史。⑤

又《宋书·二凶·始兴王濬传》载：

---

① 这一做法导源自汉武帝策封三王，有其政治含义。它代表了来自官僚集团的意志，表示皇帝诸子封王是出于公论，而非私意。《宋书》卷九九《二凶·元凶劭传》载刘宋时刘劭弑父称帝后，"使有司奏立子伟之为皇太子"（第2670页），其意图亦与此同。

② 《隋书》卷二六《百官志上》，第829页。

③ 南朝国史因袭《起居注》的痕迹，确有蛛丝马迹可循。如《宋书》卷六《孝武帝纪》载大明五年四月丙午，"雍州刺史海陵王休茂杀司马庾深之，举兵反，义成太守薛继考讨斩之"（第138页）。中华书局点校本于此出校说明，校勘记引《廿二史考异》云："案《休茂传》，（薛）继考为休茂尽力攻城，及休茂死，诈称立义，乘驿还都，事泄伏诛。则继考乃党于休茂者，《纪》所书误。"其下点校者继云："按本书卷七九《休茂传》，言尹玄庆既斩休茂，继考以兵胁行府州事刘恭之作启，言继考起义，因得封赏，寻事泄伏诛。盖国史误仍当日记注，沈约竟不追改，而于《休茂传》则详述其事始末。"（第150页）点校者所言甚有见地。这个线索正好提示了本纪的史源，与《起居注》等源文件材料关系密切。

④ 《隋书》卷三三《经籍志二》，第965页。

⑤ 《宋书》卷五《文帝纪》，第109页。

（濬）乃因员外散骑侍郎徐爰求镇江陵（即荆州），又求助于尚书仆射徐湛之。……上以上流之重，宜有至亲，故以授濬。时濬入朝，遣还京，为行留处分。至京数日而巫蛊事发，时二十九年七月也。……明年正月，荆州事方行，二月，濬还朝。十四日，临轩受拜。其日，藏严道育事发，明旦濬入谢，上容色非常。①

结合以上两处记载，可整理出始兴王濬为荆州刺史的除拜过程始末。先是刘濬通过朝中的关系网络向宋文帝请求出镇荆州，文帝考虑再三终于同意，这时授官旨意大概已传达，故刘濬"为行留处分"，已为赴任做准备。然而由于元嘉二十九年（452）七月间巫蛊事发，这项任命被搁置，一直悬而未决。《始兴王濬传》谓元嘉三十年正月"荆州事方行"，是说直到此时才正式发诏授刘濬荆州刺史。②《文帝纪》记载三十年正月壬午（初八），以刘濬"为卫将军、荆州刺史"，就是说宋文帝这天才批准了授官，即在诏书上画可，正式付外施行。显然这个日子就是"除官日"。随后刘濬在二月十四日"临轩受拜"，这一天无疑是"拜受日"。该事例清楚展示了皇帝形成授官旨意到得官者受拜官职的过程，也为理解本纪的授官时间提供了重要佐证。

再如《陈书·宣帝纪》载太建十二年（580）北周郧州总管司马消难举州镇附陈，秋八月己未（初六日），"诏以消难为使持节、侍中、大都督、总督安随等九州八镇诸军事、车骑将军、司空，封随郡公，给鼓吹、女乐各一部"，此"诏"字即表明了发诏授官之意。是月戊辰（十五日）再次加授官衔，"以新除司空司马消难为大都督水陆诸军事"③，两次授官时间相隔极短，司马消难肯定尚未拜受前官，故称"新除"。此亦印证八月己未这天必非拜受之日。这一事例有助补充判断南朝各史本纪的官职任命日期，普遍从"除官日"。

当然，也要充分重视南朝各史的反证。比如立太子，本纪就多从"拜受日"。最明显例子见《梁书·武帝纪下》。中大通三年（531）"秋七月乙亥，立晋安王纲为皇太子。大赦天下，赐为父后者及出处忠孝文武清勤，并赐爵一级"④。联系前述《梁书·简文帝纪》萧纲被立为太子的两

---

① 《宋书》卷九九《二凶·始兴王濬传》，第 2675~2676 页。
② 前引《宋书·刘延孙传》载宋孝武帝欲以刘延孙代朱修之为荆州刺史，"事未行"而延孙卒，可与此"荆州事方行"相互参证。
③ 《陈书》卷五《宣帝纪》，第 107 页。
④ 《梁书》卷三《武帝纪下》，第 85 页。

个制度时间，可明此为"拜受日"。此外，如《陈书·世祖纪》载永定三年（559）"九月辛酉，立皇子伯宗为皇太子，王公以下赐帛各有差"①，参《陈书·废帝纪》载永定三年"世祖嗣位，八月庚戌，立为皇太子"②，可知陈伯宗被立为太子，当是八月庚戌发诏至九月辛酉策拜，《世祖纪》记载此事，亦取"拜受日"。再如《南齐书·明帝纪》载建武元年（494）十一月"戊子，立皇太子宝卷，赐天下为父后者爵一级，孝子从孙，义夫节妇，普加甄赐明扬。表其衡闾，赉以束帛。己丑，诏'东宫肇建，远近或有庆礼，可悉断之'"③，己丑（立太子次日）诏书既称"东宫肇建"，则戊子为"拜受日"无疑。以上史料还反映了一个重要线索，即策拜太子的同时例有大赦或赏赐之举。④ 如循此线索，可确认南朝正史本纪大多以"拜受日"为立太子的时间。⑤ 由此推测，在立储君的国本大事上，史官

---

① 《陈书》卷三《世祖纪》，第 54 页。

② 《陈书》卷四《废帝纪》，第 73 页。

③ 《南齐书》卷六《明帝纪》，第 92 页。

④ 皇帝庆贺立太子所颁的大赦或封赏当发生在"拜受日"，尚有史例作为旁证。《南齐书》卷三《武帝纪》载永明十一年（493）四月"壬午，诏'东宫文武臣僚，可悉度为太孙官属。甲午，立皇太孙昭业、太孙妃何氏。诏赐天下为父后者爵一级，孝子顺孙义夫节妇粟帛各有差'"（第 65 页）。据载，当年正月丙子"皇太子长懋薨"（第 65 页），发诏立太孙应在此后，且可肯定要早于四月壬午，因为壬午诏已称"太孙官属"，如此，则十二天后的甲午"立皇太孙昭业、太孙妃何氏"，只可能是策拜仪式举行日，即"拜受日"。是日"诏赐天下为父后者爵一级，孝子顺孙义夫节妇粟帛各有差"，正是储君名分正式确定之时特意颁布的赏赐。

⑤ 南朝各史本纪记立太子之日，多有大赦封赏。除了前面所揭，尚有如下史例：《宋书》卷五《文帝纪》载元嘉六年（429）"三月丁巳，立皇子劭为皇太子。戊午，大赦天下，赐文武位一等"（第 84 页）。《宋书》卷六《孝武帝纪》载孝建元年（454）正月"丙寅，立皇子子业为皇太子。赐天下为父后者爵一级。孝子、顺孙、义夫、节妇粟帛各有差"（第 124 页）。《宋书》卷八《明帝纪》载泰始二年（466）十月"戊寅，立皇子昱为皇太子。曲赦扬、徐二州"（第 174 页）。《南齐书》卷二《高帝纪下》载建元元年（479）六月"甲申，立皇太子赜。断诸州郡县庆。见刑入重者，降一等，并申前赦恩百日"（第 36 页）。《南齐书》卷三《武帝纪》载建元四年（482）六月"甲申，立皇太子长懋。诏申壬戌赦恩百日"（第 50 页）。《南齐书》卷七《东昏侯纪》载永元元年（499）"夏四月己巳，立皇太子诵，大赦，赐民为父后爵一级"（第 104 页）。《陈书》卷四《废帝纪》载光大元年（567）"秋七月戊申，立皇子至泽为皇太子，赐天下为父后者爵一级，王公卿士已下赉帛各有差"（第 75 页）。《陈书》卷六《后主纪》载太建十四年（582）"夏四月景申，立皇子永康公胤为皇太子，赐天下为父后者爵一级，王公已下赉帛各有差"（第 120 页）。

皇帝立太子，本纪明确系于发诏日只有两例，出现在南朝陈代最后两朝：《陈书》卷五《宣帝纪》载太建元年（569）"春正月甲午，即皇帝位于太极前殿，……立妃柳氏为皇后，世子叔宝为皇太子"（第 87 页）；《陈书·后主纪》祯明二年（588）六月"庚子，废皇太子胤为吴兴王，立军师将军、扬州刺史始安王深为皇太子"（第 128 页）。此外，尚有两例不明：《宋书》卷三《武帝纪下》载永初元年（420）八月癸酉，"立王太子为皇太子"（第 59 页）。《梁书》卷四《简文帝纪》载太清三年（549）六月"丁亥，立宣城王大器为皇太子"（第 119 页）。

记注倾向于以礼成之日为准。此外，诸如"纳皇太子妃""皇太子冠"等，正史本纪所记时间亦为仪式举行日。①

综上可知，"除官日"与"拜受日"构成官职除拜的基本过程。两个制度性时间通过不同的方式被记录，从而进入国家撰史系统。在读史考史时尤需注意个中的区别。从"除官日"起至"受拜日"为止，有哪些基本环节与礼仪程序贯穿于这一过程，是接下来值得探讨的问题。

三、除拜环节与礼仪程序

依前引《用官式》所示，"除官日"皇帝画"可"在制度环节方面体现了双重意义：一方面，它是决策流程的终点，经过一系列的文书程序，正式"发诏授官"；另一方面，它是执行程序的起点，此前门下答诏已请"付外施行"，经皇帝批准后，诏书正式"付选司行召"，具体政务自此进入实施阶段。

所谓"行召"指施行召拜。尚书台于此履行其政务机构职能，宣布已生效（皇帝画可）的授官诏命，并传召得官者接受新官职。如鲍照《谢秣陵令表》称"即日被尚书召，以臣为秣陵令。……今便祇召，违离省闼"②，这一来自得官者的叙述，确切交代了官员在获得新任命时所亲历的程序。此处"被尚书召"与前述"选司行召"正是召拜程序的一体两面。鲍照提到的"抵召"即与此相关，是说他前往台省应奉召命，接受新官。

《宋书·王敬弘传》所载，可与此参证：

> 敬弘每被除召，即便祇奉，既到宜退，旋复解官，高祖嘉其志，不苟违也。③

从制度来看，这段表述简要勾勒出官职从任命到解任的基本环节。这里说的"除召"，实为除官与行召的合称。进一步判断，除、召分别代指"发

---

① 如《宋书》卷五《文帝纪》载元嘉十五年夏四月甲辰，"立皇太子妃殷氏，赐王公以下各有差"（第 91 页）。另据《宋书》卷一四《礼志一》载："宋文帝元嘉十五年四月，皇太子纳妃，六礼文与纳后不异。百官上礼。其月壬戌，于太极殿西堂叙宴二宫队主副、司徒征北镇南三府佐、扬兖江三州纲、彭城江夏南谯始与武陵庐陵南丰七国侍郎以上，诸二千石在都邑者，并豫会。"（第 368 页）综合两处记载可知，四月甲辰（初五）应为纳太子妃的成礼日，是故本月壬戌（廿三）有宴会庆祝之事。
② ［南朝宋］鲍照著，丁福林、丛玲玲校注：《鲍照集校注》卷九，北京：中华书局，2012年，第 808 页。
③ 《宋书》卷六六《王敬弘传》，第 1894 页。

诏除官"与"选司行召"。两个程序一内一外，前后相接，在授官环节中相互关联，印证了两者在授官过程中的一致性。江淹为萧道成代作的《萧被尚书敦劝重让表》称"臣自初被诏，迄于今时"①，所谓"被诏"，在表述上与"被尚书召"颇为接近。这里"诏"的具体指代存在两种可能：一是"除官日"朝廷出诏，二是有司行召时所颁诏书。不论哪种，它们都表示了任命的正式成立。作为参证，《用官式》载"得诏官者，不必皆须待召。但闻诏出，明日，即与其亲入谢"，得官者可以不待选司行召而选择在授官诏出以后即提前谢恩，其用意不言而喻，是官员为了表达自身感激涕零的迫切心情，以此方式彰显官位之授出于皇帝圣裁。这种颇为形式主义的官场规矩亦反映了"除"（文书程序）与"召"（执行程序）的紧密关联。

从人事来看，王敬弘"每被除召，即便祗奉"是作为特例为史家所强调。此处"祗奉"，意同鲍照所云"抵召"，均指得官者应召受拜。相比起"除""召"所体现的程序连续性，"召""拜"的过程要更为复杂，并不完全由行政程序决定其进度。如《晋书·谢安传》载"有司奏安被召，历年不至，禁锢终身，遂栖迟东土"②。这种被召不至的情况，一定程度上说明得官者在有司行召程序启动以后，反而掌握了决定下一步进程的主动权。又如《宋书·王惠传》云："少帝即位，以蔡廓为吏部尚书，不肯拜，乃以惠代焉。惠被召即拜，……谈者以廓之不拜，惠之即拜，虽事异而意同也。"③ 朝廷授吏部尚书，蔡廓"不拜"与王惠"即拜"，都是故作姿态，另有深意，所以当时舆论称"事异而意同"。可加注意的是，"即拜"竟然与"不拜"相提并论，说明他们有着共同点，并不属于常规做法。由此可见，王惠"被召即拜"，事类王敬弘"被除召，即便祗奉"，在时人看来是非常之举。据《宋书·王华传》云："宋世惟华与南阳刘湛不为饰让，得官即拜，以此为常。"④ "得官即拜"成为少数大族名士可供夸耀之资，反过来说明"饰让"俨然已成为官场惯例。换言之，让官是"召""拜"之间不可忽略的重要环节。

作为授官过程的礼仪化秩序，南朝时期的让官有着成型的格式程序，主要依托文书进程逐步展开。如《南齐书·谢朓传》云：

---

① ［南朝梁］江淹著，［明］胡之骥注，李长路、赵威点校：《江文通集汇注》卷七，北京：中华书局，1984年，第268页。
② 《晋书》卷七九《谢安传》，第2072页。
③ 《宋书》卷五八《王惠传》，第1736页。
④ 《宋书》卷六三《王华传》，第1835页。

（脁）启王敬则反谋，上甚善赏之。迁尚书吏部郎。脁上表三让，中书疑脁官未及让，以问祭酒沈约。约曰："宋元嘉中，范晔让吏部，朱修之让黄门，蔡兴宗让中书，并三表诏答，具事宛然。近世小官不让，遂成恒俗，恐此有乖让意。……谢吏部今授超阶，让别有意，岂关官之大小？拗让之美，本出人情。若大官必让，便与诣阙章表不异。例既如此，谓都自非疑。"脁又启让，上优答不许。①

由上述事例透露的信息可推知当时让官的文书流程：得官者"上表三让"，与此相应，皇帝须为"三表诏答"，得官者此后又有"启让"，皇帝则以敕答回应，由此形成上下双向、多次往复、表启并用的文书运作模式。可作参证的是，前引史载北魏孝文帝以冯诞为司徒，"除官日，亲为制三让表并启"，显示南北朝不仅除拜程序基本相通，连让官文书流程亦复相通。孝文帝为冯诞撰写上给自己的让表与让启，无疑是他极为重视此事的表现。这样做绝非一时雅兴所为，亦非徒具形式，背后当有政治用意。皇帝亲身参与其中，替大臣包办让官文章，更可说明"三让表并启"是确认君臣关系的礼仪场合，也是蕴含政治文化符号的官场仪式。②

"三让表"作为让官的固定形式，据《文心雕龙·章表》称"汉末让表，以三为断"，并引述曹操"为表不必三让"之语，可知其出现时间不会晚于汉末。③有理由相信，"大官必让"是当时官场中的"结构性存在"，制约着一众官僚的行为。如前所见，当时敢于受召即拜不为"饰让"的官员，就刘宋时期而言，仅有区区数人。换一种角度理解，"得官即拜"无异于一种公开的姿态宣示，即不接受官场成规，我行我素，其背后蕴含着极大的风险成本。④这种特立独行的行为之所以得到史家肯定，原因正在于此。这也可以解释大多数官员为何要选择"饰让"，从中更反映出让官虽非制度规定，但这一行为乃基于当时政治文化，因此亦可视为除拜过程中的一种礼仪化程序。

---

① 《南齐书》卷四七《谢脁传》，第914~915页。
② 关于"三让表并启"所反映的官方文书体系及运作秩序的考察，参见周文俊《〈文心雕龙〉"启"体论的文体谱系考察——以公文制度为中心》，《中山大学学报（社会科学版）》2018年第4期。
③ ［南朝梁］刘勰著，王利器校笺：《文心雕龙校证》卷五《章表》，上海：上海古籍出版社，1980年，第154页。
④ 如前述朝廷授王惠吏部尚书，他在得官即拜后，"未尝接客，人有与书求官者，得辄聚置阁上，及去职，印封如初时"，这种任上不视求官书疏的行为，与他当初"得官即拜"的姿态正相一致，是为宣示自我人格，独立于官场网络。所以时人认为王惠"即拜"意同蔡廓"不拜"。

经过包括让官在内的一系列程序，得官者在通常情形下当是接受任命进入准备拜授的阶段。史家有时称之为"将拜"。如前述北魏冯诞为司徒，"将拜，又为其章谢"，即为其例。《宋书·武帝纪中》载刘裕平司马休之以后，加领南蛮校尉：

> 将拜，值四废日，佐史郑鲜之、褚叔度、王弘、傅亮白迁日，不许。①

此事又见《殷芸小说》载录，云：

> 郑鲜之、王弘、傅亮启宋武云："伏承明见〔拜？〕南蛮，明是四废日，来月朔好，不审可从群情迁来月否？"宋武手答云："劳足下勤至，吾初不择日。"帝亲为答，尚在其家。出《宋武手敕》。②

刘裕"将拜"南蛮校尉，在已选定拜受日的情形下，僚佐又以时值四废日为由，提出改期建议，刘裕则以"初不择日"予以婉拒。这一事例反映了时人在拜受准备阶段及日期选择上某些运作的侧面。拜官选择吉日，无疑是一种普遍的文化心理。《南齐书·幸臣·纪僧真传》载："及上（萧道成）将拜齐公，已克日，有杨祖之谋于临轩作难。僧真更请上选吉辰，寻而祖之事觉。"③ 这里"将拜"与"已克日"是联系在一起的，正可与以上记载互证。在选日之外，纪僧真请改定"吉辰"，则属于选时。限于史料，未知每次临轩仪式的举行时间是否固定。不过据《陈书·蔡景历传》载朝廷授蔡景历守度支尚书，"旧式拜官在午后，景历拜日，适值舆驾幸玄武观，在位皆侍宴，帝恐景历不豫，特令早拜，其见重如此"④，可知一般的拜官仪式，午时以后是其通例。

在时间以外，拜官仪式的空间亦值得注意。《用官式》云诏授得官，"诣尚书上省拜受，若拜王公则临轩"，仪式空间与拜官规格正相对应。

先说"诣尚书上省拜受"。《梁书·陆杲传》载陆杲"迁尚书殿中曹郎，拜日，八座丞郎并到上省交礼"⑤，是为其例。又如《南史·何尚之传

---

① 《宋书》卷二《武帝纪中》，第37页。
② 余嘉锡：《殷芸小说辑证》，载余嘉锡《余嘉锡论学杂著》，北京：中华书局，2007年，第294页。
③ 《南齐书》卷五六《幸臣·纪僧真传》，第1078页。
④ 《陈书》卷一六《蔡景历传》，第254页。
⑤ 《梁书》卷二六《陆杲传》，第438页。

附何求传》载隐士何求被朝廷"除永嘉太守。求时寄住南涧寺，不肯诣台，乞于野外拜受，见许"[1]，亦可证明得官者一般情况下是到尚书台拜受新除官职，何求"乞于野外拜受"属于特例。

再说"拜王公则临轩"。临轩是最高规格的拜官仪式，所拜官职只有位至"公"（包括开府仪同三司），始可享受这一殊礼。《南齐书·徐孝嗣传》载徐孝嗣拥立萧鸾为帝有功，以尚书左仆射加侍中、中军大将军，又载："旧拜三公乃临轩，至是帝特诏与陈显达、王晏并临轩拜授。"[2] 他们三人的拜官仪式，本应在尚书上省举行，"临轩拜授"乃出于特恩，须由皇帝下特诏。《宋书·礼志一》云"凡遣大使拜皇后、三公，及冠皇太子，及拜蕃王，帝皆临轩"，并载录了当时的皇帝临轩之仪：

> 其仪，太乐令宿设金石四厢之乐于殿前。……皇帝服衮冕之服，升太极殿，临轩南面。谒者前北面一拜，跪奏："大鸿胪臣某稽首言，群臣就位。谨具。"侍中称制曰："可。"谒者赞拜，在位皆再拜。大鸿胪称臣一拜，仰奏："请行事。"侍中称制曰："可。"鸿胪举手曰："可行事。"谒者引护当使者当拜者入就拜位。四厢乐作。将拜，乐止。礼毕出。官有其注。[3]

首先稍做说明，沈约编撰《礼志》，自云"抄魏氏以后经国诞章，以备此志"[4]，是综合记录魏晋至刘宋的历代之制，不过可以确定这段文字的史源为当时的官方仪注。依据之一是文末所记"官有其注"，史臣要表达的是具体细节已见于仪注，不再详叙。《礼志》类似用例尚有"宋冠皇太子及蕃王，亦一加也。官有其注"[5]，"元嘉二十二年，太子释奠，采晋故事，官有其注"[6]，是史臣为节省篇幅而做的简要交代。上述史料源自官方的仪注资料，虽然是一个简录本，仍然反映了刘宋临轩的基本仪制。

南朝的临轩拜官，近承魏晋，远绍两汉。《晋书·礼志下》载东晋咸康四年（338）成帝临轩，遣使拜太傅、太尉、司空，并引《仪注》云"太乐宿县于殿庭"，对比《宋志》"太乐令宿设金石四厢之乐于殿前"可知官方仪注有着前后相承的关系。临轩拜官是一套由空间、人、仪轨的多

---

① 《南史》卷三〇《何尚之传附何求传》，第 787 页。
② 《南齐书》卷四四《徐孝嗣传》，第 859 页。
③ 《宋书》卷一四《礼志一》，第 370 页。
④ 《宋书》卷一四《礼志一》，第 356 页。
⑤ 《宋书》卷一四《礼志一》，第 364 页。
⑥ 《宋书》卷一四《礼志一》，第 397 页。

重元素复合建构而成的朝廷礼仪制度。

就空间而言，皇帝"升太极殿，临轩南面"，临轩仪式在作为宫城正殿的太极殿举行。《宋书·何尚之传》载何尚之"及拜开府，天子临轩，百僚陪位，沈庆之于殿廷戏之"[1]，"殿廷"所指即太极殿。除太极殿以外，尚有在别处拜授的特殊情况。如《南齐书·王敬则传》载齐明帝即位，拜王敬则为大司马，"台使拜授日，雨大洪注，……敬则大悦，曰：'我宿命应得雨。'乃列羽仪，备朝服，道引出听事拜受"[2]，王敬则时为会稽太守，朝廷派遣台使到当地拜受，仪式举行地点设在治所厅事。又如《陈书·吴明彻传》载陈宣帝以吴明彻平叛有功，授车骑大将军、开府仪同三司，其时吴明彻在寿阳统军，"诏遣谒者萧淳风，就寿阳册明彻，于城南设坛，士卒二十万，陈旗鼓戈甲，明彻登坛拜受，成礼而退，将卒莫不踊跃焉"[3]，即在部队驻扎所在地举行拜受。又如《梁书·谢朏传》载"诏以为侍中、司徒、尚书令。……到京师，敕材官起府于旧宅，高祖临轩，遣谒者于府拜受"[4]，可见即使在别地拜受，皇帝仍会临轩，仪式空间仍然是以太极殿为中心。

就人而言，依照不同身份与角色，参与仪式的行动主体（包括个人与群体）包括：皇帝、"当使者"、"当拜者"、行礼官、百官。以下试分述之。

（1）皇帝。皇帝的在场，是决定临轩作为最高规格仪式的前提。"皇帝服衮冕之服"，事例可见《宋书·二凶·元凶劭传》载刘劭弑父即位后，"临轩拜息伟之为太子，百官皆戎服，劭独衮衣"[5]。衮冕之服是皇帝参加南郊等最高级别祭礼时的服饰，临轩仪用衮冕之服，殊礼意义更为突出。

（2）"当使者"。史书常称"临轩遣使"，使者的在位，同样是该礼仪的核心组成部分。在最高级别的临轩策拜仪式中，担当使者的大臣，会写入策书之中，如九锡策命之礼。《宋书·武帝纪中》载东晋朝廷予刘裕的宋公九锡策文曰：

> 今命使持节、兼太尉、尚书左仆射、晋宁县五等男湛授相国印绶，宋公玺绂；使持节、兼司空、散骑常侍、尚书、阳遂乡侯泰授

---

① 《宋书》卷六六《何尚之传》，第 1902 页。
② 《南齐书》卷二六《王敬则传》，第 541 页。
③ 《陈书》卷九《吴明彻传》，第 181 页。
④ 《梁书》卷一五《谢朏传》，第 294 页。
⑤ 《宋书》卷九九《二凶·元凶劭传》，第 2672 页。

宋公茅土，金虎符第一至第五左，竹使符第一至第十左。①

《宋书·袁湛传》亦载："时高祖北伐，湛兼太尉，与兼司空、散骑常侍、尚书范泰奉九命礼物，拜授高祖。"②袁湛与范泰是拜受仪式的重要一环，由他们将"九命礼物"授予刘裕。《梁书·武帝纪上》载在齐和帝禅让诏书下达后，宣德太后随后颁令："西诏至，帝宪章前代，敬禅神器于梁。明可临轩遣使，恭授玺绂"③，印证了使者在这场仪式中的主要功能与作用——将拜受信物交予当拜者。

（3）"当拜者"。临轩是为当拜者而设，《宋志》称"谒者引护当使者当拜者入就拜位"，这里的"拜位"，应是以坐席来确定具体位置。据《宋书·五行志二》载"桓玄将拜楚王，已设拜席，群官陪位，玄未及出，有狗来便其席，万众睐候，莫不惊怪"④，可以为证。《续汉志·礼仪志中》亦载"拜诸侯王公之仪"，其文曰：

> 百官会，位定，谒者引光禄勋前。谒者引当拜者前，当坐伏殿下。光禄勋前，一拜，举手曰："制诏其以某为某。"读策书毕，谒者称臣某再拜。尚书郎以玺印绶付侍御史。侍御史前，东面立，授玺印绶。王公再拜顿首三。赞谒者曰："某王臣某新封，某公某初除，谢。"中谒者报谨谢。赞者立曰："皇帝为公兴。"重坐，受策者拜谢，起就位。供赐礼毕，罢。⑤

这一段东汉时期临轩礼仪的记录，着重描述的是当拜者在引入拜席以后的行礼过程，恰好是《宋志》较为省略的部分，为了解这套仪式的具体运作流程提供了重要参证信息。

（4）行礼官。临轩仪式离不开负责引导、赞唱与传达的行礼官员，他们负责掌握仪式具体流程，确保各个环节行礼如仪。依《宋志》记载的临轩礼，谒者和大鸿胪是其中比较重要的两种行礼官。《宋书·百官志上》载大鸿胪"掌赞导拜授诸王"，此外又载谒者仆射"掌大拜授及百官班次"、谒者"掌小拜授及报章"。

---

① 《宋书》卷二《武帝纪中》，第 42 页。
② 《宋书》卷五二《袁湛传》，第 1632 页。
③ 《梁书》卷一《武帝纪上》，第 27 页。
④ 《宋书》卷三一《五行志二》，第 1006 页。
⑤ 《续汉书·礼仪志中》，《后汉书》，第 3120~3121 页。

（5）百官。临轩是面向百官的一种仪式展示。所谓百官，并非泛指，而是具有一定级别的官员。如汉代，《北堂书钞》卷五〇引应劭《汉官仪》："凡拜，天子临轩，六百石以上悉会。"[①]百官是仪式的观礼主体，一方面皇帝参与，百官自然不能缺席，以此体现仪式的崇礼规格。东晋时蔡谟曾议称"是以命使之日，御亲临轩，百僚陪列，此即敬事之意也。"[②]另一方面百官见证礼成，也通过仪式空间，确认朝廷的权威。

拜受日礼成以后，若是得官者所任为中央部门长官，仍有"还府"的仪式。事例见于《宋书·殷景仁传》载："丁母忧，葬竟，起为领军将军，固辞。上使纲纪代拜，遣中书舍人周赳舆载还府。"[③]《梁书·郑绍叔传》载绍叔被征为右卫将军，"至家疾笃，诏于宅拜授，舆载还府"[④]。再看《南史·齐宗室·新吴侯景先传》云：

> 初（齐）武帝少年，与景先共车，行泥路，车久故坏，至领军府西门，车辕折，俱狼狈。景先谓帝曰："两人脱作领军，亦不得忘今日艰辛。"及武帝践阼，诏以景先为兼领军将军。拜日，羽仪甚盛，倾朝观瞩。拜还，未至府门，中诏："相闻领军，今日故当无折辕事邪？"景先奉谢。[⑤]

萧景先为兼领军将军，以上文字反映了拜受日行礼以后，在列仪仗簇拥下还府的情境，"羽仪甚盛，倾朝观瞩"为礼成还府之举注入了浓厚的仪式感与权力展示意图。《梁书·王僧孺传》载僧孺拜兼御史中丞，"僧孺幼贫，其母鬻纱布以自业，尝携僧孺至市，道遇中丞卤簿，驱迫沟中。及是拜日，引驺清道，悲感不自胜"[⑥]。这里"引驺清道"，应是指列仪仗还府之事。《陈书·蔡征传》载征"初拜吏部尚书，启后主借鼓吹"，陈后主谓所司曰："鼓吹军乐，有功乃授，蔡征不自量揆，紊我朝章，然其父景历既有缔构之功，宜且如所启，拜讫即追还"[⑦]。揆度后主之意，大概是将鼓吹暂借予蔡征以供仪仗所用。

以上解读，从若干基本面展示了南朝官职除拜的制度环节与礼仪程

---

① 《北堂书钞》卷五〇《设官部二·总载三公》，第 373 页。
② 《晋书》卷二一《礼志下》，第 660 页。
③ 《宋书》卷六三《殷景仁传》第 1841 页。
④ 《梁书》卷一一《郑绍叔传》，第 236 页。
⑤ 《南史》卷四一《齐宗室·新吴侯景先传》，第 1046 页。
⑥ 《梁书》卷三三《王僧孺传》，第 522～523 页。
⑦ 《陈书》卷二九《蔡征传》，第 441 页。

序，并补充了常被历史叙述一笔带过而忽略的细节，由此提示，官职除拜制度的实际运作，有着丰富而复杂的历史面相，循此可观照南朝制度的基本秩序，以及作为确认权力、责任与资源分配的授受关系模式。

小　结

兼官是两晋南朝时期的基本官衔，官员以本官带兼官官衔出任职位，充分体现了职位与资格的官资关系秩序。举例而言，官员"甲官兼乙官"，甲官用于维系官员个人官资，乙官是需要官员实际居职任事的官职。换言之，这是官员居官资格与所任乙官之位阶不相匹配，故授以甲官为本官的组合任官形式。其实质是职位等级与官员本资的关系，兼官就是在二者不一致情况下的官制形态，是官僚资格管理秩序下的重要制度。

基于兼官制度逻辑，朝廷可以通过升迁官员本官的办法，使其长期兼某职事官，发挥其所长，同时可以让本资尚低的官员，以较低官位兼某职事官，由此体现了兼官制度具有久职任、任才能、重职事的制度特点。兼官制度体现出"因官择人"，而非"因人授资"的制度逻辑，保证了职能效率与官员权益的平衡。在此时期官僚品位因素占主导的历史条件下，兼官相对独立于官资的制度设计，为王朝体制的有效运作注入了以职位因素为取向的活力。兼官是此时期制度的一个侧面，是"资、才、地"三要素中更突出才能的制度形态，反映了南朝官职重实务取向，南朝官僚制度正是在三要素的消长作用下，呈现出多元化的特征。

"新除"官衔，常见于南朝，是与官职任命制度相关的一种特殊官资标识。南朝的官职任命程序，明确区分为"除"与"拜"，"新除"官衔是用于标示官职任命期间、既除未拜的阶段性状态。"新除"作为官衔的独立结构形态，与"本官"相对，在汉唐之间的官职任命程序演变脉络中显得尤为瞩目。

官职除拜制度是一个文书行政与官场仪式互为结合的制度过程。从阎步克所揭示的"品位—职位"视角理解[①]，除、拜的制度意义是各有侧重。官职的除授，依靠一整套规范化的官方文书程序开展，是以"事"为中心，更多体现出"服务取向"，本质上反映了朝廷的理性行政精神，其"职位"化特征颇为鲜明。相比之下，官职的拜受则依托于礼仪运作，尽管这也是王朝政务的组成部分，但有更多为"人"而设的成分，拜受仪式

---

① 　参见阎步克《品位与职位——秦汉魏晋南北朝官阶制度研究》，第50~74页。

中的各种繁文缛节与形式主义，为诸如身份、荣誉、地位等官僚自身利益之实现，提供了充分保证，从而添上了浓厚的"自利取向"色彩，其"品位"化特征更为明显。至于"新除"，朝廷对官职的除而未拜，也在官资层面给予法理确认，这意味着授受双方的利益天平，更加向官僚群体一侧倾斜。阎步克通过分析"自利取向"与"服务取向"二者关系的动态变迁，探寻传统官僚政治的进化轨迹，并推论魏晋南北朝处于"自利取向"充分扩张的历史时期。本章的考述，印证了他此说的先见之明与学理意义，也说明"品位—职位"视角，不仅可以帮助我们理解官僚制度的长时段演进历程，也可以用于观察短时段内某种制度程序的不同阶段形态与内在特质。与此相应，此时期官员在新除期间所作的"饰让"，名义上是推贤让能，强调"职位"性格，实质不过是"品位"类型下的仪式操作。这种名实的背离，或许要从东汉晚期以来"士林"秩序，对"官场"规则施加潜在而深刻之影响的角度加以思考。此外，除官日与拜受日，由除、拜两分而得以确立，作为两大基准时间，由此框定了官职任命的制度程序过程。值得注意的是，两个时间均可通过不同的途径与方式进入官史体系之中，在考释相关史料时，需要对具体的时间做进一步辨析与核定，才能避免将两者混同。通过"时间性"的独特视角，亦有助进一步理解南朝史籍的"文本性"，以及由此反映的历史文本之生成与迁移机制。

第六章　职位与官资：两晋南朝选制所涉职位资格运作

　　资格是官资制度秩序的重要组成部分，且与选官制度密切关联。正如阎步克指出的，"'资格'就是人员的任职条件"[①]。围绕职位资格，因应不同的制度场景或历史条件，朝廷选官制度衍生出各种各样的规则。

　　本章关注选制层面的资格管理运作。首先考察西晋甲午制个案，甲午制被时人称为"限法"，是朝廷在内重外轻的铨选秩序下，采取的选资设限对应举措。由甲午制所引起的连锁反应，来了解在资格机制变动下，人与制度之间的依存和博弈关系。然后聚焦于由资格构成的资次秩序，通过史料梳理，探讨官资作为考量要素在吏部铨选运作中的功能。进而将这一时期的重要等级中正品，也放入官资视角下观照，从选官资格及其与职位的关系去探讨九品中正制与职位资格运作的内在逻辑。

第一节　内外铨序与资格设限：
西晋甲午制所见职位资格运作

　　西晋时期，王戎主持建立甲午制，是一次围绕选官制度的改革。其主要意图，是要改变当时渐趋强化的"内重外轻"的铨选秩序。借由甲午制对选官资格设定限制，将内官选资与具备外官资历作硬性捆绑，以达到扭转内外官资轻重失衡的问题。但这一涉及官资的选制改革引发了新的博弈，导致实际运作出现新的问题，激起名法派大臣傅咸尖锐的批评。甲午制的建立，是以职位选任资格的调整管理为着力点，梳理这场改革的历史过程，有助于加深理解这一时期的选官秩序变动与官资管理情况。下面尝试作一考察。

　　《晋书·王戎传》载：

---

　　① 阎步克：《中国古代官阶制度引论》，第 81 页。

（王戎）迁尚书左仆射，领吏部。

戎始为甲午制，凡选举皆先治百姓，然后授用。[1]

据《晋书·惠帝纪》记载，王戎任尚书左仆射在元康元年（291）四月己巳。[2] 据《北堂书钞》卷六○引《晋起居注》云惠帝元康元年诏曰："夫与治成务，要在官人，铨管之为任，不可假人授。侍中、中书令、光禄大夫王戎，经德秉正，鉴诚明远，其以戎为领吏部。"[3] 这一史料亦属补充证明。由此推知，甲午制的建立当在晋惠帝朝之初。甲午制规定"选举皆先治百姓，然后授用"，即吏部举行铨选要求官员先有当地方官的外任资历，然后才有资格参与选授调补内官。这一制度的推行背后有何用意？要解决哪一方面的问题呢？

谈此之前，不妨先来看看太康八年诏书。早在晋武帝太康八年（287），朝廷就有类似的政令措施与建议。《太平御览》卷二五九引《晋起居注》云：

太康八年诏曰："昔先王御俗，以兴至治，未有不先成民事者也。汉宣识其如此，是以叹息良二千石，〔今之士大夫，多不乐出宰牧而好内官〕。今欲皆先外郡，治民著绩，然后入为常伯纳言及典兵宿卫、黄门散骑中书郎。"[4]

太康八年诏书明确规定，"今欲皆先外郡，治民著绩，然后入为常伯纳言及典兵宿卫、黄门散骑中书郎"，诏书提到的内官都是当时清要职位的代表。比如"典兵宿卫"，据《晋书·职官志》载"武帝甚重兵官，故军校多选朝廷清望之士居之"[5]，军校等禁卫武官的选任对象大多是"朝廷清望之士"，可见此类禁卫官当时拥有较高位望。至于侍中（常伯）、尚书（纳言）、黄门郎、散骑郎、中书郎，其清要程度就更不用说了。这些清要官

---

[1] 《晋书》卷四三《王戎传》，第 1233 页。

[2] 《晋书》卷四《惠帝纪》记载"（夏四月）己巳，以太子太傅王戎为尚书右仆射"（第 91 页），这里"右仆射"当作"左仆射"。据上文，是年三月壬寅，东安公司马繇为尚书左仆射，进封东安王。"庚戌，免东安王繇……繇徙带方"（第 90 页），王戎接替司马繇任尚书左仆射。

[3] 《北堂书钞》卷六○《设官部一二·吏部尚书》，第 452 页。

[4] 《太平御览》卷二五九《职官部五七·太守》，第 1215 页。引文原阙"今之士大夫，多不乐出宰牧而好内官"一句，阎步克据《艺文类聚》卷四八、《太平御览》卷二二○补，今从阎校补正。（参见阎步克《察举制度变迁史稿》，第 176 页）

[5] 《晋书》卷二四《职官志》，第 741 页。

职的铨选"皆先外郡",体现诏书着眼于从职位选任资格来解决当时存在的中高级官员"多不乐出宰牧而好内官"的问题。

值得注意的是,在诏书发布的同年,吏部方面亦有改革中下级内官选资的建议。《北堂书钞》卷七八引《晋起居注》云:

> 太康八年,吏部郎师袭、向凯上言:欲使舍人、洗马未更长吏,不得为台郎;未更〔长〕吏,不得为(主)〔廷〕尉三官也。[1]

"长吏"即县令。吏部郎正是负责中下级官员的铨选。师袭、向凯上言的,是关于太子舍人、洗马选任为尚书郎、廷尉三官的铨叙资格改革建议。太子舍人、洗马是清要职位,当时吏部选叙,此类官职可直接迁补尚书郎。如《北堂书钞》卷六〇引《山涛启事》云:"太子舍人夏侯湛有盛才,而不长治民,有益台阁,在东宫已久,今殿中郎缺,宜得才学,不审其可参此选不乎?"[2]就是吏部铨选直接越过治民外官以太子舍人补尚书郎的显例。师袭、向凯此番上言与太康八年诏互相呼应,是对内官的选任资格设立新的限制,即未有外任资历者,不得预内官选序。太康八年皇帝下诏和吏部郎上言,都强调将内官选资与具备外任资历相绑定,无疑已开甲午制之先声。推敲其背后考量,大概有两个方面。

第一是"重内轻外"的选官秩序影响了吏部对地方行政官长铨选的运作。大约同时期稍后,李重谈议"又外官轻而内官重,使风俗大弊,宜厘改,重外选"[3],说明"外轻内重"是当时选官制度的一大症结。李重在"简阶级"的建议之外,就是提出"重外选"。太康八年诏书即谓"今之士大夫,多不乐出宰牧而好内官",官员只乐于流连在内官体系不愿外任,就会导致地方官长出缺以后,吏部未必有足够人选为补替。

第二是官员流连内官而不愿外任地方也影响到国家的基本统治。太康八年诏书谓"先王御俗,以兴至治,未有不先成民事者",大概就是从此

---

① 《北堂书钞》卷七八《设官部三〇·县令》,第579页。(参见阎步克《察举制度变迁史稿》,第175页)

② 《北堂书钞》卷六〇《设官部一二·尚书诸曹郎》,第459页。

③ 《通典》卷一六《选举四·杂议论上》,第386页。《晋书》卷四六《李重传》载李重"与李毅同为吏部郎,时王戎为尚书,重以清尚见称,毅淹通有智识,虽二人操异,然俱处要职,戎以识会待之,各得其所。毅字茂彦,旧史阙其行事。于时内官重,外官轻,兼阶级繁多,重议之,见《百官志》"(第1312页),可知唐修《晋书》的有关文字,迻录自某段旧史佚文。《通典》引文阙"泰(太)始以前,多以散官补台郎,亦径补黄门中侍郎,而今皆数转而后至,众职率如此也"一句,据《太平御览》卷二〇三《职官部一·总叙官》引《李重集杂奏议》补。

认识出发的。同时，官员若排斥担任郡县之官，也失去了从地方政事与治民实务中锻炼政务能力的机会，同样影响到国家政务运作的效能。师袭、向凯上言提到的尚书郎和廷尉三官，都是承担日常政务的要职。他们要求具有地方历练的官员选补这些官职，应该存在政务才能方面的考虑。

太康八年诏书规定的范畴是中高级官职，诏书的潜在申诫对象为"今之士大夫"。前揭官品等级阶层，以五品为大夫界限，诏书提到的内官"常伯纳言及典兵宿卫、黄门散骑中书郎"，基本都在四品以上，可说明这一点。吏部郎则主要以中低级官职为建言对象，已如前示。也就是说，太康八年的下诏和上言，涵盖了官僚高中低各个阶层，表明上述问题或已发展到较严重的程度，会影响制度根基，让西晋统治阶层不得不正视，通过不同途径推出解决方案。具体的做法，就是将内外资格与资历纳入选序。这意味着调整职位选用资格成为朝廷的重要应对手段。正是在此背景下，甲午制应运而生。

王戎推行甲午制，是吏部作为铨选主事部门，对太康八年诏书和吏部郎上言在选制层面的回应与落实。这一制度改革通过"选举皆先治百姓"的规定，为内官选序与外官资历建立制度性绑定。也可以这样认为，提出甲午制未必是王戎出于主动意图的制度创建，而是吏部面对外轻内重的选官格局，被动改制以缓解外官出缺候补不足的铨选压力。或可推测，吏部为迅速扭转铨选日渐严重的"内外失衡"秩序局面，很有可能会严格依甲午制选官。相关制约下，官员为补足资历，必然会通过官场的关系网络，争相博取出任地方治民长官的机会。名法派大臣、时任司隶校尉的傅咸的强烈反对甲午制，乃至上奏请求罢免王戎等吏部主事者，与此有关。《晋书·王戎传》载此事云：

> 司隶傅咸奏戎，曰："书称'三载考绩，三考黜陟幽明'。今内外群官，居职未期而戎奏还，既未定其优劣，且送故迎新，相望道路，巧诈由生，伤农害政。戎不仰依尧舜典谟，而驱动浮华，亏败风俗，非徒无益，乃有大损。宜免戎官，以敦风俗。"①

《晋书·傅咸传》亦载其事：

> 咸以"圣人久于其道，天下化成。是以唐虞三载考绩，九年黜

---

① 《晋书》卷四三《王戎传》，第 1233 页。

陟。其在《周礼》，三年大比。孔子亦云，'三年有成'。而中间以来，长吏到官，未几便迁，百姓困于无定，吏卒疲于送迎"。时仆射王戎兼吏部，咸奏："戎备位台辅，兼掌选举，不能谧静风俗，以凝庶绩，至令人心倾动，开张浮竞。中郎李重、李义不相匡正。请免戎等官。"

甲午制要解决的是内外选序的轻重失衡问题，为何傅咸激烈批评的是"内外群官，居职未期而戎奏还"，甲午制与傅咸说的"人心倾动，开张浮竞"，究竟是如何发生联系的，这都是值得思考的问题。

其实在此之前，傅咸在御史中丞任上[①]，已对甲午制提出过严厉批评。《晋书·傅咸传》云：

> 会丙寅，诏群僚举郡县之职以补内官。咸复上书曰："臣咸以为夫兴化之要，在于官人。才非一流，职有不同。譬诸林木，洪纤枉直，各有攸施。故明扬逮于仄陋，畴咨无拘内外。内外之任，出处随宜，中间选用，惟内是隆。外举既颓，复多节目，竞内薄外，遂成风俗。此弊诚宜亟革之，当内外通塞无所偏耳。既使通塞无偏，若选用不平，有以深责；责之苟深，无忧不平也。且胶柱不可以调瑟，况乎官人而可以限乎！伏思所限者，以防选用不能出人。不能出人，当随事而制，无须限法。法之有限，其于致远，无乃泥乎！或谓不制其法，以何为贵？臣闻刑惩小人，义责君子，君子之责，在心不在限也。正始中，任何晏以选举，内外之众职各得其才，粲然之美于斯可观。如此，非徒御之以限，法之所致，乃委任之由也。委任之惧，甚于限法。是法之失，非己之尤，尤不在己，责之无惧，所谓'齐之以刑，人免而无耻'者也。苟委任之，一则虑罪之及，二则惧致怨谤。己快则朝野称咏，不善则众恶见归，此之战战，孰与倚限法以苟免乎。"[②]

朝廷"诏群僚举郡县之职以补内官"是外官入为内官的选举措施，傅咸却在疏中反对内官出为外官的选任政策，抨击"以防选用不能出人"的"限

---

① 《晋书·傅咸传》载："骏诛，咸转为太子中庶子，迁御史中丞。……咸再为本郡中正，遭继母忧去官。顷之，起以议郎，长兼司隶校尉。"（第1326页）这是傅咸先任司隶校尉，遭继母忧离任后再任司隶校尉。
② 《晋书》卷四七《傅咸传》，第1327～1328页。

法"，个中缘由当从"限法"说起。

关于"限法"的意思，前辈学者已有不少研究。如阎步克解释"限法"是指对外官的必要出任时间要有规定，合于期限者，可以举而内补，这样做是使内官出为外官时，不至于视之为苦差而拒绝接受任命。[①] 这固然可作为一种合乎情理的解释，但细察史籍所记未必如此。如果看傅咸上书所举事证，他说"正始中，任何晏以选举，内外之众职各得其才，粲然之美于斯可观"，"内外之众职"正是针对试图调整内外选序的甲午制而发，傅咸举何晏选举"各得其才"为正面例证，是认为甲午制未能带来选官"得才"的积极效果，若说"限法"之限是指期限，将任期长短直接对应"得才"与否，似乎仍有难以说通之处。

推敲文意，"限法"是指甲午制对选官资格的设限，具体而言，是硬性捆绑内官选资要求具备外官资历的规定。前面指出，甲午制是为解决外官铨选困难而推出的制度，实质是通过职位选资的限定（凡选举皆先治百姓，然后授用），来引导官员进入外官铨选程序。傅咸称"伏思所限者，以防选用不能出人"，说的正是甲午制制定的直接目的。他引用时人说"不制其法，以何为贵"，亦提示了甲午制与"贵"外选的内在关系。史载王戎居官事迹可以作为参证：

> 以晋室方乱，……与时舒卷，无蹇谔之节。自经典选，未尝进寒素，退虚名，但与时浮沉，户调门选而已。[②]

王戎典选"未尝进寒素，退虚名，……户调门选而已"，反映当时吏部铨选存在不问才能优劣、只在乎资格之限。刘寔在这一时期亦批评过吏部按资选举的现象：

> 能否混杂，优劣不分，士无素定之价，官职有缺，主选之吏不知所用，但案官次而举之。同才之人先用者，非势家之子，则必为有势者之所念也。非能独贤，因其先用之资，而复迁之无已。[③]

"主选之吏不知所用，但案官次而举之。同才之人先用者，非势家之子，

---

① 阎步克：《甲午制始末》，载阎步克《察举制度变迁史稿》，第175~180页。他认为傅咸"尽其努力维护这一制度"，故批评朝廷对外官设立短暂的履职期限。

② 《晋书》卷四三《王戎传》，第1234页。

③ 《晋书》卷四一《刘寔传》，第1192页。

则必为有势者之所念也"，可从侧面帮助理解甲午制规定下的铨选操作。尽管甲午制与太康八年武帝下诏和吏部郎上言的渊源甚深，但前面亦指出王戎建制的本意未必在于改革，很可能是基于外官铨选压力的应对之举。这套制度最终成为一套围绕职位的资格与资历加以运作的"限法"。

在甲午制"凡选举皆先治百姓，然后授用"的约束下，外官资历构成必要资格条件，通过这一"限法"固然解决了外选困难的问题，但在人人求外缺的情况下，短时间里反而造成外任官缺供不应求的问题。主选者越要维护甲午制，就越需设法解决这一问题。一方面，由于甲午制造成地方官缺紧张，吏部只能加快对外官的举补迁转，以腾出更多的官缺。吏部的外官铨选亦难以顾及官员的治民才能。傅咸批评"今内外群官，居职未期而戎奏还，既未定其优劣"云云，原因就在这里。另一方面，地方官本该以善治地方为首要之责，却由于甲午制加速了迁任更替，丧失其承载的治理地方功能，地方守宰之职演变成为仕进的必要迁转之阶，促使职位资格成为铨选的主导要素。甲午制由此沦为"户调门选"，内官"迁转调补如流"的现象最终传导到外官体系，违背了建制整顿选官选制的初衷。

这也可以解释为何傅咸针对丙寅诏"补内官"却重点批评了选举绑定外官资历的甲午制。细究可知，丙寅诏与甲午制关系甚深。由于甲午制要求各个阶序的选用须先经外出治民，朝廷原来的升迁秩序会因此受到影响：西晋选官格局本是重内轻外，高门贵势子弟长期居于京师任职而不愿外出，朝中存在不少缺乏外任治民资历的官员。在甲午制严格限制内官越过治民外官直接升迁以后，大批官员的仕途受到阻碍。他们要获取更高的升迁，在徙官之时，就会争相求取出任地方。郡县长官的正常轮替，在众人一时集中求官的情况下，就可能出现阻滞，未必可以提供足够的缺额。其时惠帝即位，杨骏上台执政后采用对百官普赏的方式以巩固地位，"增天下位一等，预丧事者二等"[1]，在短时间内滥开封赏。为数不少的官僚，尤其是具有爵位的朝中权贵，在增位进阶的制度秩序下，个人官簿已积累了足够的位资，获得了进阶待调的资格，他们会更加迫切争取外任地方的资历。这严重冲击了吏部的正常选举秩序。丙寅诏是朝廷应对这种情况而采取的对策，即通过让百官"举郡县之职以补内官"，用荐举调补内官的方式使众多任期未到的外职出缺，以缓解甲午制造成的外缺紧张。这就可以解释傅咸为什么要在由外补内的丙寅诏颁布后，对由内出外的"限法"作出批评。

---

① 《晋书》卷四《惠帝纪》，第 89 页。

其实，反对甲午制的傅咸，同样看到选制重内轻外的弊端。他指出"中间选用，惟内是隆。外举既颓，复多节目，竞内薄外，遂成风俗"，认为"此弊诚宜亟革之"，表明了他的明确态度。针对这一弊端，他主张"非徒御之以限，法之所致，乃委任之由也。委任之惧，甚于限法"。所谓"委任"，实际是以考课和清议为基础，故他要说"苟委任之，一则虑罪之及，二则惧致怨谤。已快则朝野称咏，不善则众恶见归"。傅咸又强调"才非一流，职有不同"，呼吁吏部主选"在心不在限"。他主张地方官调补选用应重视官员的治民才能，而非刻板执行"限法"，故有"胶柱不可以调瑟，况乎官人而可以限乎"的议论。傅咸的批评指出了甲午制所设选资"限法"导致地方治民官沦为纯粹资格资历的弊端。

从甲午制的历史可以看到从"选序失衡"经"选资设限"复归"选序失衡"的制度过程：西晋中期以后，由于铨选秩序出现日渐严峻的"内重外轻"趋势，外官铨选压力不断加大，朝廷的应对举措重点放在选官制度的资格环节上，以期扭转"内外失衡"的选序。甲午制对内外选资有新的资格限定，改变了迁官机制。此番"选资设限"造成官员短时间求取外官，朝廷的地方官编制并不能提供足够的员额。吏部由此陷入两难，如果过分压制官员的外任请求，等同压制官僚队伍的升迁需要，可能造成统治危机。如果取消甲午制，吏部可能会因内重外轻的格局而重新陷入难于外选的困境。地方长官的员额编制相对稳定，这一限制条件促使吏部采取缩短外官官员任期的办法，让出更多的调补出缺。某种程度上，可以认为吏部越要维护甲午制的资格限制规定就越要加快外官的轮替速度，于是"长吏到官，未几便迁"，造成新的另一种形式的"选序失衡"。至此，不难理解以实际行动支持加快外官迁转选补程序的吏部主事者，既有代表高门士族利益的王戎，亦有如李重这样的主张"务抑华竞"的有识之士。这反而说明吏部铨选与甲午制，有其超越个人意志、维系制度运作的固有因素。

第二节　选官铨次与资、才、地的考量

《梁书·武帝纪上》记载萧衍在代齐建梁前夕的上书，云：

> 故前代选官，皆立选簿，应在贯鱼，自有铨次。胄籍升降，行能臧否，或素定怀抱，或得之余论，故得简通宾客，无事扫门。顷代陵夷，九流乖失。其有勇退忘进，怀质抱真者，选部或以未经朝

谒，难于进用。或有晦善藏声，自埋衡荜，又以名不素著，绝其阶绪。①

魏晋南北朝的职官史料中多见"贯鱼"一词，该词源于《易·剥卦》"贯鱼以宫人宠"②，以贯鱼之形描述古代宫人按等级位序依次陪侍君王。③大概到了汉代，"贯鱼"喻指不以君主的偏私而影响朝廷人事任用秩序。《后汉书·杨震传附杨赐传》记载杨赐针对"朝廷爵授，多不以次"上疏劝诫皇帝云："念官人之重，割用板之恩，慎贯鱼之次"，李贤注曰："板谓诏书也。……言王者御宫人，如贯鱼之有次序也。"④此为显著的例子。在魏晋南北朝，此义进一步引申用以形容官僚选任制度的资次秩序。

萧衍谓"前代选官，皆立选簿，应在贯鱼，自有铨次"；其中"贯鱼"与"铨次"的秩序均指升迁资次，此为官资。"胄籍升降"，则指门第；"行能臧否"指才能的考察。不妨将这种以官资、门第、才能为重的选官衡量标准理解为一种"三元结构"的综合铨选秩序。这是魏晋以来职官选任制度的基本秩序所在。《宋书·王华传》载孔宁子在晋末宋初上书陈时政损益，云：

> 若才实拔群，进宜尚德，治阿之宰，不必计年，免徒之守，岂限资秩。自此以还，故当才均以资，资均以地。⑤

孔宁子上言主要针对地方吏治，建议朝廷重视地方长官的委任，呼吁任用治民之官应以才能为先。若才（才能）不分上下，则可考虑其资（官资），

---

① 《梁书》卷一《武帝纪上》，第 23 页。
② 《周易正义》卷三《剥》，《十三经注疏》，第 77 页。《后汉书》卷一〇《皇后纪下·顺烈梁皇后纪》："愿陛下思云雨之均泽，识贯鱼之次序"。李贤注：《易》曰：'云行雨施，品物流形。'《剥卦》曰：'贯鱼，以宫人宠，无不利。'《剥》，《坤》下《艮》上，五阴而一阳，众阴在下，骈头相次，似贯鱼也。"（第 439 页）这是对"贯鱼"之义的详细注解。《后汉书》卷八十《文苑传·崔琦传》："爱暨末叶，渐已颓亏。贯鱼不叙，九御差池。"李贤注："谓王者之御宫人，如贯鱼之有次叙，不偏爱也。"（第 2619~2620 页）
③ 《宋书》卷四一《后妃传》："礼则有列媵，象则有贯鱼"（第 1400 页）。《魏书》卷一三《皇后·孝文废皇后冯氏传》："高祖（孝文帝）每遵典礼，后及夫、嫔以下接御皆以次进。"（第 388 页）北魏孝文帝受汉化影响甚深，皇后妃嫔按次序的陪侍是"遵典礼"，说明此举是有礼制依据可循的。
④ 《后汉书》卷五四《杨震传附杨赐传》，第 1778~1779 页。
⑤ 《宋书》卷六三《王华传》，第 1835 页。《通典》卷一五《选举三·历代制下》载唐代制度，"四事（身、言、书、判）"可取，则先乎德行；德均以才，才均以劳"（第 360 页）。所述制度用意，与孔宁子之言颇有相通之处。

若仍未分高下，始考虑其地（门第）。这番言论恰好体现出时人将才、资、地视为朝廷选任晋升官员的依据。《隋书·百官志上》记载中书通事舍人"梁用人殊重，简以才能，不限资地"①，此官的选用唯重才能，而不以官资与门第为限，亦说明才、资、地构成这一时期选官秩序的三大基本要素。《梁书·文学·庾于陵传》载："（太子）洗马掌文翰，尤其清者。近世用人，皆取甲族有才望，时于陵与周舍并擢充职，高祖曰：'官以人而清，岂限以甲族。'"②梁武帝话中的"人"含有才能的意思，所涉对象庾于陵与周舍均具备政务才能，是其证。故梁武帝所论仍然不出"官"（官资）、"人"（才能）、"族"（门第）的三元结构。

当然，魏晋南北朝是一个极为重视门第地望与等级身份的历史时期。才能相比门第，处于次要地位。高门士族凭着门第在仕途中具备先天的优势，在相同的才能条件下，更容易晋升为高级官僚。这也是上述寒门士人呼吁选官首要重视才能的时代原因。政治才能在这一时期虽然有被边缘化的趋势，却仍是选任官员的基本因素。统治者从实际的政治运作角度亦不可能不问才能而只重门第，摒弃具备政治事务处理能力的士人。事实上，高门士族到了南朝时已很难单凭自身门第的尊显而仕至高位。祝总斌曾详细考释《梁书·何敬容传》"宰相皆文义自逸"之说，并深辨此说之非，指出："何敬容以前南朝宰相勤于庶务，至少是'奉行文书'的，应是多数，绝非'皆文义自逸'。……可以肯定，《何敬容传》此说，基本上不符合历史事实。"③此论深中肯綮。史籍中常见到"有吏能""有才能""有能名""有吏干""著能名"等对某人任官评价记载，反映这一时期的官员选拔还是看重施政才能的。总之，"才""资""地"是认识理解这一时期复杂多变的迁转资序的基本线索。

在更早的记载中，已能看到类似"才""资""地"相结合的表述。《晋书·刘寔传》载西晋时刘寔议论朝政，云：

> 官职有缺，主选之吏不知所用，但案官次而举之。同才之人先用者，非势家之子，则必为有势者之所念也。……观在官之人，政绩无闻，自非势家之子，率多因资次而进也。④

① 《隋书》卷二六《百官志上》，第803页。
② 《梁书》卷四九《文学·庾于陵传》，第765页。
③ 祝总斌：《〈梁书·何敬容传〉"宰相皆文义自逸"句考释》，载祝总斌《材不材斋史学丛稿》，第362~363页。
④ 《晋书》卷四一《刘寔传》，第1192页。

这是说吏部选举不问才能（政绩），只顾及"资次"（官次）与"势家"。当时势族多是魏晋之际崛起的新兴门户，还未完全发展为后来具备"世祚之资"的世族。[1] 刘颂批评选官现象，主要是就"资""才""势"而言。在势族逐渐转化为世族以后，资、才、地也就成了官员选用的重要考量因素。《晋书·外戚·王蕴传》载：

> 起家佐著作郎，累迁尚书吏部郎。性平和，不抑寒素，每一官缺，求者十辈，蕴无所是非。时简文帝为会稽王，辅政，蕴辄连状白之，曰："某人有地，某人有才。"务存进达，各随其方，故不得者无怨焉。[2]

王蕴在执行铨选程序过程中，列明"某人有地，某人有才"以供主事者参考，说明官职选用需要考量到门第与才能。这一选官实例与孔宁子的言论正好互相印证。

史籍中亦见"人地兼美""人地之美""人地可论"等记载。"人"（才能）与"地"（门第）的强调，几乎都与官员的仕宦挂钩。《通典·职官一·总序》引《山公启事》曰："晋制，诸坐公事者，皆三年乃得叙用。其中多有好人，令逍遥无事。臣以为略依左迁法，随资才减之，亦足惩戒，而官不失其用。"[3] 山涛建议对坐事免官的官员提前重新叙用，也是把"资"与"才"作为参考。这说明魏晋南北朝官僚人事制度，不论晋升抑或黜降，"资"（官资）、"才"（才能）、"地"（门第）是相辅相成而又互为制衡的选官要素。不过，三者与官职的联动性是不一致的。"地"（门第）的改变往往需要经历数代人的仕宦积累。[4] 就整个官僚群体而言，"地"（门第）是一种较为静态的制度存在，"才"（才能）则更多体现为个人的政治素养与行政才干，相比之下才能与职位有着更为动态的联系。

门第与才能两种性质各异的因素，正是通过官资秩序而统合到一起

[1] 胡宝国指出："所谓势族，乃是指现实有势力的家族，……固然势族只要稳定地、一代一代地延续下去，终有一天会演变为世族，但那毕竟是以后的事，在魏晋时期，势族不等于世族。势族的地位也并不十分稳固。"（胡宝国：《魏西晋时代的九品中正制》，《北京大学学报（哲学社会科学版）》1987 年第 1 期，第 83 页）

[2] 《晋书》卷九三《外戚·王蕴传》，第 2420 页。

[3] 《通典》卷一九《职官一·总序》，第 468 页。

[4] 祝总斌指出："东晋南朝需要继续两三代维持住一定的官位，方可更换门庭，由寒人升士族，或由次门升高门"。（祝总斌：《试论魏晋南北朝的门阀制度》，载祝总斌《材不材斋史学丛稿》，第 208 页）

的。换言之，即具体化的门第因素与抽象化的才能因素最终会转换为官资，以确定官员在整个官僚体系中的位置，以及确保朝廷官僚制度的有序运作。从萧衍上书的表述，即可看出"贯鱼"与"铨次"被视为职官选授秩序的重心。

《陈书·徐陵传》载：

> 天康元年，迁吏部尚书、领大著作。陵以梁末以来，选授多失其所，于是提举纲维，综核名实。时有冒进求官，喧竞不已者，陵乃为书宣示曰："自古吏部尚书者，品藻人伦，简其才能，寻其门胄，逐其大小，量其官爵。梁元帝承侯景之凶荒，王太尉接荆州之祸败，尔时丧乱，无复典章，故使官方，穷此纷杂。永定之时，圣朝草创，干戈未息，亦无条序。府库空虚，赏赐悬乏，白银难得，黄札易营，权以官阶，代于钱绢，义存抚接，无计多少，致令员外常侍，路上比肩，谘议参军，市中无数，岂是朝章，应其如此？今衣冠礼乐，日富年华，何可犹作旧意，非理望也。所见诸君，多逾本分，犹言大屈，未喻高怀。若问梁朝朱领军异亦为卿相，此不逾其本分邪？此是天子所拔，非关选序。梁武帝云'世间人言有目色，我特不目色范悌'。宋文帝亦云'人世岂无运命，每有好官缺，辄忆羊玄保'，此则清阶显职，不由选也。秦有车府令赵高直至丞相，汉有高庙令田千秋亦为丞相，此复可为例邪？既忝衡流，应须粉墨。所望诸贤，深明鄙意。"自是众咸服焉，时论比之毛玠。[1]

徐陵在议论当中提到"典章""朝章""条序""本分"，均指职官选授制度秩序。针对梁末陈初出于权宜之计而多有滥授与虚封等情况，他主张吏部应该坚持以铨选官资的章程来进行人事任用，尤其排斥其他人为因素对吏部选序制度的干扰，甚至指出寒士朱异得致卿相的情况，是"天子所拔，非关选序"，强调了"选序"属于制度化秩序，皇帝出于特恩的提拔并不能纳入选官日常制度运作之中，这无疑要凸显吏部依循选制资序选任官员的重要性。同时，徐陵对吏部"简其才能（才），寻其门胄（地），逐其大小，量其官爵（资）"的申述，反映出他深切认可资、才、地为基础的传统制度秩序。萧衍与徐陵的言论，之间相隔六十余年[2]，但揭示的制度逻辑

---

[1]　《陈书》卷二六《徐陵传》，第376～377页。
[2]　萧衍上书在禅代前夕的齐和帝中兴二年（502），徐陵上书在陈文帝天康元年（566）。

相当一致。

《隋书·百官志上》记载了陈代选官制度，云：

> 其用官式，吏部先为白牒，录数十人名，吏部尚书与参掌人共
> 署奏。敕或可或不可。其不用者，更铨量奏请。若敕可，则付选，
> 更色别，量贵贱，内外分之，随才补用。[①]

吏部的"白牒"，即选官文书，当时亦称之为"选牒"。具体程序是吏部
拟定人选后，由吏部尚书与参掌大臣在文书上通署，表示同意，然后交
由皇帝裁决。关于"参掌人"，史籍相关记载甚多。如《宋书·王僧绰
传》："徙尚书吏部郎，参掌大选。"[②]《宋书·袁颛传》："参知选事。"[③]《南
齐书·王俭传》："参掌选事。"[④]《南齐书·庾杲之传》载："迁尚书吏部
郎，参大选事。"[⑤]《梁书·范岫传》载："尚书吏部郎，参大选。"[⑥]吏部郎
时称"小选"[⑦]，主要负责下级官吏的选用。获得"参大选"的权力，始可
与吏部尚书一并参与中高级官员的铨叙。上述的参"选事"，意指参署选
官文书。周一良在《魏晋南北朝史札记》中释训"事"，指出："此处（指
《南史·褚彦回传》引文）之事字非抽象名词，乃指具体事物，即文书之
意，……魏晋南北朝以至唐代文献中，事字尚多如此用，犹存古训。"[⑧]可
知"选事"之"事"应解作"文书"。"选事"具体指选官文书，当与"选
牒"同义。《北堂书钞》卷六五引《山涛启事》云："臣昨启少傅选事，羊
佑秉德尚义，克己复礼，又年尚少，可久于其事也。"[⑨]这里的"选事"出
自启奏之文，亦指选官文书。《晋书·山涛传》："涛所奏甄拔人物，各为
题目，时称《山公启事》"[⑩]，可知《山公启事》的得名，其意实指山涛启
奏的公文。上引"参知选事""参掌选事""参大选事"，亦具体指参署文
书的职权。

---

① 《隋书》卷二六《百官志上》，第 829 页。
② 《宋书》卷七一《王僧绰传》，第 2022 页。
③ 《宋书》卷八四《袁颛传》，第 2358 页。
④ 《南齐书》卷二三《王俭传》，第 486 页。
⑤ 《南齐书》卷三四《庾杲之传》，第 684 页。
⑥ 《梁书》卷二六《范岫传》，第 432 页。
⑦ 如《梁书》卷四一《褚翔传》："寻征为吏部郎，……翔居小选公清，不为请属易意，号
  为平允。"（第 650 页）《南史》卷一九《谢裕传附谢朓传》："当拜吏部（郎），谦挹尤
  甚，尚书郎范缜嘲之曰：'卿人才无惭小选，但恨不可刑于寡妻。'"（第 534 页）
⑧ 周一良：《魏晋南北朝史札记（补订本）》之《《南史》札记》"事"条，第 466 页。
⑨ 《北堂书钞》卷六五《设官部一七·太子少傅》，第 499 页。
⑩ 《晋书》卷四三《山涛传》，第 1226 页。

在两晋南朝史籍之中，还能够看到选官制度实施情形的某些片段，比如"选牒"。《宋书·王景文传》载宋明帝诏："去五月中，吾病始差，未堪劳役，使卿等看选牒，署竟，请敕施行。此非密事，外间不容都不闻。"①《南齐书·王奂传附王缋传》载：

> 元徽末，除宁朔将军、建平王征北长史、南东海太守，黄门郎，宁朔将军、东阳太守。世祖（萧赜）为抚军，吏部尚书张岱选缋为长史，呈选牒。太祖（萧道成）笑谓岱曰："此可谓素望。"②

此事大概在宋顺帝昇明年间。萧道成此时已是权臣，自然可以过问朝廷大小事务。不过，就制度法理而言，吏部尚书张岱向萧道成上呈选牒，是由于萧道成时为"录尚书事"，具备参录吏部选官文书的职权。而这一制度通行于南朝刘宋。《宋书·蔡廓传》载：

> 征为吏部尚书。（蔡）廓因北地傅隆问（傅）亮："选事若悉以见付，不论；不然，不能拜也。"亮以语录尚书徐羡之，羡之曰："黄门郎以下，悉以委蔡，吾徒不复厝怀；自此以上，故宜共参同异。"廓曰："我不能为徐干木署纸尾也。"遂不拜。③

蔡廓"不能为徐干木署纸尾"，不愿接受吏部尚书一职，说明吏部尚书署过选官文书之后，按制度还需要录尚书参决，在吏部尚书下署名，始可通过。④徐羡之谓"共参同异"，意指此制，故《宋书·蔡廓传》传末史臣谓"选录同体"。这是吏部尚书与录尚书共同把关官员选授程序的制度体现。这一制度亦见于晋代。《北堂书钞》卷五九引《晋中兴书》载："王导为骠骑、扬州、领中书监、录尚书事。……吏部尚书周顗选（罗）弘，导以署过其事，为有司所奏。"⑤此事说明吏部尚书任用不当，而录尚书署过其事（文书）需承担责任。

官员迁升的前提是进入吏部铨选录用程序，此即所谓"进序"。如

---

① 《宋书》卷八五《王景文传》，第2394页。
② 《南齐书》卷四九《王奂传附王缋传》，第944页。
③ 《宋书》卷五七《蔡廓传》，第1714页。
④ 缪钺引刘毓崧《通义堂笔记》指出："唐宋时臣下上表，结衔皆尊者居后。"（缪钺：《何晏王弼事辑》，载缪钺《缪钺全集》第一卷，第154页）据此，"不能为徐干木署纸尾"之"为"，此介词应解作"被"，不能解释为"给、替"。
⑤ 《北堂书钞》卷五九《设官部一一·录尚书》，第446页。

《晋书·段灼传》云："灼前后陈事，辄见省览。然身微宦孤，不见进序"①，《晋书·贺循传》云："后为武康令，……政教大行，邻城宗之。然无援于朝，久不进序。"② 与久而未进"选序"相比，另一种情况则是官员频繁进入选序获得晋升。《晋书·王衍传》载：

> 越之讨苟晞也，衍以太尉为太傅军司。及越薨，众共推为元帅。衍以贼寇锋起，惧不敢当。辞曰："吾少无宦情，随牒推移，遂至于此。今日之事，安可以非才处之。"③

又《晋书·庾亮传》载：

> 臣凡鄙小人，才不经世，阶缘戚属。累忝非服，叨窃弥重，谤议弥兴。皇家多难，未敢告退，遂随牒展转，便烦显任。④

又《宋书·殷景仁传》载：

> 少帝即位，入补侍中，累表辞让，又固陈曰："臣志干短弱，历著出处。值皇涂隆泰，身荷恩荣，阶牒推迁，日月频积，……"⑤

所谓"随牒"，是指进入吏部选序。"随牒推移""随牒展转""阶牒推迁"均出自让官表的一种谦语。其背后含义与选官制度的资、才、地考量标准颇有关系。诸人谓"随牒"辗转推移的话语，是要表达在选官资次秩序下，自己是靠论资排辈始得升迁。这是为强调自身并非有出色的才能，亦无显赫的门第。"随牒"体现出选官强调资历资次秩序特征。

以"牒"作为选序资次，自汉魏已然。《汉书·匡衡传》载时人谓匡衡："无阶朝廷，故随牒在远方。"颜师古注曰："阶谓升次也。随牒，谓随选补之恒牒，不被超擢者。"⑥《三国志·魏书·贾逵传附杨沛传》注引《魏略别传》："初平中，（杨沛）为公府令史，以牒除为新郑长。"⑦ 以上均

---

① 《晋书》卷四八《段灼传》，第 1340 页。
② 《晋书》卷六八《贺循传》，第 1824 页。
③ 《晋书》卷四三《王衍传》，第 1238 页。
④ 《晋书》卷七三《庾亮传》，第 1919 页。
⑤ 《宋书》卷六三《殷景仁传》，第 1839 页。
⑥ 《汉书》卷八一《匡衡传》，第 3332 页。
⑦ 《三国志》卷一五《魏书·贾逵传附杨沛传》，第 484 页。

是史例。

"选牒"在汉代又称作"官簿"。《汉书·王莽传上》云：

> 事下群公，请令天下吏能诵公戒者，以著官簿，比《孝经》。（颜师古注："著官簿，言用之得选举也。"）①

"著官簿"也是进入选用程序的意思。官簿亦引申为任用资序。《后汉书·安帝纪》云：

> 己亥，诏三公、中二千石，举刺史、二千石、令、长、相，视事一岁以上至十岁，清白爱利，能敕身率下，防奸理烦，有益于人者，无拘官簿。（李贤注："无拘官簿谓受超迁之，不拘常牒也。"）②

按照李贤的解释，"官簿"是指"常牒"，即一般的迁升秩序。《汉书·翟方进传》载：

> 初，咸最先进，自元帝初为御史中丞显名朝廷矣。……后方进为京兆尹，咸从南阳太守入为少府，与方进厚善。先是逢信已从高弟郡守历京兆、太仆为卫尉矣，官簿皆在方进之右。（师古曰："簿谓伐阅也。"）及御史大夫缺，三人皆名卿，俱在选中，而方进得之。③

所谓"先进"是指仕宦先后次序，亦含有任官资历的意思。颜师古对"官簿"就有这样的解释，认为"簿"是指"伐阅"。伐阅就是资历。《汉书·车千秋传》载"千秋无他材能术学，又无伐阅功劳"，颜师古注曰："伐，积功也。阅，经历也"④，可以为证。西晋时张载《榷论》谓："今士循常习故，规行矩步，积阶级，累阀阅"⑤，仍是以"阀阅"作资历。

不论"官簿"解作资次抑或资历，其实本质上是相通的。它体现了制度中的客观、静态的一面，选官的等级次序及官员的年劳资历，均是可以在官僚管理制度中得以核查的固有元素。前引殷景仁谓"阶牒推迁，日月

---

① 《汉书》卷九九上《王莽传上》，第 4066 页。
② 《后汉书》卷五《安帝纪》，第 236 页。
③ 《汉书》卷八四《翟方进传》，第 3417 页。
④ 《汉书》卷六六《车千秋传》，第 2884 页。
⑤ 《晋书》卷五五《张载传》，第 1518 页。

频积"，就是要谦称自己因年劳资历而得到选拔晋升。"官簿"与"选牒"均有迁官资次与仕宦资历的含义。一言以蔽之，"选牒"之牒是官资秩序的体现。

第三节　资格视角下的九品中正制

九品中正制在较长的时间内被认为与官品有着密切联系。胡宝国、阎步克两位学者已研究论证了中正品与官品并无直接联系。[①]阎步克继而指出："中正制是一种管理资格的品位。"[②]受前贤上述观点启发，本节试以职位资格为视角，讨论中正品作为选官资格的历史渊源与运作机制，进一步分析中正品与具体官职在选任资格管理运作下形成的制度匹配关系，以期细化对九品中正制历史面貌的基本认识。

一、作为选官资格的中正品

沈约《宋书·恩幸传》序云：

> 汉末丧乱，魏武始基，军中仓卒，权立九品，盖以论人才优劣，非为世族高卑。因此相沿，遂为成法。[③]

据《三国志·魏书·陈群传》载，陈群"徙为尚书。制九品官人之法，群所建也"[④]，九品官人之法（即九品中正制）是陈群在魏初建立的制度，这是学界研究的共识。沈约叙述云"汉末丧乱，魏武始基，军中仓卒，权立九品"，将九品"权立"的时间提前到汉末建安年间。此语提示九品中正制作为选官任职的一种权宜办法，在正式建制前就已施行。这为追溯九品中正制的历史渊源提供了重要线索。

不过沈约所谈较为简单，并未交代曹操"权立九品"的具体细节。唐长孺通过解读曹操的若干选举事例，有力证实了这一历史判断，并作出融通透彻的解释：

（九品中正）制度是由陈群建议，延康元年颁布的，但建安年间实际上已采取这种办法，只是既不是普通推行，更没有形成制度而已。曹操用颍川人即由荀彧荐举，荀彧岂非就是颍川中正么？用荆州人由韩嵩条列优劣，韩嵩岂非就是荆州大中正么？我们认为九品官人法既是创举，又是传统的大姓、名士品评人物、主持乡议的继续与曹操全部选举政策的继续。①

唐长孺认为九品中正制的具体操作办法，在记载汉末史事的史料中已可找到制度雏形，这是十分重要的意见。这说明在汉末就已经采取类似九品官人法的办法，维系当时的选举运作并吸纳人才。来看一条记载汉末史事的史料。《三国志·魏书·刘晔传》注引《傅子》云：

> 太祖征晔及蒋济、胡质等五人，皆扬州名士。每舍亭传，未曾不讲，所以见重；内论国邑先贤、御贼固守、行军进退之宜，外料敌之变化、彼我虚实、战争之术，夙夜不解。而晔独卧车中，终不一言。济怪而问之，晔答曰：“对明主非精神不接，精神可学而得乎？”及见太祖，太祖果问扬州先贤，贼之形势。四人争对，待次而言，再见如此，太祖每和悦，而晔终不一言。四人笑之。后一见太祖止无所复问，晔乃设远言以动太祖，太祖适知便止。若是者三。其旨趣以为远言宜征精神，独见以尽其机，不宜于猥坐说也。太祖已探见其心矣，坐罢，寻以四人为令，而授晔以心腹之任；……②

曹操对他所征辟的名士采取了亲自审核才能的办法，故就“扬州先贤，贼之形势”等问题向诸人发问。从蒋济、胡质等人在途中殷勤准备的记载可知，双方对于接触以后会有才能考察一事，均是存在默契的。为什么要经过这样一个考察的程序呢？因为汉末以来，战乱使士人流移播迁，同时国家政治制度被破坏，士人难以通过汉代传统的乡举里选等方式展示其政治才能与学问素养。曹操在罗致各地士人的时候不可能充分掌握诸人的实际情况，故需要鉴定其才能是否与名声相符。这与曹操一贯注重政治实效的做法也是符合的。从职官选任制度运作的角度理解，如果不能了解各人的才能与素质，人事任用与职务安排也就无从说起。

---

① 唐长孺：《东汉末期的大姓名士》，载唐长孺《唐长孺文集》卷二《魏晋南北朝史论拾遗》，第47页。
② 《三国志》卷一四《魏书·刘晔传》，第444~445页。

上引史料显示，曹操通过谈论对五位应征名士的才能有了高下评判，最终任命其中四人为县令，对刘晔则另加重用。如果循着唐长孺的制度渊源思路理解，其实曹操在这时候算是充当了中正与吏部的双重角色。当时虽未必行用九品之法，但某种意义上可以认为，刘晔在曹操的心目中已是上品，其余四人品第稍低，因此有了不同的授官委任与职务安排。

据此进一步推论，曹操不可能对所有士人的才能亲自进行考察评定，当时必然会产生一套方法，对人才进行评议，以作为人事选用的依据。陈群在魏初创立九品官人法，与汉末以来形成的人才审核机制是不无渊源的。回到沈约"汉末丧乱，魏武始基，军中仓卒，权立九品，盖以论人才优劣"之论，所谓"权立"，道明了以"九品"选士的做法，起初只是出于权宜，且始终未脱离"论人才优劣"的本意。沈约同时也指出这一做法与"汉末丧乱""军中仓卒"的具体历史背景息息相关。《晋书·卫瓘传》载卫瓘上疏云："魏氏承颠覆之运，起丧乱之后，人士流移，考详无地，故立九品之制，粗且为一时选用之本耳。"① 此处虽然还难以确认卫瓘所指"魏氏"是曹操还是曹丕，但自汉末至魏初，"人士流移，考详无地"的情况是一直存在的。九品作为"选用之本"一语，正好道出了九品中正制及其制度渊源之于朝廷人事任用程序的重要。清人赵翼认为："盖汉以来本以察举孝廉为士人入仕之路，迨日久弊生，夤缘势利，猥滥益甚。故（何）夔等欲先清其源，专归重于乡评，以核其素行；群又密其法而差等之，固论定官才之法也。"② 以九品中正制为"官才论定之法"，此说颇有道理。

中正品第的原初目的是为了选官得才。唐长孺简要而明确地指出："中正的任务是品第人物，以备政府用人的依据。"③ 罗新本探讨中正与吏部在选举制度中的性质与作用，指出："九品中正制只是一种考察士人和官员的制度，中正对已仕未仕之人均予以其品评，品状是吏部授官的重要依据，但他并不直接官人，任命之权在吏部。并且，士人经品评后仍需由各种仕途方能为官"④ 此说亦很有见地。九品中正制的运作，是为吏部选人任官提供依据。这一制度本意即源自汉末以来的"军中仓卒"情形之下建立的才能（亦包括德行）评核规矩。通观九品中正制建立的

---

① 《晋书》卷三六《卫瓘传》，第 1058 页。
② ［清］赵翼著：《廿二史札记校证》卷八"九品中正"条，第 165 页。
③ 唐长孺：《九品中正制试释》，载唐长孺《唐长孺文集》卷一《魏晋南北朝史论丛》，第 102 页。
④ 罗新本：《两晋南朝入仕道路研究之——西晋南朝的"直接入仕"》，《西南民族学院学报（社会科学版）》1986 年第 4 期，第 85 页。

史料，几乎均涉及才能评核的记载。《三国志》卷二三《魏书·常林传》注引《魏略》云：

> 先时国家始制九品，各使诸郡选置中正，差叙自公卿以下，至于郎吏，功德材行所任。[1]

中正提供士人"功德材行所任"的品状，构成吏部铨选的重要参考。《太平御览》卷二六五引《傅子》曰："魏司空陈群，始立九品之制，郡置中正，平次人才之高下，各为辈目。州置都，而总其议。"[2]《傅子》亦提及九品中正制的建立，用意在于"平次人才之高下"，构成人才评定机制。《太平御览》同卷又引《晋宣帝除九品州置大中正议》曰："案九品之状，诸中正既未能料究人才，以为可除九制，州置大中正。"[3] 司马懿曾上奏废除原来行用的九品之制，理由正是"未能料究人才"，说明九品中正制的存在，本意是为考究士人才能，使朝廷的人事选用有所凭据。西晋刘毅《九品八损疏》云："凡所以立品设状者，求人才以理物也"[4]，同样说明了中正"立品设状"的本意，是评定核实人才以适应政治需要。《通典·职官一四·中正》云：

> 魏司空陈群以天台选用不尽人才，择州之才优有昭鉴者除为中正，自拔人才，铨定九品，州郡皆置。吴有大公平，亦其任也。[5]

时设郡中正，杜佑通谓"州郡"似有不妥。不过他认为陈群建制是由于吏部（天台）"选用不尽人才"，而需要选取地方"昭鉴者"对士人进行评定，弥补吏部对人才了解方面的不足。这一理解确实指出了九品中正制的立意所在。中正品第在王朝的选举制度中与吏部的职能分工还是比较明确的。《魏书·崔亮传》云：

> （崔）亮外甥司空谘议刘景安书规亮曰："殷周以乡塾贡士，两汉由州郡荐才，魏晋因循，又置中正。谛观在昔，莫不审举，虽

---

① 《三国志》卷二三《魏书·常林传》，第 661 页。
② 《太平御览》卷二六五《职官部六三·中正》，第 1243 页。
③ 《太平御览》卷二六五《职官部六三·中正》，第 1243 页。
④ 《晋书》卷四五《刘毅传》，第 1276 页。
⑤ 《通典》卷三二《职官一四·中正》，第 891~892 页。

未尽美，足应十收六七。……立中正不考人才行业，空辨氏姓高下。……"亮答书曰："……昔有中正，品其才第，上之尚书，尚书据状，量人授职，此乃与天下群贤共爵人也。"①

崔亮与刘景安往复讨论选官取人问题，并涉及对前代选举制度的理解。崔亮提到"昔有中正，品其才第，上之尚书，尚书据状，量人授职"，这是交代了中正与吏部在铨选任用时的基本操作流程。《初学记》卷一一引习凿齿《晋阳秋》："初陈群为吏部尚书，制九格，登用皆由于中正，考之簿世，然后授任。"②这说明吏部选举登用"皆由于中正"，必须以中正的品状（包括簿录阀阅）为评核依据，"然后授任"。《三国志·魏书·傅嘏传》载傅嘏难刘劭考课法，云："方今九州之民，爰及京城，未有六乡之举，其选才之职，专任吏部。案品状则实才未必当，任薄伐则德行未为叙，如此则殿最之课，未尽人才。"③这份上书也是提到吏部的人事选用主要"案品状"与"任薄伐"。品状即中正品第，按品授官大概就是当时通行的做法。

清人赵翼谓："魏文帝初定九品中正之法，郡邑设小中正，州设大中正，由小中正品第人才，以上大中正，大中正核实，以上司徒，司徒再核，然后付尚书选用。此陈群所建白也。"④赵翼此说混淆了魏晋九品中正制的前后变化，他所说的包括有大中正的制度肯定不会是魏初的制度，大概要到魏末晋初才真正建立起来。不过赵氏还是通过梳理史料，勾勒出中正、司徒府、吏部参与的整套品第、核实、选用程序："小中正（品第）—大中正（核实）—司徒府（再核）—吏部（选用）"。这样的流程，也可以在中正的层级管理事例中得到旁证。《晋书·傅咸传》云：

> 咸在位多所执正。豫州大中正夏侯骏上言，鲁国小中正、司空司马孔毓，四移病所，不能接宾，求以尚书郎曹馥代毓，旬日复上毓为中正。司徒三却，骏故据正。咸以骏与夺惟意，乃奏免骏大中正。司徒魏舒，骏之姻属，屡却不署，咸据正甚苦。舒终不从，咸遂独上。⑤

---

① 《魏书》卷六六《崔亮传》，第 1607~1608 页。
② 《初学记》卷一一《职官部上·吏部尚书》，第 266 页。
③ 《三国志》卷二一《魏书·傅嘏传》，第 426 页。
④ ［清］赵翼著，王树民校证：《廿二史札记校证》卷八"九品中正"条，第 165 页。
⑤ 《晋书》卷四七《傅咸传》，第 1324 页。

豫州大中正夏侯骏在鲁国小中正的人选上"与夺惟意"，屡有改易，傅咸据此奏免，却在司徒那里不能通过。这一事例可以说明两点：第一，大中正对小中正的任命具有提名权。如《世说新语·贤媛》"陶公少有大志"条引王隐《晋书》曰："羊晫亦简之。后晫为十郡中正，举侃为鄱阳小中正，始得上品也。"① 是其证。而正式任命权应在司徒府，故有"司徒三却"之事。第二，司徒府对大中正亦有任免权。故傅咸奏免夏侯骏大中正，需要司徒府署过，始得成事。从司徒到中正的上下层级管理，说明中正品第士人大概也是经过"小中正—大中正—司徒"的逐层上递审核，最后交付吏部。

《通典·职官一四·中正》引《晋起居注》曰："仆射诸葛恢启称：州都大中正为吏部尚书及郎，司徒左长史、掾属皆为中正。臣今领吏部，请解大中正。以为都中正，职局司理，不宜兼也。"② 诸葛恢由于当时兼领吏部尚书而启请解除大中正之职，同时建议吏部尚书、尚书郎及司徒府长史、掾属，均不宜与中正两兼。这说明中正、司徒府与吏部在选举程序中存在各自的职责分工：中正具有品第之权，司徒府则有审核之责，这是二者不宜兼的原因；中正给予品第，吏部以之铨选，亦不宜由一人兼掌。这是诸葛恢作出启奏的制度背景。《晋书·刘毅传》载刘毅论九品八损疏，疏中"损政之道二"附载一事，可资说明中正、司徒、吏部的关系。云：

> 置州都者，取州里清议，咸所归服，将以镇异同，一言议。不谓一人之身，了一州之才，一人不审便坐之。……若殊不修，自可更选。今重其任而轻其人，所立品格，还访刁攸。攸非州里之所归，非职分之所置。今访之，归正于所不服，决事于所不职，以长谗构之源，以生乖争之兆，似非立都之本旨，理俗之深防也。主者既善刁攸，攸之所下而复选以二千石，已有数人。刘良上攸之所下，石公罪攸之所行，驳违之论横于州里，嫌仇之隙结于大臣。③

从"刘良上攸之所下，石公罪攸之所行"大致推知事件原委，担任州大中正的刘良，就中正品第定品之事征询本州人士刁攸。④ 按制度刁攸"非职

---

① ［南朝宋］刘义庆著，［南朝梁］刘孝标注，余嘉锡笺疏，周祖谟、余淑宜、周士琦整理：《世说新语笺疏》卷下之上《贤媛》，北京：中华书局，2007年，第812页。
② 《通典》卷三二《职官一四·中正》，第892页。
③ 《晋书》卷四五《刘毅传》，第1274~1275页。
④ 《晋书》卷六九《刁协传》："刁协字玄亮，渤海饶安人也。祖恭，魏齐郡太守。父攸，武帝时御史中丞。"（第1842页）可知刁攸即出自渤海刁氏，则刘良可能时为冀州大中正。

分之所置",并无中正的职务,他却凭着己见,进行品第的清定(所下,应指升品)。刘良按刁攸所定(所下)提交司徒府,司徒石苞大概以刁攸干涉品第之事而驳议,构成了"驳违之论"。值得注意的是,"主者既善刁攸,攸之所下而复选以二千石,已有数人",吏部(主者)因与刁攸关系好而采纳了他的品第意见,数人因此得到郡守的任命。

在理解九品中正制在王朝官僚铨选叙用制度中的程序以后,中正品第的官资意义就显现出来了。中正品第已经构成重要的选官资格,是吏部铨选叙用的必要参考。《通典·职官五·刑部尚书》引《华谭集·尚书二曹论》曰:

> 刘道真(沈)问薛令长(兼)在吴何作。答曰:"为吏部尚书。"……刘曰:"晋魏以来俱尔。独谓汉氏重贼曹为是,吴晋重吏部为非。"薛君曰:"八座秩同班等,其选并清,宜同一揆。若人才或多或少,选例难精。如不得已,吏部职掌人物,人物难明,谓吴晋为得。而君何是古而非今?"刘难曰:"今吏部非为能刊虚名、举沈朴者,故录以成人,位处三署,听曹探乡论,而用之耳,无烦乎聪明。贼曹职典刑狱,刑狱难精,是以欲重之。"①

刘沈认为吏部选曹"无烦乎聪明",一切按部就班的话,就是"探乡论,而用之",即根据中正品第进行任用。假如此说属实,则中正品无疑已成为吏部铨选程序中不可或缺的先决参考。《太平御览》卷二六五引《傅畅自序》曰:

> 时〔清〕(请)定九品,以余为中正,余以祖考历代掌州乡之论,又兄宣年三十五,立为州都令,余以少年复为此任,故至于上品,以宿年为先,是以乡里素滞屈者,渐得叙也。②

傅畅担任中正以后,在定品第时,上品优先安排予州里宿年耆老,其结果是"素滞屈者"的仕途由此逐渐通畅。看来中正品的改变,意味着个人任官资格条件的改变,从而影响仕宦的迟速。这一事例很能说明中正品第在仕宦上的资格性质。《文选》卷四六李善注引《晋诸公赞》曰:"傅宣定九

---

① 《通典》卷二三《职官五·刑部尚书》,第643~644页。
② 《太平御览》卷二六五《职官部六三·中正》,第1243页。

品未讫，刘畴代之，悉改宣法。于是人人望品，求者奔竞。"①之所以出现"人人望品，求者奔竞"的情况，也是由于品第对仕进的资格具有限制作用。士人在未能得品、升品的情况下，难以求取更高的官位。不妨从当时士人被降品以后的授官情况来考察这一问题。《晋书·李含传》载：

> 自太保掾转秦国郎中令。司徒选含领始平中正。秦王束薨，含依台仪，葬讫除丧。……本州大中正傅祗以名义贬含。……含遂被贬，退割为五品。归长安，岁余，光禄差含为寿城邸阁督。司徒王戎表含曾为大臣，虽见割削，不应降为此职。诏停。后为始平令。②

李含得以出任中正，品第当在二品，其后被降品至五品，秦国郎中令及中正自然被免去了。随后他被差为寿城邸阁督，大概就是例用五品士人的职位。因为王戎上表替李含辩护，理由并不是光禄的选任不合资格，而是李含"曾为大臣"，与一般五品士人有所不同。中正品第的资格性质直接决定了士人可以出任哪些职位。《晋书·张华传附刘卞传》载："刘卞字叔龙，东平须昌人也。本兵家子，……卞后从令至洛，得入太学，试《经》为台四品吏。访问令写黄纸一鹿车，卞曰：'刘卞非为人写黄纸者也。'访问知怒，言于中正，退为尚书令史。"③唐长孺指出："中正不是主管官，所以能退刘卞，就因为品第职位在当时是有联系的"④，一语道破中正品与职位的内在关联。

陆机上疏推荐贺循、郭讷，云："至于才望资品，循可尚书郎，讷可太子洗马、舍人。此乃众望所积，非但企及清涂，苟充方选也。谨条资品，乞蒙简察。"⑤此疏两次提到"资品"，前一"资品"与"才望"相对，是要表明贺、郭二人的资格品第，可"企及清涂"，担任台郎与东宫清官。后一"资品"是条附于疏中的，是指二人品第亦需清楚列明，作为进入铨选选序的资格依据。这说明中正品业已成为资历、资格等官资条件的一部分，是职官升迁秩序不可或缺的一环。《晋书·隐逸·范乔传》云：

> 元康中，诏求廉让冲退履道寒素者，不计资，以参选叙。尚书

---

① 《文选》卷四六《序下》任昉《王文宪集序》，第 656 页。
② 《晋书》卷六〇《李含传》，第 1642~1643 页。
③ 《晋书》卷三六《张华传附刘卞传》，第 1077 页。
④ 唐长孺：《九品中正制试释》，载唐长孺《唐长孺文集》卷一《魏晋南北朝史论丛》，第 101 页。
⑤ 《晋书》卷六八《贺循传》，第 1825 页。

郎王琨乃荐乔……时张华领司徒，天下所举凡十七人，于乔特发优论。又吏部郎郗隆亦思求海内幽遁之士，乔供养衡门，至于白首，于是除乐安令。辞疾不拜。①

按照正常制度，"参选叙"必然需要"计资"，故元康诏书要强调无须考虑以前资品。诏书下达后，司徒府对范乔"特发优论"，大概是在品第上给予特殊优待，吏部随后则有乐安令的授官，其中仍可体现出司徒府与吏部的相互配合。

在中正"品其才第，上之尚书，尚书据状，量人授职"成为惯例以后，吏部不按资品选举，当时应属违制。《北堂书钞》卷五九引《晋中兴书》云：

> 王导为骠骑、扬州、领中书监、录尚书事。时丞相参将罗弘父母没贼，贼平不奔赴。御史中丞熊远奏清议，而吏部尚书周顗选弘，导以署过其事，为有司所奏，导上疏请免录。中宗令曰："卿恒总万机，何解录？除节而已。"②

《晋书·王导传》载："迁骠骑将军，加散骑常侍、都督中外诸军、领中书监、录尚书事、假节，刺史如故。导以敦统六州，固辞中外都督。后坐事除节"③，这里记载的"坐事除节"一事应发生在太兴元年（318）。④罗弘因孝行有亏而被清议，其中正品第必然被降品甚至除品。《晋书·阎缵传》云："继母不慈，缵恭事弥谨。而母疾之愈甚，乃诬缵盗父时金宝，讼于有司。遂被清议十余年，缵无怨色，孝谨不怠。母后意解，更移中正，乃得复品。"⑤阎缵的例子即说明清议以后，只有撤销原来的判决始能复品。吏部尚书周顗选用了已被降品、除品的罗弘，在制度上就是铨选不合资品的情况，自然是违反制度的事情。王导时为录尚书事，《宋书·百官志上》云："录尚书职无不总"，尚书台文案需要由王导签署始能生效。吏部选案文书经王导署名，仍然是尚书台铨选程序的一种延伸。王导对吏部尚书的

---

① 《晋书》卷九四《隐逸·范乔传》，第 2432 页。
② 《北堂书钞》卷五九《设官部一一·录尚书》，第 446 页。
③ 《晋书》卷六五《王导传》，第 1747 页。
④ 《晋书》卷六九《周顗传》："中兴建，补吏部尚书。顷之，以醉酒为有司所纠，白衣领职"（第 1850 页）。王导受罚虽轻，形式上仍有除节之事，周顗大概不会免责，因同时有醉酒之失被纠，史书记载可能从略不提。
⑤ 《晋书》卷四八《阎缵传》，第 1350 页。

违制选用未加驳核而"署过其事"，是为失职之举。由此可见中正品在铨选制度中形成了一道严格的资格门槛。《世说新语·尤悔篇》云：

> 温公初受刘司空使劝进，母崔氏固驻之，峤绝裾而去。迄于崇贵，乡品犹不过也。每爵，皆发诏。[①]

温峤"乡品犹不过"，肯定不能获得中正二品，所以后来他在东晋逐渐显贵以后，乡品不过的问题由此凸显。上层重要官职的叙用，一般情况下必然需要中正二品，所以温峤按正常选举任官制度的规定并不具备担任要官资格。吏部每次对温峤授官，均会遇到不合资品的情况，故朝廷才要发特诏，特事特办，让有关程序通过。这一事例深可说明中正品在官僚选任制度中的官资性质。还可以找到西晋时期的例子。《通典·职官五·吏部尚书》载：

> 《（山公）启事》曰："臣欲以郤诜为温令。"诏可。寻又启曰："访闻诜丧母不时葬，遂于所居屋后假葬，有异同之议，请更选之。"诏曰："君为管人伦之职，此辈应为清议，与不便当裁处之。"[②]

《通典·礼六三·假葬墙壁闲三年除服议》载此事本末甚详，云：

> 晋武帝太康中，尚书令卫瓘表："前太子洗马济阴郤诜寄止卫国文学讲堂十余年，母亡不致丧归，便于堂北壁外下棺，谓之假葬。……主者连欲明用权不过其举，下司徒部博士评议。"诜表自理……诏问山涛，涛答言："诜前丧母，得疾不得葬送，于壁后假葬，服终，为平舆长史。论者以为不正合礼，是以臣前疑之。诜文义可称，又甚贫俭，访其邑党，亦无有他。"诏问应清议与否。涛云："自为不与常同，便令人非，恐负其孝慕之心，宜详极尽同异之论。"兖州大中正魏舒与涛书："郤诜至孝，中间去郎，正为母耳。……其事灼然，无所为疑。"瓘书云："凡以意相是非者，不可轻以相贬也。"[③]

---

① 《世说新语笺疏》卷下之下《尤悔》，第 1056 页。
② 《通典》卷二三《职官五·吏部尚书》，第 629～630 页。
③ 《通典》卷一○三《礼六三·假葬墙壁闲三年除服议》，第 2692 页。

卫瓘上表称"前太子洗马济阴郄诜",从清官太子洗马的任职可推知郄诜的品第为中正二品,山涛时已选郄诜为温令并得到皇帝批准,但由于郄诜葬母之事有犯清议之嫌,只得请求重启铨选温令的程序,其原因应该是在制度上。温令估计是中正二品资格的官职,若郄诜被清议的话,其中正品第将被降等,甚或被褫夺,就会不合资格。故山涛大概是出于慎重考虑,暂停有关任命。正是由于中正品具有铨选的资格性质,直到南朝时候,中正品第仍起到这样的作用。《梁书·王莹传》:"顷之,出为义兴太守,代谢超宗。超宗去郡,与莹交恶,既还,间莹于懋。懋言之于朝廷,以莹供养不足,坐失郡废弃。"① 王莹由于"供养不足",也就是坐失孝罪名遭到清议,同时被免去现任官,废弃于家,在制度上就是失去品第即失去官职。《晋书·刘毅传》载刘毅九品八损疏之"损政六"云:

> 既以在官,职有大小,事有剧易,各有功报,此人才之实效,功分之所得也。今则反之,于限当报,虽职之高,还附卑品,无绩于官,而获高叙,是为抑功实而隆虚名也。上夺天朝考绩之分,下长浮华朋党之士。②

"今则反之,于限当报"大概是指中正的清定制度。据《晋书·石季龙载纪》载"魏始建九品之制,三年一清定之"③,"于限"就是以三年为品第调整并向上级报告的周期。④ 刘毅提到"虽职之高,还附卑品,无绩于官,而获高叙",认为这是"夺天朝考绩之分",这句话反映的制度情形是,某人获得高品并出任需要高品才能担任的职位,然而到了"清定"时若遭中正降品,他就会因不合品第条件而被免职或贬官。在此情况下,降品等同于黜免。反之,升品则相当于某人能出任更清要的官职。这意味着中正完全越过吏部的考课程序,通过品第来掌握官员的任职资格,一定程度上握有官职任免的权力,所以刘毅要说这是"上夺天朝考绩之分"。

通过以上举例分析,可以从官资的角度对九品中正制维护士族政治及门阀利益的制度原因作一解答。前引北魏刘景安论九品中正制演变为"不考人才行业,空辨氏姓高下",当中正品第标准从"人才行业"(才行)转

---

① 《梁书》卷一六《王莹传》,第 305 页。
② 《晋书》卷四五《刘毅传》,第 1276 页。
③ 《晋书》卷一〇六《石季龙载纪》,第 2764 页。
④ 唐长孺指出:"中正品第人物照例三年调整一次。""魏晋以至石勒、石虎都以三年一次的调整品第为常例。"(唐长孺:《九品中正制试释》,载唐长孺《唐长孺文集》卷一《魏晋南北朝史论丛》,第 104 页)

为"氏姓高下"（门第）以后，中正品的铨选资格性质却没有改变。士族出身即可获得上品，贵胜子弟在出任不同官职时，均可以畅通无阻地通过铨选过程中资格审查这一关。至于寒门士人因为资格受阻，即便有才能也难以仕至高位。

但是，九品中正制在官僚仕进制度上最主要的作用似亦仅限于此。在过去的研究中，有学者认为九品中正制是高于其他秩序的制度，从而衍生出贵族制等观点。如宫崎市定描述过一幅金字塔结构图，认为"乡品（中正品）决定起家的官品，而且还规定了其后大致的升迁途径"①，这恐怕是以中正品为本位的思路逻辑，夸大了中正品在官僚制度秩序中的实质功能。《梁书·敬帝纪》载绍泰二年（556）诏书，云：

> 诸州各置中正，依旧访举。不得辄承单状序官，皆须中正押上，然后量授。详依品制，务使精实。②

经历梁末之乱，由陈霸先控制的朝廷重建了九品中正制秩序。这是恢复传统中正品第、吏部授官的办法。从诏书"不得辄承单状序官"的内容，大概反映侯景之乱之后，朝廷授官曾经不问中正品。这一方面是由于朝廷已无复纲纪，战乱的环境使中正制难以贯彻；另一方面是朝廷在最大限度争取社会寒门乃至寒人势力的支持，因此授官时也不会太过计较品第的事情。而一旦社会秩序得到大致恢复，统治者就重申九品中正制这套行用已久的秩序，可以清楚地看到核心的程序是"中正押上，然后量授"，中正品第在选官制度上还是作为官职铨选叙用的先决条件而存在。这说明可九品中正制作为官资资格的重要性质，历经魏晋南朝，始终未有改变。

由此可见，中正品并不能决定升迁途径，官员晋升依循的依据更多是资位阶序，而中正品所能起到的决定作用主要还是评定资格。不能认为获得中正二品的士人，就必然可以仕进至哪一级官位。中正可以决定某人的出仕资格，其品第却不能预言或决定某人日后的具体仕途。汪征鲁指出："九品中正制体制和察举、征辟体制不一样，它本身不构成一个独立的选官系统。它仅仅是诸选官系统这一母系统之下考核子系统中的一个考核环节、考核层次。即九品中正制体制仅仅只有考核功能，它既没有教育、培训功能，也没有严格意义上的选士功能，更没有授官功能。"③这一意见是

---

① 〔日〕宫崎市定著：《九品官人法研究：科举前史》，第75页。
② 《梁书》卷六《敬帝纪》，第165~166页。
③ 汪征鲁：《魏晋南北朝选官体制研究》，第295页。

可取的。九品中正制从建立雏形到发展成熟，均未脱离为职官选举提供考核意见的制度意义，由此构成选官制度中的资格门槛。归根到底，九品中正制并非驾驭于官僚制之上的贵族制，而是本身就是官僚制的一部分。

二、中正品与官职关系简析

《北堂书钞》卷六八有"山简不拘品位"条，引《镇东大将军司马仙表》曰：

> 从事中郎缺，用第二品。中散大夫河南山简，清粹履正，才职通济，品仪第三。[①]

这条记载直接证实了官职与中正品的官资对应关系。"从事中郎缺，用第二品"显示镇东大将军府的从事中郎，按制度规定应选用中正二品士人担任。从"品仪第三"的表述与"山简不拘品位"之目，可知山简的品第为第三品，按惯常制度山简不符合资格，不能获得任从事中郎的职位，故司马仙需要上表申请特旨任命。

《晋书·王彪之传》云：

> 转吏部尚书。简文有命用秣陵令曲安远补句容令，殿中侍御史奚朗补湘东郡。彪之执不从，曰："秣陵令三品县耳，殿下昔用安远，谈者纷然。句容近畿，〔二〕（三）品佳邑，岂可处卜术之人无才用者邪。湘东虽复远小，所用未有朗比，谈者谓颇兼卜术得进。殿下若超用寒悴，当令人才可拔。朗等凡器，实未足充此选。"[②]

根据王彪之的进言，可知秣陵是三品县，县令例由中正三品士人担任，句

---

① 《北堂书钞》卷六八《设官部二〇·从事中郎》，第 515 页。《晋书》卷四三《山涛传》记载山氏为"河内怀人"（第 1223 页），《元和姓纂》卷四《二十八山》"河南怀县山氏"条："山昱之后。汉宣、元时，临颍侯山君真，生儒，始自颍川徙陈留。五代孙若公，后汉巨鹿太守，徙河内。八代孙辉，魏宛句令；生涛，字巨源，晋吏部尚书、司徒、新杏侯。……生简，左仆射；生遐，东阳太守。"（［唐］林宝撰，岑仲勉校记，郁贤皓、陶敏整理：《元和姓纂（附四校记）》，北京：中华书局，1994 年，第 530 页）

② 《晋书》卷七六《王彪之传》，第 2007 页。阎步克推断"句容近畿，三品佳邑"记载有误，"三"应作"二"（参见阎步克《察举制度变迁史稿》，第 172 页）。祝总斌此后据《元和郡县图志》卷二五"句容县"载"晋元帝兴于江左，为畿内第二品县"，证实了阎步克的推断（参见祝总斌《试论魏晋南北朝的门阀制度》，载祝总斌《材不材斋史学丛稿》，第 161 页），今据改。

容县为二品县，更是"佳邑"上县，任用资格在制度上不应低于中正二品。简文帝所任用的"卜术之人"曲安远，大概是寒士甚至寒人，自然是不符合资格。吏部尚书可以依据成制执正不从，说明当时吏部是有成熟的职位资格管理制度可供遵循。从句容、秣陵为二品县、三品县的记载表明当时各地县令均有规定属具体几品，指定由中正几品的士人担任，这些规定构成任用资格之限。《晋书·刘弘传》云：

> （刘弘）乃表曰："被中诏，敕臣随资品选，补诸缺吏。……诏惟令臣以散补空缺，然沶乡令虞潭忠诚烈正，首唱义举，举善以教，不能者劝，臣辄特转潭补醴陵令。南郡廉吏仇勃，母老疾困，贼至守卫不移，以致拷掠，几至陨命。尚书令史郭贞，张昌以为尚书郎，欲访以朝议，遁逃不出，昌质其妻子，避之弥远。勃孝笃著于临危，贞忠厉于强暴，虽各四品，皆可以训奖臣子，长益风教。臣辄以勃为归乡令，贞为信陵令。皆功行相参，循名校实，条列行状，公文具上。"[1]

中诏敕文"随资品选，补诸缺吏"，这是朝廷根据通行制度所作出的要求，即按照士人的资品补选空缺的县令职位。根据刘弘的语意，可知归乡令、信陵令所需的资品必然是三品或以上，而仇勃、郭贞两人的中正品第只有四品，属于资品与职位不符的情况。所以刘弘要罗列二人的勋绩异行，才能在上报朝廷时得以通过。不仅低品士人出任高品职位，须以特旨行事，高品士人主动担任低品职位，也不属于常制，甚至要奏请皇帝批准。《太平御览》卷四一四引黄恭《广记》曰："南吴甫举茂才，累年不迁。甫有老母，年九十有余，乃上书自乞减品为四百石长，庶得其俸以养母。诏听除补南阳新蔡长。遂以甫为准，率减交趾茂才皆为四品也。"[2] 吴甫减品为四品后，始得出仕为新蔡长（即四品县）。

通过解读上述材料，可以发现这样一个事实：那些反映中正品与具体职位在官资方面存在密切联系的史料，具体语境多是不按品第资格选官授职，其实恰好说明了按资品选官已经成为制度的常态，故不见于一般的记载。只有出现特殊的选举情况时，才更有可能对制度的一般形态有所涉及。今天难以复原当日哪些县属于几品县，不过地方长官在两晋选官制度

---

① 《晋书》卷六六《刘弘传》，第 1763～1764 页。
② 《太平御览》卷四一四《人事部五五·禄养》，第 1913 页。

上与中正品构成官资联系，是可据史料得以证明的。事实上，不单是县一级长官的选任存在官资规定，郡太守似亦有官资的划分。《晋书·温峤传》载：

> 使命愈远，益宜得才，宣扬王化，延誉四方。人情不乐，遂取卑品之人，亏辱国命，生长患害。故宜重其选，不可减二千石见居二品者。①

温峤提出重视使臣选任的条件，实质是官资上的要求：官位资历仕至二千石，中正品第为二品。《宋书·徐羡之传》载徐羡之语："吾位至二品，官为二千石，志愿久充。"②中正二品也与二千石郡守一同构成徐羡之的既有资位。温峤之所以强调二千石"见居二品"，大概是由于某些郡守资格上也以中正三品以下士人充当。《宋书·宗室·长沙景王道怜传附刘义欣传》载："时淮西、江北长吏，悉叙劳人武夫，多无政术。"③这固然已是南朝刘宋时的情况，不过说明边境的地方长官官资或有所下降。再看《宋书·邓琬传》载：

> 时军旅大起，国用不足，募民上米二百斛、钱五万、杂谷五百斛，同赐荒县除。上米三百斛、钱八万、杂谷千斛，同赐五品正令史，满报。若欲署四品在家，亦听。上米四百斛、钱十二万、杂谷一千三百斛，同赐四品令史，满报。若欲署三品在家，亦听。上米五百斛、钱十五万、杂谷一千五百斛，同赐三品令史，满报。若欲署内监在家，亦听。上米七百斛、钱二十万、杂谷二千斛，同赐荒郡除。若欲署诸王国三令在家，亦听。④

这是宋明帝即位邓琬拥立晋安王子勋举兵反对之事，朝廷因"国用不足"颁布募民纳粟、许以赐官与品第的法令（如表6.1所示）。

---

① 《晋书》卷六七《温峤传》，第1789页。
② 《宋书》卷四三《徐羡之传》，第1444页。
③ 《宋书》卷五一《宗室·长沙景王道怜传附刘义欣传》，第1597页。
④ 《宋书》卷八四《邓琬传》，第2346页。原文标点似有误，"上米二百斛，钱五万，杂谷五百斛"应作"上米二百斛，钱五万、杂谷五百斛"，因下文有"同赐"一语，即合乎其中一项条件，均可获得赐官。下同。"满报"原属下读，似上读更符合文义。今据改。

表 6.1　宋明帝募民上米钱杂谷赐官与品第表

募民上米、钱、杂谷数	除官	署官在家
米二百斛、钱五万、杂谷五百斛	赐荒县除	
米三百斛、钱八万、杂谷千斛	赐五品正令史，满报	若欲署四品在家，亦听
米四百斛、钱十二万、杂谷一千三百斛	赐四品令史，满报	若欲署三品在家，亦听
米五百斛、钱十五万、杂谷一千五百斛	赐三品令史，满报	若欲署内监在家，亦听
米七百斛、钱二十万、杂谷二千斛	赐荒郡除	若欲署诸王国三令在家，亦听

从表 6.1 中可以看到，法令按照捐纳数额的划分等级给予相应的赐官。赐官又分为两种：一种是实际职位的除授；另一种是署官在家，不承担实际职务，级别相应要高一级（比如五品正令史，署官在家即为四品令史）。授官级别上限是以中正三品职位为止，不及二品。朝廷赐予的最高职位是"署诸王国三令在家"，诸王国三令（典祠、学官、典卫）在梁代属于位不登二品的流外七班序列，说明荒郡太守的资品大概在中正三品以下。荒县县令的规定资品则只可能等于或低于五品。这些例子说明了中正品与官职的具体联系。

南朝史籍记载不少寒门、寒人也得以出任中正二品资格的官职。沈约《宋书·恩幸传论》有句著名的话："凡厥衣冠，莫非二品"[1]。或据此认为此语反映当时的情况，衣冠就是二品，二品就是衣冠。这是值得商榷的。前一句大致不误，高门士族获得的品第肯定是二品，但沈约的话不能倒过来理解为"凡厥二品，莫非衣冠"。《宋书·范泰传》云：

> 明年，议建国学，以泰领国子祭酒。泰上表曰：……昔中朝助教，亦用二品。颍川陈载已辟太保掾，而国子取为助教，即太尉准之弟。所贵在于得才，无系于定品。教学不明，奖厉不著，今有职闲而学优者，可以本官领之，门地二品，宜以朝请领助教，既可以甄其名品，斯亦敦学之一隅。其二品才堪，自依旧从事。[2]

---

① 《宋书》卷九四《恩幸传》，第 2528 页。
② 《宋书》卷六〇《范泰传》，第 1767~1768 页。

前面指出，"亦用二品"是指常例用三品，亦有例外用二品之意。由二品士人充任中正三品资格的官，在西晋时是有可能的。因为三品还不是后来那样卑微，只不过这样的例子恐怕也不多。[1]南朝宋代建立国子学，助教一职大概承用西晋时的选资，规定由非二品人士充当，是寒官。范泰建议重视国子助教的作用，同时特别提到两种"二品"人士——"门地二品"与"二品才堪"，这是颇值得注意的线索。

唐长孺解释"范泰的建议将二品分为两类人物，一是'门地二品'，这一些人是只由于家世而列于二品的；二是'二品才堪'，这是不单由于家世而也确有才能的"[2]。"二品才堪"所反映的问才能而非家世的概念在西晋已有。《宋书·礼志一》载："晋武帝泰始八年，有司奏：'太学生七千余人，才任四品，听留。'"[3]所谓"才任四品"，七千人的太学生当中，肯定有不少人尚无四品品第，他们出任四品吏也就获得中正四品，实际上是"四品才堪"。到了南朝"凡厥衣冠，莫非二品"，自然就有了"二品才堪"的提法了。

"二品才堪"是寒门以下乃至寒人，因其才能、功劳的缘故出任中正二品资格的职位，并从低品上升至中正二品。《宋书·恩幸·阮佃夫传》载朱幼"泰始初为外监，配张永诸军征讨，有济办之能，遂官涉二品，为奉朝请、南高平太守"[4]，大概是朱幼因为"济办之能"，品第升为二品，从而获授奉朝请，故称之为"官涉二品"。

唐长孺指出："升了官必须同时升品。魏晋之间寒门升上品已非易事，晋宋之间除了军功外，就绝无仅有了。"[5]朱幼即属因军功而得上品的情况，此为"二品才堪"。唐长孺认为升官即升品的观点很有见地。这是官职任用与中正品第在资格上存在密切联系的反映。那种未得品而得官的情况，在职官选任制度上是不允许的。《南齐书·张绪传》云：

　　（绪）复领（本州大）中正。长沙王晃属选用吴兴闻人邕为州议
　　曹，绪以资藉不当，执不许。晃遣书佐固请之，绪正色谓晃信曰：

---

① 参见唐长孺《九品中正制试释》，载唐长孺《唐长孺文集》卷一《魏晋南北朝史论丛》，第 104 页。
② 唐长孺：《九品中正制试释》，载唐长孺《唐长孺文集》卷一《魏晋南北朝史论丛》，第 110 页。
③ 《宋书》卷一四《礼志一》，第 385 页。
④ 《宋书》卷九四《恩幸·阮佃夫传》，第 2542 页。
⑤ 唐长孺：《九品中正制试释》，载唐长孺《唐长孺文集》卷一《魏晋南北朝史论丛》，第 111 页。

"此是身家州乡，殿下何得见逼！"①

中正并没有人事选用的权力，但长沙王萧晃要选用"资藉不当"即中正品第并不合乎资格的闻人邕为州议曹，这必须要先通过中正升品的程序，由于张绪"执不许"，所以萧晃要"固请"。唐长孺已指出："选用议曹本是刺史之事，但闻人邕的品第不符，所以必须中正升品才能委任，并非议曹要由中正委任"②。可以推测，有关州议曹的任命最后要上报到司徒府与吏部，司徒府若审定此人不合中正品的资格，那么此项任命就无法在吏部得到批核。实际上，张绪这种抗拒权贵、坚持定品原则的做法，大概当时并不多见，所以史家才要特意记载予以肯定。既然中正品与官职存在资格匹配的关系，寒门、寒人大概就是通过升官的方式得到二品，成为"二品才堪"。在此，有一条史料需要细加辨析。《南史·江夷传江斅传》云：

> 先是中书舍人纪僧真幸于（齐）武帝，稍历军校，容表有士风。谓帝曰："臣小人，出自本县武吏，邀逢圣时，阶荣至此。为儿昏，得荀昭光女。即时无复所须，唯就陛下乞作士大夫。"帝曰："由江斅，谢瀹，我不得措此意，可自诣之。"僧真承旨诣斅，登榻坐定，斅便命左右曰："移吾床让客。"僧真丧气而退，告武帝曰："士大夫故非天子所命。"时人重斅风格，不为权倖降意。③

纪僧真出身"本县武吏"，是寒人无疑。据《南齐书·幸臣·纪僧真传》载："自寒官历至太祖冠军府参军、主簿。……除南台御史、太祖领军功曹。……除员外郎、带东武城令。寻除给事中、邵陵王参军。……转齐国中书舍人。……建元初，带东燕令，……转羽林监、加建威将军，迁尚书主客郎，太尉中兵参军，令如故。复以本官兼中书舍人。"④ 不难发现，纪僧真向齐武帝"乞作士大夫"以前，已经历宦多个中正二品资的官职。这是否就意味着升官即升品的观点不成立呢？其实，这条史料与上述观点并不矛盾。纪僧真在"乞作士大夫"时，实质上已经获得中正二品了，他的任职是与中正品相匹配的。推敲史料，纪僧真是在"二品才堪"

---

① 《南齐书》卷三三《张绪传》，第 666 页。
② 唐长孺：《九品中正制试释》，载唐长孺《唐长孺文集》卷一《魏晋南北朝史论丛》，第 111 页。
③ 《南史》卷三六《江夷传附江斅传》，第 943 页。
④ 《南齐书》卷五六《幸臣·纪僧真传》，第 1077~1078 页。

上进一步要求取得"门地二品"的身份。

祝总斌曾分析过这条史料，指出江敩、谢瀹二人在永明年间分别任司徒左长史、吏部尚书，是纪僧真需要找江、谢二人的原因。这是敏锐的观察。不过，他推测"役门等仕至官品九品以上，大概仍无门品，与司徒左长史不发生关系，直接由吏部尚书根据另一套制度铨选"[1]。此说或可继续讨论。纪僧真谓"阶荣至此。为儿昏，得荀昭光女"，在六朝重视门第婚宦的语境下，这是他希望获得"士大夫"门第的重要提示。因为纵使他得到"二品才堪"，但与"门地二品"仍存在很大差别。《南齐书》本传记载他"容貌言吐，雅有士风"，以至于齐武帝谓"人何必计门户，纪僧真常贵人所不及"[2]。所以纪僧真之意，应是向皇帝请求彻底改变其"门户"，注籍成为"门地二品"。这不仅要改写他本人的注籍情况，而且还涉及父、祖的记录。如果他仅仅为了获得"二品才堪"，大概齐武帝不会说出"由江敩，谢瀹，我不得措此意"的话。改动门第注籍一事，事关重大，齐初以来就一直以"检籍""却籍"等行政手段对私改注籍的行为加以限制与惩罚。[3]据此推测，齐武帝内心同意纪僧真的要求，但其时正历行"检籍"，自然不好出面下旨公然破坏规矩，于是希望采取一种曲折的方式，让他私下找司徒左长史、吏部尚书解决此事。江敩敢于不理会皇帝旨意，让纪僧真碰壁而回，大概也是由于此事本身是违法的，皇帝也不能当面指责。因此"士大夫故非天子所命"这句话不能理解得太拘泥，正如田余庆指出的："南朝皇帝恢复了绝对权威，可以驾驭士族；而士族纵然有很大的社会、政治优势，却绝无凭陵皇室之可能。"[4]纪僧真"乞作士大夫"是庶族寒人不满足于"二品才堪"，进而要求"门地二品"的体现。

从另一角度来看，这说明中正品第在南朝还是可以升降的，这样给了寒门之流争取仕进的出路。"二品才堪"是寒人正常途径下有可能取得的仕宦资格，但同时法律严厉打击庶族通过非法手段侵冒士族，限制特权阶层，"门地二品"使高门士族仍然保持其社会、政治影响力。阎步克指出："'恩幸'们在仕途上不无机会跻身流内，从而不再屈居'吏姓寒人'、'寒微士人'的品位了。……尽管其流动规模依然有限，寒人进入十八班的机会毕竟不多，即使有缘跻身流内，大约也属于'二品才堪'，而非

---

[1] 祝总斌：《试论魏晋南北朝的门阀制度》，载祝总斌《材不材斋史学丛稿》，第 183 页。
[2] 《南齐书》卷五六《幸臣·纪僧真传》，第 1078 页。
[3] 参见唐长孺《南朝寒人的兴起》，载唐长孺《唐长孺文集》卷二《魏晋南北朝史论丛续编》，第 126~131 页。
[4] 田余庆：《东晋门阀政治》，北京：北京大学出版社，2012 年，第 345 页。

'门地二品'。"^① 这说明"二品才堪"与"门地二品"虽然同为中正二品，还是存在区别的。《梁书·文学上·钟嵘传》记载钟嵘上书梁武帝，云：

> 永元肇乱，坐弄天爵，勋非即戎，官以贿就。挥一金而取九列，寄片札以招六校，骑都塞市，郎将填街。服既缨组，尚为臧获之事。职唯黄散，犹躬胥徒之役。名实淆紊，兹焉莫甚。臣愚谓军官是素族士人，自有清贯，而因斯受爵，一宜削除，以惩侥竞。若吏姓寒人，听极其门品，不当因军，遂滥清级。^②

钟嵘上言，是从严格区分士庶授予官爵的立场出发的。"吏姓寒人，听极其门品，不当因军，遂滥清级"，就是说吏姓寒人可以"极其门品"，即获得二品品第，显然这是属于"二品才堪"的范畴，同时朝廷可以严格选官程序，使得他们不能"滥清级"。由此说明，中正二品官职，仍有清浊之分。清途官职在制度上默认选用"门地二品"士人。

综上分析，中正品是与具体职位相联系的资格。不论前期的"考人才行业"（才行）抑或后期的"辨氏姓高下"（门第），均具备职官选任资格的制度属性。中正品与职位之间存在着资格匹配的关系。南朝寒门势力通过吏能、功劳及其他的因缘获取二品职位，同时获得二品品第资格，此即所谓"极其门品"。中正品作为考核叙定才能的资格因素，经过"空辨氏姓高下"的低谷，某种程度上重起了"考人才行业"的势头。不过，官僚仕宦资格似仍有"门地二品"与"二品才堪"的区分，寒门纵使获得二品，亦可能被挡于"清级"之外。

小　　结

魏晋南朝选官所涉职位资格运作，全面渗透于国家体制诸层面，围绕任职资格的管理，形成多种官资制度秩序，相关史料内容非常多元，由此呈现的制度面相也复杂多样。本章主要就其中若干方面进行了力所能及的讨论。

西晋甲午制牵涉众多线索，其前后过程亦包含诸多历史人物及行动。这一选官制度对于任职条件的管理运作，核心在于时人所说的"限"。外

---

①　阎步克：《品位与职位——秦汉魏晋南北朝官阶制度研究》，第 349 页。
②　《梁书》卷四九《文学上·钟嵘传》，第 770 页。

任资历经由"限"变成内官选授资格。有意思的是，当资历限定为资格以后，尤其是在当时缺乏考课的保障下，原本的地方官的治民实职沦为迁转之阶，变得品位化了。这里面关于人与制度的博弈关系是值得深思的。

如果说甲午制为非常态之制，那么，这一时期的选官秩序以官资、门第、才能作为基本衡量标准则多少体现了制度常态。其中，职官铨选资次为朝廷提供了一种制度管理的标准。事实上，常态化的选官制度运作看似平淡，但实际蕴含着塑造官场、社会与历史生态的巨大能量。

九品中正制与选官运作下的职位资格密切相关，不论前期的"考人才行业"抑或后期的"辨氏姓高下"，均未脱离中正品第作为选官职位资格的制度意义。中正品主要是与具体职位相联系的一种资格等级。这一演变过程亦体现出资、才、地三种因素的组合变化，说明九品中正制与选官秩序的相通性。

结语　官品与官资制度秩序的
"过程"与"关系"

　　本书考察魏晋南朝官品与官资制度的源流脉络及其运作秩序，大致形成如下认识。

　　官品成立于魏晋之际（咸熙末）的制度兴造运动，在礼仪、法律、官制联动下而创建。官品制度来源于汉魏时期的朝班，充分参考朝班的位序安排机制而得。建制者通过"连官""分层""定准""序位"等系列技术程序，逐步完成官职序列化、品级阶层化、等级基准化、建构一元化的制度建设步骤，最终筑起官品这座等级大厦。时人称官品为"诸条"，反映该等级体系是以"条"即官职序列为基本单元。诸"条"平行并排，前后相依，其文本形态在南朝时期的《宋志官品表》尚有反映。相关的内部结构特征表明：官品的位序逻辑并非如一般所认为的以职位为基本单元、形成的串联排序，包括官资在内的"职位"要素并非官品等级的建构内核。官品初始规划的目的是用于安排官僚的地位身份，分配权势利益，以此强化拥戴群体的政治效忠程度，体现出较为明显的"身份考虑"，发挥显著的"品位"功能。以往将官品与迁官选阶挂钩，或忽略了这套等级的建立初衷，官品并非要为官僚群体提供"职位"等级尺度。事实上，官品无关乎选序。这一时期的官制撰述，常以线性叙述方式展示从秩石到官品的制度因革，由此制造了官品建立后取代秩石的历史印象。秩石等级历魏晋南朝未替，清楚地说明事实并非如此。从魏晋至南朝宋齐，秩石保持了汉制的等级面貌，但基本不承担职位分等功能，而是大为品位化，与官品并行不悖。至梁初官品改制，经"品下注秩"操作，秩级被改造为与官品相匹配的等级体系，再经二次改制，最终在南朝后期形成一套新的品、秩等级体制。陈官品即充分反映了二次改制的制度面貌。

　　与官品相区别的是，官资制度秩序与"运作考虑"密切相关。梁代官班制度是其代表。该制度被称为"选品"，是在"革选"语境下建立的，官班等级与迁官次第存在密切对应关系，体现出明显的选阶秩序。官班制度应用于吏部铨选，发挥职位分等的功能。尽管官班建立于梁代，但其制度源远流长，乃出自魏晋以来选制运作下的资位秩序。这套等级大体稳定、间有变动，根据具体官职的资望进行等级与位次的叙定，并呈现出"等级繁多"的特点。魏晋以来资位体系相承有绪，是官资等级制度的基本组成部分。资位既属于官员个人等级，亦是朝廷官职等级。资位附于具体的职位，构成叙定铨选资格的官阶。官资等级并不止有官班，中正品实际上也是其中之一种。关于九品中正制与官品的关系，是学界经久不衰的话题。从官资视角来看，中正品构成职位条件与选任资格，应用了选官程序，与渊源自朝班、主要发挥品位功能的官品等级并无制度上的直接关联。此外，包括资格管理在内的各种秩序渗透于朝廷制度秩序的方方面面。官衔亦可以小见大，体现当时的官资秩序与制度过程。如兼官官衔，是官员本资与职位等级不相一致时采用的授官及结衔形式，为官员久居其职提供了制度保障，反映了王朝体制重职能的一面。又如"新除"官衔，是官职任命除拜过程（而非结果）的标识，揭示此官出于已除授尚未拜受的制度状态，同样是对官员职位阶段资格的一种反映。

本书以"魏晋南朝"为题，始终与"北朝"保持有某种距离，这主要是出于如下考虑：以官品与官资制度作为考察对象，"魏晋南朝"构成具有整体意义且内在自洽的研究单元，职官等级制度历史脉络是连续有绪的。不论相关制度如何变动，制度渊源基本都可往上追溯。举例而言，官品创建于魏晋之际，历经两晋南朝，尽管其间有过大大小小的调整乃至改制，但始终保持着纯粹的"九品"框架，整套制度从技术原理看，其底层逻辑始终未有改变。与此相对，官品在北朝发生重大变异，其分上下正从的具体形式一举突破了九品相对有限的等级标尺梯度。这为官品等级制度功能的拓展提供了新的可能，后世官品实际接续的是北朝统绪，亦再也没有回归到魏晋南朝这一脉络上来。不惟官品，本书分析的对象如秩石、中正品，还有官班及相关的魏晋以来的资位秩序，都随着南朝的被征服而走向历史的终结。[①] 当然，南朝亦有从北朝输入具体制度的可能，但恐怕没有哪种北来官制能够真正改变、撼动和影响到南朝官制进行自我调整与演变的内生动力。"魏晋南朝"构成具有整体内在意义的官僚等级制度史研究单元，是本书梳理制度渊源脉络以后得到的总体认识。魏晋南朝官制犹如一棵参天巨树，根深叶茂，深扎于魏晋南朝的政治与社会土壤之中，一

---

① 较早注意并总结相关历史脉络断续情形的是程树德。他指出："是故自晋氏而后，律分南北二支，南朝之律，至陈并于隋，而其祀遽斩。北朝则自魏及唐，统系相承，迄于明清，犹守旧制。"（《九朝律考》卷五《后魏律考序》，第 399 页）

旦被连根拔起，则有一去不返之势，但成历史烟云，无以为继。

　　这种在历史长时期脉络下呈现出来的制度独特性，或许是思考这段历史的重要支撑点。阎步克在探讨南北朝官阶问题时阐发了"南朝散官阶官化的停滞不前""南朝文散官阶官化的迟缓不前"的重要观点，指出："江左朝廷的诸大夫虽然也有维系名位的作用，不过在普授范围上，以及在虚衔化、序列化程度上，终归远不及西魏北周的进化水平。"[1] 这是很有见地的分析。其实"停滞不前""迟缓不前"是从南北竞争的眼光来看的。从南朝内部来看，这其实体现出一种超乎寻常的内在稳定性。当然要指出的是，这里说的是动态的稳定性。魏晋南朝以来，官僚制度并不缺乏改革动机与缘由，或许也不缺乏执行改制的精英阶层，但制度变动始终没有超越其底层逻辑与基本要素。历史始终是人的历史，制度亦始终由人的活动产生。这种官制的动态稳定性，背后与高度固化的身份社会结构密切相关。这不是说社会可直接决定制度，而是当每次或由于契机、或由于危机出现，制度建设或改革窗口被打开之时，尽管理论上建制（改革）者有其选择各种方向的可能性，但实际上是受到建制成本的高度制约。以本书考察的个案甲午制为例，这个制度仅着重执行"选举皆先治百姓，然后授用"的限资规定，其成本在当时是可以接受的，傅咸批评改制，提倡建立考课，有没有道理呢？当然有，理论上按此执行，釜底抽薪，选制秩序会有结构性转型，但此举成本极高，以惠帝朝当日山雨欲来的政治局势，是否能够承担这份成本呢？王戎的苟免姿态，本身代表了当时历史行动者的一种利己优势策略，持此策略者为当时大多数，傅咸的激进主张又如何压住这股优势力量呢？见微知著，魏晋南朝官品与官资制度秩序，在改制窗口出现时，由于高度固化的身份社会结构，路径选择大多仍只能是照顾特殊利益，维持制度的底层逻辑，在少付出改制成本的同时，获得解决当下问题的收益，导致官僚等级制度很难进行釜底抽薪式的改革，这可能是魏晋南朝官制呈现动态稳定性的一个内在原因。

---

[1]　阎步克：《品位与职位——秦汉魏晋南北朝官阶制度研究》，第 565～569 页。

主要参考文献

一、古典文献

［汉］司马迁撰，［南朝宋］裴骃集解，［唐］司马贞索隐，［唐］张守节正义：《史记》，北京：中华书局，2014 年。

［汉］班固撰，［唐］颜师古注：《汉书》，北京：中华书局，1962 年。

［南朝宋］范晔撰，［唐］李贤等注：《后汉书》，北京：中华书局，1965 年。

［晋］陈寿撰，［南朝宋］裴松之注：《三国志》，北京：中华书局，1959 年。

［唐］房玄龄等：《晋书》，北京：中华书局，1974 年。

［南朝梁］沈约：《宋书》，北京：中华书局，2018 年。

［南朝梁］萧子显：《南齐书》，北京：中华书局，2017 年。

［唐］姚思廉：《梁书》，北京：中华书局，2020 年。

［唐］姚思廉：《陈书》，北京：中华书局，2021 年。

［北齐］魏收：《魏书》，北京：中华书局，2017 年。

［唐］李百药：《北齐书》，北京：中华书局，1972 年。

［唐］令狐德棻等：《周书》，北京：中华书局，1971 年。

［唐］魏徵、［唐］令狐德棻：《隋书》，北京：中华书局，2019 年。

［唐］李延寿：《南史》，北京：中华书局，1975 年。

［唐］李延寿：《北史》，北京：中华书局，1974 年。

［后晋］刘昫等：《旧唐书》，北京：中华书局，1975 年。

［宋］欧阳修、［宋］宋祁：《新唐书》，北京：中华书局，1975 年。

［宋］司马光编著，［元］胡三省音注：《资治通鉴》，北京：中华书局，1956 年。

［汉］班固撰集，［清］陈立疏证，吴则虞点校：《白虎通疏证》，北京：中华书局，1994 年。

〔汉〕蔡邕撰：《独断》，《四部丛刊》三编影印常熟瞿氏铁琴铜剑楼藏明弘治癸亥刊本，上海：商务印书馆，1936年。

〔汉〕王充著，黄晖撰，刘盼遂集解：《论衡校释》，北京：中华书局，1990年。

〔晋〕常璩著，刘琳校注：《华阳国志新校注》，成都：四川大学出版社，2015年。

〔晋〕葛洪撰，杨明照校笺：《抱朴子外篇校笺》，北京：中华书局，1991年。

〔南朝宋〕刘义庆著，〔南朝梁〕刘孝标注，余嘉锡笺疏，周祖谟、余淑宜、周士琦整理：《世说新语笺疏》，北京：中华书局，2007年。

〔南朝梁〕刘勰著，王利器校笺：《文心雕龙校证》，上海：上海古籍出版社，1980年。

〔南朝梁〕陶弘景撰，赵益点校：《真诰》，北京：中华书局，2011年。

〔南朝梁〕萧统编，〔唐〕李善注：《文选》，北京：中华书局，1977年。

〔后魏〕郦道元著，〔清〕杨守敬、熊会贞疏：《水经注疏》，南京：江苏古籍出版社，1989年。

〔唐〕白居易：《白氏六帖事类集》，北京：文物出版社，1987年。

〔唐〕杜佑著，〔日〕长泽规矩也、尾崎康校，韩昇译：《北宋版通典》，上海：上海人民出版社，2008年。

〔唐〕杜佑撰，王文锦等点校：《通典》，北京：中华书局，1988年。

〔唐〕房玄龄等撰，吴士鉴、刘承干注：《晋书斠注》，北京：中华书局，2008年。

〔唐〕李吉甫撰，贺次君点校：《元和郡县图志》，北京：中华书局，1983年。

〔唐〕李林甫等撰，陈仲夫点校：《唐六典》，北京：中华书局，1992年。

〔唐〕林宝撰，岑仲勉校记，郁贤皓、陶敏整理：《元和姓纂（附四校记）》，北京：中华书局，1994年。

〔唐〕欧阳询撰，汪绍楹校：《艺文类聚》，北京：中华书局，1965年。

〔唐〕徐坚等：《初学记》，北京：中华书局，1962年。

〔唐〕许敬宗等编：《影弘仁本〈文馆词林〉》，东京：日本古典研究会，1969年。

〔唐〕许嵩撰，张忱石点校：《建康实录》，北京：中华书局，1986年。

〔唐〕虞世南辑录：《北堂书钞》影印南海孔氏三十有三万卷堂影宋刊本，北京：学苑出版社，2015年。

［宋］洪迈撰，孔凡礼点校：《容斋随笔》，北京：中华书局，2005 年。

［宋］李昉等：《太平御览》，北京：中华书局，1960 年。

［宋］李昉等编：《太平广记》，北京：中华书局，1961 年。

［宋］李昉等编：《文苑英华》，北京：中华书局，1966 年。

［宋］孙逢吉：《职官分纪》，北京：中华书局，1988 年。

［宋］王溥：《唐会要》，上海：上海古籍出版社，1991 年。

［宋］王钦若等籑编：《册府元龟》，北京：中华书局，1960 年。

［宋］王应麟：《玉海》，北京：中国书店，1987 年。

［宋］王应麟著，［清］翁元圻等注，栾保群、田松青、吕宗力校点：《困学纪闻（全校本）》，上海：上海古籍出版社，2008 年。

［宋］岳珂撰，朗润点校：《愧郯录》，北京：中华书局，2016 年。

［宋］郑樵撰，王树民点校：《通志二十略》，北京：中华书局，1995 年。

［元］马端临撰，上海师范大学古籍研究所、华东师范大学古籍研究所点校：《文献通考》，北京：中华书局，2011 年。

［清］顾炎武著，黄汝成集释，栾保群、吕宗力校点：《日知录集释》，上海：上海古籍出版社，2006 年。

［清］何焯著，崔高维点校：《义门读书记》，北京：中华书局，1987 年。

［清］李慈铭著，由云龙辑：《越缦堂读书记》，北京：中华书局，1963 年。

［清］卢弼：《三国志集解》，北京：中华书局，1982 年。

［清］钱大昕著，方诗铭、周殿杰校点：《廿二史考异》，上海：上海古籍出版社，2004 年。

［清］钱仪吉：《三国会要》，上海：上海古籍出版社，2006 年。

［清］阮元校刻：《十三经注疏》，北京：中华书局，2009 年。

［清］孙星衍等辑，周天游点校：《汉官六种》，北京：中华书局，1990 年。

［清］王昶：《金石萃编》，中国东方文研究会历史文化分会编《历代碑志丛书》第四册，南京：江苏古籍出版社，1998 年。

［清］王鸣盛撰：《十七史商榷》，北京：中国书店，1987 年。

［清］王先谦补注：《汉书补注》，北京：书目文献出版社，1985 年。

［清］严可均校辑：《全上古三代秦汉三国六朝文》，北京：中华书局，1958 年。

［清］杨晨：《三国会要》，北京：中华书局，1956 年。

［清］赵翼著，王树民校证：《廿二史札记校证》，北京：中华书局，

2013 年。

　　［清］朱铭盘：《南朝陈会要》，上海：上海古籍出版社，2006 年。

　　［清］朱铭盘：《南朝梁会要》，上海：上海古籍出版社，2006 年。

　　［清］朱铭盘：《南朝齐会要》，上海：上海古籍出版社，2006 年。

　　［清］朱铭盘：《南朝宋会要》，上海：上海古籍出版社，2006 年。

　　［汉］王粲撰，俞绍初校点：《王粲集》，北京：中华书局，1980 年。

　　［三国］孔融等著，俞绍初辑校：《建安七子集》，北京：中华书局，2005 年。

　　［三国魏］嵇康撰，戴明扬校注：《嵇康集校注》，北京：人民文学出版社，1962 年。

　　［三国魏］阮籍著，陈伯君校注：《阮籍集校注》，北京：中华书局，1987 年。

　　［晋］陆机著，金涛声点校：《陆机集》，北京：中华书局，1982 年。

　　［晋］陶渊明著，逯钦立校注：《陶渊明集》，北京：中华书局，1979 年。

　　［南朝宋］鲍照著，丁福林、丛玲玲校注：《鲍照集校注》，北京：中华书局，2012 年。

　　［南朝齐］沈约著，陈庆元校笺：《沈约集校笺》，南京：江苏古籍出版社，1995 年。

　　［南朝齐］谢朓著，曹融南校注集说：《谢宣城集校注》，上海：上海古籍出版社，1991 年。

　　［南朝梁］江淹著，［明］胡之骥注，李长路、赵威点校：《江文通集汇注》，北京：中华书局，1984 年。

　　［南朝陈］徐陵撰，许逸民校笺：《徐陵集校笺》，北京：中华书局，2008 年。

　　［北周］庾信撰，［清］倪璠注，许逸民校点：《庾子山集注》，北京：中华书局，1980 年。

　　《大正新修大藏经》，台北：佛陀教育基金会出版部，1990 年。

　　《道藏》，上海：上海书店，北京：文物出版社，天津：天津古籍出版社，1994 年。

　　二十五史刊行委员会编集：《二十五史补编》，上海：开明书店，1937 年。

　　罗新、叶炜：《新出魏晋南北朝墓志疏证》，北京：中华书局，2005 年。

　　毛远明校注：《汉魏六朝碑刻校注》，北京：线装书局，2008 年。

王利器：《颜氏家训集解（增补本）》，北京：中华书局，1993年。

赵超：《汉魏南北朝墓志汇编》，天津：天津古籍出版社，2008年。

赵万里：《汉魏南北朝墓志集释》，新文丰出版公司编辑部编辑《石刻史料新编》第3辑第3册，台北：新文丰出版公司，1977年。

二、今人论著

安作璋、熊铁基：《秦汉官制史稿》，济南：齐鲁书社，1985年。

白钢主编：《中国政治制度通史》第4卷（魏晋南北朝卷），北京：人民出版社，1996年。

曹文柱：《魏晋南北朝史论合集》，北京：商务印书馆，2008年。

陈长琦：《官品的起源》，北京：商务印书馆，2016年。

陈长琦：《两晋南朝政治史稿》，开封：河南大学出版社，1992年。

陈蔚松：《汉代考选制度》，武汉：湖北辞书出版社，2002年。

陈寅恪：《陈寅恪集·讲义及杂稿》，北京：生活·读书·新知三联书店，2002年。

陈寅恪：《陈寅恪集·金明馆丛稿初编》，北京：生活·读书·新知三联书店，2001年。

陈寅恪：《陈寅恪集·金明馆丛稿二编》，北京：生活·读书·新知三联书店，2001年。

陈寅恪：《隋唐制度渊源略论稿》，上海：上海古籍出版社，1982年。

陈仲安、王素：《汉唐职官制度研究（增订本）》，上海：中西书局，2018年。

程树德：《九朝律考》，上海：商务印书馆，1934年。

董劭伟：《魏晋隋唐职官制度专题研究》，沈阳：东北大学出版社，2017年。

冻国栋：《中国中古经济与社会史论稿》，武汉：湖北教育出版社，2005年。

高敏：《魏晋南北朝兵制研究》，郑州：大象出版社，1998年。

高敏：《魏晋南北朝史发微》，北京：中华书局，2005年。

龚延明：《中国古代职官科举研究》，北京：中华书局，2006年。

何德章：《魏晋南北朝史丛稿》，北京：商务印书馆，2010年。

何兹全：《读史集》，上海：上海人民出版社，1982年。

何兹全：《何兹全全集》第一卷《中国社会史论》，北京：中华书局，2006年。

侯旭东：《宠：信—任型君臣关系与西汉历史的展开》，北京：北京师范大学出版社，2018年。

胡阿祥：《六朝疆域与政区研究（增订本）》，北京：学苑出版社，2005年。

胡宝国：《将无同——中古史研究论文集》，北京：中华书局，2020年。

黄惠贤：《魏晋南北朝隋唐史研究与资料》，武汉：湖北人民出版社，2010年。

黄惠贤、陈锋主编：《中国俸禄制度史》，武汉：武汉大学出版社，2005年。

黄留珠：《秦汉仕进制度》，西安：西北大学出版社，1985年。

黄留珠：《中国古代选官制度述略》，西安：陕西人民出版社，1989年。

黄永年：《唐史史料学》，上海：上海书店出版社，2002年。

黄永年：《文史探微：黄永年自选集》，北京：中华书局，2000年。

景蜀慧：《魏晋诗人与政治》，北京：中华书局，2007年。

景蜀慧：《魏晋文史寻微》，北京：中华书局，2018年。

赖瑞和：《唐代高层文官》，北京：中华书局，2017年。

赖瑞和：《唐代基层文官》，北京：中华书局，2008年。

赖瑞和：《唐代中层文官》，北京：中华书局，2011年。

劳榦：《古代中国的历史与文化》，北京：中华书局，2006年。

黎虎：《汉唐外交制度史》，兰州：兰州大学出版社，1998年。

黎虎：《魏晋南北朝史论》，北京：学苑出版社，1999年。

李玉福：《秦汉制度史论》，济南：山东大学出版社，2002年。

廖伯源：《秦汉史论丛》，台北：五南图书出版股份有限公司，2003年。

刘淑芬：《六朝的城市与社会》，台北：台湾学生书局，1992年。

刘啸：《隋代三省制及相关问题研究》，北京：中华书局，2021年。

鲁力：《魏晋南朝宗王问题研究》，武汉：武汉大学出版社，2013年。

吕思勉：《两晋南北朝史》，上海：上海古籍出版社，1983年。

吕思勉：《吕思勉读史札记（增订本）》，上海：上海古籍出版社，2005年。

毛汉光：《中国中古社会史论》，上海：上海书店出版社，2002年。

毛汉光：《中国中古政治史论》，上海：上海书店出版社，2002年。

缪钺：《缪钺全集》，石家庄：河北教育出版社，2004年。

任莉莉：《七录辑证》，上海：上海古籍出版社，2011年。

唐长孺：《山居存稿》，北京：中华书局，2011年。

唐长孺：《山居存稿续编》，北京：中华书局，2011 年。

唐长孺：《魏晋南北朝史论丛》，北京：中华书局，2011 年。

唐长孺：《魏晋南北朝史论丛续编　魏晋南北朝史论拾遗》，北京：中华书局，2011 年。

唐长孺：《魏晋南北朝隋唐史三论：中国封建社会的形成和前期的变化》，北京：中华书局，2011 年。

陶贤都：《魏晋南北朝霸府与霸府政治研究》，长沙：湖南人民出版社，2007 年。

陶新华：《魏晋南朝中央对地方军政官的管理制度研究》，成都：巴蜀书社，2003 年。

田余庆：《东晋门阀政治》，北京：北京大学出版社，2012 年。

田余庆：《秦汉魏晋史探微（重订本）》，北京：中华书局，2004 年。

汪桂海：《汉代官文书制度》，南宁：广西教育出版社，1999 年。

汪征鲁：《魏晋南北朝选官体制研究》，福州：福建人民出版社，1995 年。

王东洋：《魏晋南北朝考课制度研究》，北京：社会科学文献出版社，2009 年。

王素：《三省制略论》，济南：齐鲁书社，1986 年。

王伊同：《王伊同学术论文集》，北京：中华书局，2006 年。

王伊同：《五朝门第》，北京：中华书局，2006 年。

吴宗国主编：《中国古代官僚政治制度研究》，北京：北京大学出版社，2004 年。

熊德基：《六朝史考实》，北京：中华书局，2000 年。

徐冲：《中古时代的历史书写与皇帝权力起源》，上海：上海古籍出版社，2012 年。

严耕望：《两汉太守刺史表》，上海：上海古籍出版社，2007 年。

严耕望：《唐仆尚丞郎表》，北京：中华书局，1986 年。

严耕望：《严耕望史学论文选集》，北京：中华书局，2006 年。

严耕望：《中国地方行政制度史——秦汉地方行政制度》，上海：上海古籍出版社，2007 年。

严耕望：《中国地方行政制度史——魏晋南北朝地方行政制度》，上海：上海古籍出版社，2007 年。

严耀中：《北魏前期政治制度》，长春：吉林教育出版社，1990 年。

阎步克：《察举制度变迁史稿》，沈阳：辽宁大学出版社，1997 年。

阎步克：《从爵本位到官本位——秦汉官僚品位结构研究》，北京：生活·读书·新知三联书店，2009 年。

阎步克：《品位与职位——秦汉魏晋南北朝官阶制度研究》，北京：中华书局，2009 年。

阎步克：《乐师与史官——传统政治文化与政治制度论集》，北京：生活·读书·新知三联书店，2001 年。

阎步克：《中国古代官阶制度引论》，北京：北京大学出版社，2010 年。

阎步克编著：《波峰与波谷——秦汉魏晋南北朝的政治文明》，北京：北京大学出版社，2009 年。

杨恩玉：《萧梁政治制度考论稿》，北京：中华书局，2014 年。

杨光辉：《汉唐封爵制度》，北京：学苑出版社，2004 年。

杨鸿年：《汉魏制度丛考》，武汉：武汉大学出版社，1985 年。

叶炜：《南北朝隋唐官吏分途研究：中国古代官僚等级制度研究》，北京：北京大学出版社，2009 年。

余嘉锡：《余嘉锡论学杂著》，北京：中华书局，2007 年。

郁贤皓、胡可先：《唐九卿考》，北京：中国社会科学出版社，2003 年。

袁刚：《中国古代政府机构设置沿革》，哈尔滨：黑龙江人民出版社，2003 年。

张金龙：《北魏政治与制度论稿》，兰州：甘肃教育出版社，2003 年。

张金龙：《魏晋南北朝禁卫武官制度研究》，北京：中华书局，2004 年。

张金龙：《魏晋南北朝文献丛稿》，兰州：甘肃教育出版社，2017 年。

张鹏一编著，徐清廉校补《晋令辑存》，西安：三秦出版社，1989 年。

张旭华：《九品中正制略论稿》，郑州：中州古籍出版社，2004 年。

张旭华：《九品中正制研究》，北京：中华书局，2015 年。

张旭华：《魏晋南北朝官制论集》，郑州：大象出版社，2011 年。

张旭华：《中古时期清浊官制研究》，北京：人民出版社，2017 年。

章义和：《地域集团与南朝政治》，上海：华东师范大学出版社，2002 年。

周一良：《魏晋南北朝史论集》，北京：北京大学出版社，1997 年。

周一良：《魏晋南北朝史札记（补订本）》，北京：中华书局，2015 年。

朱大渭：《六朝史论》，北京：中华书局，1998 年。

朱绍侯：《军功爵制研究》，上海：上海人民出版社，1990 年。

祝总斌：《材不材斋史学丛稿》，北京：中华书局，2009 年。

祝总斌：《两汉魏晋南北朝宰相制度研究》，北京：中国社会科学出版社，1990 年。

〔美〕艾森斯塔得著，阎步克译：《帝国的政治体系》，贵阳：贵州人民出版社，1992年。

〔日〕安田二郎：《六朝政治史の研究》，京都：京都大学学術出版会，2003年。

〔日〕濱口重國：《秦漢隋唐史の研究》，東京：東京大学出版会，1971年。

〔日〕川胜义雄著，李济沧、徐谷芃译：《六朝贵族制社会研究》，上海：上海古籍出版社，2018年。

〔日〕渡辺信一郎著，徐冲译：《中国古代的王权与天下秩序（增订本）》，上海：上海人民出版社，2021年。

〔日〕宫崎市定著，韩昇、刘建英译：《九品官人法研究：科举前史》，北京：中华书局，2008年。

〔日〕片冈一忠：《中国官印制度研究》，东京：株式会社東方書店，2008年。

〔日〕浅井虎夫著，陈重民译，李孝猛点校：《中国法典编纂沿革史》，北京：中国政法大学出版社，2007年。

〔日〕仁井田升著，栗劲等编译：《唐令拾遗》，长春：长春出版社，1989年。

〔日〕三国时代の出土文字资料班编：《魏晋石刻资料选注》，京都：京都大学人文科学研究所，2005年。

〔日〕矢野主税：《門閥社会成立史》，东京：株式会社国书刊行会，1976年。

〔日〕窪添庆文著，赵立新、涂宗呈、胡云薇等译：《魏晋南北朝官僚制研究》，上海：复旦大学出版社，2017年。

〔日〕尾形勇著，张鹤泉译：《中国古代的"家"与国家》，北京：中华书局，2010年。

〔日〕西嶋定生：《中国古代帝国の形成と構造：二十等爵制の研究》，东京：東京大学出版会，1980年。

〔日〕越智重明：《魏晋南朝の贵族制》，东京：研文出版，1982年。

〔日〕越智重明：《魏晋南朝の政治と社会》，吉川：吉川弘文館，1963年。

〔日〕中村圭爾：《六朝贵族制研究》，东京：風間書房，1987年。

三、论文

柴芃：《南北朝位阶制度的发展》，北京大学博士学位论文，2018年。

柴芃：《十八班的实质及意义》，《文史》2018 年第 3 辑。

陈长琦：《两晋南朝的赐位制度》，《史学月刊》2009 年第 3 期。

陈长琦：《南朝时代的幼王出镇》，《华南师范大学学报（社会科学版）》1996 年第 1 期。

陈长琦：《魏晋九品官人法再探讨》，《历史研究》1995 年第 6 期。

陈长琦：《魏晋南朝的资品与官品》，《历史研究》1990 年第 4 期。

陈琳国：《两晋九品中正制与选官制度》，《历史研究》1987 年第 3 期。

陈苏镇：《南朝散号将军制度考辨》，《史学月刊》1989 年第 3 期。

陈苏镇：《魏晋的散官》，北京大学硕士学位论文，1986 年。

陈苏镇：《西省考》，载《周一良先生八十生日纪念论文集》编委会编《周一良先生八十生日纪念论文集》，北京：中国社会科学出版社，1993 年。

陈奕玲：《魏晋南朝军号散阶化的若干问题》，《燕京学报》新 13 期，2002 年。

陈勇：《郎中骑考》，《文史》2005 年第 3 辑。

陈勇：《刘宋的皇权与禁卫军》，《北京大学学报（哲学社会科学版）》1988 年第 3 期。

邓小南：《走向"活"的制度史——以宋代官僚政治制度史研究为例的点滴思考》，《浙江学刊》2003 年第 3 期。

方北辰：《释九品中正制度之一品虚设问题》，《许昌师专学报》1989 年第 1 期。

胡宝国：《九品中正制杂考》，《文史》1992 年第 3 辑。

胡宝国：《魏西晋时代的九品中正制》，《北京大学学报（哲学社会科学版）》1987 年第 1 期。

黄惠贤：《曹魏中后期散骑诸官的变化——散骑诸官研究资料之二》，《魏晋南北朝隋唐史资料》2000 年第 17 辑。

黄惠贤：《东晋时期中央决策机构（中书省）的一次短暂变革——散骑诸官研究资料之四》，《魏晋南北朝隋唐史资料》2003 年第 20 辑。

黄惠贤：《散骑诸官初置时期有关问题索隐——散骑诸官研究资料之一》，《魏晋南北朝隋唐史资料》2000 年第 17 辑。

黄留珠：《试论两汉仕进制度的特点》，《西北大学学报（哲学社会科学版）》1982 年第 4 期。

黄惠贤：《西晋散骑建省及其所领诸官——散骑诸官研究资料之三》，《魏晋南北朝隋唐史资料》2000 年第 17 辑。

景蜀慧：《王粲典定朝仪与其家世学术背景考述》，《四川大学学报

（哲学社会科学版）》2003 年第 4 期。

景蜀慧：《"文史互证"方法与魏晋南北朝史研究》，《中山大学学报（社会科学版）》2000 年第 1 期。

劳榦：《论汉代的内朝与外朝》，《中央研究院历史语言研究所集刊》第 13 册，1948 年。

黎虎：《汉代典客、大行、鸿胪递嬗与朝会司仪》，《东岳论丛》2010 年第 10 期。

李济沧：《六朝贵族的自律性问题——以九品官人法中乡品与官品、官职的对应关系为中心》，《文史哲》2016 年第 4 期。

梁健：《魏官品令考》，《苏州大学学报（法学版）》2014 年第 3 期。

林大志：《梁武帝代齐之前仕历考》，《郑州大学学报（哲学社会科学版）》2005 年第 1 期。

刘畅：《〈法宝联璧序〉中所见之萧梁十八班制》，《南京晓庄学院学报》2013 年第 4 期。

鲁力：《南朝"行事"考》，《武汉大学学报（人文科学版）》2008 年第 6 期。

陆扬：《从墓志的史料分析走向墓志的史学分析——以〈新出魏晋南北朝墓志疏证〉为中心》，《中华文史论丛》2006 年第 4 期。

罗凯、宋道专：《三国时代的辅国将军》，《西华师范大学学报（哲学社会科学版）》2016 年第 5 期。

罗新：《试论曹操的爵制改革》，《文史》2007 年第 3 辑。

罗新本：《〈晋书·李含传〉中所见的魏晋选官制度》，《天府新论》1996 年第 2 期。

罗新本：《两晋南朝的秀才、孝廉察举》，《历史研究》1987 年第 3 期。

罗新本：《两晋南朝入仕道路研究之——西晋南朝的"直接入仕"》，《西南民族学院学报（社会科学版）》1986 年第 4 期。

吕博：《头饰背后的政治史：从"武家诸王样"到"山子军容头"》，《历史研究》2016 年第 4 期。

任昉：《古代墓志的材料来源问题——古代墓志材料问题探讨之一》，《故宫学刊》2016 年第 2 期。

孙正军：《禅让行事官小考》，《史学集刊》2015 年第 2 期。

孙正军：《〈通典〉"晋太尉进贤三梁冠"小札》，《烟台大学学报（哲学社会科学版）》2014 年第 4 期。

孙正军：《魏晋南北朝史研究中的史料批判研究》，《文史哲》2016 年第 1 期。

孙正军：《也说〈隋书〉所记梁代印绶冠服制度的史源问题》，《中华文史论丛》2011 年第 1 期。

陶新华：《论魏晋南朝地方武职官的政治地位和经济地位——兼论武职官被轻视的原因》，《四川大学学报（哲学社会科学版）》2001 年第 6 期。

汪征鲁：《魏晋南朝官职中的"言秩"与"不言秩"》，《历史研究》1990 年第 6 期。

吴宗国：《三省的发展和三省制的确立》，载荣新江主编《唐研究》第 3 卷，北京：北京大学出版社，1997 年。

谢彦明：《西汉郎中将军事建置考辨》，《首都师范大学学报（社会科学版）》2007 第 5 期。

徐冲：《从"异刻"现象看北魏后期墓志的"生产过程"》，《复旦学报（社会科学版）》2011 年第 2 期。

徐冲：《关于曹魏的侍中尚书》，《国学研究》第 16 卷，2005 年。

徐冲：《〈续汉书·百官志〉与汉晋间的官制撰述——以"郡太守"条的辨证为中心》，《中华文史论丛》2013 年第 4 期。

阎步克：《古代政治制度研究的一个可选项：揭示"技术原理"》，《河北学刊》2019 年第 1 期。

阎步克：《论北朝位阶体制变迁之全面领先南朝》，《文史》2012 年第 3 辑。

阎步克：《仕途视角中的南朝西省》，《中国学术》2000 年第 1 期。

阎步克：《魏晋的朝班、官品和位阶》，《中国史研究》2000 年第 4 期。

阎步克：《魏晋南北朝的军号散阶化进程（上）》，《文史》2000 年第 2 辑。

阎步克：《魏晋南北朝的军号散阶化进程（下）》，《文史》2000 年第 3 辑。

杨恩玉：《官班制的性质、编制标准与作用考论》，《史学月刊》2012 年第 10 期。

杨恩玉：《萧梁官班制的形成考论——以流外七班、三品勋位及蕴位为中心》，《南京师大学报（社会科学版）》2012 年第 4 期。

杨恩玉：《萧梁官班制渊源考辨》，《历史研究》2013 年第 4 期。

杨恩玉、杨春芳：《论南北朝时期官品制性质的演变》，《江西社会科学》2021 年第 1 期。

杨光辉：《官品、封爵与门阀士族》，《杭州大学学报（哲学社会科学版）》1990 年第 4 期。

杨懿：《"五时朝服"、"绛朝服"与晋宋齐官服制度——〈唐六典〉校勘记补正一则》，《中国典籍与文化》2014 年第 3 期。

杨振红：《秦汉官僚体系中的公卿大夫士爵位系统及其意义——中国古代官僚政治社会构造研究之一》，《文史哲》2008 年第 5 期。

张金龙：《禁卫军权与南朝政治》，《南京大学学报（哲学·人文·社会科学）》1999 年第 3 期。

张金龙：《"魏官品"、"晋官品"献疑》，《文史哲》2017 年第 4 期。

张小稳：《魏晋南北朝时期地方官职的品位化》，《江苏社会科学》2014 年第 6 期。

张小稳：《魏晋南北朝时期加侍中、散骑诸官的礼遇与权益》，《河南大学学报（社会科学版）》2009 年第 2 期。

张小稳：《魏晋南北朝时期内侍官加官对象的扩展及其原因》，《中州学刊》2013 年第 10 期。

张小稳：《魏晋南朝时期的秩级》，《史学月刊》2004 年第 5 期。

张兴成：《两晋宗室管理制度的历史渊源试论》，《广东第二师范学院学报》2013 年第 4 期。

张兴成：《两晋宗室制度差异及其形成原因探析》，《中州学刊》2011 年第 1 期。

张旭华：《〈魏官品〉产生时间及相关问题试释——兼论官品制度创立于曹魏初年》，《郑州大学学报（哲学社会科学版）》2006 年第 5 期。

张旭华：《萧梁官品官班制度考略》，《中国史研究》1995 年第 5 期。

赵立新：《〈南齐书·百官志·序〉所见中古职官文献与官制史的意义》，《台大历史学报》第 62 期，2018 年。

周文俊：《南朝官职除拜考述——以制度程序及过程为中心》，《魏晋南北朝隋唐史资料》2018 年第 38 辑。

周文俊：《南朝兼官制度新探》，《学术研究》2015 年第 9 期。

周文俊：《试析魏晋官品的建构原理：文本·结构·技术》，《国学研究》第 46 卷，2021 年。

周文俊：《魏晋南朝官品与官资秩序研究》，中山大学博士学位论文，2013 年。

周文俊：《〈文心雕龙〉"启"体论的文体谱系考察——以公文制度为中心》《中山大学学报（社会科学版）》2018 年第 4 期。

周文俊：《西晋职官升迁与资位秩序》，《学术研究》2013 年第 5 期。

周文俊：《"优文"考释》，《文学遗产》2019 年第 2 期。

周兆望：《南朝典签制度剖析》，《南昌大学学报（人文社会科学版）》1987 年第 3 期。

朱大渭：《魏晋南北朝的官俸》，《中国经济史研究》1986 年第 4 期。

〔日〕冨谷至著，朱腾译，徐世虹校译：《通往晋泰始律令之路（Ⅰ）：秦汉的律与令》《通往晋泰始律令之路（Ⅱ）：魏晋的律与令》，载中国政法大学法律史学研究院编《日本学者中国法论著选译》，北京：中国政法大学出版社，2012 年。

〔日〕小林聪：《六朝時代の印綬冠服規定に関する基礎的考察——「宋書」礼志にみえる規定を中心にして》，《史渊》第 130 号，1993 年。

〔日〕小林聪：《「隋書」に見える梁陳時代の印綬冠服規定の来源について》，《埼玉大学紀要　教育学部（人文・社會科學编）》第 47 卷第 1 号，1998 年。

〔日〕中村圭尔撰，付晨晨译，魏斌校：《六朝官僚制的叙述》，《魏晋南北朝隋唐史资料》2010 年第 26 辑。

索　引

拜受日　216, 217, 220, 221, 222, 231

班即阶也　150, 151

备其班品　175, 176, 180

除官日　215, 216, 217, 218, 219, 220, 222, 231

大兴二年定官品事　22

定准　32, 42, 43, 44, 46, 52, 60, 64

分层　32, 34, 56, 69

甲午制　233, 235, 237, 238, 239

晋官品令　119, 120, 121, 122,

晋令　55, 56, 85, 116, 117, 123, 124, 125, 126, 127, 136, 139, 173

连官　32, 33, 34, 50, 51, 52, 114

梁新定官品　106

梁选簿　106, 142, 151, 170

品下注秩　95, 96, 102, 105, 111, 114, 115

身份考虑　68, 69, 75, 102, 114, 115

新除　207, 208, 209, 210, 211, 212, 213, 214, 216, 230, 231

新定官品　105, 106, 107

序位　32, 47, 49, 50, 51, 52, 68, 75

选品　142, 143, 150, 157, 174, 175, 188, 189

运作考虑　68, 85, 143, 150

秩位　21, 27, 28, 29, 30, 31, 51, 52

诸条　21, 24, 26, 27, 28, 29, 30, 34, 42, 46, 47, 51

后　记

　　这本小书是以我的博士学位论文《魏晋南朝官品与官资秩序研究》为基础修订而成的。毕业后的这些年里，读书间或有得，我陆续又发表了一些与魏晋南朝制度相关的考证文字。因应后出成果的议题拓展与内容补充，我在完善书稿的过程中重新规划了全书的章节架构，以求各章主题更加凝练，重点更为突出，结构更趋平衡，同时结合近年的思考与体会，对书中的某些论证进行细化深化，对具体的行文表述亦予斟酌损益。

　　本研究的构想与个人学缘密切相关。在攻读博士学位之初，我有幸加入业师景蜀慧先生主持的点校本齐、梁、陈三史修订项目，其间因校订《南齐书·百官志》的工作契机，开始与职官文献史料打交道，由于《南齐书·百官志》本身缺载职官品秩，当时我就想利用史书内证，以《南齐书》史传人物仕宦履历为据，逆向推证南齐时期的诸官官品。我花了不少功夫整理史文和排比官职，但官品与迁官次序的匹配始终难相契合，官品补证工作根本无从措手。虽然未能解决预期的问题，此番探索也并非劳而无功，至少让我对职官问题的复杂性有了更充分的了解。在思索官品与迁官对应规律而不得其解之时，胡宝国、阎步克先生对中正品与官品关系的研究（分别见胡宝国《九品中正制杂考》、阎步克《品位与职位——秦汉魏晋南北朝官阶制度研究》第六章第四节"中正品与官品的对应和不对应"），给了我很大启发，让我找到了重新出发的方向。概括而言，胡、阎两位先生均指出中正品与官品并无任何对应关系，中正品只对应于具体官职。相关论证剖析入微，阐明了中正品的关键问题，而且别具慧眼，跳出了宫崎市定"相差四级说"所锚定的关系之辨，可谓拨云见日，破除了以官品为中心涵盖各种职官等级秩序的潜在成见。由此我摆脱了早先的思维定式，不再纠结于官品和迁官的关联。《蒙文通学记》有一则欧阳竟无"读俱舍之法"的故实。蒙先生说："欧阳先生尝言：读俱舍三年，犹未能通。于沪上见沈乙庵，沈谓：君当究俱舍宗，毋究俱舍学。归金陵，觅俱舍前诸书读之，又觅俱舍后诸书读之；又觅与俱舍同时他家诸书读之，读三月而俱舍之义灿然明白。盖自前后左右之书比较研读，则异同自见，大义顿显。"（蒙默编：《蒙文通学记：蒙文通生平和学术》增补本，北京：生活·读书·新知三联书店，2006年）这则故实深达史学义旨，也让我感悟良多。"君当究俱舍宗，毋究俱舍学"之语，在我面对研究难题时，起到了指引作用。为了探究南齐职官品秩的历史情形，我又花了较长时间通览六朝各史，参阅中古诸书，着实践行了一番"前后左右之书比较研读"，诚哉斯言。经此研读，官品与官班各自的源流本末斑斑可考，制度脉络历历可见，果为"异同自见，大义顿显"。至此，研究思路和空间均得以打开。我的博士学位论文正是在上述构想和工作基础上写成的。如果说整个研究过程是在峰峦稠叠的茫茫群山中寻觅大道通径的一段探索之旅，那么无疑要感谢这些指示正途的引路明灯，让我避免了歧路亡羊之虞。

2013年4月，我的博士学位论文完稿。论文重点论证了魏晋南朝时期官品与官资（以官班为代表）制度上并行而不相统属的关系，以及二者基于各自秩序的沿革脉络，据此初步勾勒了该时期职官等级制度的历史图景。相关解读也着重辨析《通典》编录历代秩品所示的单一化制度沿革图景乃属后出重构，同时对"官品中心论"带来的研究局限提出反思。在送审环节，文稿有幸经由阎步克、侯旭东、魏斌三位先生评审，诸位先生对论文的基本观点、思路与方法予以肯定，同时指出其中存在的不足及今后可致力的方向。同年5月，在论文答辩会上，李凭、刘志伟、王承文、曹家齐、谭世宝等先生，也肯定了论文的研究构想与实践，并对论文的未来拓展提出了更高期待。对于诸位评审专家和答辩委员的点拨开示与勉励，在此深表感谢！

2013年8月，我将博士学位论文的部分内容整理成《〈通典〉所记官品脉络的史料辩证——以南朝官班、官品制度为中心》一文，去参加第一届中国中古史前沿论坛（该文其后收入权家玉主编《中国中古史集刊（第一辑）》，北京：商务印书馆，2015年），收获了与会专家同行的诸多教益。巧合的是，当月《历史研究》第4期刊出了杨恩玉先生大作《萧梁官班制渊源考辨》，文章也明确指出"梁官班制并非由九品官制析分而成，也可能并未经过北魏九品十八级官阶制的中间环节，而是直接由魏晋宋齐的官阶继承发展而来"，这与我在研究中提出的观点，可谓不谋而合。我和杨先生素未谋面，拙文所论能与时贤相互呼应，颇感荣幸。准确地说，我和杨先生的论证思路各有侧重，我主要从官品与迁官秩序的问题入手，分别梳理官品与官班的制度过程，并采用了阎步克先生的"品位/职位"考察视角，据此判断二者在制度关系上的根本区别。杨先生精熟南朝萧梁制度，对官班制下了很深的功夫，由此上溯探知官班渊源有自，并非从官品而来。在此问题上，杨先生与我分别提出两种解题思路，均得出较为一致的结论，可谓殊途同归。从某种意义上，杨先生的研究也可以佐证拙文对这一问题的探索确实触到当时职官等级制度的部分实质，提升了拙文所论的说服力。此点是我要特别致谢杨先生的。

毕业以来，我的研究面在原基础上有所扩展，尝试结合古代文体学视角、官方文书材料及文本分析方法以拓宽考证思路。这种研究取向，缘于我在中山大学中文系博士后流动站工作期间，在文体学研究的浓厚氛围中师长们的提点启迪，以及出站后回到历史学系继续参与点校本齐、梁、陈"三史"整理，在考辨文本流变过程中萌发的史料问题意识。相比起在博士学位论文中寻求把握长时段之下整体制度脉络，这一阶段的研究更为关注官僚制度日常情景所展现的内部秩序及运行机制，切入点亦相对多元。比如，从一般官衔所涉"兼""新除"等制度术语，分别解读兼官制度关涉的职位资格管理机制、官职任命除拜程序及过程；又如，从"三上表并启"、"优策并设"、授官"板"等文书应用程式，探讨制度性文体谱系与政务运作程序；再如，从官品表"诸条"形态，推论出官品内部结构及其建构具体过程。此外，对中古时期制度文献可能涉及的名实问题，亦作了初步辨析。这些议题的探索深化了个人对本课题的理解，不同程度地消除了博士学位论文的若干薄弱环节，构成此次书稿修订完善的主要依托。

从学生阶段算起，我在中山大学康乐园读书问学已近廿载。康乐园内红墙绿瓦、树木成荫的嘉景，每令我辈陶然其间，沉浸流连；而人文学科秉承的重实传统与求真理念，更使我濡染其中，学有所本。受益于在历史、中文两系的学习工作经历，我对读书治学有了更深刻的理解，诚挚感谢在各个时期、不同阶段指导过我的学业、关注着我的成长的每一位师长，深深感怀同门学友之间相互扶持、共同成长的难忘时光。

这本小书能够呈现在大家面前，同样离不开前辈时彦的赐教与帮助。书中的不少观点与论证，早年曾以会议论文或初稿形式在不同的学术场合上提出，所得到的教正与批评，积极促成了后续的思考与打磨。至于日常之时与跨越地域的诸位师友论学析疑、切磋交流，总能带来各种意想不到的启发与收获。凡此种种，我皆铭记于心。

本书即将付梓，回顾其间历程，衷心感谢景蜀慧师。我在学术之路上的成长，实有赖于景师的悉心教导与栽培。景师一直秉持因材施教的育人理念，每每根据学生个体禀赋才性而授业解惑。具体到我个人，景师的指导往往是寓于文献讲授、日常答疑及论文批改之中，适时指出我在史料释读、史学思辨及文字表达上的薄弱之处，继而明示改进之宜。其教诲如春风化雨，让我在潜移默化之中接受扎实的史学基本功训练。景师所从事的正史典籍校订事业，也为我确立研究选题和治学方向提供了不可多得的学术契机，并在这些年里持续推动着我的学问进境。书稿校样甫出，景师以抱恙之身为本书作序，不辞劳心费神，洋洋数千言，其文清而情重、理深而意远，让我内心涌起难以言表的感动，"春华秋实"的谆谆寄语，赋予我不断前进的精神动力。

本书的出版获国家社科基金后期资助项目资助。因个人能力与结项时间之限，书中的立说与论证肯定还有诸多缺点不足，部分考论自觉未臻精密，依目前条件尚难完善，这些遗憾只能留待日后弥补，亦恳请读者不吝指正批评。十分感谢高等教育出版社编辑于嘉先生为本书编校出版提供的诸多帮助。

特别感谢我的父母与家人。你们一直以来对我的陪伴和支持，让我能够安心遵循自己的选择一路走过来。

写到最后，不由想起了当年陈春声老师面向大一新生开讲"以史学为业"的主题讲座，陈老师以法国年鉴学派代表学者马克·布洛赫的《历史学家的技艺》为引，将历史学的非凡魅力和与史学为业的炼狱艰辛一一道出，给当时初来乍到的我留下深刻印象。多年过去了，此刻我对为学甘苦有了更深切的体会。学无止境，唯有志业精勤，砥砺前行。谨以自勉。

周文俊

2022 年 3 月于中山大学康乐园

郑重声明

高等教育出版社依法对本书享有专有出版权。任何未经许可的复制、销售行为均违反《中华人民共和国著作权法》，其行为人将承担相应的民事责任和行政责任；构成犯罪的，将被依法追究刑事责任。为了维护市场秩序，保护读者的合法权益，避免读者误用盗版书造成不良后果，我社将配合行政执法部门和司法机关对违法犯罪的单位和个人进行严厉打击。社会各界人士如发现上述侵权行为，希望及时举报，我社将奖励举报有功人员。

反盗版举报电话　（010）58581999　58582371

反盗版举报邮箱　dd@hep.com.cn

通信地址　北京市西城区德外大街4号　高等教育出版社法律事务部

邮政编码　100120